LE MÉNAGE
DE Mme SYLVAIN

LIVRE DE LECTURE COURANTE

A L'USAGE DES JEUNES FILLES

Éducation morale — Économie domestique
Entretien de la maison — Hygiène — Travaux à l'aiguille
Cuisine et soins du ménage
Renseignements, procédés et recettes utiles

PAR

Mme MARIE ROBERT HALT

LAURÉAT DE L'ACADÉMIE FRANÇAISE
ET DE LA SOCIÉTÉ POUR L'INSTRUCTION ÉLÉMENTAIRE

Ouvrage illustré de 220 gravures dans le texte.

VINGT-TROISIÈME TIRAGE

PARIS
LIBRAIRIE CLASSIQUE PAUL DELAPLANE
48, RUE MONSIEUR-LE-PRINCE, 48

EN VENTE A LA MÊME LIBRAIRIE

OLLECTION DE LIVRES DE LECTURE COURANTE

POUR LES JEUNES FILLES

L'Enfance de Suzette. 1 vol. in-12, illustré, à l'usage des jeunes filles du *cours élémentaire*, par MARIE ROBERT HALT, lauréat de l'Académie française ; cartonné........................ » 80

Suzette (*livre de l'élève*). 1 vol. in-12, illustré, à l'usage des jeunes filles du *cours moyen*, par MARIE ROBERT HALT ; cart...... 1 40

— *Livre de la maîtresse.* 1 très fort vol. in-12, illustré, relié toile souple.. 2 50

Le Ménage de Mme Sylvain. 1 vol. in-12, illustré, à l'usage des jeunes filles du *cours supérieur*, par MARIE ROBERT HALT ; cartonné.. 1 50

e Droit Chemin. Livre d'enseignement moral à l'usage des élèves des *cours supérieur et complémentaire*, par MARIE ROBERT HALT. 1 volume in-12, illustré, cartonné.................. 1 40

POUR LES GARÇONS

L'Enfance d'Alain Redon. 1 vol. in-12, illustré, à l'usage des garçons du *cours élémentaire*, par UN AMI DE L'ÉCOLE, cart. » 80

lain Redon. 1 vol. in-12, illustré, à l'usage des garçons des *cours moyen et supérieur*, par UN AMI DE L'ÉCOLE, cart.......... 1 30

van Gall, par GABRIEL COMPAYRÉ, Membre de l'Institut, Inspecteur général de l'Instruction publique. 1 vol. in-12, illustré, à l'usage des garçons des *cours moyen et supérieur*, cart.. 1 40

[*Ouvrage couronné par l'Académie des sciences morales et politiques.*]

POUR LES GARÇONS ET POUR LES FILLES

os Causeries. Livre de lectures courantes à l'usage des garçons et des filles, par J. GUIOT, professeur d'École Normale, directrice d'école annexe et FR. MANE, professeur de septième au lycée de Marseille.

COURS ÉLÉMENTAIRE, 1 vol. in-16 illustré, accompagné de *résumés* de *questionnaires* et d'*exercices*, cartonné........... » 90

COURS MOYEN ET SUPÉRIEUR. 1 vol. in-16, illustré, accompagné de *résumés* et de *devoirs avec plans*, cartonné......... 1 40

Premières Lectures. 1 vol. in-12, en gros caractères, syllabés et gradués, illustré, rédigé à l'usage des garçons et des filles du *cours préparatoire*, par MARIE ROBERT HALT, cart.......... » 60

Deuxièmes Lectures. 1 vol. in-12, illustré, rédigé à l'usage des garçons et des filles du *cours élémentaire*, par MARIE ROBERT HALT ; cart.. » 70

coliers et Écolières (leçons de morale et leçons de choses), lectures variées accompagnées de développements et de causeries sur la morale, l'histoire, la géographie, les sciences physiques et naturelles, etc., par MARIE ROBERT HALT ; 1 vol. in-12, illustré, à l'usage des garçons et des filles des *cours moyen et supérieur* ; cartonné.. 1 40

3057-17. — Corbeil. Imp Crété.

NOTE DE L'ÉDITEUR

Nous présentons avec confiance à Mesdames les Institutrices LE MÉNAGE DE Mme SYLVAIN.

C'est un récit attachant qui, sous une forme attrayante et gaie, développe un sérieux enseignement moral et scientifique, puisé aux meilleures sources, et bien fait pour rehausser dans l'esprit de la jeune fille le sentiment de la tâche si noble et si utile de la femme, dans sa modeste sphère d'activité.

Il forme, avec les ouvrages du même auteur qui l'ont précédé, un ensemble heureux. Cependant LE MÉNAGE DE Mme SYLVAIN *n'est pas une suite à* SUZETTE, *mais un complément.*

SUZETTE *peint la jeune fille dans la famille et à l'école;* LE MÉNAGE DE Mme SYLVAIN *la montre mère de famille et ménagère, appliquant les connaissances acquises.*

Morale, éducation, économie domestique, hygiène, soins de la maison, cuisine et tous les devoirs qui incombent à la ménagère y sont présentés de la façon la plus intéressante et la plus précise.

Un appendice de notes et renseignements étend encore la portée de l'ouvrage et en fait un excellent petit manuel de ménage.

Nous ne doutons pas que la jeune fille n'emporte de cette lecture, avec les connaissances les plus utiles, le désir d'apprendre davantage, et, surtout, le sentiment si précieux de la nécessité du savoir.

LE MÉNAGE DE MME SYLVAIN

(SUZETTE MARIÉE ET MÈRE DE FAMILLE)

---

1. — Une maison amie.

Voici la maison encore blanche, presque neuve d'aspect, celle qui remplaça le vieux nid familial incendié*. Voici la grange, les étables, le jardin et la cour que sépare une haie, et, dans cette cour, le rustique banc de pierre où nos amis s'asseyaient autrefois pour respirer la fraîcheur du soir.

* Voir *Suzette*, page 76 (Librairie Paul Delaplane.)

AVIS IMPORTANT. — Les intitulés en *caractères italiques*, au bas des pages, renvoient à l'*Appendice* que nous avons placé à la fin du volume pour ne pas couper le récit par des notes trop nombreuses.

Aujourd'hui, sur ce banc, une jeune femme est assise, entourée de trois enfants. Elle tient sur ses genoux un bébé qui lui sourit.

A la grâce affable de son visage et quoiqu'elle soit plus grande et plus forte que la svelte jeune fille d'il y a dix ans, on la reconnaît bien encore. Seulement ce n'est plus « Suzette » tout court, c'est maintenant « maman Suzette », Mme Sylvain.

Oui, ces quatre petits personnages que nous voyons là, ce sont ses enfants, les nouveaux, les jolis bourgeons de la tige des Dumay.

Le bébé sur les genoux de maman, c'est Madeleine: elle a seize mois; le petit homme aux yeux malins qui rappellent ceux de « monsieur François », c'est Paul: il a quatre ans.

L'autre, à son côté, le grand garçon de cinq ans et demi, c'est Pierre, et cette fillette de bientôt sept ans, c'est Marguerite, l'aînée, que nous avons déjà entrevue, toute petite, rayonnante de santé et de grâce, à une fête de famille. Elle est aujourd'hui le portrait vivant de sa mère.

Tous les trois jouent avec un vieux chien, à l'air grave, assis à deux pas du banc, et qui semble être le gardien de tout ce monde; vous reconnaissez Castor, le bon animal qui, jadis, un soir, découvrit le petit François, en détresse, se lamentant au fond des bois.

Il se lève pour accompagner Marguerite. Celle-ci, sur un mot de sa maman Suzette, va prendre dans la cuisine et en rapporte aussitôt une assiette pleine.

C'est la soupe de la petite Madeleine, qui suit impa-

Cet appendice contient, sous la rubrique : *Renseignements, procédés et recettes utiles*, un nombre considérable de documents qui constituent autant de leçons pratiques pour les jeunes filles. Nous insistons vivement auprès de Mesdames les Institutrices sur l'importance que nous attachons à la lecture et à l'étude de cet appendice; l'auteur y a apporté tous ses soins et nous présentons aux élèves de nos écoles un travail dont elles pourront profiter dans maintes occasions. Les *Renseignements, procédés et recettes utiles* seront certainement bien accueillis, non seulement à l'école, mais encore dans la famille: chacun y trouvera plaisir et profit.

tiemment des yeux sa grande sœur, pendant que la maman, lui ajuste au cou sa serviette de bébé.

Et vite, Madelinette tend le bec. Elle a le bel appétit qu'annoncent ses joues rondes et roses. Mais ce n'est pas une gloutonne avalant pour le plaisir d'avaler.

Regardez-la déguster d'un air attentif la première cuillerée de sa panade... Voilà son visage qui s'épanouit.

— « ... Bon !... » dit-elle en rouvrant aussitôt la bouche.

Le fait est que, dans la blanche assiette, la panade (1) bien mitonnée, sans grumeaux, a l'air d'une crème des plus appétissantes.

Serviette de bébé

Les tout jeunes enfants salissent autant de serviettes qu'ils prennent de repas, il faut donc en avoir à leur usage et qui soient faciles à laver. Par économie, on utilise, pour faire les serviettes d'enfants, tout le linge restant des raccommodages de draps, de serviettes, etc. On aura soin de tripler l'étoffe dans le haut de la serviette pour empêcher la poitrine de l'enfant d'être mouillée pendant les repas. Deux cordons permettent d'attacher la serviette au cou du bébé.

Heureux bébé ! déjà dressé par l'usage d'une alimentation saine, soignée, proprement servie, à exercer son sens du goût et à manger délicatement ! La maman se garde bien de la bourrer de ces cuillerées trop pleines qui débordent de la bouche et rendent l'enfant glouton et malpropre (2).

Mais, la première faim calmée, mademoiselle se met à muser, à détourner la tête, à s'agiter.

— « Non, non, ma mie, pas de cela ! dit gaiement maman Suzette en présentant de nouveau la cuillère, quand on joue, on joue, mais quand on mange, on mange. Il faut que tu apprennes cela de bonne heure,

---

LIRE A L'APPENDICE : 1. *Panade pour un enfant.* — 2. *Alimentation des enfants de 1 à 2 ans.*

comme doivent s'apprendre toutes les choses utiles.

— « Eh! dit Marguerite, la voilà qui comprend : vois, maman, quelle mine sérieuse elle nous fait! »

A peine l'enfant achevait-elle sa soupe, que la barrière à claire-voie s'ouvrit, et M. Dumay parut.

— « Grand-papa ! »

Les trois aînés coururent à lui.

Quoiqu'il eût vieilli, avec son teint encore frais et son gai visage, c'était un gentil grand-père.

Madelinette agita vers lui ses menottes, car elle le connaissait bien, et tous deux faisaient une paire d'amis.

Maman Suzette, qui s'était levée, lui mit la petite sur les bras qu'il lui tendait.

— « Je vous les confie tous, papa, dit-elle, je vais, en attendant Ludivine qui doit venir m'aider, continuer le nettoyage de la maison.

— « Quelle agréable chose qu'une maison nettoyée, rangée, toute fraîche, sentant bon! entendez-vous, Madelinette? » dit gaiement M. Dumay, en faisant sauter la petite entre ses mains.

Puis il ajouta en se tournant vers Mme Sylvain :

— « Ne prends pas ces paroles pour un encouragement à mieux faire, Suzette; ton mari, en rentrant, ce soir, m'en voudrait peut-être, lui qui trouve que tu deviens un peu minutieuse.

— « Les vertus sont donc comme les vices, répondit en souriant Suzette, elles ont une force d'entraînement. »

Tout en parlant, elle se dirigeait vers la maison; Marguerite courut à elle :

— « Mère, c'est aujourd'hui congé; je voudrais t'aider un peu. »

Maman Suzette la regarda un instant avec des yeux qui la remerciaient de sa bonne intention.

— « Va jouer avec tes petits frères, ma mignonne, c'est plus de ton âge.

— « Mais, autrefois, reprit Marguerite, toi, tu faisais le ménage toute seule, étant presque aussi jeune que moi; grand-père et Mme Valon, notre institutrice, me l'ont dit

— Et ils t'ont dit vrai, répondit M. Dumay, mais alors ta mère n'avait déjà plus de maman... toi, tu en as une... »

La voix du grand-père s'était mouillée.

— « Oui, dit Marguerite qui avait le cœur tendre, et la maman que j'ai, je veux la garder longtemps; c'est pour cela que je lui demande de se laisser aider.

— « Eh bien! répondit la mère, émue de ces filiales paroles, viens, tu m'aideras. »

Toutes deux entrèrent dans la maison, pendant que les garçons, fatigués de poursuivre un papillon, revenaient près de leur grand-père et de Madelinette.

2. — Propreté, c'est santé.

Maman Suzette et Marguerite montèrent aux chambres (1), où il ne s'agissait plus que de donner le dernier coup de main au travail déjà fait, dans la matinée.

Elles étaient avenantes, les quatre chambres, très simplement meublées : chaises de paille, lits, tables de nuit (2) et de toilette, tout cela de menuiserie rustique, peinte en couleur claire : pour descentes de lit, des paillassons. Par-ci par-là, de simples rayons fixés au mur remplaçaient les armoires. Mais rien de ce qui est nécessaire à une bonne hygiène ne manquait.

Et en faut-il davantage? Le confort d'une chambre est-il fait de bois rares, de dispendieuses étoffes, d'un encombrement d'inutiles objets, de bibelots précieux auxquels l'œil s'habitue si vite qu'il ne les voit même plus?

Non, le confort consiste à s'entourer de ce qui est commode, utile. Il est créé par l'intelligence expérimentée, ingénieuse, prévoyante, bien plus que par l'argent, si souvent ami des vaniteuses futilités.

Le bien-être habitait dans cette maison.

On l'y reconnaissait à la clarté des pièces, aux grandes

LIRE A L'APPENDICE : 1. « *Dormir en haut, un trésor ɩaut.* » — 2. *Entretien de la table de nuit.*

fenêtres laissant largement entrer un air attiédi et purifié (1) par les rayons du soleil, notre grande source de vie ; on l'y trouvait aussi dans la fraîcheur des rideaux des fenêtres et des lits, dans celle des couvre-pieds d'indienne nouvellement blanchis. Marguerite, tout en rangeant avec sa mère, admirait la propreté de cette étoffe.

La chambre à coucher.

— « Oui, certes, dit maman Suzette, il y a des rideaux, des couvre-pieds de tissus plus riches ; mais, vois-tu, ma fille, vive le coton aux filaments souples et lisses ! un peu d'eau de pluie (2), de savon, d'empois, un coup de fer et le voilà neuf ! tandis que la fibre de la soie se crispe, se ternit pour un rien, et que les brins écailleux

Lire a l'appendice : 1. *Purification de l'atmosphère sous l'action du soleil.* — 2. *L'eau de pluie, eau crue. Procédés pour corriger l'eau crue.*

de la laine (1) s'enchevêtrent sous l'action de l'eau. On dirait des gens de caractère hargneux; le coton, lui, est bon enfant.

« Des tissus qui se lavent et se purifient aisément, c'est ce qu'il faut dans les chambres à coucher, car c'est là, qu'hermétiquement calfeutrés, nous passons un tiers de notre existence à dormir.

— « Un tiers? Mais pourquoi, ayant tant à faire, dormons-nous si longtemps (2)? demanda Marguerite.

— « Ma mie, c'est justement cette dépense d'activité qui épuise nos forces. Il nous faut du repos et du sommeil pour les réparer. Je n'en sais pas davantage là-dessus... Tiens, essuie cette tablette de cheminée, où il y a encore un peu de poussière... »

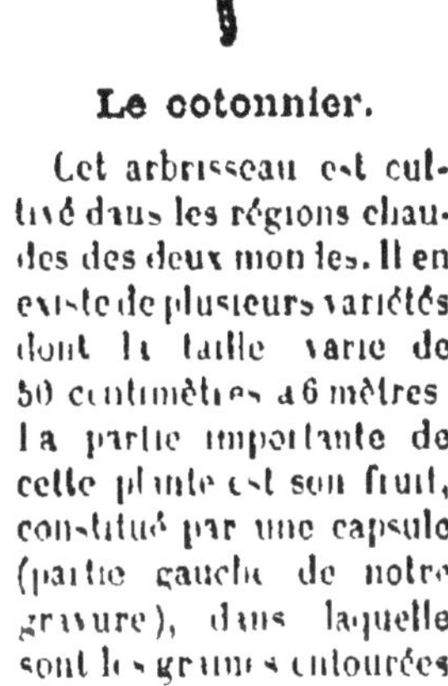

Le cotonnier.

Cet arbrisseau est cultivé dans les régions chaudes des deux mondes. Il en existe de plusieurs variétés dont la taille varie de 50 centimètres à 6 mètres. La partie importante de cette plante est son fruit, constitué par une capsule (partie gauche de notre gravure), dans laquelle sont les graines entourées d'un fin duvet. Lorsque ces capsules sont mûres, elles s'ouvrent, et le duvet fait saillie à l'extérieur, c'est ce duvet qui constitue la matière textile appelée *coton*.

Tout en parlant, elle bordait le couvre-pied du lit.

— « Donc, reprit-elle, puisque nous devons passer si longtemps dans notre chambre à coucher, il est indispensable de la tenir très propre. Tu sais que pendant le sommeil, Mme Valon t'a déjà dit cela à l'école, notre respiration, tout comme dans la veille, a besoin d'oxygène. Nos poumons s'emparent de l'air contenu entre les quatre murs et rejettent à la place un gaz irrespirable, l'acide carbonique, ainsi que des vapeurs qui sont de véritables poisons; si bien que, peu à peu, l'atmosphère des chambres à coucher se trouve corrompue, à la façon d'une mare stagnante et malsaine (3).

LIRE A L'APPENDICE : 1. *Nettoyage des tissus de laine.* — 2. *Durée du sommeil.* — 3. *Quantité de vapeur chargée de matières toxique exhalée pendant le sommeil.*

« Les meubles, la literie et surtout les tentures, quand il y en a, s'imprègnent de ces miasmes qui se prennent dans les mille réseaux des tissus comme les poissons dans un filet.

« Et voilà la cause de cette odeur fade, mauvaise, des chambres à coucher où le ménage n'est qu'à moitié fait, la literie jamais battue, jamais aérée, les draps, les rideaux, les couvre-pieds jamais plongés dans le baquet à lessive.

Les indiennes sont des étoffes de coton peintes qui se fabriquaient autrefois exclusivement aux Indes ; on a conservé ce nom aux étoffes du même genre fabriquées aujourd'hui en Europe.

— « Oui, mère, je comprends maintenant pourquoi, l'autre jour, tu disais à ma tante Jacques qu'il ne faut pas choisir pour les chambres à coucher des indiennes sombres ; c'est parce qu'elles peuvent être sales sans qu'il y paraisse et rester ainsi longtemps en place, imprégnées de leur mauvais air et de leurs poussières. »

La mère sourit à cette réflexion de l'enfant ; elle était heureuse de voir se développer en elle cette faculté si précieuse, le jugement, sans laquelle nous ne sommes que des êtres incomplets ; la fillette comprenait déjà d'elle-même que la malpropreté de nos habitations et de nos personnes est un des dangers les plus sérieux qui menacent notre fragile existence et que : « Propreté, c'est santé. »

Puis maman Suzette jeta un coup d'œil de satisfaction sur l'ouvrage fait, et bien fait; et, regardant du côté de la fenêtre :

— « Voilà, dit-elle, Ludivine qui arrive pour nettoyer la cuisine. Descendons. »

3. — Pauvre Ludivine!

Elles descendirent du côté du jardin où Madeleine, assise par terre, sur une couverture, jouait, avec des fleurs, sous un poirier. Auprès d'elle, son grand-père triait des graines de haricots à semer; Pierre, à quelques pas, lisait un livre et Paul se donnait à lui-même une leçon de toupie; Castor dormait ou en avait l'air.

La maman embrassa Madelinette qui lui tendait les bras, causa quelques instants avec ses deux fils et le grand-papa, puis se hâta de gagner la cuisine en compagnie de Marguerite qui, décidément, tenait aujourd'hui à faire œuvre de ses doigts.

Ludivine était là [1]; elle attendait.

Pauvre Ludivine! qu'elle avait encore vieilli et plié sous les bourrasques de la dure vie! on eût dit un de ces maigres baliveaux poussés au hasard, sur la lande aride, et tordus par tous les vents.

Elle aurait bien eu le droit de se reposer, pourtant. Mais « besoin fait vieille trotter », dit l'ancien dicton.

— « Allons, à l'ouvrage! » soupira-t-elle en relevant ses manches sur ses vieux bras parcheminés.

Au même instant parut sur le seuil un petit bambin aux cheveux couleur de filasse, chétif, pâlot, mal vêtu.

— « Eh! s'écria Ludivine, feignant la mauvaise humeur, voilà encore ce vilain marmouset qui m'a suivie malgré ma défense! Veux-tu bien décamper! et vite, petit cri-cri! »

L'enfant fit un mouvement en arrière, mais les yeux de maman Suzette tournés doucement vers lui l'enhardirent; il s'arrêta.

[1] Voir *Suzette*.

— « Eh bien! dit-elle, comment ça va-t-il, Tiennet? »

Tiennet s'avança promptement :

— « Bonjour, madame Sylvain.

— « Bonjour, mon ami. »

Elle ouvrit l'armoire, et, tout en coupant du pain, dit à Marguerite de lui passer une assiette qu'elle désignait.

Il y avait dans cette assiette un joli morceau de lard si rose et si blanc que les yeux de Tiennet s'allumèrent, ses narines se dilatèrent, sa langue caressa ses lèvres friandes.

— « Mais, avez-vous jamais vu gourmand pareil! » murmura Ludivine, d'une voix très adoucie.

Marguerite, sur un signe de sa mère, tendit à Tiennet du pain et un appétissant morceau de lard.

L'enfant les prit, remercia du regard, tout en filant comme un lièvre, pendant que Ludivine s'écriait :

— « Je n'ai pu encore lui apprendre à dire merci comme tout le monde !

— « Il l'a dit à sa façon; et le plaisir qu'il éprouve à se régaler nous remercie suffisamment, répondit Mme Sylvain qui ajouta :

— « Toujours pas de nouvelles du père? »

La vieille femme secoua tristement la tête.

Le père de Tiennet, dont on n'avait pas de nouvelles, c'était Vincent que vous connaissez, le fils de Ludivine *. Oui, Vincent, après avoir entièrement ruiné sa maison par sa triste conduite, était parti depuis trois mois, abandonnant à la pauvre vieille son enfant, déjà orphelin de mère.

Misérable Vincent! l'ivrognerie (1), la paresse l'avaient jeté dans ce gouffre d'égoïsme et de lâcheté. Moralité, sentiment, tout en lui s'était éteint; son petit enfant, sa vieille mère ne lui étaient plus de rien.

Ludivine essuya ses pauvres yeux tout rougis à force de pleurer.

— « Pourtant, dit-elle, j'ai quelque espoir!.... Oui, la

* Voir *Suzette*, page 31.

LIRE A L'APPENDICE : 1. *Effets physiologiques de l'ivrognerie.*

nuit dernière, j'ai fait un rêve, et même deux! — elle croyait toujours aux songes : — oui, j'ai rêvé d'eau claire, ce qui signifie qu'on recevra bientôt des nouvelles; et j'ai rêvé aussi que Vincent était allé voir François, ton frère, à Paris... François n'a-t-il pas écrit?...

— « Si, il y a une huitaine, » répondit maman Suzette, en se mettant à la besogne, après avoir montré à Ludivine les casseroles à récurer.

Ludivine, tout en attachant son tablier, demanda :

— « Eh bien! il n'a pas vu Vincent?

— « Il ne parle pas de Vincent Il ne nous écrit que quelques mots, d'ailleurs, préoccupé qu'il est de la préparation d'un examen pour entrer dans les télégraphes. »

Ludivine, qui s'était mise aussi au travail, soupira.

— « Voyez un peu! François passe des examens! ce sera un monsieur, et pourtant, quand il était petit, il ne valait guère mieux que mon garçon. Pourquoi des deux gamins l'un tourne-t-il mal et l'autre bien?... Ah! ah! répète-moi donc qu'il n'y a point de sort!... Regarde ton vieux père, il est frais comme une rose, gai comme un pinson au milieu de ses petits pinsonneaux; et regarde la pauvre ruine que je suis, moi, dans mon deuil des morts et des vivants! regarde mon pauvre cri-cri de Tiennet auprès de ta Marguerite, de tes autres beaux enfants et de ceux de ton frère Jacques, sans compter Charlot, aujourd'hui un beau garçon, bon travailleur à l'École d'agriculture..., et puis, dis-moi encore qu'il n'y a point de sort! »

Suzette répondit par quelques douces paroles à ces plaintes touchantes; elle savait qu'il est inutile de contrarier un vieil esprit ancré dans sa foi aux songes, aux sorts, aux maléfices, toutes balivernes qui, de bonne heure, y ont remplacé le jugement, la notion exacte des choses. Non, sa vie déjà longue n'avait rien enseigné à la mère de Vincent; les douleurs, la misère qui l'accablaient, semblaient, aux yeux de la pauvre créature, autant d'injustices, de coups frappés par un mauvais génie.

Elle était incapable de comprendre qu'elle avait, elle-même par son ignorance, par sa faiblesse, par ses gâteries, préparé les tristes jours de sa vieillesse, tandis que tout près d'elle, M. Dumay, soucieux de l'avenir de ses enfants, les tenait d'une main intelligente et ferme dans le chemin du devoir.

4. — Et nettoyons !

Comme Suzette se taisait et continuait d'épousseter, Ludivine, après avoir fait entendre encore quelques soupirs, se reprit à frotter de plus belle ses casseroles,

C'était une cuisine de campagne, spacieuse, éclairée par de grandes fenêtres...

tout en jetant, de temps à autre, des regards désolés autour de la cuisine, comme pour la prendre à témoin de sa malchance.

C'était une cuisine de campagne, spacieuse, éclairée par de grandes fenêtres; les murs étaient peints à l'huile, d'une couleur gris clair.

Le long des murs, sur des planches soutenues par des tasseaux, s'étalaient des pots de grès et de terre, des marmites, des cocotes, toute la batterie de cuisine. A droite, une petite armoire en bois blanc surmontée d'une étagère du même bois ; à côté, un filtre à pierre et une table avec tiroir.

Le poêle était devant la cheminée. Sur la hotte, quatre chandeliers de cuivre jaune, une lampe à pétrole, la boîte aux allumettes.

Et voilà tout ce qu'il s'agissait de nettoyer, sans « laisser nulle place où la main ne passe et repasse ».

Aussi la prévoyante ménagère, qui n'aimait pas le temps perdu, avait-elle préparé d'avance tout le nécessaire : un chaudron de lessive de carbonate de soude, un régiment de chiffons, de brosses de chiendent, d'écuelles petites et grandes contenant divers mélanges pour le lavage des bois, le polissage (1) des métaux.

Ludivine frottait toujours. Marguerite était à son affaire. Maman l'avait placée devant les couverts de métal anglais, pendant qu'elle-même, la tête couverte d'un grand mouchoir noué sous le menton pour préserver sa chevelure de la poussière (2), la main armée d'une tête de loup, les pieds sur un escabeau, elle continuait d'épousseter le plafond, les planches élevées, les murs, pour essuyer ensuite.

— « Mère, demanda Marguerite, en élevant une cuillère, est-elle propre ?

— « Oui, si tu t'y mires comme dans un miroir.

— « Je me mire très bien dans celle-ci.

— « Bon, passe à une autre. »

Mais voilà maintenant Pierre et Paul qui viennent d'entrer pour voir un peu ce qui se passe.

Eux aussi se mirent dans la cuillère que leur présente Marguerite, s'y voient reproduits, mais avec une figure allongée qui les fait rire, et finalement demandent à prendre part au récurage.

LIRE A L'APPENDICE : 1. *Utilité du polissage.* — 2. *Entretien de la chevelure.*

Maman Suzette, la tête couverte d'un grand mouchoir noué sous le menton pour préserver sa chevelure de la poussière, la main armée d'une tête de loup, les pieds sur un escabeau, continuait d'épousseter le plafond...

— « Merci bien! répond la maman en riant, les hommes récureront peut-être plus tard; jusqu'à présent, c'est l'ouvrage des femmes. Mais ce que peuvent faire les messieurs qui sont ici, c'est d'aller ramasser de petits morceaux de bois, sous le hangar, pour en faire des fagots. »

Ils y coururent, enchantés d'être des hommes et d'aller faire des margotins. A la cuisine, le travail reprit de plus belle. Et les trois travailleuses d'aller comme si elles se disputaient le prix de la course.

D'un air assez content, Ludivine montra son récurage fini.

— « A la bonne heure! dit Suzette, cela brille comme or et argent.

— « Oui, ma fille, répondit Ludivine, mais c'est de la besogne faite sans peine et gentiment; tout, chez toi, est si bien entretenu!

— « Eh! dit Suzette, ne laisser jamais rien s'encrasser, voilà le secret de cette facile besogne. Mais permettre au désordre, à la malpropreté de s'établir au logis, c'est se condamner au plus long, au plus rude travail, au plus pénible surmenage, le jour où on entreprend de nettoyer à fond, comme nous la faisons en ce moment, sans difficulté, dans notre maison bien tenue.

« Un regard partout, quelques coups de balai et de torchon donnés régulièrement, et la maison est une bonbonnière.

« Je connais des personnes qui, chaque jour, font le ménage à la diable, négligent tout ce qui ne saute pas aux yeux, le dessous des meubles, les encoignures, en disant comme cette mauvaise ménagère : « Si les coins veulent du balai, qu'ils approchent ! » Puis, deux ou trois fois l'an, elles se livrent à un grand nettoyage. C'est alors un branle-bas, un bouleversement de toutes les habitudes, une tapageuse fatigue de plusieurs jours. Mais, sitôt tout nettoyé, remis en place, on recommence à salir, à déranger jusqu'au prochain cataclysme. Ces maisons-là ne sont ni agréables ni saines; mieux vaut la nôtre où l'on nettoie chaque jour. »

Cependant les mains allaient plus vite que les langues. Et bientôt la table de bois blanc (1), le buffet, bien lavés, rincés et séchés, prirent une jolie teinte blond pâle.

Les planches peintes (2), les rayons s'ornèrent de papier découpé en lambrequin. Le poêle, frotté de mine de plomb (3) délayée dans un peu d'eau, puis brossé soigneusement, eut un si bon air que Ludivine s'écria :

— « Voyons ! ne ressemble-t-il pas à un gros monsieur habillé pour la noce ? »

Et la cuisine une fois balayée, rangée, avec son carrelage bien rouge (4), lui parut presque aussi belle qu'une mariée en fraîche toilette.

Maman Suzette, après avoir inspecté le travail de Marguerite, la façon dont elle avait rangé l'intérieur des tiroirs (5), l'embrassa et la renvoya toute joyeuse retrouver Madeleine et grand-papa dans le jardin.

LIRE A L'APPENDICE : 1. *Nettoyage du bois blanc.* — 2. *Nettoyage des planches peintes.* — 3. *Nettoyage de la fonte à la mine de plomb.* — 4. *Nettoyage du carreau rouge.* — 5. *Le rangement en général.*

Ludivine et Mme Sylvain restèrent seules pour parachever la toilette de « la mariée ».

Bientôt le soleil commença à disparaître derrière le

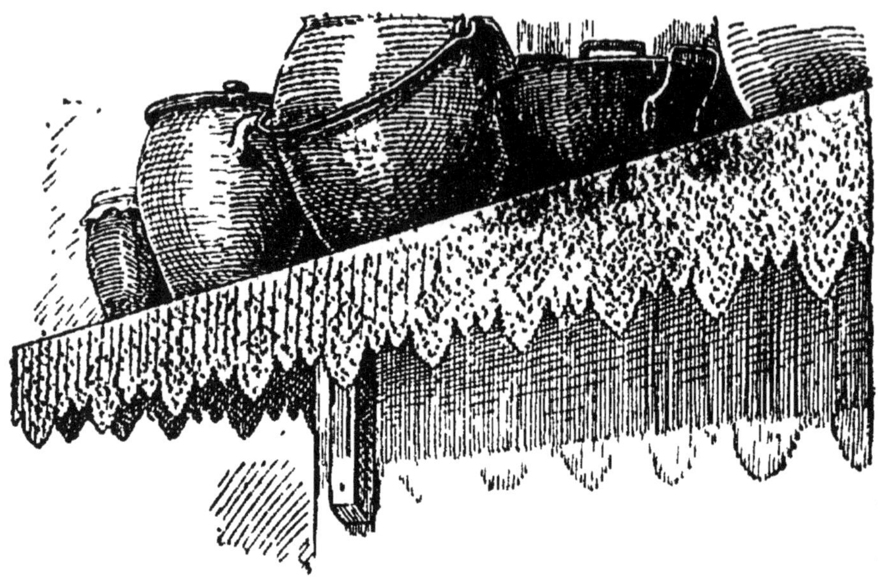

Les planches peintes, les rayons s'ornèrent de papier découpé en lambrequin...

toit de la grange. Un bruit de sonnailles, d'abord lointain, se rapprocha.

Suzette prêta l'oreille et regarda par la porte ouverte :

— « Voici Sylvain, » dit-elle.

5. — Les poussières.

Sylvain arrivait du labourage avec ses deux chevaux. Il s'arrêta un instant devant la fenêtre ; un coup d'œil lui suffit.

— « Ah! ah! dit-il, en homme qui depuis longtemps reprochait à sa femme de se donner trop de peine, encore un nettoyage! Eh bien! ma chère, tu vas être fort étonnée; j'ai là un journal que je viens d'acheter en route, je t'y lirai tout à l'heure l'opinion d'un savant sur les poussières que tu fais voltiger ici avec tant d'ardeur..... Laisse-moi seulement rentrer mon attelage...

— « Bon! répondit Suzette en souriant, j'attends la surprise. »

Les enfants étaient accourus vers leur père, qui les embrassa. Et puis, hop! maître Pierre, hop! maître Paul! hop! Marguerite! Il les hissa sur ses deux bêtes. C'était un vieil usage auquel ces dociles animaux étaient habitués, car ils hennirent doucement, avec amitié.

M. Dumay avait apporté Madeleine, que son père caressa. Après quoi on partit du côté de l'écurie, aux cris joyeux des cavaliers.

Et ce fut trop vite fait de revenir, à pied cette fois.

Sylvain, après s'être occupé de ses chevaux, reprenait aussi le chemin de la maison, quand Mme Valon et sa fille Lucie, aujourd'hui une grande personne, entrèrent dans la cour.

Comme autrefois, au temps de la jeunesse de Suzette, Mme Valon s'arrêtait volontiers en passant devant cette maison amie. Car ici on se souvenait avec respect et reconnaissance que la bonne institutrice, qui, maintenant, élevait les enfants, avait élevé la mère.

— « Madame, comme vous arrivez à propos! s'écria Suzette en allant au-devant d'elle, la main tendue, voilà mon mari qui va nous lire un article de journal en faveur des pauvres poussières, des pauvres ordures, des pauvres petites vermines que les ménagères ne devraient plus désormais troubler dans leur repos!

— « Eh bien! monsieur Sylvain, voyons cela.

— « Riez, riez, dit Sylvain en riant lui-même un peu, mais écoutez. »

On s'assit et Sylvain reprit, en dépliant son journal :

— « Vous pensez bien que ma seule préoccupation en ceci est d'empêcher ma chère Suzette de trop se fatiguer. »

Puis il commença la lecture :

« Vos balais, vos plumeaux, vos torchons à poussière, mesdames, jetez tout cela loin de vous et au plus vite; ce sont les plus dangereux objets du monde, et, plutôt que de faire le ménage, allez danser! Car un savant docteur vient d'étudier, à l'aide du microscope, des poussiéros de plusieurs provenances et il y a constaté la présence d'un nombre considérable de microbes meurtriers de notre espèce : microbes (1) de la phtisie, du choléra, du typhus, de la diphtérie.

« Le docteur en a conclu que ce sont autant d'ennemis qui dorment sur les meubles et dessous, dans les coins, derrière les cadres, sur les parquets des chambres, dans les rideaux, sur les étagères, et que ces ennemis, il ne faut pas s'amuser à les réveiller, à les disperser à coups de plumeau ou de balai ; sinon, les voilà errants, et, dans leur course vagabonde, mis en passe de rencontrer le terrain qui seul leur manquait pour croître, multiplier et empoisonner. Ce terrain, c'est notre organisme qu'ils se chargent de détruire... »

De l'air d'un homme qui vient de trancher une grande question, Sylvain regarda sa femme, puis Mme Valon, et enfin Mlle Lucie, pour juger de l'effet produit par sa lecture.

Le microscope.

Pour étudier les objets invisibles à l'œil nu, ou si petits que les détails en échappent à la vue, on se sert d'un instrument d'optique, appelé *microscope*, qui, par une savante disposition de lentilles de verre, fait paraître ces objets dix, cent, mille fois plus gros qu'ils ne sont en réalité. — Les différentes parties du microscope sont : 1, l'oculaire ; 2, le tube ; 3, l'objectif ; 4, le porte-objet ; 5, le miroir ; 6, le pied ; 7, la vis de mise au point.

Lire a l appendice : 1. *Ce que les savants ont trouvé dans les poussières.*

— « Bien ! dit Mme Valon, j'avais entendu parler de cela déjà : aux dernières vacances, mon fils Georges m'a cité des faits observés par lui-même, dans ses études médicales, et notamment celui-ci : une dame d'une méticuleuse propreté vit un jour sa tête envahie par la teigne, maladie du cuir chevelu qui fait tomber les cheveux.

« Or, cette maladie est causée par un champignon microscopique bien connu, et elle se développe surtout dans la chevelure des gens malpropres, vivant sans hygiène.

« Intrigué, Georges fit une enquête et finit par découvrir que la literie d'une famille atteinte de la teigne avait été battue et refaite dans un terrain vague, voisin de l'habitation de cette dame.

« L'étrange accident était expliqué : un germe du champignon morbide, emporté avec la poussière de la literie, puis chassé par un coup de vent dans l'appartement de la dame, avait suffi.

Microbes de la tuberculose, du choléra et de la diphtérie.

Les *microbes* sont des êtres d'une telle petitesse qu'on ne peut les voir qu'à l'aide du microscope. Ils participent à la fois du végétal et de l'animal et se développent avec une très grande rapidité dans une foule de fermentations ainsi que dans le corps des animaux. La rage, le charbon, la phtisie, le choléra, le croup, la fièvre typhoïde, entre autres, sont dus à des microbes particuliers.

La découverte des microbes et de leur influence est due au savant français M. Pasteur et à plusieurs de ses élèves, notamment au Dr Roux. Elle a produit déjà des résultats considérables et rendu de grands services à la science et de l'industrie.

« Les poussières sont si bien les véhicules de germes dangereux qu'à Paris il vient d'être interdit de cracher dans les omnibus et les bateaux, les crachats pouvant contenir des microbes qui, desséchés, mélangés aux poussières qui voltigent dans l'air, se propagent facilement.

« Les affections des voies respiratoires, la phtisie pulmonaire surtout, peuvent naître de là.

« Mais, par crainte du danger, laissera-t-on la poussière s'accumuler chez soi, y couvrir, y noyer tout, comme le veut notre savant? Et n'est-il pas beaucoup plus simple de ne pas la laisser entrer! Le balai, le plumeau, le torchon passant partout, chaque jour, suffisent à nous préserver de l'envahissement de cet ennemi.

Une fois la poussière accumulée, on prendra soin de ne pas l'éparpiller, on la recueillera doucement avec un linge un peu humide pour la secouer au dehors...

« Dans les maisons imprévoyantes où ces armes se reposent un peu trop souvent, une fois la poussière accumulée, on prendra soin de ne pas l'éparpiller (1), on la recueillera doucement avec un linge un peu humide pour la secouer au dehors.

« Là, microbes, parasites animaux ou végétaux, seront ou bien rôtis par le soleil ou bien chassés par la pluie dans le sol et rendus ainsi impuissants.

— « Madame, dit alors M. Dumay, entré depuis un moment, vos paroles me confirment dans une idée que l'expérience et la réflexion m'ont suggérée : c'est que

LIRE A L'APPENDICE : 1. *Les vieilles poussières sont toujours dangereuses.*

nous, êtres humains, nous sommes sur cette terre les maîtres des choses et des êtres inférieurs. Les existences utiles à notre propre vie, nous les conservons ; les autres, les nuisibles, nous devons les supprimer ou, mieux encore, les empêcher de se produire.

« Par exemple, voilà un champ ravagé par le chiendent qui s'approprie la nourriture de mon blé, c'est-à-dire mon pain, ma vie. Vais-je arracher cette mauvaise herbe brin à brin? J'y passerais des années, le chiendent repoussant, à mesure, derrière mon dos. Mais si je sais qu'il a besoin, pour prospérer, d'un sol tranquille, à surface tassée, que fais-je? Je laboure deux fois l'an, je cultive en mon champ des plantes qui demandent à être sarclées, buttées, travaillées sans relâche. Dans cette terre aérée, retournée, ameublie, le chiendent ne trouve plus à vivre ; c'est fait de lui.

« Il y a quelque vingt ans, la rouille du blé envahit mes céréales, plusieurs années de suite, et faillit me ruiner.

« J'appris que cette maladie est causée, comme celle dont vous parliez tout à l'heure, par un minuscule champignon, visible seulement aux ravages qu'il fait. Mais j'appris en même temps que ses spores ne peuvent germer que sur le feuillage de l'épine-vinette, d'où les germes, une fois formés, sont chassés par le vent sur les feuilles des céréales, où leur développement s'achève.

« Je supprimai alors toute l'épine-vinette qui bordait mes champs, et les spores du champignon de la rouille, ne trouvant plus les conditions nécessaires à leur existence, disparurent.

« De même la saleté est évidemment la cause la plus fréquente de l'éclosion d'une quantité de vermines, de microbes, de germes pernicieux et, par suite, de pestes mortelles. Et c'est supprimer tout cela que de supprimer la saleté.

« Voilà pourquoi j'estime que les femmes attentives à la propreté de leur maison doivent être encouragées, et que nous, pères, maris ou fils, nous leur devons toute notre reconnaissance pour leur sollicitude à entretenir un milieu favorable à notre santé et à notre force.

« Comme dit le proverbe : « Femme de bien vaut un grand bien. »

On applaudit à ces paroles de M. Dumay, et Sylvain

L'épine-vinette.

A, plante et fruits — B, feuille attaquée par le premier état de la maladie. — C, feuille de blé attaquée par le second état de la maladie appelée vulgairement *rouille du blé*.

tout le premier, qui remit en poche son journal en disant :

— « Allons ! les dames ont toujours raison. »

Le grand-père ajouta :

— « Oui, et ce que je souhaiterais, c'est de voir François d'abord, Charlot ensuite, unis à des ménagères aussi sérieuses que leur sœur Suzette, et que Mme Valon qui a eu le grand mérite de l'instruire et de l'élever. »

Mme Valon le remercia, puis demanda des nouvelles des deux jeunes gens, Charlot et François.

Eh bien ! Charlot travaillait ferme ; il achevait avec fruit sa seconde année d'enseignement agricole, et François préparait un examen qui lui vaudrait une position fixe dans les télégraphes.

— « Ah ! ah ! sa dernière lettre disait cela ?

— « Oui, madame, et elle nous chargeait aussi de ses respectueuses amitiés pour vous ainsi que pour monsieur Valon. »

Mme Valon parut très contente de ce bon souvenir et de ces nouvelles qui, dit-elle, allaient faire grand plaisir à son mari.

Quant à Mlle Lucie, elle ne dit rien ; son attention, d'ailleurs, semblait toute aux feuillages du jardin qu'on apercevait à travers la fenêtre ; elle ne les quitta pas du regard.

C'était maintenant une grande demoiselle, svelte, de belle santé, aux yeux vifs, à la physionomie intelligente, expressive, ce qui vaut encore mieux que la beauté. Joignez à tous ces avantages une simplicité charmante, sans la moindre trace de cette coquetterie, de cette recherche à attirer l'attention qui déparent tant de jeunes filles.

Elle se retira bientôt avec sa mère.

6. — Autres soins.

Pendant ce temps, Ludivine avait allumé le poêle pour préparer le souper.

Le soir descendait. De l'étable arrivaient des beuglements sonores. Sylvain se dirigea de ce côté, car il connaissait la vieille chanson :

« Si vous avez, fermiers, des bœufs dans vos herbages,
Songez, soir et matin,
Qu'à leur tour ils ont faim. »

En même temps, autour de la maison rôdaient les poules qui, par de très hauts caquets presque impérieux, semblaient dire : « Et la poulaille aussi, si vous en avez, songez soir et matin, et même plus souvent, qu'à son tour, elle a faim. »

Et tout aussitôt, troisième couplet de la même

chanson. Cette fois, c'est Madelinette qui le braille en se démenant des pieds et des mains dans son fauteuil où sa maman l'a assise pour mieux vaquer à son ouvrage.

Berceau.

Les berceaux en fer ou en osier posés sur des pieds solides ne laissent rien à désirer au point de vue de la propreté et de la commodité. Les rideaux qui couvrent ces berceaux peuvent, à volonté, se croiser ou ne pas se croiser, et permettent, suivant la saison, de donner à l'enfant tout l'air dont il a besoin

La garniture du berceau est partout la même. On met dans le fond un ou deux paillassons faits avec de la balle d'avoine, des feuilles de fougère sèche, de la bruyère fine La laine, la plume, le duvet ne doivent jamais être employés. Une couche en toile, un oreiller de crin ou de balle d'avoine, une couverture de laine ou de coton, une couverture tricotée et, quelquefois, un petit édredon, complètent la literie du nouveau né.

Là! là! mademoiselle, vous n'avez pas besoin de chanter plus fort que les poules! Calmez-vous, ma mignonne, voici un délicieux potage de lait frais... mangez... mangez vite... ah! que c'est bon!

Si bon que bientôt il n'en reste plus goutte.

Et vite, maintenant, à votre berceau, sous les frais rideaux qu'on y a mis ce matin.

Maman Suzette y couche l'enfant après l'avoir rafraîchie d'un peu d'eau et enveloppée dans une longue chemise de nuit. Elle murmure un léger dodo, tandis que Marguerite plie et range les hardes de jour de sa petite sœur.

Les yeux du bébé, qui commençaient à s'appesantir, s'entr'ouvrent et elle sourit à sa mère.

Dormez, dormez vite, chérie ; car là-bas on attend maman ! on y a besoin d'elle aussi.

Cependant maman n'agite pas le berceau ; les mères d'aujourd'hui savent que le bercement est regardé comme au moins inutile, et que nombre de médecins l'accusent même d'ébranler le cerveau, les nerfs de l'enfant.

Ils repoussent ce moyen factice. La paix, le silence, l'obscurité autour du berceau sont les conducteurs naturels du sommeil.

Ah ! Elle dort... Maman Suzette demeure encore quelques instants pour s'assurer que Madelinette est bien endormie, puis, sur la pointe des pieds, elle descend avec Marguerite.

En bas, Ludivine mettait le couvert (1), assez drôlement, comme c'était son habitude : trois des assiettes se touchant, les trois autres se boudant à forte distance l'une de l'autre ; et les couteaux, les fourchettes, les verres, placés au hasard. Tout cela semblait jouer à cache-cache.

— « Eh bien ! j'espère que cette fois ça va, et qu'il n'y

Pommes de terre.

On classe le végétal qui produit la pomme de terre parmi les plantes herbacées. Sa tige atteint une hauteur de 0m,40 à 0m,60 ; elle porte des feuilles cotonneuses en dessus et d'un vert foncé à la partie supérieure. Les fleurs, réunies en touffes, sont blanches, violettes ou roses et les fruits forment des baies sphériques verdâtres, grosses comme des noix au minimum.

Au pied de la plante et dans l'intérieur du sol apparaissent des renflements de la tige souterraine, sous la forme de tubercules pleins de fécule qui fournissent un aliment précieux. On cultive la pomme de terre de préférence dans les terrains calcaires ou sablonneux.

La pomme de terre entre pour une part importante dans l'alimentation de l'homme ; on l'a introduite dans le régime des animaux de la basse-cour, du porc par exemple, auquel elle procure un engraissement rapide.

LIRE A L'APPENDICE : 1 *Manière de mettre le couvert.*

manque rien ? dit Ludivine en arrêtant Marguerite au passage.

— « Oui, cette fois, ça va, répondit en riant la fillette, qui mit lestement les choses en place, et il ne manque que les coquetiers..., le sel..., le couteau à pain. »

Pour son triple oubli, la vieille Ludivine leva trois fois les bras d'étonnement.

— « Oh ! voyez un peu, j'avais pourtant bien fait attention ! Décidément, je n'y arriverai jamais ! Il faut être habituée à tout cela dès l'enfance. On ne m'a rien appris, je n'ai jamais mangé que sur mes genoux, et mes parents aussi ; le reste à l'avenant. »

En parlant, elle aidait Marguerite à mettre les coquetiers, le sel... ; mais où était le grand couteau à pain ? — on se servait ici d'un couteau à pain, par excès de propreté. — Eh bien, où était-il ?...

Maman Suzette qui, dans la cuisine, surveillait la cuisson des pommes de terre à l'étouffée et choisissait les œufs qui, avec ce premier plat, devaient composer le repas, arriva pour chercher aussi le couteau qu'elle était certaine d'avoir rangé elle-même dans le buffet ; mais ce fut en vain, et, désespérant de le trouver, elle appela toute la famille pour se mettre à table.

7. — Pierre sur la sellette.

Le grand-père, Sylvain et les enfants entrèrent.

— « Vous n'avez pas vu le couteau à pain ? demanda la maman.

— « Non. »

On regarda dans les coins, partout, quand tout à coup Pierre, qui, à quatre pattes, fouillait sous le buffet, se releva, se frappa le front, puis sortit en courant.

Il reparut presque aussitôt, tenant le fameux couteau qu'il apporta à son père.

Celui-ci fronça le sourcil.

— « Mais ce couteau, dit-il, est tordu, ébréché?

— « Oui, papa, balbutia Pierre, c'est en faisant les margotins... Il y avait une grosse branche... Je ne pouvais pas arriver à la casser... Je suis venu prendre le grand couteau...

— « Et tu as coupé la branche?

— « J'ai essayé, mais je n'ai pas pu.

— « Naturellement! Il t'eût fallu une serpe et surtout une force de poignet que tu n'as pas encore. Tu aurais pourtant dû songer que ce couteau ne t'appartient pas; ta mère et moi nous l'avons payé cher pour l'avoir bon. Nous ne le tenions pas sous clé parce que nous comptions sur ta discrétion; et le voilà détruit. »

Les larmes commencèrent à perler aux yeux de l'enfant.

Le papa continua :

— « Ce dégât est plus grave que tu ne le penses; d'abord, il nous atteint directement : avec l'argent que va nous coûter l'achat d'un autre couteau, nous aurions pu nous procurer quelque objet nouveau qui eût augmenté notre bien-être; et puis, tu as détruit un bon outil, œuvre du rude labeur, non pas d'un homme, mais de quantité d'hommes. Songe, en effet, mon fils, à ce que nous coûterait un couteau, si, au lieu de le trouver sous notre main, dans un tiroir, il nous fallait aller chercher du fer au sein de la terre, fondre ce fer, le forger, le convertir en acier, puis affiler la lame, l'emmancher.. et le reste! nous y passerions toute notre existence.

« Je ne veux pas que mes enfants soient des destructeurs; il faut respecter le travail. As-tu compris?

— « Oui, papa.

— « Bien, mais il importe de réparer ta faute.

— « J'ai des sous dans ma tirelire, je les donnerai pour acheter un autre couteau. »

M. Sylvain accepta et se tut. Il n'avait pas élevé la voix, pas même grondé; il avait seulement parlé à la raison de son enfant. Et Pierre, maintenant, montrait un visage encore plus grave qu'attristé.

8. — Premier plat.

La double apparition d'un gros plat de pommes de terre fumantes, servies par Ludivine, et du petit Tiennet produisit une agréable diversion.

De même que tout à l'heure, Tiennet avançait discrètement sa mince figure par l'entre-bâillement de la porte; il savait qu'il n'en fallait pas plus pour être invité à dîner, les jours où sa grand'mère travaillait chez Mme Sylvain.

Ah! les appétissantes pommes de terre! et quel bon air vous avait ce beurre placé, sur la table, tout à côté! Cela devait bien valoir le bon lard de tantôt!

Ses lèvres s'humectaient déjà.

Maman Suzette l'appela, le fit asseoir.

— « Ah! ah! encore toi, mon gueux! et avec une mine à faire trembler le pain dans l'armoire! s'écria sa grand'-mère en s'asseyant auprès de lui, et en lui passant une assiette pleine.

— « Mais, d'ordinaire, tout le monde a faim à l'heure du repas! dit philosophiquement Marguerite.

— « Les pommes de terre n'ont pas tant de goût chez nous, murmura Tiennet, qui décidément aimait les bonnes choses.

— « C'est vrai, répondit Ludivine; moi, vous savez, je les cuis à la bonne franquette; il y a longtemps qu'en cuisine je ne fais pas de façons : je les prends, je les lave, je les jette au chaudron avec trois ou quatre bonnes potées d'eau. Puis, le chaudron à la crémaillère, et quelques sarments par-dessous. Voilà. Et toi, Suzette?

— « Moi, répondit Suzette, comme vous, je les prends, je les lave, je les mets dans le chaudron; seulement je n'y ajoute ni trois, ni quatre potées d'eau, non, pas même une goutte, dont elles n'ont pas besoin (1), parce qu'elles contiennent une eau particulière bien suffisante pour les

---

Lire a l'appendice : 1. *Composition de la pomme de terre.*

cuire et leur donner un goût que vos trois ou quatre potées ne peuvent qu'altérer. »

Elle avait raison, maman Suzette!

Vous connaissez ces gâteaux de cire, aux alvéoles superposés, que font les abeilles; ils donnent assez bien

Cheminée de campagne à crémaillère.

l'image de la pulpe des pommes de terre, qui est un amas de petits alvéoles ou cellules.

Ces cellules sont pleines d'un liquide particulier, légèrement acidulé, dans lequel se trouvent en dissolution un peu, très peu de caséine semblable au caillé du lait, un peu d'albumine comme celle du blanc d'œuf, deux substances fort nourrissantes par elles-mêmes; puis, encore, des substances minérales et une essence huileuse d'un goût agréable

Dans ce liquide acidulé nagent des corpuscules blancs comme neige, dix, douze par cellule, qui, au microscope, ont l'aspect d'une série de feuillets emboîtés les uns dans les autres comme des cornets de papier.

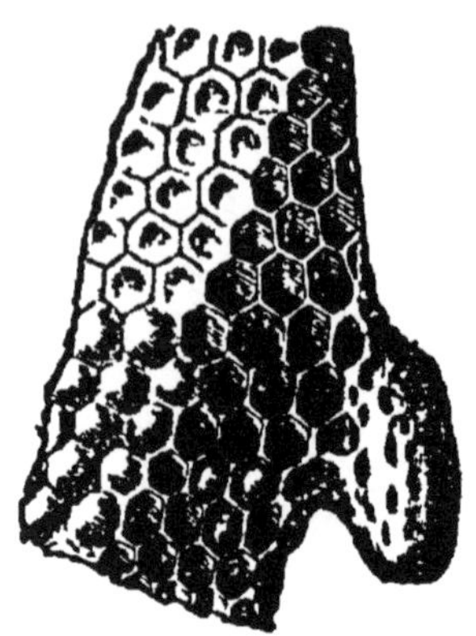

Alvéoles de cire que font les abeilles.

Les abeilles ouvrières construisent ces alvéoles ou *cellules* avec la *cire*. Cette cire sort par des canaux débouchant entre les anneaux de l'abdomen ; elle provient d'une transformation, dans le corps de l'insecte, du miel qui a servi à sa nourriture ; ensuite les ouvrières remplissent les alvéoles du *miel* qu'elles vont butiner sur les fleurs. — Dans d'autres cellules, la femelle pond ses œufs desquels sortent les *larves* ou *couvains* qui sont nourris de miel par les ouvrières. Les larves filent un cocon dans lequel elles se transforment en *nymphes*; après 15 à 20 jours les insectes ailés sortent des cellules.

Ce sont là les grains de fécule ; sous l'action de la chaleur, ils s'imprègnent du jus qui les environne, se gonflent, se déchirent, s'amollissent et deviennent ainsi digestibles.

Donc les potées d'eau de la vieille Ludivine étaient au moins inutiles, sans compter qu'elles noyaient les sucs aromatiques et nourrissants. Et les pommes de terre de maman Suzette parurent d'autant meilleures qu'on les oignait d'un beurre battu de la veille, encore très frais.

Régale-toi donc, mon petit Tiennet! Ce n'est pas tous les jours fête, et tout le monde ne vous sert pas de la marjolin.

Sylvain et M. Dumay avaient choisi cette variété, l'avaient plantée au mois d'avril précédent et cultivée avec le soin qu'il faut mettre à tout travail dont on veut recueillir le fruit.

Ils avaient sarclé les plantes, puis les avaient buttées en formant une petite élévation de terre autour de chaque pied ; car les tiges de cette solanée, si elles s'élèvent librement dans l'air, ne portent que des feuilles et des fleurs, tandis que, rampant sous terre, tous leurs bourgeons à feuilles se transforment en tubercules.

Les tubercules une fois récoltés, les deux jardiniers les avaient abrités, en un lieu obscur et sec, contre la lumière et l'humidité qui les verdissent, leur font prendre un goût âcre, puis pousser de nouvelles tiges. Celles-ci ne se développent qu'en se nourrissant de la pulpe du fruit, dont la fécule s'altère ainsi et se transforme en sucre; si bien que l'on n'a plus à se mettre sous la dent qu'un aliment fade, collant dans la bouche, au lieu de ces bonnes pommes de terre à excellente saveur farineuse.

Aussi n'en resta-t-il que quatre du très gros plat que l'on venait de servir.

9. — Second plat.

Ludivine allait les jeter dans la boîte à ordures; car il n'est pas rare de voir les pauvres gens, et aux champs encore plus qu'à la ville, jeter la desserte de la table par indolence, imprévoyance du lendemain ou ignorance de ce qu'on peut tirer utilement d'un reste. Maman Suzette arrêta Ludivine en lui disant qu'on n'était pas assez riche, ici, pour perdre quoi que ce soit, et que, fût-on riche, on se garderait également de jeter rien de ce qui peut encore servir : les produits utiles coûtent assez de travail, de temps et d'argent pour qu'on n'en gaspille pas une miette; demain, ces quatre pommes de terre seraient utilisées soit dans la soupe, soit en salade.

— « Soit, aussi, ajouta M. Dumay, pour régaler un gros gourmand de notre connaissance qui est là dans la cour. Et nous n'y perdrions rien; car vous connaissez le dicton :

« Il ne perd pas son aumône
Qui à son cochon la donne. »

— « Bon! dépêchons-nous d'être charitables, » dit maman Suzette en riant, et en faisant signe à Pierre et à Paul de porter les quatre pommes de terre au porc qu'on engraissait.

Et pendant que les enfants sortaient, elle se leva pour aller faire cuire elle-même les œufs à la coque.

Vous savez, sans doute, la réponse d'une vieille mère-grand à qui son petit-fils, désirant prendre femme, demandait conseil.

— « Ah ! mon garçon, vous voulez, dites-vous, une femme d'un esprit sérieux, attentive, ponctuelle à son devoir, soigneuse des affaires de votre maison?... Eh bien ! choisissez celle qui, en quatre jours d'affilée, aura cuit quatre fois des œufs à la coque qui ne seront ni crus, ni durs, mais à point chaque fois. »

La vieille dame avait raison; elle savait, en effet, que ce n'est pas la première venue qui sait préparer les œufs à la coque, car il faut faire attention : 1° à la quantité d'eau, les œufs devant y baigner entièrement; 2° à la température de cette eau, qui doit être de 100 degrés, celle de l'eau bouillante; 3° au temps qu'il faut les y laisser, c'est-à-dire trois minutes.

Et les insouciantes ou les ignorantes, ce qui est à peu près tout un, ne se fatiguent pas si longtemps les yeux et la cervelle.

C'est pourquoi, neuf fois sur dix, les œufs à la coque sont manqués.

Bah ! disent-elles, à quoi bon tant se préoccuper de ce qu'on mange ou boit, pourvu que l'on mange et boive?

Il serait bon pourtant d'apprendre que de telles opinions sont beaucoup plus légères qu'une coquille d'œuf, et de savoir que notre alimentation est la source où notre corps puise la substance grâce à laquelle il se répare, se reconstitue. C'est d'elle que dépendent notre vigueur physique et intellectuelle ou notre débilité de corps et d'esprit, notre activité ou notre impuissance au travail; en un mot, notre santé ou notre misère physiologique, comme disent les médecins.

Rien donc n'est plus important que la bonne ou la mauvaise façon de se nourrir.

Or, pour en revenir aux œufs, qui sont une des plus riches substances alimentaires (1), après la viande, à

LIRE .. L'APPENDICE : 1. *Composition des œufs.*

cause de la quantité d'albumine (1) qu'ils contiennent, voici les observations d'un savant, le docteur Beaumont, sur leur degré de digestibilité selon la façon dont ils sont cuits : ce savant a déterminé ainsi le temps qu'un œuf met à se dissoudre dans l'estomac et à s'y transformer en chyme : cru, deux heures ; cuit à la coque, trois heures ; en omelette (2), sur le plat (3) ou dur (4), trois heures et demie.

Comme vous le pressentez, ces différences de temps tiennent à ce que l'albumine des œufs, et surtout le blanc, fait d'albumine et d'eau, se dissout plus facilement dans l'estomac à l'état liquide ou se rapprochant le plus de cet état.

Aussi les malades, les vieillards, les enfants trouvent-ils la plus légère et la meilleure nourriture dans les œufs à la coque, cuits à point, à défaut des œufs crus qui ne sont pas appétissants.

Ceux que Suzette apporta sur la table étaient parfaitement cuits, et, de plus, agréables à voir par leur blancheur immaculée, sans la moindre trace de ces souillures dont sont tachés les œufs que pondent, dans les poulaillers mal tenus, les poules condamnées par la fermière à une malpropreté qui n'est pas de leur fait ; car les oiseaux en liberté entretiennent généralement dans leurs nids une grande propreté (5).

10. — Le morceau de verre rouge.

Maman Suzette posait à peine sur la table son plat d'œufs que Pierre et Paul rentrèrent ; ils avaient porté leur aumône « au gros gourmand de la cour ».

Et petit Paul, dès le seuil, se mit à crier :

— « Ah ! que c'est joli ! tout est rouge ! les œufs sont rouges, et la table, et Ludivine, et Tiennet, et vous tous aussi ! »

LIRE A L'APPENDICE : 1. *Valeur alimentaire de l'albumine.* — 2. *Omelette.* — 3. *Œufs sur le plat.* — 4. *Œufs durs.* — 5. *Remarque sur la propreté du poulailler.*

L'œil droit complètement fermé, il tenait devant le gauche un petit tesson de verre rouge qui causait son ravissement.

Maman le fit asseoir, lui tendit dans le coquetier un œuf tout ouvert, salé, remué. Paul le prit et le déposa sur l'assiette de son frère, qui déjà mangeait le sien.

On s'étonna, on demanda des explications.

— « Eh bien! voilà; je voulais ce morceau de verre que Pierre a trouvé tout contre l'auge du porc; j'ai offert à Pierre mon œuf en échange. »

Paul semblait tout heureux de son marché.

Mais papa ne parut pas aussi content que lui ; il regarda Pierre avec quelque sévérité et lui dit :

— « Te rappelles-tu une histoire assez connue et que ta maman t'a contée, celle du sifflet du petit Franklin? Ce sifflet valait bien deux sous; il appartenait à un grand garçon. Le petit Franklin, qui désirait beaucoup siffler dedans, évalua l'objet au prix de son désir et le paya de tous les sous dont sa poche venait d'être garnie par ses parents.

« Pierre! que penses-tu de ce grand garçon qui, profitant de l'envie d'un bambin pour une amusette sans valeur, le dépouille ainsi de toute sa monnaie? Toi, tu affamerais donc ton frère si on te laissait faire, car cet œuf est la partie la meilleure et la plus nutritive de son souper.

« Vraiment, la peine que tu as prise pour ramasser ce morceau de verre ne vaut pas un tel dommage infligé à ton prochain. Tu as commis deux fautes dans la même soirée : c'est beaucoup, mon fils. »

Cette fois, Pierre ne put retenir ses larmes. Il se sentait vraiment désolé ; ce n'était pas un méchant enfant; mais les enfants, même bons, ont des échappées d'égoïsme que les parents doivent très attentivement surveiller par peur de l'habitude qu'ils pourraient en prendre, à leur détriment, et surtout au détriment des autres.

Pierre avait déjà remis le coquetier et l'œuf dans l'assiette de son frère, et il refusa de reprendre le morceau de verre que lui tendait petit Paul. Ce fut Tiennet qui en profita; on le lui donna pour clore l'incident.

Le repas fini, la vaisselle lavée et rangée, Ludivine emmena Tiennet, qui partit tout heureux du bon dîner qu'il venait de faire et du verre rouge qu'il tenait à son œil, en grimaçant beaucoup pour tâcher de voir à travers, si la nuit n'était pas rouge aussi.

Après avoir souhaité le bonsoir à leurs parents, Marguerite, Pierre et Paul gagnèrent leurs chambres, où maman Suzette les suivit pour prendre et examiner leurs vêtements, comme elle le faisait tous les soirs.

Grâce aux bonnes habitudes inculquées dès la naissance, ses enfants n'étaient pas de ces petits brise-tout qui font la terreur des parents.

Et, de son côté, maman Suzette n'était pas de celles qui, par leur négligence, laissent s'aggraver un dommage. Elle savait qu'un coup de brosse régulièrement donné, une tache enlevée (1) sans retard, épargnent des nettoyages dispendieux et conservent aux étoffes leur lustre et leur aspect; qu'un point cousu à temps en évite des centaines qui seraient à faire plus tard, et qu'un quart d'heure employé à propos fait gagner des heures et des journées de besogne.

Il faut dire que, grâce à son bon sens naturel, renforcé encore par l'éducation et l'expérience, elle ne sacrifiait jamais l' « être » au « paraître », et ne se préoccupait nullement d'attirer l'admiration des voisines. Les vêtements de ses gamins étaient faits pour leur plus grande commodité, appropriés aux plaisirs de leur âge qui, vous le savez, consistent à courir, à jouer aux billes ou au saut de mouton, à gambader, à grimper aux arbres, exercices excellents pour fortifier, développer les muscles, mais qui demandent, de la part des membres, une grande liberté de mouvement, comme, de la part des étoffes, une certaine force de résistance. Et c'étaient de solides étoffes qu'on choisissait ici pour la jeunesse.

LIRE A L'APPENDICE : 1. *Enlèvement des taches sur les vêtements.*

Maman Suzette rassembla donc toutes les hardes dès que les enfants furent nichés chacun dans son petit lit, et qu'elle eut largement donné le baiser du bon sommeil en appuyant un peu plus fort sur la joue encore humide du pauvre Pierre. Après quoi elle se pencha sur le berceau de Madelinette, écouta la douceur, la régularité de son souffle, puis, sa charge d'habits sur les bras, elle redescendit.

11. — Quelques bonnes paroles.

M. Dumay et Sylvain étaient sur le pas de la porte, grande ouverte.

Du ciel étoilé la lune versait sa lumière d'argent sur le jardin et sur la campagne; le silence était profond, l'heure pleine de ce calme recueilli, si reposant après les fatigues du jour.

— « La belle nuit! dit Sylvain. J'étais en train de songer tout haut, aux nuits des tropiques dont nous aimions, ton frère Jacques et moi, à savourer le charme, et je me rappelais un dicton de ces heureux pays : « La nuit est douce comme les bras d'une mère. »

— « Oui, dit en souriant Suzette, et c'est, je crois, par une nuit presque semblable qu'arrivèrent ici, voilà huit ans, t'en souviens-tu? les deux amis, deux grands garçons en chantant leur joli « Salut à la fermière *... »

— « Après huit ans ils pourraient le chanter encore, » répondit Sylvain attendri.

Pendant quelques moments tous trois demeurèrent silencieux à ce souvenir du passé.

Puis on rentra; maman Suzette alluma la lampe et se mit à examiner les vêtements des enfants.

A la veste de velours côtelé de Paul un bout de la bordure (1) était déchiré et, au pantalon de Pierre, un bouton manquait; mais rien de plus.

* Voir *Suzette*, page 309.

LIRE A L'APPENDICE : 1. *Diverses manières de border.*

Sylvain, qui regardait vaguement Suzette coudre, prit la parole :

— « La pensée de ce petit marchandage de Pierre me revient, dit-il, et m'attriste. Serait-ce l'indice d'une fâcheuse disposition naissante à faire ses affaires aux dépens de la faiblesse et de l'ignorance d'autrui.

— « J'espère et je crois qu'il n'a commis qu'un enfantillage, qu'un acte de gourmandise, et c'est sa première faute de cette nature, dit Suzette ; il a du cœur, il pleurait encore tout à l'heure dans son lit. Nous ne devons pas moins l'observer avec attention. Nous sommes responsables de sa vie morale. Et cette vie morale, sans laquelle l'homme reste à l'état purement animal, est si précieuse, que, même les bonnes dispositions natives doivent être surveillées chez les enfants. Un bon cœur, trop abandonné à son penchant, tombe aisément dans la faiblesse ; la raison, en l'éclairant, l'empêche de se nuire à lui-même, comme en réglant les actes de celui chez qui domine l'intérêt personnel, elle le garde de nuire à son prochain.

— « Ah! mes chers enfants, dit alors M. Dumay, combien je me réjouis de voir mes petits-fils en si bonnes mains! Ce soir, à table, je n'ai pas parlé, mais j'ai écouté, — et cela souvent vaut mieux que de parler — j'ai écouté et j'ai intérieurement applaudi à votre conduite à l'égard de Pierre.

« La mauvaise humeur, la violence du langage, du geste auxquelles, peut-être, se fussent laissés aller d'autres parents, auraient provoqué de la résistance et de la dureté de la part de l'enfant. Votre modération, Sylvain, et votre jugement lui ont fait sentir la nature fâcheuse de son acte. Il a reconnu la supériorité de la raison, de la bonté, de la justice qui sont les seules forces par lesquelles l'homme domine l'animal.

« Autrefois, à l'heure de votre mariage, je croyais Suzette et Sylvain des êtres accomplis, mais je vois aujourd'hui qu'ils avaient encore beaucoup à acquérir. Votre raison est devenue plus sage, votre cœur plus large ; vous vous êtes élevés à la hauteur de votre tâche d'éducateurs. Quand j'eus perdu l'aide de cette bonne et pure créature que fut ta mère, Suzette, quand je fus resté seul avec mes quatre enfants, je fis mon possible...

— « Oui, père, oui, interrompit Suzette émue, vous fûtes pour nous un père tendre, attentif, maternel; la droiture de votre cœur forma les nôtres à son image.

— « Peut-être...; mais j'ignorais beaucoup de choses que l'école, meilleure aujourd'hui que de mon temps, vous a enseignées à vous. Et je me réjouis à la pensée que ces connaissances enveloppent et pénètrent continuellement l'esprit et le cœur de mes petits-enfants, de façon à les mettre plus tard parmi les heureux de ce monde, c'est-à-dire parmi l'élite morale des hommes qui savent bien clairement ce qu'ils doivent aux autres et à eux-mêmes et qui traversent la vie en semant le bien. »

M. Dumay s'arrêta un moment, puis reprit :

— « Je me tiendrais pour tout à fait content si je voyais les enfants de votre frère Jacques élevés comme les vôtres ! Mais petit Claude et petite Françoise m'inquiètent à mesure qu'ils grandissent... »

Il attendit un mot de Suzette ou de Sylvain; mais ils se turent, ayant sans doute la même pensée que leur père. Et on en resta là sur le compte de la famille de Jacques, car neuf heures sonnèrent presque aussitôt.

C'était l'heure du repos.

12. — Linge blanc.

Le lendemain, comme maman Suzette ouvrait largement la fenêtre de la cuisine à l'air purifiant, un chant d'oiseau, venant du bois voisin, la salua.

Ce chant peu mélodieux était une sorte de grincement prolongé; cependant le visage de Suzette s'égaya comme au plus beau trille du rossignol.

C'est qu'elle s'était bien levée à l'heure qu'elle voulait pour remplir la besogne de la journée, quatre heures du matin, à peu près, comme le disait par son chant la mésange à tête noire.

En effet, dans la pièce à côté, l'horloge sonna bientôt quatre heures.

C'était aujourd'hui jour de repassage, de grand repassage, car on devait aller après-demain, dimanche, dîner en famille à Bois-Maillard, chez Mme Jacques, pour son anniversaire.

Et il fallait que tout le petit monde d'ici, sans compter les grandes personnes, fût « sur son trente et un ».

Rossignol.

Cet oiseau, de petite taille, arrive en France à la belle saison et repart dès les premiers froids. C'est un chanteur des plus habiles, dont la voix est douée d'une puissance extraordinaire.

Mésange à tête noire

La mésange est un petit oiseau qui habite, de préférence, la lisière des forêts. Il se nourrit surtout d'insectes. On a estimé que chacun de ces oiseaux consomme annuellement 200 000 insectes, larves ou œufs. Il est donc des plus utiles à l'agriculture.

Sans perdre une seconde, Suzette tira d'abord du panier le linge à empeser.

Le linge empesé est la coquetterie de la ménagère; c'est là que se prend sur le vif le talent ou l'incapacité de sa main.

Eh! est-ce si peu de chose que de savoir donner à la mollesse de la toile et du calicot la consistance, soit d'un beau papier uni, lisse et blanc, soit celle d'un bristol nacré?

Il y a longtemps qu'on traite ainsi le linge fin : Olivier de Serres, le célèbre agronome du seizième siècle, nous apprend qu'à son époque où les grands cols raides et les coiffes de linge étaient à la mode, les paysannes de certaines parties de la Normandie empesaient fort bien leurs coiffes à l'aide d'une décoction de racines râpées de l'arum, plante des bois assez commune, appelée vulgairement gouet ou pied-de-veau. Après avoir raclé et écaché les racines, elles les fai-

Costumes de femmes au seizième siècle

1. Grande dame noble. — 2. Bourgeoise. — 3. Servante de Paris. — 4 Riche paysanne.

saient bouillir dans l'eau, qui devenait épaisse et mucilagineuse.

Olivier de Serres ajoute que cet empois campagnard ne le cédait guère en « blanche délicatesse à celui des damoiselles fait de blanc amidon ».

Et rien d'étonnant à cela, les racines du gouet contenant, ainsi que la chimie l'a depuis révélé, une fécule très fine.

Amidon et fécule, c'est donc blanc bonnet et bonnet blanc; fécule, quand elle vient d'une racine, d'une pomme de terre, d'un gland de chêne; amidon, quand on la tire de la farine des céréales. L'une et l'autre, c'est toujours une poudre blanche, satinée, formée, comme il a déjà été dit à propos des pommes de terre de maman

Suzette, d'un amas de grains microscopiques, tantôt plus gros, tantôt plus fins, plus allongés ou plus ronds, selon la provenance, mais invariablement composés d'une série de feuillets membraneux superposés.

Dans une terrine, notre ménagere mit d'abord quelques cuillerées d'amidon bien blanc, puis versa peu à peu dessus, en le délayant, un litre d'eau. Cela fit un mélange laiteux où elle trempa les plastrons, les cols, les poignets des chemises d'homme à repasser.

Arum.

L'arum ou pied de veau se trouve surtout dans les endroits frais et ombragés. De sa racine desséchée, on extrait une fécule très fine qui peut servir à empeser le linge, à confectionner des galettes et aussi à nourrir les porcs. Mais à l'état frais l'arum est très vénéneux.

C'était l'empesage à l'amidon cru (1), celui qui convient au linge à raidir et à lustrer.

Voici maintenant l'empesage (2) à l'amidon cuit qu'on emploie pour soutenir seulement un peu le linge, comme les rideaux, le linge de table, les vêtements des enfants. C'est ainsi qu'allaient être traités la robe de brillanté de Madelinette, le jupon blanc de Marguerite orné d'une dentelle au crochet, et les deux complets de toile écrue de messieurs Pierre et Paul. Ce qui restait d'amidon délayé, Suzette l'allongea d'eau dans une casserole posée sur le feu, agita avec une spatule pour empêcher l'amidon de se déposer au fond, et jusqu'à ce que le liquide, de laiteux qu'il était, fût devenu transparent et de la consistance d'une gelée.

Les grains de l'amidon, sous l'action de la chaleur et

LIRE A L'APPENDICE : 1. *Manière d'augmenter le lustre et la raideur de l'empesage.* — 2. *Manière d'empêcher l'empois cuit de coller au fer.*

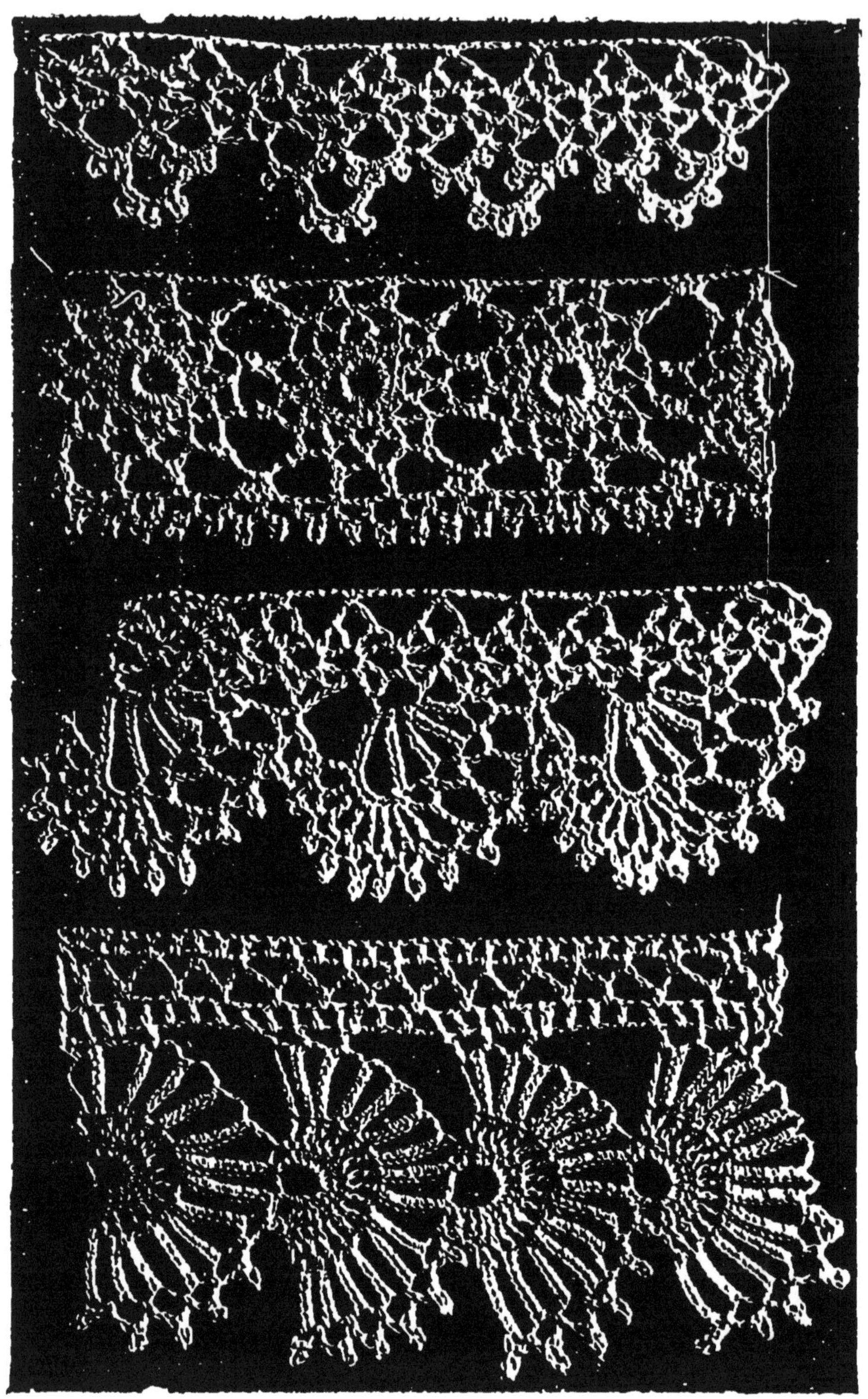

Dentelles au crochet.

de l'humidité, s'étaient gonflés, rompus, leurs feuillets s'étaient étalés.

Dans cette colle légère elle trempa tous les petits objets à empeser, puis, les ayant tordus légèrement, alla les étendre sur la corde au jardin, sous le soleil levant, l'empesage à l'empois cuit devant être sec avant le repassage. Du moins ne doit-il garder qu'une légère moiteur, tandis que l'autre, celui à l'amidon cru,

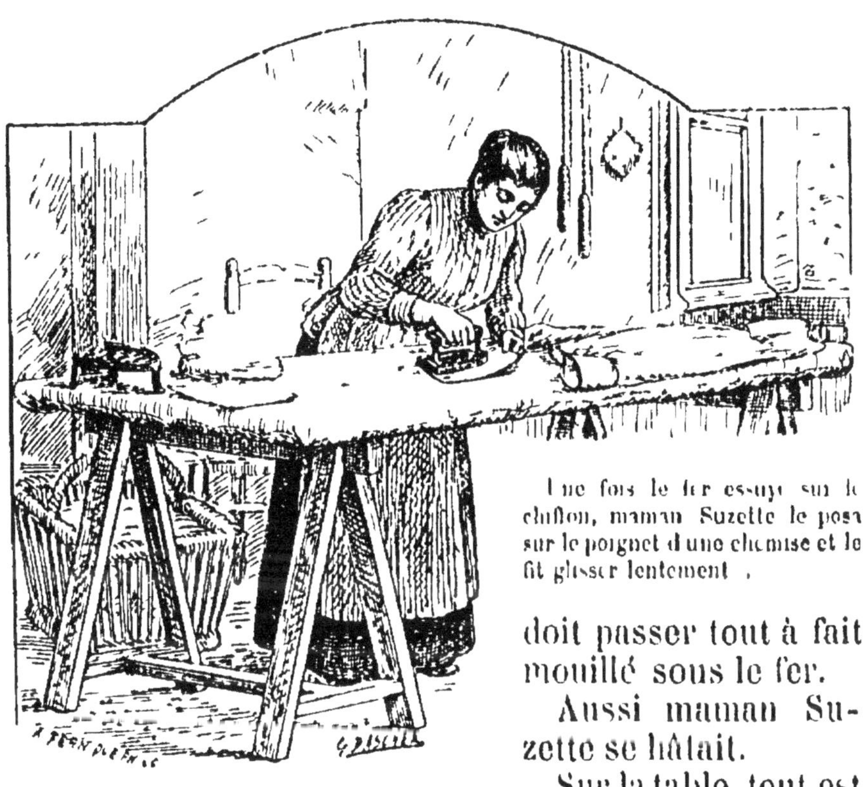

Une fois le fer essuyé sur le chiffon, maman Suzette le posa sur le poignet d'une chemise et le fit glisser lentement.

doit passer tout à fait mouillé sous le fer.

Aussi maman Suzette se hâtait.

Sur la table, tout est déjà préparé. Une couverture pliée en quatre, un napperon blanc, maintenu par des épingles, le porte-fer, une feuille de papier de verre, un chiffon plusieurs fois replié pour essayer le fer en l'essuyant, car il ne s'agit pas de fabriquer du brûlain avec le linge ni de le balafrer de noir (1), quoique les fers ici soient tenus loin de la rouille et de tout ce qui pourrait les salir.

LIRE A L'APPENDICE : 1. *Manière de rendre le fer à repasser lisse et brillant.*

En matière de repassage, comme en beaucoup d'autres, on ne saurait prendre trop de précautions.

Une fois le fer essuyé sur le chiffon, maman Suzette le posa sur le poignet d'une chemise et, en appuyant, le fit glisser lentement à l'endroit, à l'envers, puis encore à l'endroit, replaça le fer sur la grille pour lever le poignet repassé et le fermer; il était raide, blanc, brillant comme porcelaine.

Sous l'action du fer chaud, l'empois s'était fabriqué à la minute et s'était fixé sur le linge en une gomme

Moineaux

Le moineau habite les champs, les bois, les villes, et niche aussi bien dans les arbres que dans les trous des murs ou sous les toits. Il détruit une quantité considérable d'insectes nuisibles. Aussi, dans certains pays, comme l'Angleterre, l'Italie, favorise-t-on la multiplication des moineaux. A Philadelphie (Amérique), on a dû faire venir des moineaux d'Europe pour détruire les chenilles qui dévastaient les jardins de la ville.

incolore et transparente comme un vernis, laissant voir la blancheur de la toile.

Le repassage allait son train quand les moineaux des environs commencèrent à faire entendre leurs premiers pépiements.

Le réveil des pierrots! Cinq heures! l'horloge les sonna; mais, comme vous le voyez, Suzette eût pu, au moins le matin, se passer d'horloge, grâce aux oiseaux dont elle connaissait les habitudes et le chant.

Au même instant Sylvain et le grand-papa parurent.

— « Hé! ma fille, les hommes ici dorment donc plus longtemps que les femmes? » dit M. Dumay, en embrassant Suzette.

Avec un sourire, elle montra la robe de Madelinette, jolie comme du satin blanc, et le reste de la toilette aussi avenant :

— « Ah! père, c'est qu'il faut être propre pour aller dimanche chez l'oncle Jacques! »

Les deux hommes déjeunèrent d'une bonne soupe qu'elle avait mise à réchauffer tout en repassant, puis ils sortirent, le grand-père pour aller semer les graines triées la veille, — car, dit-il : « A qui veut recueillir, il faut semer » — et Sylvain pour visiter l'écurie, l'étable, donner le coup d'œil du maître, de « l'homme aux cent yeux », selon la fable, sans lequel tout flâne et tout cloche.

Bientôt le voisinage s'éveilla; le cliquetis régulier des navettes des tisseurs s'accompagna de roucoulements de pigeons, de fanfares de coqs qui, de tous côtés, s'envoyaient le bonjour, de claquements de fouets avertissant les bêtes attelées que la journée commence. Tout s'agite, tout est mouvement et vie; le travail reprend.

13. — Nouvelle d'héritage.

Un cabriolet qui roulait rapidement s'arrêta en ce moment à la porte de la ferme. Et du cabriolet, attelé d'un robuste cheval pommelé, descendirent deux voyageurs.

— « Jacques! Cécile! » s'écria Suzette, ce qui fit accourir M. Dumay et Sylvain. On embrassa Cécile, qui s'avançait la première, pendant que Jacques passait la bride du cheval dans l'anneau scellé au pilier de la porte à claire-voie.

— « Devinez ce qui nous amène de si bon matin?... dit Mme Jacques.

— « Rien de fâcheux, ma fille, à en juger par votre mine, répondit M. Dumay.

— « A moitié fâcheux seulement, mon père..., nous faisons un héritage !.... »

En se rengorgeant, elle prononça ces derniers mots d'un ton presque solennel. Elle ne manquait pas, d'ailleurs, d'une certaine solennité dans toute sa personne, d'où le naturel d'autrefois semblait s'être enfui : elle était la plus riche de la famille et allait devenir plus riche encore ; ce sentiment la gâtait quelque peu. Il eû gâté tant d'autres !

Tandis qu'elle parlait, on embrassait Jacques.

C'était maintenant un bel homme, notre ami Jacques, portant toute la barbe, et semblable par la carrure et la santé à son beau-frère.

Jacques confirma la nouvelle donnée par sa femme. Oui, on héritait d'un vieux parent très éloigné qu'on n'avait jamais vu, mais à qui M. Cartier, mort aussi depuis quatre ans, avait jadis rendu service. Ce que valait l'héritage, on allait l'apprendre du notaire chez qui on se rendait et dont la lettre d'avis était arrivée la veille au soir à Bois-Maillard.

— « Hein ! reprit Cécile, voilà qui va donner de la considération à notre famille ?

— « Le croyez-vous, ma fille ? répondit doucement M. Dumay. La considération nous est venue avant l'argent ; elle habite chez nous depuis longtemps, de génération en génération. Mon grand-père disait volontiers : « Bon renom vaut un héritage. »

Mais, en personne qui sait bien ce qu'elle dit, l'héritière hocha la tête d'un air entendu, tout en s'asseyant à table devant une tasse de café que Suzette avait préparée.

Jacques s'assit aussi et, tout en buvant et causant, ils remirent la célébration de l'anniversaire de Cécile à trois semaines, pour laisser s'affaiblir un peu l'impression du deuil (1), quelque léger qu'il fût, causé par la mort d'un inconnu.

— « Vous voyez, dit Suzette en montrant son repassage

LIRE A L'APPENDICE : 1. *Règlement du deuil.*

déjà bien avancé, que nous étions prêts pour la fête. »

Ce que se gardèrent bien de contester M. et Mme Jacques, qui, quelques instants après remontèrent dans leur carriole.

Et au revoir, dans trois semaines!

Nos gens de Fragicourt les suivirent un moment des yeux.

— « Je me rappelais tout à l'heure devant Cécile, dit alors M. Dumay, que mon vieux maître me fit jadis apprendre, à l'école, une page où la langue était appelée la meilleure et la pire des choses, parce que d'elle sortent la vérité, la sagesse, mais aussi le mensonge, l'ignorance et la sottise ; et je songeais que l'argent peut également être nommé une fort bonne et une fort mauvaise chose, car, tout en étant pour nous une grande force au service de nos entreprises, il devient assez souvent une source de vanité et de paresse, la plus triste source où l'homme puisse boire! Aussi j'avoue qu'avant de me réjouir de cet héritage, je désire voir l'emploi que mes enfants en feront. »

Là-dessus, M. Dumay s'en retourna à ses semailles, dans le jardin, tandis que Sylvain se préparait à partir pour les champs et que maman Suzette achevait son repassage avant le lever des enfants.

Il ne restait plus d'ailleurs que le linge plat : mouchoirs, brassières, camisoles, tabliers, serviettes, nappes, linge sur lequel le fer court agile et dont l'important est surtout le pliage.

Car du pliage dépend la régularité, la symétrie des piles qui, tout à l'heure, s'aligneront sur les rayons de l'armoire.

Et voilà que le dernier coup de fer est donné au dernier mouchoir de poche.

Le panier se remplit de tout ce linge et l'attirail du repassage disparaît en un tour de main : les fers, la grille sont raccrochés à leurs clous, sous la hotte de la cheminée, et la couverture, repliée sur la poignée, reprend sa place dans le placard.

Qui dirait à cette heure qu'une grosse besogne vient

de s'accomplir ici? Maman Suzette possède ce précieux talent de mener à bien son travail, posément, sans bruit, sans embarras, en personne qui procède avec ordre, différant ainsi beaucoup de ces ménagères qui s'embrouillent dans la moindre affaire, agitées, criant, courant et n'arrivant jamais.

Bientôt un gazouillis joyeux et clair se fait entendre dans les chambres. Autres oiseaux qui s'éveillent et qui, comme la mésange et les pierrots, remplaceraient l'horloge! Il est sept heures.

Avant d'aller à eux, maman pose sur le coin du fourneau une grande casserolée de soupe, de cette même soupe dont le papa et le grand-père ont déjà pris leur part.

Car, vous savez, les oiseaux, ça chante, mais ça mange aussi, et ferme! Trois de ceux-là vont à l'école où, pour bien travailler, il ne faut pas arriver l'estomac vide.

14. — Sous bois.

Sur la route de gravier bleu, entre les blés, vers les dix heures du matin, cheminait la caravane composée de sept personnes, petites et grandes, sans compter le bourriquet qui allait, en tête, chargé de deux paniers, portant, l'un le petit Paul en beau veston de toile écrue, l'autre Madelinette dans sa robe de brillanté si bien repassée et qui lui donne l'air d'un joli pigeon blanc dans son nid.

A la droite de l'âne, Pierre, armé d'un scion dont il cingle l'air, fait l'ânier, tandis que Marguerite, à gauche, avec un pacifique rameau feuillu, chasse les mouches taquines ou malfaisantes en chantant la chanson que sa maman chantait quand elle était petite :

Notre âne avait les quat' pieds blancs
Et les oreill' à l'avenant,
Et le bout du nez pâle,
Ma p'tit' mam'zell' Marianne,
Et le bout du nez pâle, Martin
S'en allait au moulin.

Or vous savez qu'aujourd'hui on allait, non pas au moulin, mais à Bois-Maillard pour dîner chez l'oncle Jacques.

Les trois grandes personnes suivent, causent entre elles; mais maman Suzette ne cesse pas de surveiller d'un œil attentif la tête de la colonne.

C'est un beau jour de printemps; il fait un

Sur la route de gravier bleu, vers les dix heures du matin, cheminait la caravane.

« temps de demoiselle : ni pluie, ni vent, ni trop de soleil ». Le ciel est bleu, la plaine verte, des gazouillis d'alouettes montent des blés; des fleurettes, des papillons égayent la route.

Et voici qu'on entre sous bois. C'est bon de cheminer sous l'ombrage parfumé, à la musique des oiseaux et au bourdonnement des insectes.

Ici, où ils se trouvent bien, sans doute, ces insectes abondent.

Oui, oui, mouches et moucherons, volez, tournoyez, mais, s'il vous plaît, pas trop près de ces gens(1) et de cet âne! On vous connaît. Avec votre air de ne songer qu'à jouer, on sait que vous êtes des buveurs de sang! Car « nature a produit à tout être son ennemi ». Et dans la bande tournoyante bruit le cousin, au multiple suçoir, affilé en lancette, avec lequel il perce la peau en imprégnant la petite plaie de sa salive brûlante pour y faire affluer le sang dont il s'abreuve (2); et aussi la simulie, toute petite mouche du volume d'un grain d'anis, ce qui ne l'empêche pas de faire beaucoup de mal aux bêtes de somme, chevaux, ânes et mulets. Elle s'attaque à leurs oreilles, où sa piqûre détermine des ulcérations très douloureuses.

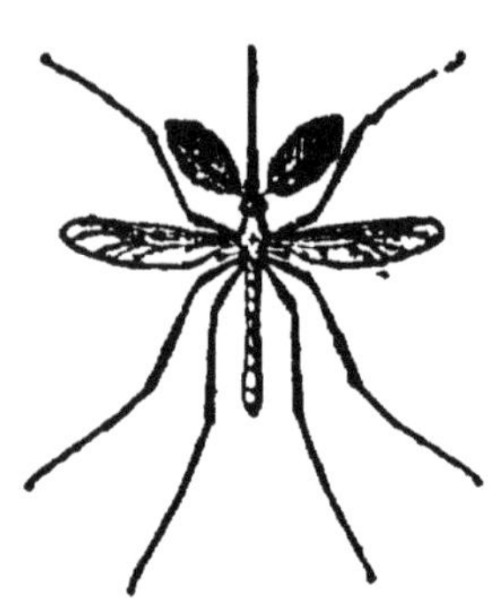

Cousin.

Les cousins, petits insectes au corps frêle et délicat, aux pattes longues, abondent dans les endroits marécageux. Ils sont très avides du sang de l'homme. Notre gravure représente un cousin grossi trois fois, ce qui permet de voir le détail de l'aiguillon de cet insecte.

Et les taons, grosses mouches de neuf à douze millimètres de longueur, aux ailes rousses ou tachetées.

Et l'hippobosque, vilaine et plate, dont la piqûre cause ces fureurs, ces affolements que, par ignorance, on attribue parfois au mauvais caractère de la bête de somme.

Et l'œstre qui, sans piquer comme ses compagnes, laisse, en se balançant, tomber ses œufs dans les poils du genou ou sur les lèvres du cheval ou de l'âne, là où l'animal peut facilement se lécher.

Pour agir ainsi, l'œstre sait-il que la bête, en se

LIRE A L'APPENDICE : 1. *Remèdes contre les piqûres d'insectes.* — 2. *Pourquoi il ne faut pas laisser les mouches se promener sur notre peau.*

léchant, avalera les œufs ; que ceux-ci, arrivés dans l'estomac, y écloront et vivront en larves parasites pendant dix à onze mois, après lesquels, se laissant enfin emporter par la digestion, ces larves finiront par sortir, tomber sur la terre où elles s'enfouiront et, cachées, se transformeront en chrysalides, puis enfin en œstres ailés qui reparaîtront au jour ?

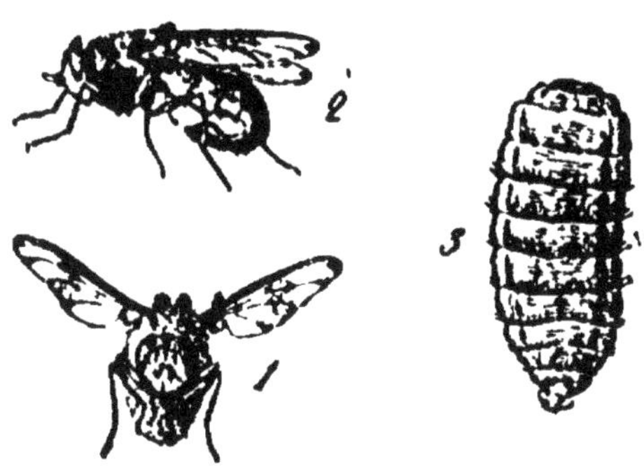

L'œstre du cheval.

Les œstres sont de grosses mouches, très velues, presque sans trompe ; elles déposent leurs œufs sur le corps du bœuf, du mouton, du cheval. Notre gravure représente les trois états différents de l'*œstre* du cheval comme suit : 1, le mâle ; 2, la femelle ; 3, la larve.

Car c'est là ce qui se passe.

Il y a aussi l'œstre du mouton qui donne à ses larves, pour berceau et pour nourrices, les narines du pauvre animal.

Et l'œstre du bœuf qui dépose ses œufs sur le dos des bêtes à cornes, entre cuir et chair, où les larves écloses produisent des tuméfactions qui durent de neuf à dix mois. Au bout de ce temps, sentant venir l'heure de leur transformation en nymphes, elles percent la peau et en sortent pour accomplir sous terre le reste de leurs métamorphoses.

Taon

Cet insecte apparaît en été et en automne ; la femelle s'attaque à nos animaux domestiques, dont elle suce le sang après avoir percé leur peau. La piqûre des taons irrite les animaux et les rend difficiles à conduire.

Les quadrupèdes ne souffrent pas toujours de ce logement forcé qu'ils donnent ainsi à de mauvais hôtes. Cependant il peut arriver que des œufs mal avalés éclosent, non dans l'estomac, mais dans le pharynx des bêtes de somme, et y amènent des désordres graves.

On a vu la larve de l'œstre du mouton aller se loger

dans la cervelle de l'animal et le tuer. Quant à l'œstre du bœuf, c'est aux tanneurs, aux corroyeurs qu'il fait surtout du tort, les larves endommageant beaucoup le cuir de ces bêtes en le perçant.

N'oublions pas la mouche sarcophile (aimant la chair), qui recherche sur la peau des animaux et même de l'homme les endroits où quelque blessure a mis la peau à vif, pour y déposer ses œufs dans les muscles vivants, comme la calliphore (1), ou mouche à viande, fait sur la chair morte.

La mouche à viande ou calliphore.
(Grandeur nature)

Marguerite avait appris à l'école à se défier de ces insectes; et c'est pourquoi elle agitait, à droite, à gauche, pendant la route, son petit rameau feuillu pour protéger l'âne et encore plus Paul et Madeleine que la brave bête portait.

Aussi le bourriquet, content de cette protection, trottinait-il tout guilleret.

Et, au sortir du bois, il poussa un long et joyeux hihan! hihan! sans doute pour remercier la fillette, à moins que ce ne fût pour saluer l'approche de l'écurie de Bois-Maillard que, par expérience, il savait bonne.

15. — Les petits cousins.

Et hardi! il presse le trot. Bientôt on entend les aboiements du chien de garde. On est arrivé.

La porte s'ouvre, comme d'elle-même; les bonjours, les embrassades s'échangent.

Le grand-père, demande où est la petite Françoise qu'il ne voit pas là; et le petit Claude répond:

— « Elle est allée se cacher en vous voyant tous arriver. »

Cécile, la mère, s'étonne tout haut de cette réponse.

LIRE A L'APPENDICE : 1. *Calliphore ou mouche à viande; moyen d'en préserver la viande.*

— « Elle n'est pas allée se cacher, dit-elle ; mais cette petite est la complaisance même ; et elle a été chercher mon mouchoir que j'avais oublié dans ma chambre. »

Mme Jacques avait également oublié, qu'à presque chaque visite de parents ou d'amis, Mlle Françoise jouait la même scène, particulière aux enfants gâtés qui, par vanité ou par caprice, se dérobent au devoir de la simple politesse. On les cherche, on s'occupe d'eux, et c'est là leur principale affaire.

Mme Jacques appela :

— « Françoise ! ma poule, si c'est le mouchoir que tu cherches encore, ne t'attarde pas : viens vite ! »

Cependant Marguerite, dont les yeux s'étaient distraitement portés vers la haie du clos, y surprit, à travers les branches, la figure de sa petite cousine qui semblait fort s'amuser de voir toute la compagnie s'occuper d'elle. En se sentant découverte, elle se renfonça dans sa cachette. Marguerite, dont le cœur était déjà délicat, ne dit mot.

Mais, peut-être, le regard de M. Dumay avait-il suivi le sien, car, à voix assez haute, et en se tournant vers la haie, il dit :

— « Je vous assure, mes enfants, qu'il ne m'en coûte pas plus de me passer du bonjour de ma petite-fille qu'à elle de se passer du mien. Ne songeons donc plus à Françoise. Entrons pour nous reposer un instant avant le dîner. Ma bru, je vous préviens que la route nous a terriblement aiguisé l'appétit.

— « Mon père, répondit Cécile, le dîner sera prêt à midi précis et meilleur, je crois, qu'à l'ordinaire... »

Et tout en faisant asseoir ses hôtes, elle leur apprit que, la veille même, elle avait donné quelques jours de congé à sa vieille servante Brigitte, pour engager une savante cuisinière de Paris, Mlle Sidonie, jeune personne des environs, qui avait servi dans de grandes maisons de la capitale, maisons où elle gagnait de gros gages.

— « J'espère, dit plaisamment M. Dumay, que ce ne sont pas ces gros gages qui ont déterminé la savante demoiselle à quitter Paris ?

— « Non, elle est venue prendre l'air des champs, malgré ses maîtres qui pleuraient de son départ.

— « Parfait, interrompit Sylvain un peu goguenard ; nous ne pleurerons pas de son arrivée, puisque son dîner sera bon.

— « Vous goûterez de son potage et de tous les autres plats qu'elle nous prépare ! Elle sait aussi les manière du beau monde, et peut les enseigner. »

Cécile, sur ces mots, se rengorgea un peu.

— « Vous comprenez, papa, qu'il nous est bien permis, après l'héritage de quinze mille francs que nous venons d'ajouter à notre bien, de prendre les belles manières, et de tenir notre rang ! »

Sans répondre à ces singulières paroles, M. Dumay, Sylvain et Suzette regardèrent Jacques, qui haussa les épaules.

La pauvre Cécile, tout engouée de son héritage de quinze mille francs, croyait à sa supériorité de dame riche comme à la haute distinction de la cuisinière de Paris. Elle n'en voulait pas démordre. Qu'y faire pour le moment? C'est ce que signifiait clairement le haussement d'épaules de Jacques, qui sortit avec Sylvain pour donner au bourriquet la provende qu'il avait bien gagnée.

Les enfants les suivirent dans le jardin et s'y mirent à jouer. Quant à Cécile, elle conduisit Suzette à la cuisine pour qu'elle y contemplât la Parisienne et ses grandes manières.

M. Dumay venait de s'asseoir dans la salle à manger auprès de Madelinette endormie et déposée sur un fauteuil, quand Mlle Françoise montra enfin le bout de son nez. Ce n'était pas un vilain nez, certainement, et le reste du visage était même assez gentil.

Elle commença par tourner autour de son grand-papa pour attirer son attention, mais comme il semblait ne pas la voir, elle cria :

— « Bonjour ! grand-père... »

Il fut aussi sourd qu'aveugle.

Elle finit par le tirer par la manche :

— « Bonjour! grand-père! » répéta-t-elle.

Il la regarda un moment, d'un air très surpris.

— « Ah! ma mie, répondit-il, votre horloge retarde; l'heure des « bonjour » est passée. Vous me direz « bonsoir » dans quelques heures, à mon départ, à moins que vous n'aimiez mieux disparaître pour vous faire appeler. »

L'enfant s'éloigna, un peu confuse, paraissant avoir compris, et rejoignit Marguerite qui cueillait des fleurs dans le jardin.

Au même instant, sous le hangar, les trois garçons trouvaient une corde, derrière un tas de fagots.

— « Quel bonheur! dit Claude, nous allons l'attacher aux branches basses de ces deux pommiers et cela fera une balançoire. »

Pierre, à qui l'on avait appris qu'il faut d'abord bien examiner les choses avant de s'en servir, montra plusieurs endroits de la corde où les brins de chanvre détordus, effilochés par l'usure, n'avaient pas l'air très solides.

Mais Claude déclara qu'il s'était souvent balancé avec des cordes beaucoup plus vieilles, beaucoup plus usées que celles-là.

— « Allons, viens, nous jouerons à un autre jeu, » dit Pierre en prenant Claude par le bras.

Mais Claude résista :

— « Je fais ici ce que je veux, dit-il; tu ne peux pas m'empêcher de me balancer!

— « Non; mais c'est le mauvais état de cette corde qui devrait t'en empêcher. »

Là-dessus, Pierre et Paul s'éloignèrent du hangar et furent appelés par Françoise qu'ils coururent rejoindre.

— « Est-ce que vous n'avez pas faim? demanda-t-elle.

— « Si! répondirent-ils en même temps que Marguerite qui s'approchait avec un bouquet de fleurs.

— « Moi, j'ai grand'faim, reprit Françoise, il doit être plus de midi; la cuisinière est en retard. Vous ne l'avez pas vue ?... elle a un tablier blanc... Vous n'avez pas de cuisinière, vous ?

— « Non, dit en riant Marguerite; Ludivine n'est pas une cuisinière et elle n'a pas de tablier blanc.

— « Oui, vous, vous n'êtes pas riches. Mais ça ne fait rien; venez avec moi, je vous donnerai quelque chose à manger. »

Elle les conduisit au clos plein de pommiers.

Maman Suzette, qui les suivait des yeux par la fenêtre,

La culture des **pommiers** remonte à la plus haute antiquité. On fait le cidre avec certaines variétés, surtout les pommes acides et amères (rouge bruyère, reine des pommes, Barbarie, médaille d'or). Pour l'alimentation, les variétés les plus connues sont les reinettes de Caux, du Mans, franche, etc., la calville, la capendu ou courtpendu. Les pommes se conservent facilement de l'automne au printemps suivant.

leur cria de ne point s'éloigner, car l'heure approchait où l'on allait sans doute dîner...

— « Dans un quart d'heure ! » ajouta Cécile.

Mais les quarts d'heure passèrent sans que le repas, promis pour midi juste, sortît de la cuisine : le feu n'allait pas.

Jacques et Sylvain remplacèrent la soupe par une conversation sur le rendement et le prix des céréales; Suzette s'occupait de Madelinette réveillée, et Cécile, du couvert; à chaque instant, elle s'y reprenait, plaçait et déplaçait les objets, sans doute pour les mettre à la mode de Paris.

Quant à M. Dumay, il tirait sa montre et bâillait ; ses traits exprimaient la fatigue ; il commençait même à n'avoir plus faim, comme il arrive quand le repas tarde trop. Bientôt une heure sonna :

« Dîner longuement attendu
N'est pas donné, mais chèrement vendu »,

murmura-t-il.

16. — Les petits cousins (*Suite*).

Maman Suzette, inquiète des enfants, finit par les appeler. Sauf Claude, ils arrivèrent tous. Françoise était livide.

Dans le clos, elle s'était bourrée de pommes vertes, malgré ses cousins qui en connaissaient les inconvénients. Le sucre et l'arome particulier qui sont le principal agrément des fruits ne se forment qu'à la longue, à mesure de la maturation. Et vous n'ignorez probablement pas l'action de l'acide malique (1), contenu en excès dans tous les fruits verts, sur l'émail des dents qu'il corrode, en les disposant à la carie, et sur les muqueuses du tube intestinal qu'il irrite, en causant des coliques.

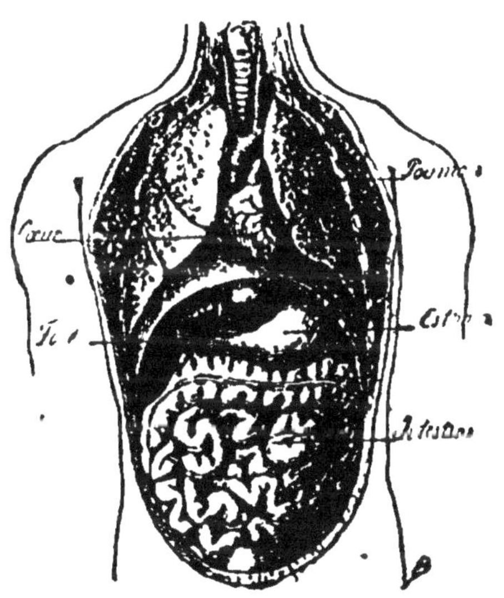

Le tube intestinal chez l'homme

Mais Françoise, éprouvée déjà pourtant cette année-là par les groseilles, avait oublié les coliques passées.

Les enfants abandonnés à eux-mêmes et à leurs mille

LIRE A L'APPENDICE : 1. *Composition des fruits.*

volontés ne deviennent raisonnables que fort tard, quand toutefois ils le deviennent.

— « Allons ! dit le grand-père en apprenant ce qui s'était passé dans le clos, Françoise a dîné pour plusieurs jours ; elle peut aller se coucher. »

A ces paroles, Françoise se mit à pleurer, à crier. Et sa mère chercha à la consoler en lui disant que,

Le pauvre Claude gisait sur le sol. .

peut-être, elle pourrait tout de même goûter un peu aux bonnes choses qu'on préparait à la cuisine.

— « Mais à propos, où est Claude ? » demanda Jacques.

Pierre n'eut pas le temps de répondre ce qu'il savait, que déjà des cris éclataient sous le hangar,

Toute la famille s'élança de ce côté. Et que vit-on ? A deux branches de pommiers se balançaient deux bouts de corde, et le pauvre Claude gisait sur le sol.

On le releva ; il avait le visage, les mains, les genoux

ensanglantés et, de plus, une entorse. Mais rien, on se le rappelle, pas même le mauvais état de la corde n'avait pu l'empêcher de se balancer!

Il y a ainsi, par le monde, beaucoup de gens qui, pour suivre leurs caprices contre toute raison, se préparent de graves ennuis; mais au moins ne devraient-ils pas se plaindre. Et Claude poussait des cris perçants.

Sa maman se mit à se désoler presque aussi fort que lui, la tête perdue.

Les cris ne sont pas un remède aux entorses et aux ecchymoses. On transporta le blessé à la maison où maman Suzette avait déjà préparé un verre d'eau sucrée, aiguisée de dix à quinze gouttes de teinture d'arnica (1), un cordial, que Claude but avec plaisir pendant que son père lui épongeait le visage, tout en le couchant sur son lit.

Sylvain saisit des deux mains l'articulation malade et, malgré les cris du petit patient, la pétrit énergiquement pendant trois minutes par des mouvements circulaires d'abord, puis dirigés de bas en haut ..

Alors, avec de grandes précautions, on parvint à le déchausser. Il fallut, pour lui épargner de trop vives souffrances, fendre le bas avec des ciseaux.

— « Maintenant, de l'eau chaude!

— « De l'eau froide!

— « Non, de l'eau tiède! »

Chacun donnait son avis; mais Sylvain saisit des deux mains l'articulation malade et, malgré les cris du

LIRE A L'APPENDICE : 1. *Teinture d'arnica.*

petit patient, la pétrit énergiquement pendant trois minutes par des mouvements circulaires d'abord, puis dirigés de bas en haut.

Il connaissait la vertu de ce massage pour en avoir lui-même, dans sa jeunesse, éprouvé le bon effet.

— « Voilà, dit-il ensuite; il faudra faire cette opération deux fois par jour, matin et soir. C'est le plus prompt remède et le meilleur contre l'entorse accompagnée de gonflement et de douleur. Un autre, mais plus lent, consiste en applications sur l'articulation pendant une heure, soir et matin, de compresses trempées dans l'eau chaude, aussi chaude qu'on puisse la supporter. »

Après avoir été au plus pressé, on s'occupa de panser la figure, les mains, le genou endommagés.

La peau du nez était éraflée sur toute l'étendue de l'arête; la joue, comme labourée par un caillou, présentait une petite plaie de deux centimètres, aux bords irrégulièrement déchiquetés ; des saletés, des poussières avec tout ce qu'elles peuvent contenir, y avaient pénétré. Il fallait en débarrasser les blessures.

C'est ce que fit maman Suzette à l'aide d'un linge bien blanc, humecté d'eau boriquée.

Elle savait — la grande affaire au monde est de savoir — que la principale cause de la suppuration des blessures est la présence d'impuretés dans la chair à vif, et qu'aujourd'hui la médecine recommande le lavage attentif des plaies (1) avec des solutions antiseptiques, désinfectantes, comme l'eau phéniquée (2), l'eau boriquée (3). Heureusement, un flacon de cette dernière se trouvait dans la maison.

A défaut d'eau boriquée ou phéniquée, on peut employer tout simplement de l'eau légèrement salée (4).

Les plaies nettoyées, Suzette y appliqua du taffetas gommé (5) destiné à les préserver du contact de l'air, des mouches et des corps étrangers.

Et notre petit homme, soulagé, se mit à sourire d'aise.

LIRE A L'APPENDICE : 1. *Lavage des plaies.* — 2. *Eau phéniquée.* — 3. *Eau boriquée.* — 4. *Liste de quelques substances désinfectantes, c'est-à-dire, capables de détruire les microbes.* — 5. *Taffetas gommé.*

17. — Arrivée d'un oncle.

Cet avant-dîner devait être aujourd'hui, à Bois-Maillard, une suite de surprises. On eût dit que la grande cuisinière les avait préparées comme autant de bonnes raisons à invoquer contre tous ses retards.

Les aboiements du chien de garde annoncèrent tout à coup une visite. Qui arrivait donc à cette heure ?

— « Eh ! c'est François ! » s'écria Jacques, le premier.

C'était François, en effet.

On courut à sa rencontre, les bras tendus. Comme on l'embrassa ! tout en le félicitant de sa bonne idée et de sa bonne mine.

Il dit qu'il venait de Fragicourt, où il avait appris qu'on festinait ce matin à Bois-Maillard.

— « Et me voilà ! J'ai marché comme le Juif errant. Où est la soupe, si vous en avez laissé ?

— « Ah ! ah ! la soupe ! elle t'attendait, mon fils, et elle attendra sans doute d'autres voyageurs, s'il en doit arriver après toi ! » dit M. Dumay.

François annonça l'heureuse issue de son examen, puis on lui apprit les événements de la matinée en le menant voir les héros des deux aventures, et d'abord Françoise à qui Marguerite servait du thé.

— « Françoise ! dit l'oncle, son parrain, tu as un joli teint !...

— « Ah ?

— « Oui, tu es verte comme tes pommes.

— « Je mangerai du grand dîner tout de même ! répondit Françoise, d'un air décidé.

— « Oui, oui, mais pas trop, » dit très doucement la maman.

Quant à Claude, l'oncle trouva qu'avec son tatouage de taffetas gommé il ressemblait à un sauvage et qu'on pourrait le montrer à la foire, pour deux sous.

Il plaisantait, l'oncle François, se souvenant qu'il avait été lui-même un petit diable donnant du fil à retordre aux siens.

Mais un diable beaucoup moins gâté, beaucoup plus

tenu en bride, aux mains d'un père, d'une sœur qui avaient su le diriger par leur exemple et leurs conseils. Et, aujourd'hui, c'était un grand jeune homme, instruit, avec une position, et à la veille, grâce à son brillant examen; d'être nommé agent spécial dans les télégraphes à Cambrai..., oui, à Cambrai, à deux pas d'ici! C'est ce qu'il annonça à M. Dumay et à maman Suzette, qui l'embrassèrent de nouveau à cette bonne nouvelle.

Il avait demandé ce poste, ajouta-t-il, après en avoir causé avec son excellent ami, Georges Valon, qui continuait à Paris ses études de médecine, tout en donnant des leçons de latin, et qui l'avait chargé de ses meilleures amitiés pour toute la famille.

A ce moment, l'horloge sonna deux heures.

Alors la grande cuisinière parisienne, Mlle Sidonie, apparut, et très grave, droite comme un i, prononça très haut ces paroles :

— « Madame est servie! » puis elle retourna à sa cuisine.

Là-dessus, « Madame » promène ses yeux pleins de fierté sur l'assistance qui se regarde avec étonnement.

Puis le maître de la maison éclate de rire.

— « Ah! ah! ah! dit-il, nous y voilà! depuis ce matin on chuchotait ici avec des airs mystérieux. J'étais déjà informé, qu'ayant hérité de quinze mille francs, nous devions changer du tout au tout le ton campagnard de notre maison. « Madame est servie! » La révolution est faite! Elle ne nous a coûté que deux heures d'attente et de tiraillements d'estomac. Qu'en pensez-vous, bonnes gens de Fragicourt?

— « Pour moi, personnellement, répondit M. Dumay tout en s'acheminant assez vite vers la table, « Madame est servie » ne me déplaît pas tant, pourvu que cela veuille dire, comme je le pense, que nous allons enfin manger la soupe. »

18. — Le dîner de la grande cuisinière.

On s'assit. Cécile, un peu confuse de voir son bel effet manqué, expliqua que « Madame est servie » est la façon d'annoncer le dîner dans les bonnes maisons.

— « Hé! hé! répondit Jacques, les bonnes maisons sont peut-être celles où on dîne à l'heure.

— « N'importe, reprit le grand-père, nous allons goûter à ce repas si longuement préparé et si superbement annoncé. François, mon fils, tu nous en diras des nouvelles, toi qui arrives de Paris. »

La petite Françoise se mit aussi à table, malgré son père. Claude, heureusement, s'était endormi. Et, surtout pour les blessés, dormir vaut mieux que dîner.

Enfin voilà la soupe apportée, cérémonieusement, par la grande cuisinière. Attention! Goûtez-moi ça! c'est ce que disent les yeux de Madame Jacques.

On goûte, on se regarde, personne ne parle, sauf Madelinette, assise sur les genoux de sa maman et qui détourne son petit bécot de la cuillère qu'on lui tend pour la seconde fois:

— « Pas bon! dit-elle, non! »

La mignonne avait déjà, comme vous savez, le goût éveillé.

Chacun pose sa cuillère dans son assiette.

— « La cuisinière a peut-être oublié de mettre la viande dans la marmite, » dit naïvement Marguerite.

Jacques ajoute plaisamment :

— « Ou c'est l'habitude des cordons bleus dans les bonnes maisons. »

Il appelle la cuisinière et lui dit :

— « Sans un fort goût de graillon, la soupe serait tout à fait insipide. »

Mlle Sidonie répond avec assurance qu'elle a servi chez des comtes et des marquis qui ne lui ont jamais fait d'observations, que d'ailleurs elle ne connaît pas encore le goût de monsieur, mais que, si on trouve la soupe insipide, voilà la salière sur la table.

— « Ici et ailleurs, je crois, dit Suzette, on sale la soupe dans le pot, où le sel favorise le dégagement de l'arome de la viande.

— « Quant au goût de graillon, interrompt la cuisinière

comme si elle n'entendait pas ces paroles, ce n'est pas ma faute, mais celle de la marmite.

— « Votre pot-au-feu sans sel a, de plus, été très mal gouverné, ajoute maman Suzette qui n'est pas contente de voir les choses gâchées.

— « Enlevez cette soupe et servez-nous le bouilli, » commande le maître de la maison.

Le bouilli (1) fut placé sur la table.

C'était un morceau de paleron, morceau de seconde catégorie, mais qui peut donner d'excellent bouillon.

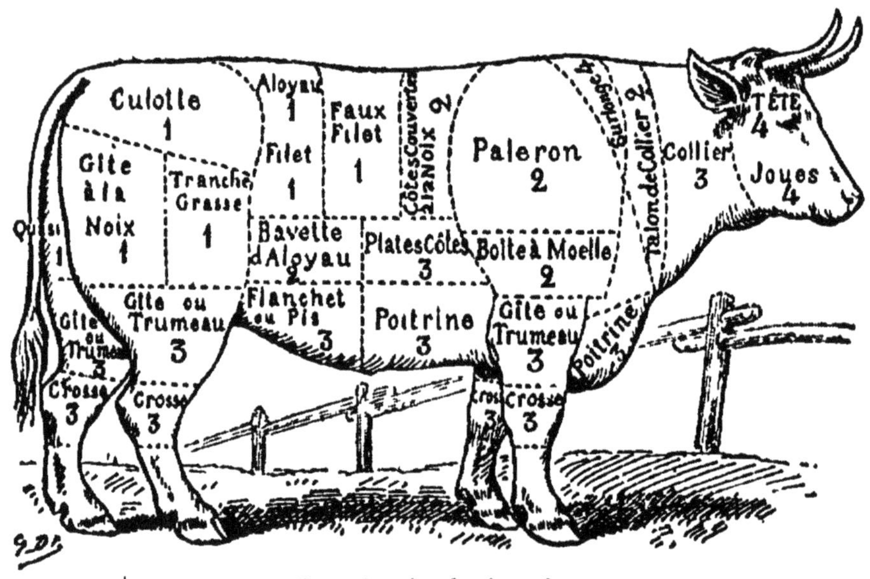

La viande de bœuf.

(Les numéros indiquent la qualité de la viande.)

Quoiqu'il fût réduit d'un tiers (2) par la cuisson en pleine eau, il formait une assez respectable pièce que Jacques découpa et servit.

Malheureux bouilli! Il était digne de la soupe et dur comme cuir.

— « Le boucher m'aurait-il trompée? dit Cécile; je lui ai demandé deux kilogrammes et demi de bœuf pour le pot-au-feu et je pense que c'était suffisant.

LIRE A L'APPENDICE : 1. *Morceaux du bœuf à employer pour le bouilli.* — 2. *Réduction des viandes par la cuisson.*

— « Deux kilogrammes et demi, même en en défalquant le quart du poids d'os que les bouchers donnent avec la viande, dit Suzette, fournissent amplement cinq litres d'excellent bouillon, un litre pour un demi-kilogramme de viande (1).

— « En tout cas, l'eau n'a guère attendri la viande; elle est bien coriace, » dit le grand-père à qui ses dents ne permettaient plus de rudes exercices de mastication.

Et à Mlle Sidonie qui reparaissait, il demanda :

— « S'il vous platt, mademoiselle, combien de litres d'eau avez-vous mis dans la marmite?

— « Combien de litres d'eau, monsieur?

— « Oui, mademoiselle. »

Elle se mit à sourire.

— « Mais je n'ai pas mesuré! J'ai mis l'eau à mon idée. Ce n'est pas avec des chiffres qu'on fait la cuisine. »

Mlle Françoise qui, de sa fourchette, frappait son assiette, interrompit la conversation. Elle aimait mieux qu'on s'occupât d'elle que du bœuf. On avait eu le tort de lui laisser prendre l'habitude d'imposer sa petite personne, d'interrompre les conversations, de fatiguer les gens de ses cris, comme si les enfants ne pouvaient faire absolument que cela en ce monde. Et si le petit Claude eût aussi été du repas, quel concert!

L'indigestion causée par les pommes vertes rendait la petite fille plus agitée qu'à l'ordinaire; elle tapait maintenant sur la table, sur son verre, en criant sottement. Le papa se fâcha, la maman demanda grâce : car la chérie était souffrante! dit-elle.

D'ailleurs, fatiguée sans doute, Mlle Françoise cessa bientôt son jeu.

19. — Gouvernement du feu.

Maman Suzette reprit alors:

— « Quoi qu'en dise la cuisinière de Paris, c'est avec des chiffres, c'est-à-dire avec de justes dosages, des

---

LIRE A L'APPENDICE : 1. *Pot-au-feu.*

proportions aussi exactes que possible entre les parties composant un plat, qu'on fait de bonne cuisine. Pour telle quantité de viande, il faut telle quantité d'eau, de légumes, de sel. Si la cuisinière savait bien cela, elle réussirait à coup sûr et mathématiquement sa soupe.

« On y arrivera quand, par l'instruction, on agira, en toute chose, non plus à « son idée », mais suivant les règles de la science. Jusque-là on continuera de servir des soupes fades ou trop salées, ou encore à l'eau pure, comme celle-ci.

« Car, pour faire à peu près bien, sans connaissances spéciales, il faut beaucoup d'habitude, d'attention et aussi beaucoup de chance. Mais ce qu'il faut savoir absolument, et ce que Mlle Sidonie ignore bien certainement, c'est la manière de gouverner son feu.

« Vous avez vu sur le poêle, ou pendues à la crémaillère, des marmites dont l'eau bouillait à grand fracas, si bien que la vapeur soulevant le couvercle se répandait en jets, comme si elle sortait d'une vraie locomotive.

« Peu à peu, tout ce tumulte s'apaise, la marmite fait silence, s'endort et refroidit. Le feu, non surveillé, s'est éteint ou va s'éteindre.

« Et vite on le rallume, si bien que lui et la marmite reprennent leur vacarme. Mais ce n'est pas pour plus de temps que la première fois, car la ménagère a encore les oreilles et les yeux ailleurs. Les ignorants sont de terribles gens, gâcheurs, destructeurs de bonnes choses.

« Ils ne savent pas que la viande se compose d'un réseau de tissu solide retenant, comme dans une éponge, un suc liquide, et que ce suc liquide est la partie substantielle, aromatique et nutritive (1).

« Or, en cuisine, il importe surtout de connaître la manière dont se comporte sur le feu le tissu solide de la viande : lorsque la chaleur le saisit brusquement à la surface, il se resserre, se durcit en retenant son suc ; si, au contraire, elle le pénètre peu à peu, lentement, il se dilate, laisse échapper ce suc, s'amollit.

LIRE À L'APPENDICE : 1. *Composition de la viande.*

« Pour le pot-au-feu, où il s'agit d'extraire le suc de la viande, de le dissoudre dans l'eau qui deviendra le bouillon et, de plus, d'amollir le tissu solide, un feu gradué, puis modéré et régulièrement maintenu pendant toute la durée de l'opération, est nécessaire.

« De brusques transitions du chaud au froid, du froid au chaud, sont très préjudiciables à la réussite du pot-au-feu. »

C'est ainsi que la cuisinière de Paris, qui, en matière de cuisine, paraissait connaître surtout l'art d'en imposer aux gens par de grands airs et par des « Madame est servie », avait fait ce matin-là du bouillon qui n'en était pas, du bouilli à vous arracher les dents et vous ruiner l'estomac.

Donc sachez régler votre feu (1), c'est presque le fond de la science culinaire.

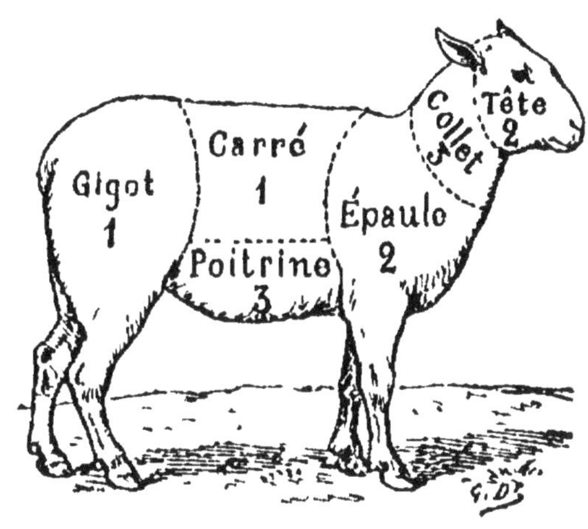

La viande de mouton.

(Les numéros indiquent la qualité de la viande.)

Mlle Sidonie apporta ensuite un rôti de mouton. Plat singulier; ce n'était ni du rôti, ni du bouilli, mais bien quelque chose entre les deux, sans le moindre goût.

Vous savez déjà que le morceau à rôtir et le morceau à bouillir ne se traitent pas de la même façon. Tandis que celui-ci doit exprimer lentement, à feu doux, son suc dans l'eau qui formera le bouillon, le morceau à rôtir, qui n'a rien à faire avec l'eau, doit, au contraire, garder en lui tout ce suc, et, pour cela, il faut qu'il soit saisi par un feu très vif qui resserre le tissu solide à sa surface, y forme une sorte de croûte chargée de retenir à l'intérieur le jus et son arome et de rendre

---

LIRE A L'APPENDICE : 1. *Réglage du fourneau.*

ainsi le rôti aussi savoureux que nourrissant (1).

Les quelques gouttelettes qui tentent de s'échapper sont saisies à mesure par la vive chaleur et, caramélisées, donnent au rôti sa belle et appétissante couleur dorée.

Plus ou moins, tout rôti doit être ainsi traité à feu vif. Les viandes blanches, plus aqueuses, risquant moins de se dessecher que les rouges, exigent une chaleur moins forte, mais aussi un rôtissage un peu plus prolongé (2).

La grande cuisinière avait oublié, comme vous voyez, de faire surprendre le morceau dont tout le jus s'était ainsi fort tranquillement sauvé. Et puis, pendant la cuisson, elle avait laissé son fourneau s'éteindre trois fois. Aux mains d'une évaporée, le fourneau s'éteint toujours.

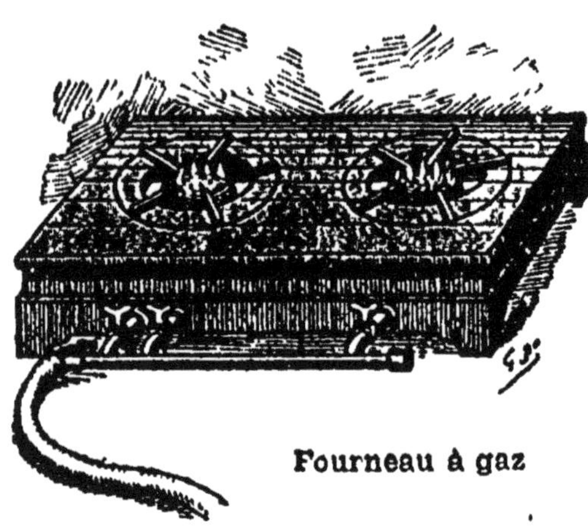

Fourneau à gaz

Quand tous les foyers se régleront à volonté, comme se règlent aujourd'hui ceux à gaz où un robinet, peu ou largement ouvert, vous donne le feu vif ou le feu doux, alors, seulement, les bonnes cuissons se feront comme d'elles-mêmes.

Mais elles seraient déjà rendues faciles, par l'application du thermomètre (3) à la cuisine. Avec ces seules données : Il faut 150 degrés de chaleur pour saisir un morceau de bœuf à rôtir; 140 degrés pour une volaille; 200 pour frire du poisson et des pommes de terre; 75 pour faire une crème, une sauce blanche... la cuisine irait à coup sûr.

On n'aurait plus de ces plats réussis hier, manqués

LIRE A L'APPENDICE : 1. *Développement de l'arome des viandes sous l'action de la chaleur.* — 2. *Durée du rôtissage.* — 3. *Moyen pratique de juger si le four à rôtir est à la température voulue.*

aujourd'hui par la même personne, souvent aussi attentive aujourd'hui qu'elle l'était hier.

Cela viendra, car tout ce qui est de première nécessité pour l'homme finit par arriver. Et sa cuisine, son alimentation sont affaires de première nécessité.

A la campagne, les dîners de gala exigent deux rôtis, au moins.

Aussi un gros poulet fut-il servi à la suite du mouton : un poulet de la race de Crèvecœur (1), aux membres forts, à la chair fine, que, depuis huit jours, Jacques, en ancien bon élève de l'École d'agriculture, avait mis à part et soigné pour ce beau dimanche, le nourrissant de grain trempé de lait caillé.

Mais, au four, le beau crèvecœur fut traité comme le morceau de mouton, et, quand on le servit sur la table, il parut aussi fade et sans suc.

Devant les observations qu'on lui adressa, Mlle Sidonie se rabattit sur les comtes et les marquis qui toujours s'étaient régalés des rôtis qu'elle leur servait.

— « Ah ! ma fille ! soupira M. Dumay, il ne vous fallait pas quitter ces grands personnages. Ils ne se régalent plus ; ils vous pleurent ! Nous, nous pleurons Brigitte. »

Le thermomètre est destiné à indiquer les variations de la température. Il est constitué par une ampoule de verre, munie d'un tube, dans laquelle on a introduit du mercure, ou de l'alcool coloré en rouge ; puis on a fermé le tube. Une graduation indique les déplacements du liquide, qui s'élève d'autant plus dans le tube qu'il fait plus chaud. Nous avons adopté en France la graduation *centigrade* ; son zéro correspond à la température de la glace fondante ; son point 100, à la température de l'eau bouillante. L'intervalle compris entre 0 et 100 est divisé en cent parties égales.

20. — Salade et crème au café.

La salade fut ensuite servie. C'était une laitue de l'espèce verte-grasse, à la pomme serrée comme un chou cabus, aux feuilles croquantes sous la dent. Fraîche

LIRE A L'APPENDICE : 1. *Choix d'un poulet.*

cueillie le matin même au potager, elle eût dû être excel-

Coqs et poules de Crèvecœur.

Les poules de cette race sont d'une grande taille, de couleur noire ; bonnes pondeuses, leur chair est excellente.

lente. Mais, pour manger bonne une salade, il faut l'é-

Laitue. — Romaine. — Chicorée.

Les plantes employées pour les salades sont : la laitue, dont il existe plusieurs variétés telles que la *laitue frisée* et la *laitue romaine,* l'escarole, la chicorée frisée, le cresson, le pissenlit, le céleri, la mâche ou doucette, le pourpier et la barbe de capucin.

Les laitues et les chicorées sont semées sur couche et sous châssis dès que les froids les plus rigoureux ont pris fin ; on les repique dans des plates-bandes bien fumées et on peut les récolter dès la fin de mai ou de juin. Si l'on veut obtenir des laitues au mois d'avril, on repique des pieds, pris également sur couche, au mois d'octobre. On a soin de les planter à l'exposition du midi, le long d'un mur, par exemple.

plucher, la laver très soigneusement ; puis encore la secouer vigoureusement dans un panier de fil de fer ou dans une serviette, et c'est là surtout l'écueil ; très peu de personnes la secouent à fond; il reste alors de l'eau sur les feuilles, qui ne prennent ni l'huile ni le vinaigre de l'assaisonnement; quant au sel, il se dissout dans l'eau amassée au fond du saladier.

Chou.

Le chou que nous cultivons au point de vue alimentaire est une plante bisannuelle dont les feuilles épaisses, à grosses nervures, se réunissent en une boule souvent plus volumineuse que la tête d'un homme On le sème en pépinière, et au mois de mai on le repique sur un terrain bien fumé; il ne tarde pas à croître et, en fin de saison, on peut l'utiliser.

Or cette laitue était trempée comme après une pluie d'orage, sans compter qu'une fois servie sur les assiettes, on y trouva des débris malpropres.

Ces débris remplaçaient sans doute les herbes aromatiques absentes: le cerfeuil, la civette, l'estragon, la pimprenelle, qui, finement hachés, rendent la salade à la fois stomachique et digestive.

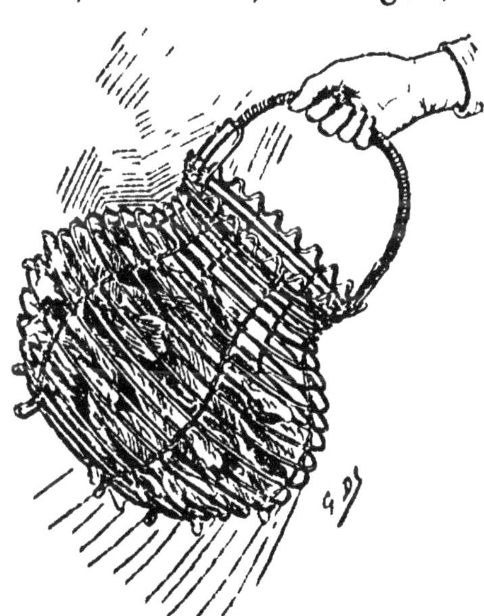

Il faut secouer vigoureusement la salade dans un panier de fil de fer ou dans une serviette.

Au dessert, parut une crème au café, crème qui se compose, comme vous le savez, de lait, de café, de sucre, d'œufs en proportion déterminée (1), battus ensemble et intimement mélangés. Dès que ce mélange qui, grâce aux œufs, contient une forte dose d'albumine, est échauffé, soit dans un bain-marie, soit dans un four doux jusqu'à 60 ou 70 degrés centigrades, il se solidifie et prend la consistance d'une gelée tremblotante.

Lire à l'appendice. 1. *Crème au café.*

Mlle Sidonie, indifférente aux détails et aux chiffres, comptait, pour réussir ses crèmes et le reste de ses plats, sur le hasard, la chance qui, ce jour-là, l'avaient complètement trahie.

La crème n'était pas d'un aspect fort engageant ; aussi

Cerfeuil (1). — Pimpronelle (2). — Civette (3). — Estragon (4).

Le *cerfeuil* a les mêmes propriétés que le persil, mais à un moindre degré : il est stimulant, apéritif, désinfectant. La *civette* jouit de toutes les propriétés des plantes de la tribu des alliacées ; elle est nourrissante, désinfectante et vermifuge. L'*estragon* est tonique ; la *pimprenelle* astringente. En somme, l'habitude de rehausser le goût des salades à l'aide des fines herbes est hygiénique.

nos gens de Fragicourt, qui s'y connaissaient, ne la goûtèrent-ils que du bout des lèvres.

Mais comme, malgré tout, c'était sucré, Mlle Françoise, gourmande de sucre comme une petite mouche, en redemanda.

Son estomac, déjà secoué par les pommes vertes, protestait; elle avait mangé de tout; mais les enfants habitués à ne suivre que leur fantaisie ne savent guère entendre les avertissements de la nature, qui, elle, punit toujours ceux qui lui désobéissent.

— « Je veux de la crème ! J'en veux ! criait Françoise.

— « Non, dit son père, en voilà assez; et qu'on se taise, mademoiselle ! »

Ce qui n'empêcha pas la mère de mettre quelques cuillerées de crème dans l'assiette de l'enfant.

— « Françoise, dit-elle, sait mieux que personne si elle a faim ou non; il ne faut pas la faire souffrir, elle ne se porte déjà pas très bien.

— « Ne crains-tu pas, répondit Suzette à cet étrange argument, de la rendre tout à fait malade ? »

Cécile répliqua que, dans son enfance, on ne lui avait jamais rien refusé, et qu'elle ne refuserait rien non plus à ses enfants. Elle ne voulait pas faire leur malheur.

— « D'ailleurs, ajouta-t-elle, vous le voyez, elle est raisonnable; d'elle-même elle s'arrête de manger. »

En effet, après trois cuillerées gloutonnement avalées, Françoise laissa tomber sa cuillère, pencha brusquement vers sa maman son visage décomposé, et, avec un haut-le-cœur, se soulagea l'estomac (1). La toilette de Mme Jacques fut toute éclaboussée, et la pauvre dame n'eut que le temps de se lever pour emporter la malade dans sa chambre, pendant que le reste de la famille se retirait dans le jardin.

Ce remue-ménage réveilla Claude qui dormait. Il se montra désolé qu'on eût dîné sans lui; il s'en consola pourtant en mangeant dans son lit, mais légèrement, car ce fut sa tante qui le servit.

Avant de repartir pour Fragicourt, Sylvain examina l'entorse, massa de nouveau le membre malade malgré les cris du patient, qui pourtant le remercia ensuite du soulagement qu'il éprouvait.

LIRE A L'APPENDICE : 1. *Indigestion.*

21. — Le souci du grand-père.

Quelques instants avant les adieux, M. Dumay emmena Jacques à l'écart.

— « Mon fils, lui dit-il d'un air attristé, ta sœur nous lisait l'autre jour un livre où il était écrit que l'homme de bien et en même temps l'homme heureux est celui qui est devenu capable de se gouverner lui-même, de laisser de côté son intérêt personnel et de maîtriser ses passions. Mais l'homme ne parvient à cet état de hauteur morale que par l'éducation, c'est-à-dire par un ensemble de bonnes habitudes prises et pratiquées dès la plus tendre enfance.

« Le petit enfant est un être très faible, encore plus faible moralement que physiquement : la raison, la conscience, qui nous éclairent et nous permettent de diriger notre conduite sans nuire aux autres ou à nous-mêmes, n'existent en lui qu'à l'état de vague lueur. Ces facultés s'éteignent peu à peu, s'il est abandonné à sa volonté capricieuse, à son égoïsme, à son ignorance, et s'il a manqué de bons éducateurs.

« La culture morale fait éclore en nous le jugement, la bonté, les sentiments de devoir, de justice, de respect du droit d'autrui qui sont des qualités vraiment humaines.

« Les parents doivent les inspirer par l'exemple, la douce autorité de leur parole. Si la nature de l'enfant est rebelle, ils auront recours à la sévérité pour ne pas lui laisser prendre les mauvais plis que donnent toujours de méchants actes répétés.

« Mais, par faiblesse, par gâterie extrême, manquer à des obligations si sérieuses envers ce petit être, c'est le perdre, c'est laisser couvrir d'orties le champ confié au cultivateur pour qu'il en tire de bons fruits.

« Or, mon fils, tes enfants sont à peu près abandonnés. A huit et neuf ans, leur jugement, leur attention sont encore si peu développés qu'ils ne savent même pas profiter des leçons de leur propre expérience. Claude se donne aujourd'hui une entorse après s'être fait déjà, en ces derniers temps, pour satisfaire d'autres caprices, trois ou quatre blessures; Françoise se donne indigestion sur indigestion. Tout cela est triste et inquiétant.

« Regarde les enfants de Sylvain. Assurément ils ne sont pas parfaits, et Pierre a récemment, comme je te l'ai conté, je crois, commis coup sur coup deux fautes, dont l'une, assez grave, dénotait de l'égoïsme.

« Mais, chez Sylvain, on est attentif à réprimer le mal dès qu'il se produit; le père a parlé gravement, comme il convenait, et je crois que Pierre n'oubliera plus ses paroles; car il est accoutumé à entendre et à retenir ces appels à sa raison et à ses bons sentiments.

« Et je voudrais, mon fils, voir mes enfants de Bois-Maillard ressembler à ceux de Fragicourt! »

Jacques avait écouté, la tête basse. Il répondit douloureusement :

— « Hélas! mon père, je ne m'abuse pas sur le compte de mes enfants et je suis encore plus navré à leur sujet que vous pouvez l'être... Pour nous élever, vous eûtes ma mère, et, pour élever les siens, Sylvain a Suzette. Moi, j'ai Cécile... Père, reprit-il, les yeux mouillés, il m'en coûte de parler, d'accuser ma femme que j'affectionne, mais Cécile est aussi une enfant gâtée et volontaire. Vous l'avez vue, tout à l'heure, avec sa grande cuisinière de Paris qui, en cuisine, ne sait rien de rien. Cécile, quoique capable de m'écouter sur bien des points, ne veut rien entendre lorsqu'il s'agit de l'éducation de nos enfants. Hier encore elle me disait : « J'ai « bien été gâtée, moi! Est-ce que j'en vaux moins pour « cela? Et si Françoise et Claude, une fois grands, me « ressemblent, seront-ils tant à plaindre? » Elle est aveuglée par le sentiment maternel, profond et touchant sentiment, mais qui n'est supérieur que si la raison l'accompagne. »

L'heure du départ était arrivée; Jacques et son père rentrèrent à la maison. On monta dire adieu aux deux malades : Claude, qui avait voulu marcher malgré son entorse, souffrait cruellement, et Françoise geignait, torturée de coliques.

Leur mère se désolait. Ah! la pauvre « Madame était servie », et bien servie!

Quant à la grande cuisinière parisienne, elle dînait longuement au milieu du désordre (1) où elle avait mis sa cuisine et protestait de cette manière contre le mauvais accueil fait à ses plats.

Sylvain replaça Madeleine et petit Paul sur l'âne, dans leurs paniers, et l'on partit à travers la grande plaine pour regagner Fragicourt.

— « Les malheureux enfants de Jacques, dit en route maman Suzette, me font penser à ce pauvre Tiennet. Celui-ci manque de pain; eux, ils manquent de nourriture morale. »

M. Dumay posa la main sur l'épaule de François.

— « N'est-il pas vrai, mon fils, qu'un homme doit choisir sa femme non point d'après l'argent qu'elle a en poche, mais surtout d'après les idées qu'elle a en tête et les sentiments qu'elle porte dans son cœur? »

François répondit :

— « Oh! oui, père, et vous verrez plus tard que je suis de cet avis.

— « J'ai cependant un reproche à me faire, reprit M. Dumay; je me suis un peu trop préoccupé de l'argent que Cécile Cartier apportait à mon Jacques; il avait pourtant déjà de bons bras, une tête bien organisée et l'ardeur au travail, qualités qui, à l'heure du mariage, permettent de ne pas se laisser éblouir par la couleur et le nombre des écus. »

Tout en devisant, on marchait et, à force de cheminer, on était arrivé en vue de Fragicourt, quand tout à coup deux silhouettes, une grande et une petite, se dressèrent au haut d'un talus.

Elles se dessinaient en noir sur le fond du couchant, couleur d'or, comme deux ombres chinoises.

LIRE A L'APPENDICE : 1. *Moyen d'éviter le désordre.*

C'étaient Tiennet et Ludivine qui, ayant appris l'arrivée de François, venaient prendre des nouvelles de Vincent.

— « Quoi ! Tu ne l'as pas encore vu? Ah ! quelle misère ! quel mauvais sort ! »

Elle se laissa aller à ses plaintes ordinaires sur sa triste destinée, et, comme on passait devant sa maison, elle y rentra. Tiennet, doucement, suivit la caravane, supposant que peut-être bien on rapportait pour lui quelque bon morceau.

Il assista au déballage. Mais, n'ayant vu rien venir, il s'éloignait, l'oreille basse, lorsque maman Suzette lui dit :

— « Va chercher ton pain. »

A ces mots, sautant de joie, il fila à toutes jambes.

Et presqu'aussitôt ce fut le tour de Madelinette.

— « Voilà votre potage, mademoiselle. Espérons qu'il vous plaira mieux que celui de la grande cuisinière. Mangez, et puis, à dodo ! »

On soupa; tout le monde était en appétit ainsi qu'après un très mauvais dîner. On mangea d'un excellent fromage de tête de porc (1) préparé de la veille et d'une salade de haricots verts (2) cuits dès le matin; puis, comme les journées de fête fatiguent plus encore que les journées de travail, toute la famille alla promptement se coucher.

Haricots.

Les principales variétés de haricots nains sont : le flageolet ou nain de Laon, excellent à l'état vert ou en grains frais et secs; le Soissons, meilleur en grains frais et secs que vert; le noir belge, recherché comme haricot vert.

Parmi les grimpants, les préférés sont : le Princesse mange-tout; le mange-tout d'Alger, dont les cosses sont dépourvues de parchemin et qu'on peut manger vert, même quand les grains sont développés; le haricot riz, délicieux dans ses trois états, vert, en grains frais et secs; le prédomme ou prud homme, et le haricot d'Espagne aux grains énormes.

LIRE A L'APPENDICE : 1. *Fromage de tête de porc.* — 2. *Légumes verts : leur cuisson.*

22. — Du nouveau.

Vous savez le mot de ce brave homme qui disait à son voisin :

— « J'avais semé des graines plein mon jardin, et devinez ce qui est venu !

— « Parbleu ! des plantes.

— « Pas du tout; il est venu des moineaux qui les ont toutes mangées. »

C'est à peu près le discours que, le lendemain de ce jour, au matin, le petit Paul tenait à maman Suzette :

— « J'avais ramassé, dit-il, au moins vingt bouts de vieilles allumettes; je les ai portés à mon oncle François, et devine, maman, ce qu'il m'a fait?

— « Un petit chariot? un moulin? une cage? répond en souriant maman.

— « Pas du tout : il m'a tourné le dos sans avoir l'air de me voir ou de m'entendre; il a pris son chapeau et il est sorti. »

Paul, Pierre et Marguerite aussi, semblaient n'y rien comprendre, l'oncle François s'étant montré jusqu'ici à chacune de ses visites, toujours prêt à confectionner pour ses neveux les plus jolis joujoux du monde : des bateaux qui allaient sur l'eau, des moulins, des charrettes, etc...

Mais, cette fois, il n'y avait pas eu moyen de l'intéresser aux bouts de bois ou d'allumettes, aux morceaux de carton qu'on s'empressait de lui apporter dès qu'il paraissait; car il sortait beaucoup.

Vers la fin du second jour, les enfants virent leur grand-papa descendre de sa chambre, rasé de frais et dans ses habits du dimanche.

— « Grand-père, vous allez à la ville?

— « Non, pas si loin; je vais revenir. »

Il reparut, en effet, bientôt. Sylvain, maman Suzette, l'oncle François allèrent au-devant de lui.

Ils échangèrent ensemble quelques mots, rapidement, et alors tout le monde parut fort joyeux : maman Suzette embrassa de tout son cœur l'oncle François ; Sylvain, le grand-père en firent autant ; et, aux trois enfants qui accouraient, Suzette dit :

— « Une bonne nouvelle, mes petits, vous allez avoir une tante !

— « Une tante ? demandèrent Pierre et Paul.

— « Mademoiselle Lucie ! » s'écria Marguerite, les petites filles devinant plus vite que les garçons.

Elle battit des mains, car depuis longtemps Mlle Lucie faisait son admiration. Pierre et Paul applaudirent non moins joyeusement.

— « Bon ! nous irons à la noce ! » s'écrièrent-ils.

On se hâta de souper pour aller passer la soirée en compagnie de la famille Valon. Mais quelqu'un devait garder le logis.

Le grand-père s'offrit à rester.

— « Ah ! père, vous avez donc oublié la chanson adressée à la femme mariée :

> « Vous garderez la maison
> Tandis que nous danserons ? »

— « Je me la rappelle très bien, ma fille, mais cette chanson peut s'adresser mieux encore à ceux qui ne dansent plus, aux grands-papas. Et d'ailleurs, toi qui as été pour François une seconde mère, tu ne peux l'abandonner au moment où il aura encore besoin d'un appui maternel ; il est nécessaire que tu t'entendes avec Mme Valon pour tous les arrangements à prendre à l'occasion du mariage. »

François, qui était de l'avis de son père, insista tendrement et, comme vous le pensez, les enfants devant être bien gardés, maman Suzette ne se fit pas prier davantage.

Avant de partir, elle assembla quelques jolies roses blanches, avec leurs boutons et leur feuillage, en un gracieux bouquet destiné à la fiancée.

Bouquet et gens furent reçus avec une joie attendrie.

— « Madame, dit Suzette à son ancienne institutrice

en l'embrassant, nous voilà parents! C'est un honneur pour notre famille. »

Mme Valon et son mari répondirent affectueusement que l'union de deux jeunes gens honnêtes, intelligents, délicats, est, pour deux familles, un égal partage d'honneur et de bonheur.

Elle assembla quelques jolies roses blanches, avec leurs boutons et leur feuillage, en un gracieux bouquet destiné à la fiancée...

Puis Mme Valon tendit à Sylvain une lettre de son fils Georges, reçue le matin, et où il était longuement question des qualités de son ami François. On y vit bien qu'il ne serait pas fâché de l'avoir pour beau-frère.

L'époque du mariage fut fixée à la première quinzaine des vacances. Et aussitôt se posa la question du trousseau, de l'achat du ménage, car,

« En maison neuve,
Qui n'apporte rien, rien n'y treuve (1). »

Le proverbe dit encore :

« Qui veut acheter doit payer. »

Et c'est pourquoi François mit la main à la poche intérieure de son veston et en tira une enveloppe.

— « Pour ces paiements-là, dit-il avec un peu de timidité, j'ai fait quelques économies... ; j'aurais voulu pouvoir en faire davantage.

(1) Ancienne orthographe du verbe français *trouver*.

— « Y a-t-il au moins cinq sous là dedans? demanda en riant M. Valon. « Cinq sous, pour monter notre ménage! »

— « Monsieur, il y a cinq...

— « Il faut cinq sous juste! Voyons. »

Et il ouvrit l'enveloppe.

Elle contenait cinq papiers, des papiers bleus de la Banque de France; total : cinq cents francs.

23. — Double prévoyance.

— « Eh bien! nous avons eu le même esprit de prévoyance que vous, mon cher enfant, dit Mme Valon, nous avons assuré notre fille Lucie dès l'année de sa naissance pour une somme de mille francs qui lui sera comptée à sa vingtième année, c'est-à-dire dans trois semaines.

« Cette précaution que prennent les parents sans fortune, ceux au moins qui peuvent se permettre cette dépense, ne coûte presque rien quand il s'agit d'assurer un nouveau-né, les compagnies d'assurances comptant avec les risques de mortalité (1) de la première enfance, qui sont malheureusement très grands.

« Les sous de poche si souvent gaspillés par les enfants, qui courent les échanger chez l'épicier contre de fort mauvais bonbons, ces sous de poche, nous les avons versés à une compagnie d'assurances, et ils nous ont aidés à payer l'intérêt annuel de ces mille francs, si précieux à l'heure où l'on va fonder une nouvelle famille. »

Sylvain et Suzette regrettèrent de n'avoir pas pris encore, eux aussi, pour leurs filles, cette précaution élémentaire; mais l'oubli pouvait être réparé.

— « Donc, s'écria gaiement M. Valon, nous avons devant nous quinze cents francs, et non pas seulement cinq sous, pour monter notre ménage!

— « Ah! dit Mme Valon, j'espère bien qu'on en gardera

LIRE A L'APPENDICE : 1. *Mortalité de l'enfance.*

une partie pour constituer un fonds d'épargne, et que, Suzette et moi, en nous entendant, nous parviendrons bièn, avec le surplus, à le monter, ce ménage! »

Se loger, se vêtir, se nourrir, ce sont les conditions mêmes de l'existence, et il nous faut rendre ces conditions aussi confortables, aussi bonnes que possible par la prévoyance, l'ordre, la connaissance des choses applicables à notre usage.

Et c'est pour mieux se nourrir, se vêtir, se loger, se meubler, c'est pour accroître son bien-être et perfectionner sa vie intellectuelle et morale, suite naturelle de ce bien-être, que, depuis le commencement des âges, l'homme a laborieusement travaillé, courageusement marché de progrès en progrès; c'est pour ce but que la science s'efforce de pénétrer les profonds secrets de la nature, que les vaisseaux s'aventurent sur les océans dangereux, à la conquête de pays nouveaux, que les locomotives sillonnent les continents, que la terre fertilisée donne ses récoltes, que les usines fument, transformant les matières premières, que tout travaille dans le monde et que chacun de nous peine et dépense sa force.

Il y avait donc lieu de se féliciter de la petite avance d'argent avec laquelle François et Lucie allaient s'établir et de la garantie d'existence qu'elle promettait à la famille future.

Les deux mamans et la fiancée se donnèrent rendez-vous pour le lendemain, où commenceraient les conciliabules touchant le trousseau, le linge de maison, le mobilier, la literie, la batterie de cuisine, les appareils de chauffage, d'éclairage, la vaisselle, la sparterie, puis enfin le logement à choisir, — tout un monde, comme vous voyez.

Dix heures sonnèrent; il fallut se quitter. On se félicita de nouveau de l'heureux événement qui allait resserrer les liens d'amitié existant depuis longtemps entre les deux familles, et François fit ses adieux, car il repartait le lendemain pour Paris.

24. — Le trousseau.

On fut exact au rendez-vous. Les trois dames s'occupèrent d'abord du trousseau, le reste pouvant attendre, et décidèrent, avant tout, qu'il serait confectionné à la maison.

Lucie avait l'aiguille adroite, agile, le goût exercé et du plaisir à coudre.

Maintenant, que devait comprendre ce trousseau? Après discussion, on tomba d'accord sur la composition suivante :

Linge de maison :

Deux paires de draps de toile et deux paires de draps de coton.
Six taies d'oreiller.
Une douzaine de serviettes de table.
Deux nappes.
Une douzaine de serviettes de toilette
Une douzaine et demie de torchons.
Trois tabliers de cuisine.

Linge personnel :

Une douzaine de mouchoirs.
Une douzaine de chemises de jour.
Trois chemises de nuit.
Trois camisoles.
Six pantalons.
Trois jupons de dessous.
Six paires de bas.
Trois filets de nuit.

Mais, pour confectionner tout cela, il fallait des matériaux, un assez joli métrage de calicot, sans oublier la toile et le reste. On compta :

Pour une paire de draps de moyenne longueur, 2m,50, et de moyenne largeur, 2m,10 à 2m,20, soit 10 mètres de tissu de 1m,10 de large.

Pour une taie d'oreiller carrée, 1m,50 de tissu de 0m,70 de largeur.

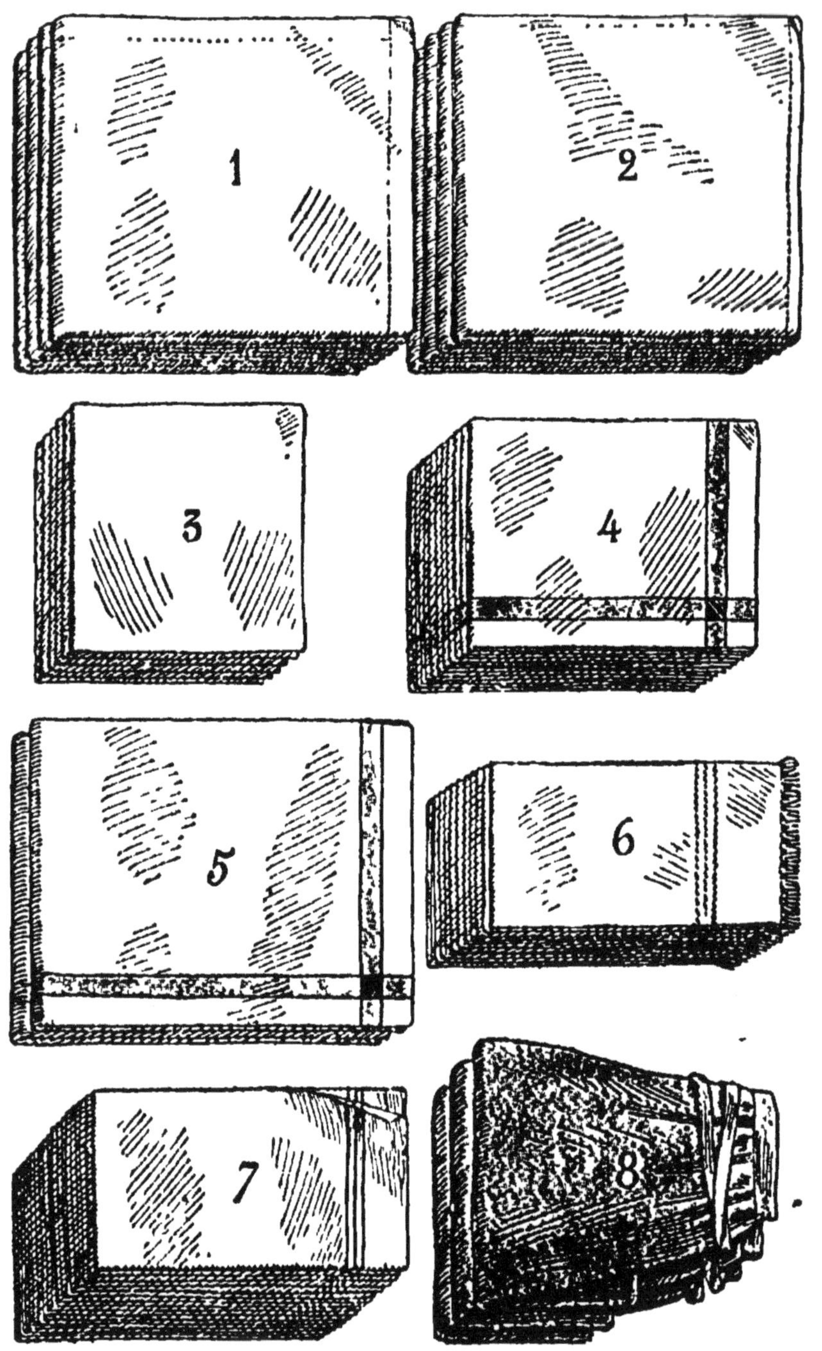

Le linge de maison.

1. Deux paires de draps de toile. — 2. Deux paires de draps de coton. — 3. Six taies d'oreiller. — 4. Une douzaine de serviettes de table. — 5. Deux nappes. — 6. Une douzaine de serviettes de toilette. — 7. Une douzaine et demie de torchons. — 8. Trois tabliers de cuisine.

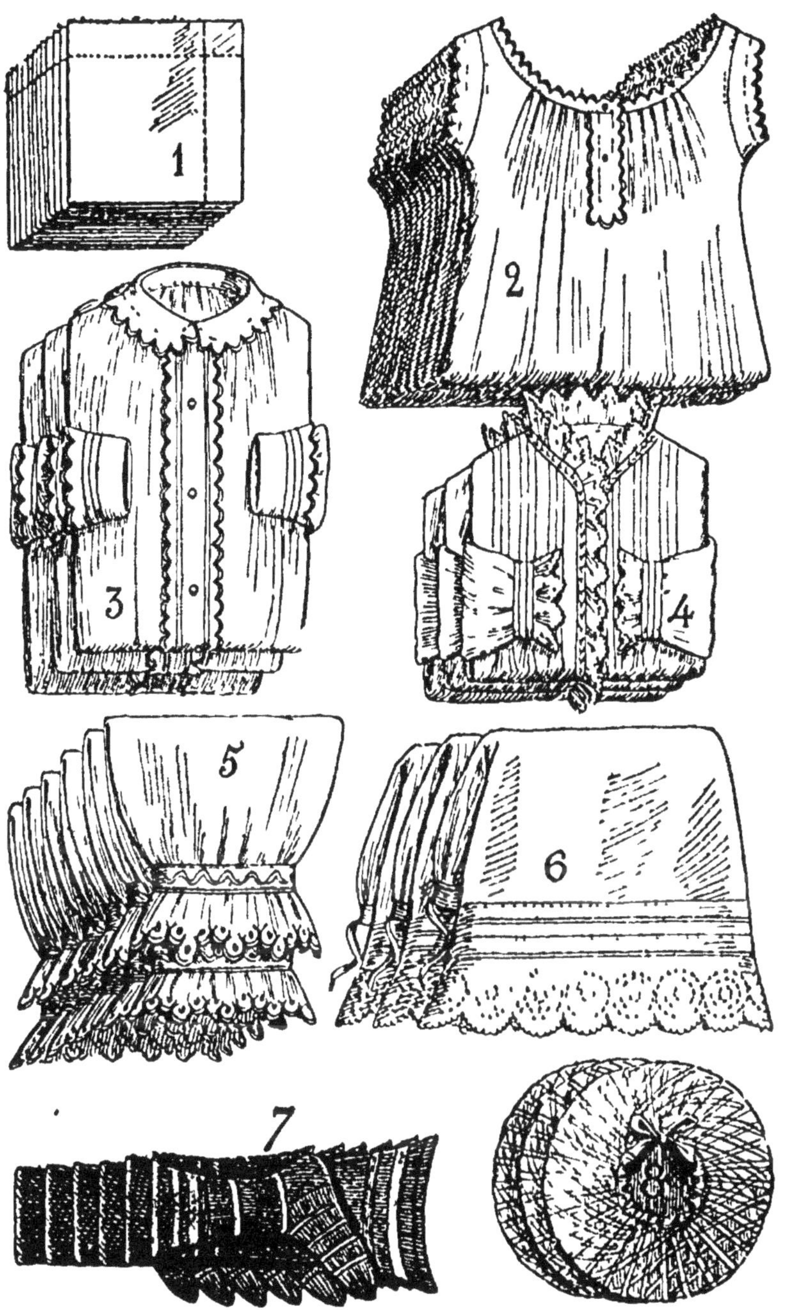

Le linge personnel.

1. Une douzaine de mouchoirs. — 2. Une douzaine de chemises de jour. — 3. Trois chemises de nuit. — 4. Trois camisoles. — 5. Six pantalons. — 6. Trois jupons de dessous. — 7. Six paires de bas. — 8. Trois filets de nuit.

Le métrage nécessaire à la confection d'une chemise de taille moyenne est de 2m,50 en 0m,80 à 0m,90 de largeur.

Celui d'une camisole, de 1m,75 à 2 mètres. Et ainsi de suite.

Les multiplications faites des nombres de mètres par le nombre de chacune des pièces du trousseau, on trouva qu'il fallait s'approvisionner de 50 à 55 mètres de tissu de coton, de 5 à 6 mètres de finette pour les deux jupons, de 20 mètres de toile de coton, 20 mètres de toile à draps, 18 mètres de toile à torchons, 18 mètres environ de toile à serviettes et à nappes, 6 mètres de mouchoirs tissés, soit au total 143 mètres.

— « Voilà de la besogne, ma fille, dit Mme Valon. Et ce n'est là que le strict nécessaire; ton père et moi, nous eussions voulu te donner le double, mais

« Qui ne peut comme il veut,
Qu'il veuille comme il peut. »

— « Ah! chère maman, répondit Lucie, en excellent cœur qu'elle était, que de gens ne peuvent! Trop de jeunes filles se marient sans trousseau pour que je ne me contente pas largement du mien. »

Maman Suzette pressa sympathiquement la main de sa future sœur, ajoutant qu'il n'y avait plus qu'à faire les achats.

— « Je vais jeudi à la ville, porter du beurre, des œufs, des lapins, des volailles : toute une charretée. Voulez-vous profiter de ma calèche aux trente-six portières?

— « Très volontiers... A jeudi! »

Voilà qui était entendu.

De très bon matin, la fameuse calèche aux trente-six portières, chargée, à l'arrière, de paniers de toute sorte, petits et grands, et, par devant, occupée par trois dames au joyeux visage, arrivait à la ville.

Dès qu'elles furent descendues du véhicule, elles se séparèrent, Mme Valon pour aller voir une amie, maman Suzette pour vendre sa marchandise au marché.

Et ce fut vite fait, on connaissait depuis longtemps la

marchandise et la marchande : aussi la clientèle ne se faisait guère attendre; bons et frais produits, prix honnêtes, c'est encore la meilleure façon de l'attirer et ensuite de la garder.

On se retrouva un peu plus tard sur la grand'place, pour s'acheminer vers quelque magasin. Il y avait de

De très bon matin, la fameuse calèche aux trente six portières arrivait à la ville.

quoi choisir, soit entre les anciens, connus de vieille date, soit entre de nouveaux, récemment ouverts. Voici, en effet, de belles vitrines à travers lesquelles s'aperçoivent des lustres, des glaces, des tapis, et, derrière les comptoirs, des demoiselles, belles comme des poupées de cire, vêtues comme des gravures de mode et tout enfarinées de poudre de riz (1).

Lire a l'appendice : 1. *Mauvais effet de la poudre de riz sur la peau.*

— « Bien! très bien! dit Mme Valon; et si nous étions venues pour contempler des poupées, nous mirer dans de grandes glaces, nous entrerions volontiers dans ce magasin. Mais il ne s'agit pour nous que d'acheter de l'étoffe, au meilleur marché possible. Or le prix des marchandises qui se débitent au milieu d'un tel luxe doit être fortement surfait. Ce marchand, pas plus que les autres, ne travaille pour rien; il doit forcément recouvrer par sa vente l'argent que lui coûtent ces magnificences. Passons. »

25. — La réclame.

Lucie montra à quelques pas de ce beau magasin une petite boutique, qui semblait placée là pour faire contraste. Elle n'en encombrait pas moins la rue de son étalage, qui avait l'air de se jeter à la tête des passants, et était d'ailleurs assez peu engageant..

Au-dessus, une longue affiche de calicot portait ces mots, tracés en très grosses lettres noires :

« Tout ici est vendu à perte!! Trente pour cent de rabais sur les prix de fabrique!!! Un riche cadeau est offert à tout acheteur au-dessus de quinze francs! »

— « Trente pour cent de perte au moins, et un cadeau! dit en riant Mme Sylvain; mais nous ferions une fort mauvaise action en achetant ici; et certainement nous désolerions le vendeur, car « marchand qui perd ne peut rire! »

— « A propos de ces étranges annonces, ajouta Mme Valon, j'ai lu qu'elles s'étalent, d'une façon très originale, sur toutes les boutiques de la Chine. De grandes oriflammes couvertes de caractères en noir, rouge et or annoncent au public que le vendeur, dans cette boutique, est l'homme le plus délicat, le plus honnête du monde, et sa marchandise, la meilleure et la moins chère; tandis que les boutiques de droite, de gauche et de face, sans compter celles de toute la ville, sont des coupe-gorge, et leurs maîtres, de grands coquins.

« Mais, comme tous les marchands s'expriment de la même façon sur des oriflammes identiques, le client peut entrer chez le premier venu; il n'y sera pas plus maltraité qu'ailleurs. Et j'aimerais encore mieux acheter en Chine que dans le magasin que voilà.

— « Allons-nous-en loin de la réclame, dit Suzette. Les grandes affiches, les cadeaux alléchants, les marchandises vendues à perte, les belles glaces, les beaux tapis qui nous appellent, laissons à d'autres le soin de les payer, faute du plus simple bon sens.

« On assure qu'à Paris, de grands magasins, en affiches, prospectus, annonces dans les journaux, dépensent par an plus d'un million. Et qui, pour le dire encore, paye ce million? Ce n'est certes pas le marchand. »

Elles causaient de la sorte, tout en longeant une des rues qui vont de la Place vers les boulevards :

— « Toute cette réclame me rappelle, dit Mme Valon, un petit événement de ma jeunesse. Étant fillette, je donnai quelque inquiétude à mes parents au sujet de ma santé qui faiblissait.

« Le médecin, consulté, ordonna une bonne nourriture : biftecks succulents, œufs frais avec accompagnement de bon vin. Mes parents ne pouvaient guère me procurer cette fortifiante alimentation que les médecins conseillent aux pauvres comme aux riches.

« Ayant une famille nombreuse, ils vivaient tout juste de leur travail, et notre ordinaire convenait beaucoup plus à des santés robustes qu'à un estomac débilité.

« Cependant, pour obéir, autant que possible, aux prescriptions du docteur, ma pauvre maman faisait de son mieux, mais sans arriver à satisfaire sa bonne volonté ni à calmer son souci maternel.

« Un jour, enfin, le hasard sembla venir à son aide. Dans un vieux morceau de journal enveloppant quelque denrée achetée chez l'épicier, une longue annonce frappa ses yeux.

« Cette annonce célébrait un aliment, le plus délicieux des aliments, le plus nourrissant, le plus léger et surtout le plus curatif, guérissant rapidement presque tous les maux de la pauvre humanité : dyspepsie, gastralgie, hydropisie, phtisie, bronchite, asthme, catarrhe, anémie, paralysie.

« Et cette merveille ne coûtait que deux francs la boîte.

« Mon père remarqua, dans des journaux qu'il lisait, la même annonce, et alors l'achat d'une boîte de ce remède infaillible fut décidé en famille.

« La boîte de deux francs pesait à peine deux cents grammes, ce qui mettait le médicament à dix francs au moins le kilogramme.

« Je trouvai la chose fort chère.

« — Bah ! ma fille, me dit mon père : « Qui n'a santé n'a rien, » et il s'agit de ta santé.

« Je me nourris donc du contenu de cette boîte, une poudre très fine qui ne me parut ni mauvaise ni bonne et ne me fit ni bien ni mal.

« Elle venait de loin, sans doute, car une belle vignette, sur la boîte, représentait des nègres au travail dans une grande plantation.

« J'absorbai le contenu de huit de ces boîtes, successivement, sans que ma santé s'améliorât.

« Eh bien ! ce remède exotique si vanté et si cher, savez-vous ce que c'était ? Je l'appris plus tard, à l'école normale ; c'était tout bonnement de la farine de lentilles ! Un savant chimiste, M. Payen, l'avait analysée.

« Mes parents avaient dépensé seize francs pour un produit valant peut-être un franc cinquante ! Voilà ce que font la réclame, les annonces, les prospectus, les boîtes à belles vignettes ornées de nègres !

« Seize francs ! quelle grosse somme pour les pauvres gens qui ont à la gagner !

« A partir de ce moment, je compris que notre véritable sauvegarde contre ces pièges tendus à notre bourse c'est l'instruction, la connaissance la plus claire possible de tous les objets qui nous sont de première nécessité. »

26. — Bons achats.

On était arrivé devant un magasin d'assez bonne apparence, quoique fort simple.

— « Il me semble, dit maman Suzette, que nous pouvons entrer là. »

Ce fut aussi l'avis de Mme Valon.

Le marchand, dès les premiers mots, atteignit une pièce de calicot et la déplia.

— « C'est du bon marché, dit-il... quarante centimes le mètre ! »

— C'est du bon marché... 40 centimes le mètre !

Quarante centimes le mètre ! Il y a bien des gens que le bas prix séduit, d'abord parce qu'ils n'ont pas beaucoup d'argent, et puis parce qu'ils ne regardent pas à la qualité de la marchandise ; ils ne se doutent pas que la moins payée est souvent la plus chère.

Les trois dames eurent de la méfiance.

Mme Valon, qui savait que les tissus de coton sont parfois falsifiés au moyen de colles chargées de remplacer en partie la fibre textile, prit un petit coin de l'étoffe entre ses doigts, la frotta un instant et la secoua.

Il en sortit alors une poussière blanche qui lui fit faire la moue.

— « Ce tissu, dit-elle, contient autant d'apprêt, c'est-à-dire de colle, que de coton. Au surplus, le coton qui forme la chaîne et la trame est mal cardé, comme le montrent toutes ces bourres noirâtres; en outre, il est mal filé, mal tors, c'est-à-dire sans solidité. Le premier lessivage en ferait de l'étamine, car l'apprêt se dissoudrait dans l'eau, et les fils, tendus par cet apprêt, se relâchant alors, le calicot perdrait un quart de sa longueur et de sa largeur; nous aurions ainsi acheté

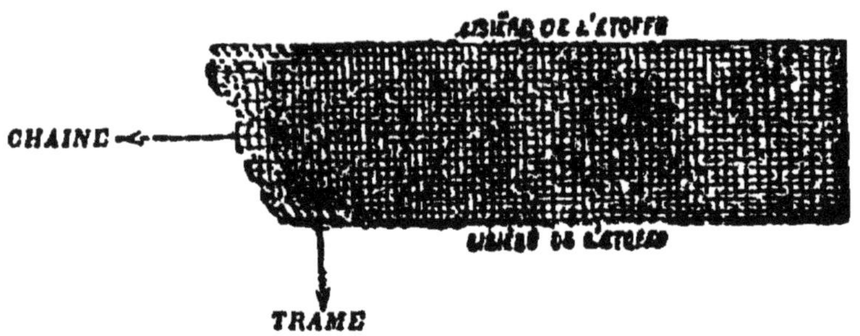

Chaîne et trame d'une étoffe.

La *trame* est le fil que l'on conduit avec la navette entre les fils de la *chaîne* d'une étoffe.

quarante centimes non pas un mètre, mais soixante-quinze centimètres seulement :

« Bon marché déçoit les simples », monsieur. »

Le marchand souriait.

— « Eh bien ! madame, dit-il, je vois que vous connaissez la marchandise; à vrai dire, je n'en suis pas fâché. Le commerçant de bonne foi préfère encore le client connaisseur à l'ignorant. C'est principalement l'ignorance des acheteurs qui pousse l'industrie à produire ce bon marché qui « déçoit les simples! »

Tout en parlant, il avait étalé sur le comptoir une autre pièce, un tissu, sans apprêt cette fois, souple, relativement pesant.

— « Celui-ci, ajouta-t-il, coûte quatre-vingts centimes le mètre. »

Après l'avoir regardé à travers le compte-fils sorte de petite loupe, qu'elle portait toujours avec elle dans ses achats de tissus, Mme Valon reprit :

— « Celui-ci n'est pas un tissu fin, mais les fils en sont ronds, bien filés, le coton souple et blanc.

Elle passa le compte-fils à maman Suzette, qui, après avoir examiné à son tour le calicot, ajouta :

— Nous pouvons prendre cette étoffe; je crois que nous en aurons pour notre argent. »

Le chanvre. — Le lin.

Le chanvre et le lin sont des plantes textiles qui croissent dans nos climats La tige du *chanvre* atteint au moins deux mètres de hauteur ; elle porte des feuilles vertes dentelées et dégage une odeur forte ; la graine, connue sous le nom de chènevis, donne une huile très grasse.

Le *lin* est une plante délicate atteignant à peine 80 centimètres de hauteur et portant de jolies fleurs bleues.

La fibre textile de ces deux plantes est comprise entre le bois et l'écorce. Le fil de chanvre est beaucoup plus grossier que le fil de lin, mais il est plus résistant. C'est avec le fil de chanvre que l'on fabrique les meilleures toiles de ménage, le fil à coudre, le fil pour cordonnier, les toiles à emballage, à torchons, à voiles. Plus de la moitié du chanvre récolté en France sert à la fabrication des cordes et des ficelles de toutes sortes

Parmi les toiles pour draps de lit, ces dames choisirent une toile de chanvre, le chanvre étant le plus solide des textiles, une toile ni trop grosse ni trop fine, mais au fil bien plein et épais.

Elles s'assurèrent en outre que du coton n'y était pas mélangé, comme cela se voit souvent : le coton est moins cher, et l'industrie vend ce tissu mélangé pour de la toile pure. Or on sait que le mélange de fibres de nature différente produit des tissus inférieurs.

Cependant il faut savoir aussi que la toile n'a sur le calicot qu'un seul avantage; elle est plus douce, plus fraîche à la peau, qualité qu'elle doit à la surface lisse des fibres de chanvre ou de lin qui la composent.

Les filaments de ces textiles sont, en effet, cylindriques, doux, unis, présentant seulement de place en place des nodosités microscopiques, tandis que ceux du coton, plus courts, même parfaitement filés, restent duveteux et donnent ainsi un linge légèrement pelucheux et chaud.

Le coton est, de plus, très solide, car ses fibres en cylindres aplatis, souples, soyeuses, résistent mieux au frottement et à l'action caustique du lessivage que la toile de lin ou de chanvre.

En outre, les tissus de coton sont bien moins chers que ceux de toile, depuis que l'industrie cotonnière, créée en Angleterre, au milieu du siècle dernier, par Arkright, s'est si généralement répandue en France, où l'on compte actuellement 1065 usines filant et tissant à la vapeur le coton venu d'Amérique, d'Asie et d'Afrique. Or l'abondance des produits amène le bon marché.

Le lin et le chanvre se cultivent à plus de frais, exigent plus de main-d'œuvre: d'où la cherté relative de la toile.

Le marchand, après avoir servi la toile pour draps, en montra pour torchons.

Elle avait bon aspect, mais était mélangée de fils de jute, provenant de l'écorce fibreuse d'un arbre d'Asie, le *Corchorus capsularis*, appelé aussi chanvre de l'Inde ; ce textile a le grand défaut de se rompre à l'humidité. Or les torchons sont faits pour être mouillés.

On choisit donc des torchons en toile de chanvre un peu grosse, mais solide et large de 0m,70, encadrée agréablement de trois liteaux rouges, et sentant bon la filasse.

On prit ensuite les mouchoirs en fil de lin, puis

des bas de coton, jolis, fins, qu'on eut pour un franc vingt-cinq la paire : à peine le prix de la façon des bas tricotés à la main, ainsi que le fit remarquer Mme Valon, en célébrant les avantages de l'emploi des machines.

27. — Complément d'outillage.

Les paquets faits, la facture soldée, les trois acheteuses dirigèrent leurs pas vers une boutique de mercerie.

— « Ah! dit en route maman Suzette, il ne faudrait jamais entrer dans un magasin sans bien savoir ce qu'on veut et surtout, comme vous le disiez, madame Valon, sans s'y connaître. La ménagère, grâce à sa connaissance des choses, double les ressources du ménage en tirant de son budget, petit ou grand, tout ce qu'il peut procurer de bien-être ou d'aisance, et n'échange son bon argent que contre de bonne marchandise.

« Où ai-je lu, en effet, que certains marchands achètent trois francs ce qui en vaut six, et vendent six francs ce qui en vaut trois? La ménagère inexpérimentée dépense et n'a rien; les denrées qu'elle achète pour sa table ne nourrissent pas ou nourrissent mal, le linge de sa maisonnée n'est bientôt plus que chiffons; les vêtements, choisis sans discernement, deviennent des loques, le mobilier de camelote se disloque vite. Son argent est employé à réparer toutes ces ruines ; elle ne pourra jamais acquérir un objet nouveau pour embellir sa demeure, ni faire face à des besoins imprévus.

— « Et cette inexpérience n'est pas seulement un malheur pour l'individu, ajouta Mme Valon, c'est aussi un malheur public : on ne saurait trop le redire, elle est faite pour exciter l'improbité de certains industriels, de marchands trop pressés de s'enrichir ; elle les pousse aux réclames trompeuses, quelquefois aux falsifications malsaines, à toutes les pratiques coupables, enfin, que notre connaissance, même superficielle, des choses suffirait à empêcher mieux encore que ne saurait faire la loi. »

Sur ces mots, les trois dames entrèrent dans le magasin de mercerie qui leur était depuis longtemps connu.

Des aiguilles, des épingles, du fil à coudre, du coton à marquer, à broder, il en faut quelque quantité pour confectionner un trousseau!

Des aiguilles d'abord, de ces fins et jolis petits outils

Fauvette couturière et son nid.

qui, vous vous en doutez bien, n'ont pas poussé spontanément au bout des doigts des premières couturières.

Nos mères de l'époque préhistorique ont cousu leurs premiers points comme elles ont pu, sans doute avec des épines aiguës ou des arêtes de poisson, en perçant, dans les morceaux d'écorce ou de peau de bête, de petits trous par où elles passaient ensuite un lien pour tenir ces morceaux assemblés.

Leur travail, alors, ne devait guère surpasser en perfection celui de la fauvette couturière, ce petit passereau de la zone torride qui, pour abriter son nid, le bien cacher à ses ennemis, assemble, en une manière de rideau, les feuilles à sa portée et les assujettit par des points de couture, grâce à des fils de coton qu'elle va prendre sur les cotonniers voisins et qu'elle étire avec son bec.

Ce bec lui sert aussi de poinçon pour percer les feuilles, et de doigt pour passer le fil, le tirer, le repasser par les trous. Travail admirable et charmant.

Les arêtes de poisson, les épines aigues de nos mères se transformèrent lentement. Le poinçon devint aiguille quand on se fut avisé de percer à l'une de ses extrémités un trou destiné à recevoir le fil.

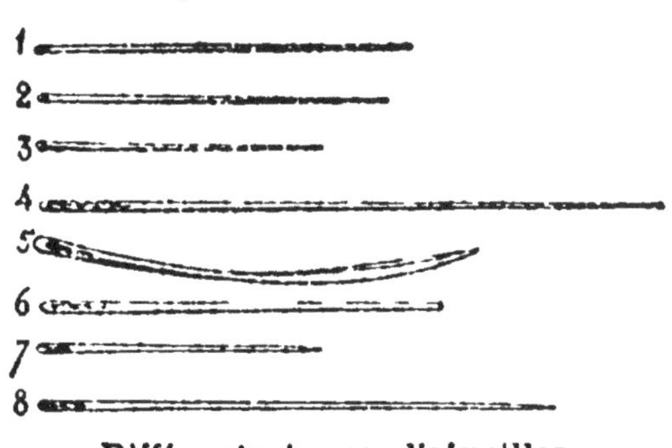

Différents types d'aiguilles.

1. Aiguille à coudre, longue — 2. La même, demi-longue. — 3. La même, courte. — 4. Aiguille à repriser et à faire de la tapisserie. — 5 Aiguille de tapissier et de matelassier. — 6 Aiguille à pointe émoussée — 7. Aiguille de tailleur. — 8. Aiguille de modiste.

De progrès en progrès, l'aiguille arriva à la perfection où nous la voyons aujourd'hui, avec sa variété de types propres à tous les genres de travaux: aiguilles à coudre, longues, demi-longues, courtes; aiguilles au chas longitudinalement ouvert pour repriser et faire de la tapisserie; aiguilles à pointe recourbée, à pointe émoussée, et de toutes les grosseurs, depuis le gros carreau du matelassier, du tapissier, l'aiguille à brider de la cuisinière, jusqu'à l'aiguille plus fine qu'un cheveu et faisant penser à cette femme lilliputienne, qui cousait des points invisibles avec une aiguille également invisible ; enfin l'aiguille qui s'enfile d'elle-même sans le moindre effort des yeux.

La mercière en montra de plusieurs qualités; nos acheteuses choisirent la meilleure.

La mauvaise aiguille, en effet, refuse de percer,

d'avancer, se tord et se plie : peut-on en attendre une simple couture droite ? Elle n'est bonne qu'à faire perdre le temps, à dégoûter de la besogne, tandis que la bonne aiguille, d'acier dur et poli, à la pointe effilée, glisse à travers le tissu, comme par enchantement ; docile sous les doigts, elle fait aimer la couture et avancer le travail.

28. — Complément d'outillage (*Suite*).

Ce fut ensuite au tour du fil, sans lequel l'aiguille ne sert à rien. L'industrie met à notre disposition une grande variété de fils, tous classés par numéros, selon leur grosseur.

Le fil de chanvre ou de lin, très solide par lui-même, est peu tors ; on l'enduit, en le fabriquant, d'une légère couche de cire. Le fil de coton, lui, est formé par la réunion de trois brins tordus en une fine cordelette.

Moins solide, mais moins cher que le fil de chanvre, il a sur celui-ci un second avantage ; il prend et garde mieux la teinture et se colore en toutes nuances, aussi bien que la laine et la soie.

Le coton rouge écarlate, ou andrinople, résiste merveilleusement à l'action décolorante de la lessive ; c'est pourquoi on l'emploie surtout à marquer le linge.

Une fois munies de fil, nos acheteuses prirent encore des épingles, du ruban de coton, des boutons de diverses sortes.

La provision fut importante : nos dames savaient que la mercerie, achetée en assez grande quantité, revient beaucoup moins cher qu'au détail ; elle donne, en effet, une économie d'environ 25 pour 100.

Les emplettes, au moins pour ce jour-là, étaient achevées. En route, une fois dans leur équipage campagnard, ces dames firent leurs comptes.

Sur un petit carnet, Lucie écrivit d'un côté l'avoir :

1500 francs. Et, de l'autre côté, elle aligna les dépenses, dont le total se monta à 155 fr. 60.

Et vite, la soustraction :

Restaient 1344 fr. 40.

Allons! on n'avait pas trop dépensé!

La robuste Cocotte, cependant, détalait à toutes jambes, sentant son écurie dont elle approchait : « Bon cheval fait les lieues courtes. »

Voici Fragicourt et la maison, là-bas. Devant la porte, en rang d'oignon, attendait toute la petite famille, Marguerite, Pierre, Paul, et Madeleine, celle-ci sur les bras du grand-père.

C'était une de ses attentions de les présenter ainsi, de loin, à la mère, pour la rassurer quelques secondes plus tôt, car le cœur des mères, loin de leurs enfants, n'est jamais bien en paix.

Et le visage de maman Suzette s'anima d'un tendre sourire, tandis que les enfants criaient de joie à sa vue.

29. — L'ouvrière à l'œuvre.

Vous vous rappelez, peut-être, que la maison de Mme Valon avait une de ses fenêtres poétiquement encadrée d'une clématite * odorante.

C'est près de cette fenêtre qu'il fallait voir Mlle Lucie assise devant sa table à ouvrage, au milieu des blanches étoffes de son trousseau, tantôt les examinant d'un air pensif, tantôt mesurant, pliant, taillant de tout son cœur.

Bientôt, dans ce joli chaos neigeux, des formes s'ébauchèrent, se précisèrent; des pièces de lingerie modestes, mais élégantes, s'achevèrent.

Il faut vous dire que Mlle Lucie avait reçu de la nature une paire de ces jolies mains, aux doigts effilés, souples et longs, aux pouces mobiles, bien détachés, et que ces qualités réunies constituent l'adresse, la finesse du tact,

* Voir *Suzette*, pages 13 et 14.

la dextérité. Les mains de cette sorte sont destinées à manier excellemment les ciseaux et l'aiguille ; on en peut dire :

« A main bien faite,
L'ouvrage est une fête. »

Joignez à cela que les yeux de Mlle Lucie avaient quelque chose de particulier : le gris bleu de leur iris était comme semé de fines paillettes d'une couleur translucide de bronze doré.

Il fallait voir Mlle Lucie assise devant sa table à ouvrage, au milieu des blanches étoffes de son trousseau...

Or on a observé que cette particularité des yeux indique presque toujours le sentiment des couleurs, l'art de les assembler harmonieusement, de les combiner en nuances délicates et agréables à la vue.

La distraction enfantine préférée de Lucie avait été, en effet, de colorier des images de fleurs, d'oiseaux, de papillons, de broder en tapisserie sur canevas avec des laines aux jolies teintes.

Et si vous eussiez dirigé vos regards vers une chaise à deux pas de la table où s'étalait le trousseau, vous auriez vu de ces jolies broderies qu'elle destinait à maman Suzette, ou plutôt à sa grande sœur Suzette, comme elle l'appelait maintenant.

Pourquoi une jeune fille si bien douée, suivant l'exemple de son père et de sa mère, n'était-elle pas entrée dans l'honorable carrière de l'enseignement? C'est que ses parents avaient constaté de bonne heure son goût pour les travaux à l'aiguille, et, comme ils savaient que sans dispositions naturelles on n'arrive à rien, ils avaient tout particulièrement soigné l'éducation manuelle de leur fille et lui avaient fait apprendre la couture qui demande du goût et de l'habileté.

Puis survint la mort de la bonne grand'maman, Mme Liénard, et Lucie fut appelée à des devoirs nouveaux. Pour soulager sa mère déjà fatiguée, la jeune fille prit la succession de l'aïeule dans la direction du ménage. Là aussi elle se trouvait à bonne école.

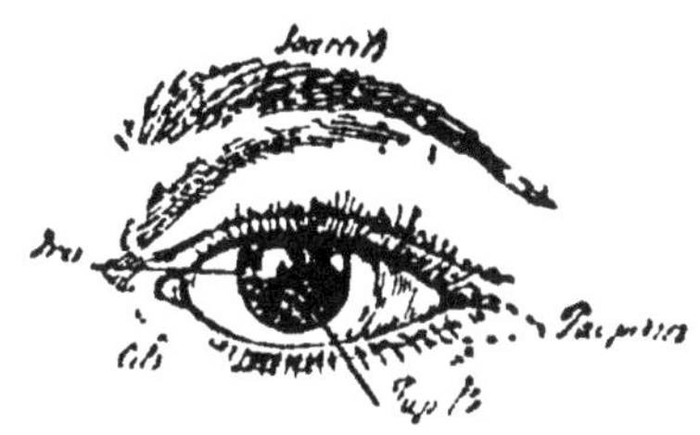
L'œil et ses diverses parties

Et n'était-ce pas une fonction qui en valait beaucoup d'autres? Avoir pour tâche de créer le bien-être, le confort à la maison, qu'on y soit la fille ou l'épouse ou la mère, n'est-ce pas un noble lot en ce monde?

Vous devinez que les deux futures belles-sœurs, partageant cette idée, s'entendaient déjà très bien l'une et l'autre.

Un jour Lucie, de sa fenêtre ornée de clématites, appela Suzette qui passait.

— « Que veut ma petite sœur Lucie? demanda Suzette.

— « Elle veut que sa grande sœur vienne ici jeter un coup d'œil. »

Suzette entra.

Sur la table de travail on voyait déjà un spécimen de chaque pièce du trousseau : une chemise de jour, une de nuit, une camisole, un pantalon, une taie d'oreiller etc., le linge de maison marqué au coton rouge des deux initiales D. V. (Dumay-Valon), le torchon et le tablier en lettres de marque ordinaire, la serviette, le drap, la taie d'oreiller en majuscules de divers types brodées au point de croix à l'aide d'un canevas posé sur le tissu, puis enlevé fil à fil.

Mais l'admiration de maman Suzette fut pour la lingerie personnelle de Lucie, la camisole, la chemise, etc...

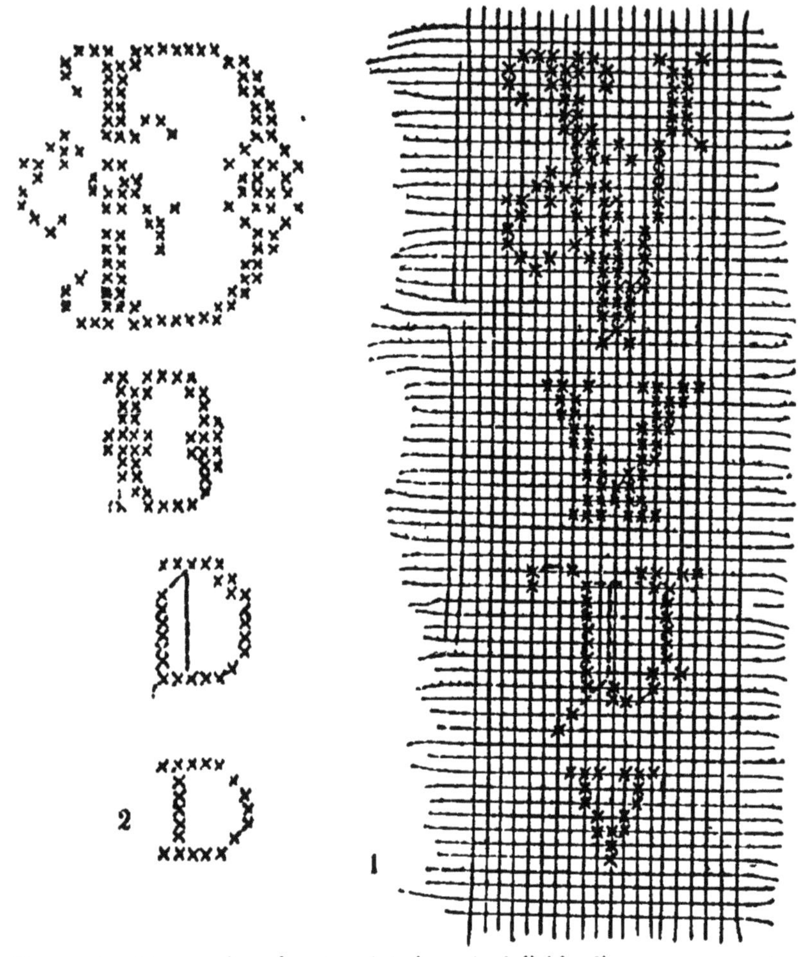

Marque D. V. en majuscules au point de croix à l'aide d'un canevas posé sur le tissu. — On place en droit fil sur l'étoffe de biais un morceau d'étamine ou de canevas fin, et l'on exécute sur ce dernier des points à la croix (1) qui traversent les deux tissus, mais qui ne doivent pas percer le fil du canevas. Une fois les lettres achevées, on enlève les fils de trame et de chaîne du canevas ou de l'étamine (2). Il est nécessaire que l'étoffe soit très tendue sur l'étamine, sinon, une fois cette dernière enlevée, les points perdent leur forme et le dessin est irrégulier.

Coutures rabattues, minces et plates, ourlets rectilignes réguliers, surjets à points menus, mais penchés, fronces droites égales, tout était parfait.

Quant aux piqûres ornant l'encolure et la barrette du

devant de la chemise de jour, le col, les poignets, le devant de la camisole et de la chemise de nuit, elles étaient aussi irréprochables.

Mais l'auteur n'en était pas Mlle Lucie toute seule; elle avait eu la collaboration de la machine à coudre donnée jadis en cadeau de noce à Suzette par sa tante, Mme Richard.

Mme Sylvain, pour la con-

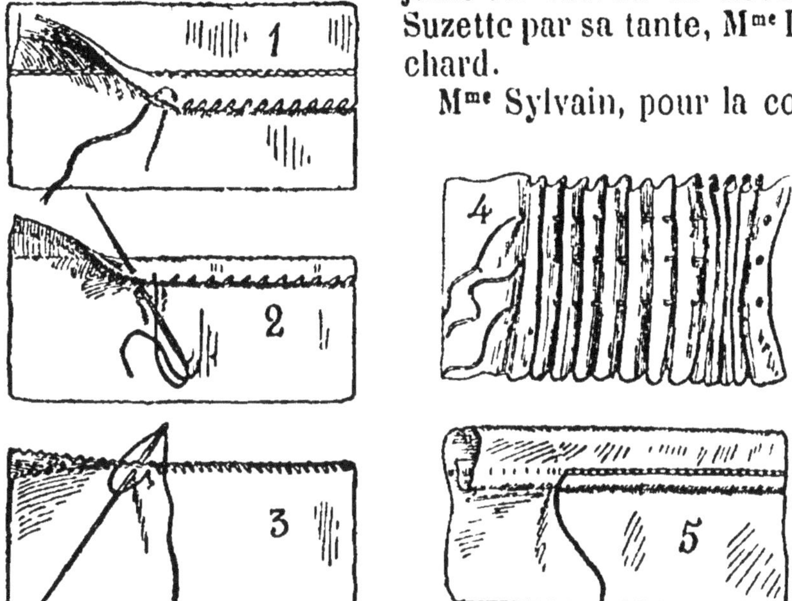

Différents modes de couture

1. *Couture rabattue*, employée pour tout ce qui demande peu d'épaisseur, principalement en lingerie. — 2. *Ourlet droit*, se faisant obliquement et de bas en haut. — 3. *Surjet*, servant à réunir deux bords d'étoffes repliés et posés l'un sur l'autre, il faut rejeter le fil par-dessus les bords, afin que l'aiguille pique les deux étoffes d'arrière en avant par un même point. — 4. *Fronces*; elles se font à points devant. Lorsqu'on exécute plusieurs rangs de fronces, il faut que les points de chaque rang soient égaux et parallèles. — 5. *Piqûre*; dans la piqûre, l'aiguille revient chaque fois en arrière, mais dans le trou d'où elle est sortie précédemment. Une piqûre doit être très régulière et les intervalles très rapprochés.

fection du trousseau, avait naturellement prêté cette machine à Lucie, qui lui en vantait en ce moment tous les avantages.

— « Bon! répondit-elle, mais les boutonnières au point si finement et si régulièrement noué, qu'on dirait un cordonnet; mais ce point qui accompagne si joliment les piqûres; mais cette petite dent au crochet qui imite une dent festonnée, est-ce la machine qui a fait cela? Est-ce elle encore ou ta main qui a taillé, coupé si élégamment? Ah! que je voudrais avoir le secret de cette coupe! Dès que je prends mes ciseaux,

Machine à coudre.

Le premier inventeur de la machine à coudre est Thimonier, un Français; elle a été perfectionnée et vulgarisée par l'Américain Howe. Il y a diverses sortes de machines à coudre, depuis les plus fortes qui exécutent les coutures dans les étoffes épaisses, jusqu'aux plus mignonnes, qui font des travaux très délicats avec une régularité extrême. D'autres servent à plisser, rucher, soutacher, etc.

je deviens timide, je tâtonne; je n'arrive à tailler qu'à force de peine.

— « Mon secret, dit Lucie, c'est d'abord de me procurer un bon patron, taillé par une main habile ; ensuite d'étudier les proportions de ce patron, et — ceci est capital — de les comparer, avec celles du corps de la per-

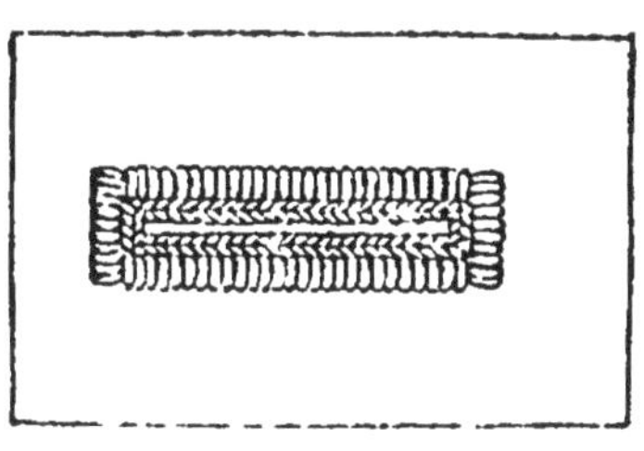

Boutonnière.

Après avoir coupé l'étoffe bien nettement, on passe un point devant tout autour de la fente. On pique ensuite l'aiguille, comme pour le surjet, au dessous du bâti et on jette le fil sous l'aiguille, que l'on tire doucement en ayant soin que le point se serre et se noue près de la fente.

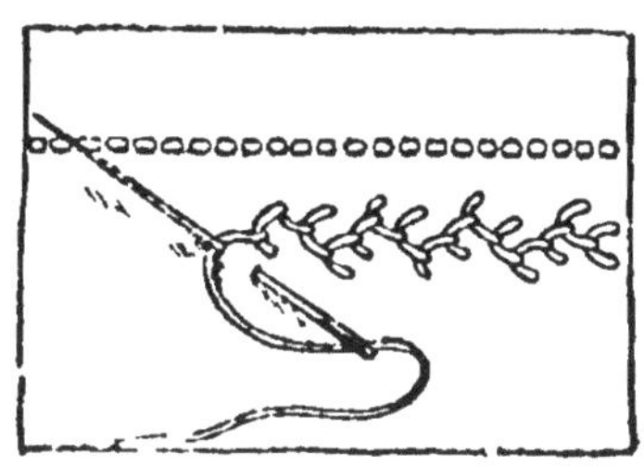

Point d'épine

Pour faire le point d'épine, on pique l'aiguille obliquement, de droite à gauche, en tenant le fil sous l'aiguille ; on recommence de même de gauche à droite, à une égale distance du milieu.

sonne à habiller; de rectifier, s'il y a lieu, de façon que les lignes droites du patron correspondent bien

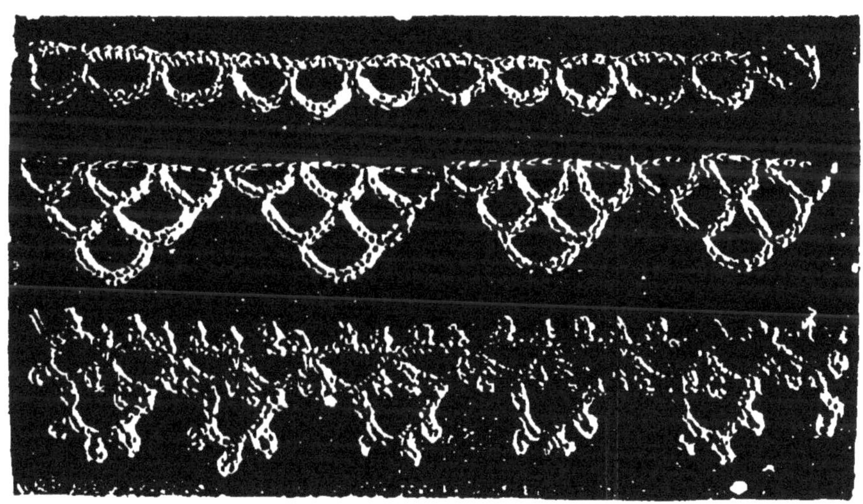

Dents au crochet.

aux lignes droites du corps et les courbes aux courbes, et enfin de le poser sur l'étoffe pour tailler, en ayant grand soin que les lignes droites tombent sur le

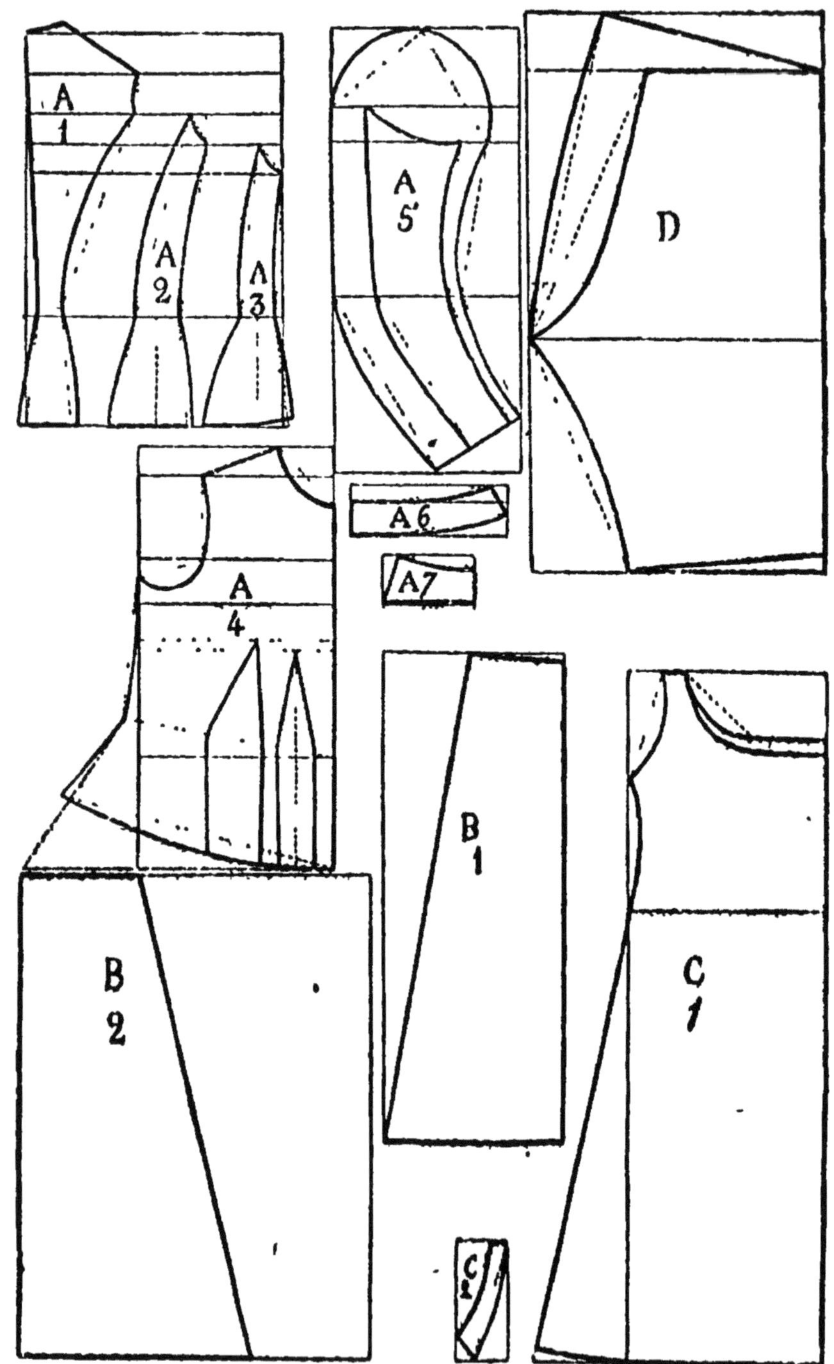

Tracé et coupe de corsage, de jupe, de chemise et de pantalon.

A 1. Dos du corsage. — A 2, A 3. Petits côtés du corsage. — A 4. Devant du corsage. — A 5. Manche, dessous plus étroit. — A 6 Fraction de col — A 7. Fraction de poignet. — B 1. Jupe, demi-lé de devant. — B 2. Jupe, lés de côté. — C 1. Chemise à poignet. — C 2. Demi-devant et demi dos. — D. Pantalon de femme et de fillette.

droit fil de l'étoffe et les lignes courbes sur les biais.

« En effet, les droits fils, aussi bien en longueur qu'en largeur, sont rigides, tandis que les biais ont de la souplesse, de l'élasticité et peuvent se tendre à volonté.

« Voilà une règle facile à suivre. »

Il faut poser le patron sur l'étoffe pour tailler, en ayant grand soin que les lignes droites du patron tombent sur le droit fil de l'étoffe et les lignes courbes sur les biais..

Lucie ajouta que, bientôt, sa grande sœur pourrait mettre en pratique ces conseils, puisqu'il était convenu que toutes les toilettes de noce seraient faites de leurs propres mains.

A ce moment, un gros bourdonnement de ruche se fit entendre, suivi de cris joyeux. C'était la sortie des écoliers.

Maman Suzette courut à la porte faire signe à ceux qui, dans la troupe, l'intéressaient particulièrement.

Ils accoururent et vous jugez de leur joie à trouver là une maman qui les attendait. Bientôt Mme Valon rejoignit la compagnie, tandis que Pierre et Paul écarquillaient les yeux devant la fameuse table comme devant un objet invisible qu'on leur vantait et qu'ils essayaient en vain d'apercevoir; car les garçons, à l'égard des travaux de couture, sont à peu près comme des sourds à qui l'on ferait de la musique.

Mais Marguerite parut charmée; depuis longtemps l'aiguille lui était familière, et elle était née avec le sentiment du goût, avec l'instinct des choses jolies et gracieuses.

Elle demanda si, aux jours de congé, elle ne pourrait pas venir travailler et apprendre quelques points de couture auprès de sa tante Lucie. Elle obtint la réponse qu'on doit aux gens de bonne volonté.

— « Oui, mignonne, lui dit Mme Valon, apprends tout ce que tu pourras ; il est bon d'avoir plusieurs moulins d'où tirer sa farine.

« Moulin de çà, moulin de là,
Si l'un ne moud, l'autre moudra. »

30. — Confitures.

C'était l'heure de faire les confitures : une bien agréable occupation pour la ménagère. « L'honorable damoiselle s'y délectera, » dit Olivier de Serres, le célèbre agronome. Et vous savez que « l'honorable damoiselle » c'était la noble dame d'alors.

« Les confitures, ajoute-t-il, sont de plaisantes provisions. Elles substantent (1) les gens sains, elles confortent et réjouissent les malades et, à tous, aux enfants surtout, donnent contentement par leur exquisité et leur beauté. »

Voilà, j'espère, une ancienne appréciation des confitures qui sera du goût de beaucoup de jeunes personnes d'aujourd'hui; la science, d'ailleurs, n'y contredit pas.

(1) Vieux mot qui signifie *nourrir*.

Voici ce qu'elle nous apprend : les fruits mûrs sont salutaires; ils aident à la digestion des aliments azotés et des féculents; ils rafraîchissent, ils purifient le sang. Cependant, à cause de l'eau qu'ils contiennent en grande quantité et de leur acidité, ils exercent une action irritante sur les muqueuses du tube digestif, si on les mange crus avec excès. La cuisson, et surtout l'addition d'une certaine quantité de sucre, font disparaître cet inconvénient des fruits, sans altérer en rien leurs qualités alimentaires.

Et, à ce propos, voici une autre affirmation scientifique qui ne vous déplaira pas non plus : le sucre (1) est nécessaire à la santé tout autant que le sel, dont nous ne pouvons nous passer. Un savant chimiste, Payen, a même affirmé que notre consommation moyenne de sel étant de douze à vingt-quatre grammes par jour, celle du sucre devrait être le double, soit vingt-quatre à quarante-huit grammes.

Fraisier.

Le fraisier est cultivé en grand dans presque toutes les parties du monde. Les fraises sont des fruits excellents, légèrement laxatifs, mais que certains estomacs digèrent difficilement. On les mange généralement fraîches cueillies, on en fait aussi des sirops et des confitures

Or c'est de confiture de fraises qu'il s'agissait en ce moment chez maman Suzette. Elle commença par faire la cueillette dans son jardin, aidée par Marguerite, Pierre et Paul, pour qui ce fut une véritable fête.

Il fallait voir avec quelle précaution ils s'avançaient entre les rangs de fraisiers et cueillaient le rouge fruit caché sous sa feuille « à triple découpure ».

C'est que maman les avait avertis que, pour manger et conserver tout l'hiver des confitures, il faut les faire

---

LIRE A L'APPENDICE : 1. *Effets du sucre dans l'alimentation.*

avec des fruits frais et sains. Aussi tout ce petit monde rivalisait-il d'attention et de propreté.

Et tout à coup parut Tiennet, qui, alléché sans doute par la vue des fraises, proposa ses services.

Il avait des mains de ramoneur ! Les enfants, en riant, le lui firent remarquer.

— « Je vais les laver, dit-il, tout penaud.

— « Les laver ? non, mon petit Tiennet, répondit maman Suzette ; tu n'y parviendrais pas. Reviens un jour où j'aurai le temps : je t'apprendrai comment on se lave les mains et même le visage. »

Il s'en alla et on se remit à la cueillette des fraises. C'étaient des fraises d'Héricart, nommées vulgairement de Ricard.

La beauté, la grosseur du fruit, la couleur vive, le parfum exquis, la pulpe ni sèche ni aqueuse de cette espèce, la recommandent pour les conserves.

Voilà pourquoi maman Suzette l'avait choisie entre les centaines de variétés aujourd'hui cultivées. Ces centaines de variétés, vous le savez, la culture les a tirées des sept espèces sauvages produites par la nature.

De ces sept espèces, trois croissent en Asie et en Amérique, quatre en Europe, dont notre rouge petite fraise des bois est la principale.

C'est elle que, les premiers en France, les jardiniers de Louis XIV transportèrent dans les jardins de Versailles pour l'y cultiver.

Mais il y a cent ans à peine que le jardinage et la sélection * ont créé ces magnifiques espèces qu'on met en vente aujourd'hui sur tous nos marchés et qui font la richesse de ceux qui les cultivent en même temps que notre régal.

La cueillette finie, l'épluchage terminé, maman Suzette, qui avait sa façon à elle de faire ses confitures et s'en trouvait bien, posa sur le poêle une grande bassine de cuivre rouge non étamé, et immédiatement y versa un

* Voir *Écoliers et écolières*, par Mme Robert Halt, page 303.

unique verre d'eau en même temps que quatre kilogrammes de fraises.

Sur le feu, modéré à dessein, le contenu de la bassine s'échauffa graduellement jusqu'à l'ébullition.

Cette première cuisson des fraises dans leur propre jus a pour but de faire évaporer une partie de l'eau qu'elles contiennent et, par cela même, permet de réduire de moitié la quantité de sucre à ajouter.

Maman Suzette laissa donc l'ébullition durer une demi-heure, puis elle versa dans la bassine deux kilogrammes de sucre brisé en morceaux pour les quatre kilogrammes de fraises.

A son tour, le composé bouillit également une demi-heure; ensuite la bassine fut retirée du poêle; la confiture était faite et très bien faite.

Il ne restait qu'à la mettre dans des pots de faïence. Après refroidissement, elle avait une saveur délicieuse; le bon aspect de la gelée promettait une parfaite conservation qu'on ne saurait attendre de confitures auxquelles ont manqué la cuisson ou le sucre nécessaires.

Maman Suzette, qui avait sa façon à elle de faire ses confitures, posa sur le poêle une grande bassine de cuivre rouge non étamé, et, immédiatement, y versa un unique verre d'eau en même temps que quatre kilogrammes de fraises..

Vous savez que la fraise et tous les fruits, en général, contiennent, dissous dans leur jus acidulé, un sucre qui leur est propre et qu'on nomme glucose.

La glucose pure a la blancheur du sucre de betterave et de canne, la même saveur douce, mais beaucoup moins prononcée. Sa valeur sucrante est deux fois et demie moindre, c'est-à-dire qu'il faut deux kilogrammes et demi de glucose pour sucrer au même degré que le ferait un kilogramme de sucre de canne ou de betterave.

Betterave.

La betterave est une plante bisannuelle dont la racine est volumineuse, de forme pivotante; elle porte des feuilles d'un beau vert luisant. Lorsqu'on laisse cette plante monter en graine, sa tige atteint une hauteur d'un mètre et produit des fleurs verdâtres d'où naissent quantité de graines. Il existe trois variétés de cette plante : la *betterave potagère*, que l'on cultive dans les jardins pour la manger en salade; la *betterave fourragère*, qu'on donne en nourriture aux animaux, à l'étable, et la *betterave à sucre.*

Le sucre de betterave est identique à celui de la canne à sucre, quand ce dernier a été raffiné.

La culture de la betterave a pris, en France, une extension considérable.

Cannes à sucre

La canne à sucre est une sorte de grand roseau, originaire de l'Inde, que l'on a transporté dans les pays chauds des deux Amériques, dès que cette nouvelle partie du monde fut découverte. La tige de la canne à sucre présente des nœuds; à l'intérieur, se trouve une moelle spongieuse qui renferme le jus sucré. La culture de cette plante exige un climat très chaud. Pour faire la récolte, on coupe les cannes un peu au dessus du sol et on les porte à la sucrerie. Là on les broie, on fait cuire le jus qui en découle et qui, en se cristallisant, après le refroidissement donne la *cassonade*, un sucre très naturel, aromatique et rafraîchissant. L'année suivante, les cannes coupées, qui ont repoussé du pied, donnent une nouvelle récolte, il en est de même pendant quatre, cinq et même dix ans, si la température est favorable.

On fait, sans le savoir, des confitures à la glucose pure, dans les campagnes où, par économie, on laisse cuire longuement les fruits dans leur propre jus, sans aucune addition de sucre.

Et on en fait aussi dans les confitureries commerciales où, pour gagner plus d'argent, on substitue au sucre, qui coûte assez cher, de la glucose industrielle, chimiquement préparée avec des fécules de médiocre qualité et d'un bas prix.

Ces conserves-là sont fort inférieures en saveur et surtout se gardent moins bien.

La glucose, en effet, a pour l'eau une très grande affinité qui égale presque celle du sel. Comme lui, elle boit avidement l'humidité atmosphérique; et cette humidité, introduite avec elle dans les confitures, en fait un terrain très favorable à l'éclosion de moisissures, sortes de champignons microscopiques, verdâtres ou jaunâtres, qui se propagent avec une incroyable rapidité (1).

31. — Chauffons-nous.

Pour goûter ces confitures, la famille Valon fut invitée à dîner deux jours après. Et vous devinez sur quoi porta l'entretien des dames, quand elles se trouvèrent réunies : ce fut sur le prochain ménage à monter, car le trousseau ne suffit pas.

Pour acheter l'ameublement, la batterie de cuisine, les appareils de chauffage, il fallait plus de temps que n'en laissaient à Mme Valon le soin de son école et à Mme Sylvain celui de sa ferme.

Aussi s'étaient-elles entendues pour décider de toutes ces questions avant de se rendre dans les magasins. M. Valon, qui, ce jour-là, était allé à la ville, en avait, sur leur demande, rapporté un catalogue.

Le catalogue est une des meilleures et des plus pratiques inventions du commerce moderne. Il est comme la marchandise même venant à vous lorsque vous ne pouvez aller à elle. Par lui, le marchand vous place sous les yeux la nomenclature des objets qu'il met

---

1 LIRE A L'APPENDICE : 1. *Moisissures*.

en vente, leurs dimensions, leur qualité supérieure, moyenne ou inférieure, leurs prix, du plus élevé au plus modeste. De plus, il vous donne des avis concernant les demandes d'expédition par la poste ou par le chemin de fer.

Quoi que vous désiriez, vêtements, mercerie, quincaillerie, appareils de chauffage, ameublement, voici le catalogue.

Il en est même d'illustrés, avec la représentation très exacte des objets qu'ils mentionnent.

Vous n'avez qu'à regarder, comparer, puis choisir, en consultant vos ressources : ensuite, sans la moindre perte de temps pour vous, vous faites votre commande par carte postale; ou bien, si vous en avez le loisir, vous allez vérifier d'abord, de vos yeux, votre choix, avant de conclure le marché.

M. Valon, dès que la nappe fut enlevée, tira de sa poche un catalogue de quincaillerie, et principalement d'objets de chauffage et d'éclairage. Les dessins y abondaient.

— « Voilà, dit M. Dumay, en les regardant, nos bons défenseurs contre l'hiver qui « nous fait plus de mal que l'été ne nous fait de bien. »

Il parlait en vieillard qui sent décroître sa force de résistance (1). Il ajouta :

— « Mon grand-père, que j'ai connu très vieux et ne quittant guère le coin de la cheminée, disait : « Feu est demi-vie de l'homme. »

— « Et il avait raison, votre grand-père, répondit M. Valon. Le feu, qui remplace la chaleur du soleil lorsqu'elle vient à nous manquer, est indispensable à notre vie; la chaleur nous est aussi nécessaire que l'air. Pour que notre corps subsiste, fonctionne, et pour que nos facultés puissent s'exercer, il faut à nos fibres, à nos nerfs, à notre sang une température de trente-six degrés. D'ailleurs, notre alimentation a autant pour

---

LIRE A L'APPENDICE : 1. *Effets du froid sur la vieillesse et sur la première enfance.*

objet d'entretenir cette température intérieure que de réparer nos tissus. Le rôle de certains aliments est surtout de produire du calorique (1).

« Il y a, d'après la science, deux façons de se chauffer : la première, la plus naturelle et la meilleure, est de se nourrir

bien et abondamment, et de prendre de l'exercice, ou encore de travailler au grand air.

« La deuxième, c'est d'entretenir autour de nous une température artificielle au moyen de combustibles enflammés, dégageant le calorique nécessaire.

— Vous avez vu des feux en plein air, comme en font les gens des campagnes, pour brûler des débris de paille, des mauvaises herbes, des souches de colza ou des fanes de pommes de terre.

« C'est cette dernière manière que nous employons comme la mieux adaptée à nos conditions d'existence et à notre climat. Chauffons-nous donc. Mais, pour nous bien chauffer et avec profit, il faut un bon poêle.

Lire a l'appendice : 1. *Aliments plus spécialement producteurs de calorique.*

« Et qu'est-ce qu'un bon poêle ? Il importe d'abord de le savoir ; les catalogues ne sont pas chargés de nous l'enseigner.

« Pour le bien comprendre, nous devons remonter un peu haut, si vous le permettez...

— « Allez, allez ! dit M. Dumay, il est toujours bon d'apprendre quelque chose d'utile.

— « Eh bien ! reprit M. Valon, vous avez vu des feux en plein air, comme en font les gens des campagnes, pour brûler des débris de paille, des mauvaises herbes, des souches de colza ou des fanes de pommes de terre.

« C'est un joyeux spectacle. Et, chez presque tous les peuples, les feux en plein air accompagnent les jours de fête. Ainsi, les feux de la Saint-Jean.

« On amasse en un petit tas la paille, le menu bois ; on y met le feu ; la flamme jaillit, une colonne de fumée se forme, s'élève ; un moment elle se balance, puis se disperse en nuages légers.

« Flamme et fumée suivent toujours cette même direction, et la raison de ce phénomène, que vous connaissez, c'est que l'air chaud est plus léger que l'air froid. Dès qu'un foyer s'allume, la petite masse d'air qui l'environne s'échauffe à son contact, s'élève en cédant sa place à une nouvelle couche froide, qui, échauffée à son tour, se comporte de la même façon.

« Et ce double mouvement d'arrivée d'air froid en bas et de départ d'air chaud en haut dure tant que le feu brûle. Mais vous comprenez bien que cette colonne ascendante d'air chaud, de flamme et de fumée en plein champ ne va pas toujours très droit. Le moindre souffle de vent la fait vaciller, la rabat, éparpille la fumée, au grand désagrément des gens qu'elle suffoque.

32. — Grande cheminée.

« On dut donc y aviser et protéger cette colonne d'air chaud et de fumée par un conduit de pierres ou de briques, dans lequel elle cheminerait plus sûrement : ce devint la cheminée.

« Mais voyez quelle est la lenteur du progrès : les maisons du moyen âge, pas plus que celles des temps anciens, n'eurent de cheminées.

« Alors le foyer s'établissait contre un des murs ; un trou percé au-dessus, dans le plafond, livrait passage à la fumée, comme cela se voit encore dans les huttes des sauvages.

« Or, de ces foyers primitifs, elle ne s'échappe guère au dehors que par les temps favorables ; un peu de vent, une porte ouverte la rabat à l'intérieur, qu'elle remplit et noircit.

« Ce fut au XIVe siècle, et encore dans les châteaux seulement, qu'on commença à construire des cheminées. Les pauvres gens n'en eurent dans leurs chaumières que deux ou trois siècles plus tard.

« Rappelez-vous la fable de La Fontaine, *le Bûcheron et la Mort*, écrite au temps du roi Louis XIV :

> « Un pauvre bûcheron, tout couvert de ramée,
> Gagnait péniblement sa chaumine enfumée. »

« Pauvre chaumine ! Sa cheminée, si elle en avait une, était évidemment ou trop basse, dépassant à peine le toit, ou bien trop spacieuse pour le petit feu de menu bois qu'on y allumait.

« Car la hauteur du conduit, sa largeur, aussi bien que la dimension du foyer, tout doit être calculé, proportionné.

« Un vieux proverbe dit : « En petite cheminée on fait bien grand feu ; » ce qui est juste. Mais impossible de faire un petit feu dans une grande cheminée.

« Vous en comprenez la raison : la mince colonne d'air chaud et de fumée montant d'un petit foyer se refroidit bien vite dans son passage à travers un large conduit plein d'air froid : elle s'alourdit, alors, et retombe presque aussitôt.

« Dans les cheminées monumentales des anciens châteaux, il fallait faire des feux énormes, en y empilant, pour ainsi dire, des arbres entiers : le brasier était alors assez vaste et ardent pour échauffer tout le conduit, et permettre ainsi aux résidus de la combustion de s'élever jusqu'au faîte et de sortir sans encombre.

« Pour se chauffer, on se tenait sous le grand manteau de ces cheminées, assis sur des bancs à dossier : mais quel chauffage ! « le visage grille pendant que le dos gèle », comme dit Montaigne. Les rayons de calorique ne s'étendaient que sur un très petit espace, et la plus grande partie de ce calorique, environ les quinze

Dans les cheminées monumentales des anciens châteaux, il fallait faire des feux énormes, en y empilant, pour ainsi dire, des arbres entiers...

seizièmes, se perdaient, partaient avec la fumée du côté des nuages.

— « Sans compter que, pour se procurer si peu de confort, dit Sylvain, il fallait posséder au moins des forêts !

— « Oui, reprit M. Valon, les grands seigneurs, maîtres des bois et des champs, pouvaient, seuls alors, se garantir à peu près du froid.

« Les choses s'enchaînent. Lorsque la Révolution vint

morceler la propriété de la terre et la faire passer aux mains des paysans, la plupart des forêts et des bois disparurent, cédant la place à la culture des céréales nourricières, des arbres fruitiers. L'aisance se répandit dans le peuple; ceux qui purent s'offrir une nourriture plus variée et se chauffer devinrent de plus en plus nombreux; grand et noble résultat!

« C'est alors que, par besoin d'économie et, en même temps, à cause de la rareté du bois, on eut l'idée de rétrécir les cheminées. Et on s'aperçut aussitôt qu'un conduit étroit tire beaucoup mieux qu'un large, qu'un petit foyer donne une chaleur aussi vive qu'un grand, en dépensant beaucoup moins de combustible, et, enfin, que la perte du calorique n'y est plus que de la moitié, ou huit seizièmes, au lieu des quinze seizièmes dévorés par les vastes cheminées d'autrefois.

« Mais envoyer aux nuages la moitié du calorique, c'était encore gaspiller un bien précieux.

« En outre, le bois de chauffage devenait de plus en plus rare et cher, tandis qu'augmentait le nombre des gens très décidés à ne pas souffrir du froid. La houille (1) tentait bien de remplacer le bois; mais comme elle ne peut guère brûler dans les mêmes conditions que celui-ci, la question s'aggravait.

« Enfin, on s'avisa d'en chercher la solution, non pas dans une nouvelle modification de la cheminée, mais dans celle du foyer.

33. — Petit foyer, grand feu.

« Le foyer était ouvert. On le ferma.

« Le poêle fut ainsi trouvé.

« C'est un foyer complètement clos, un récipient, généralement en fonte, muni, à l'intérieur et dans le bas, d'une grille, et, en haut, d'un tuyau qui le met en communication avec la cheminée. Un couvercle, qu'on peut enlever à volonté, permet l'introduction du combustible.

LIRE A L'APPENDICE : 1. *Houille*.

« Ce combustible une fois allumé, tout se passe dans le poêle comme dans le foyer ouver et comme dans le feu en plein champ.

« De l'air froid arrive par la grille du fond et pénètre à l'intérieur, où il active la combustion; puis, échauffé, il s'élève avec la fumée dans le tuyau, gagne par ce corridor étroit le corps de la cheminée et s'échappe au dehors avec les débris de la combustion. Le calorique se trouve ainsi emprisonné dans la paroi de fonte du poêle et s'y emmagasine. Tout l'air contenu dans la pièce s'échauffe peu à peu au contact de cette paroi brûlante, les couches les plus tièdes montant à mesure vers le plafond, tandis que les plus froides se rabattent vers le plancher pour les remplacer et s'échauffer à leur tour. Et pour peu qu'un poêle brûle une heure ou deux, l'atmosphère entière de la pièce se trouve facilement portée à la température de quinze à seize degrés centigrades, température nécessaire au bon fonctionnement de notre organisme et à notre bien-être. »

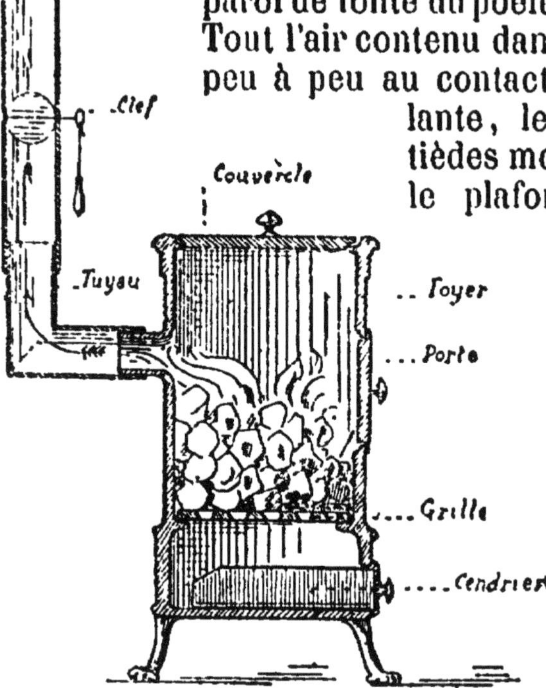

Différentes parties d'un poêle ordinaire.

M. Valon s'arrêta de parler. Les enfants regardaient les images du catalogue, bien que prêtant visiblement l'oreille à ce qui se disait.

— « Maintenant, demanda Sylvain, quel poêle entre tous ceux-ci allons-nous choisir?

— « Voyons, répondit Mme Valon qui prit en main le catalogue, en voici un, semblable comme dimensions à celui que vous avez là dans votre cuisine.

— « Trop grand ! dit Suzette. Les pièces de l'appartement de Cambrai seront certainement plus petites que les nôtres.

— « Evidemment ; aussi ne nous y arrêtons pas, non plus qu'à cet autre appareil, beaucoup plus grand encore, qu'on nomme un calorifère. Celui-ci, installé dans une cave, suffirait, grâce à ses tuyaux et ses bouches de chaleur, à entretenir dans une maison de six étages un printemps perpétuel, quelles que soient la rigueur de la gelée et l'épaisseur de la neige.

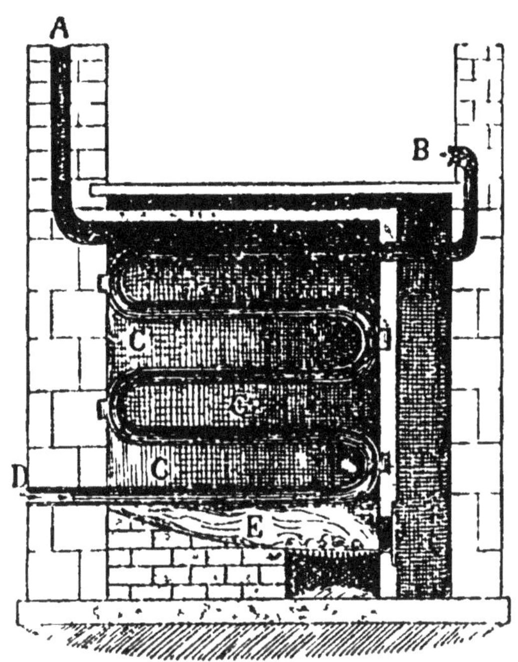

Les calorifères sont des appareils destinés à chauffer au moyen d'un seul foyer un certain nombre de pièces d'une même maison. Il en existe différents modèles : les calorifères à *air chaud*, les calorifères à *eau chaude*, les calorifères à *vapeur*.
Notre gravure représente la coupe d'un calorifère à air chaud, dont les diverses parties sont : A. Cheminée de tirage ; — B. Sortie de l'air chaud ; — C. Chambre de chauffage ; — D. Entrée de l'air froid ; — E. Foyer.

« Il est vrai que ce printemps artificiel n'est pas aussi sain que celui de la nature, l'air chauffé par les poêles et les calorifères se trouvant desséché, privé de la petite quantité d'humidité nécessaire à nos poumons pour qu'ils ne s'irritent pas.

« Mais, pour remplacer le calorifère, qui est un gros consommateur de combustible et, à cause de cela réservé à des installations spéciales, voici le poêle à combustion lente.

« Celui-là brûle jour et nuit pendant des semaines, des mois et même l'hiver entier, si c'est nécessaire, sans s'éteindre.

« Une fois seulement par jour, on le garnit de charbon

et on le débarrasse de ses résidus de cendre. Il ne dépense que trente à trente-cinq centimes par vingt-quatre heures.

« On peut le placer successivement devant les diverses cheminées d'un appartement qu'il chauffe ainsi tout entier. De là son nom de poêle mobile.

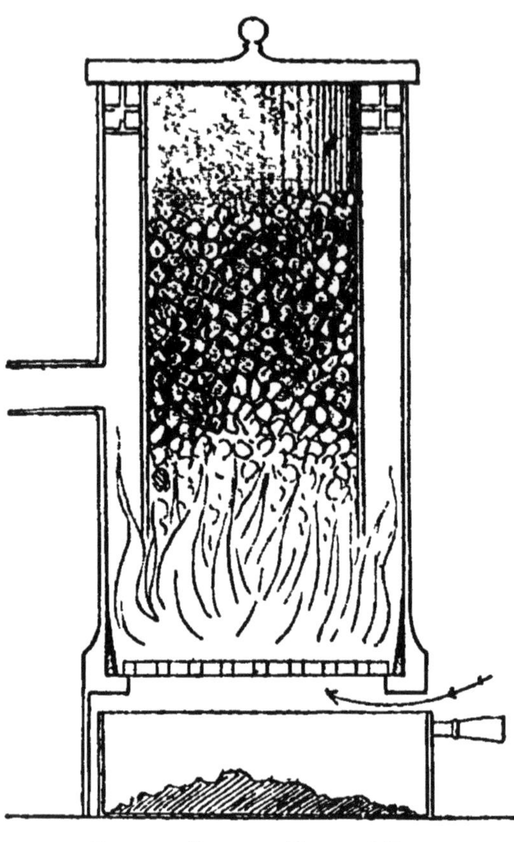

Coupe d'un poêle mobile.

« Certes, voilà le poêle idéal !

— « C'est celui qu'il faut acheter pour tante Lucie, s'écria Pierre.

— « Nous nous en garderions bien ; car, outre que, brûlant jour et nuit, il dessèche l'air, encore plus que les autres poêles, il a un grand vice dû à sa combustion lente.

« Dans toute combustion, en effet, mais principalement dans celle de la houille, il se dégage des gaz irrespirables. Ce sont surtout l'acide carbonique et l'oxyde de carbone.

« Un pour cent seulement d'acide carbonique répandu dans l'atmosphère d'une pièce habitée rend l'air malsain et occasionne des maux de tête (1). Huit pour cent de ce gaz provoquent l'évanouissement et mettent la vie

---

LIRE A L'APPENDICE : 1. *Remède au dessèchement de l'air par les appareils de chauffage.*

en danger, si le secours n'arrive à temps (1). Dix à douze pour cent déterminent très promptement la mort.

« Mais l'oxyde de carbone est encore bien autrement meurtrier.

« Une quantité infinitésimale de ce gaz mélangée à l'air que nous respirons suffit à altérer la composition de notre sang, à l'empoisonner. Répandu à la dose d'un centième dans l'atmosphère d'une pièce, il amène la mort rapide, sans avertissement, ce gaz ne se révélant par aucune odeur, comme le fait l'acide carbonique.

« Eh bien! dans les poêles à combustion lente, il se forme beaucoup plus de ces gaz dangereux que dans ceux à combustion active.

« En effet, la lenteur de la combustion est due à celle du tirage : l'oxyde de carbone et l'acide carbonique, au lieu d'être vivement emportés dans le conduit de la cheminée, séjournent dans le poêle, se faufilent par les joints du couvercle, par les pores mêmes de la fonte et finissent par se répandre au dehors.

« Un couvercle mal ajusté, un tuyau de tirage déplacé, la moindre imprudence, et voilà les gaz asphyxiants qui envahissent la pièce.

— « Passons vite à un autre poêle ! » dit M. Dumay.

Il n'en manquait pas ; il y avait des appareils de chauffage de toute sorte, jusqu'à d'admirables fourneaux de cuisine avec fours, chauffe-assiettes, étuves, chaudière, gril fixe à griller les viandes sans produire de fumée, des fourneaux à cuire d'un seul coup un dîner de cinquante couverts à six services.

La légende au bas du dessin expliquait tout cela.

— « Ho! ho! dit Sylvain, voilà pour la cuisine de la grande cuisinière de Mme Jacques ! »

On rit d'autant mieux qu'on avait reçu le matin même de bonnes nouvelles de Bois-Maillard. L'entorse de Claude se guérissait, et Françoise aurait été tout à fait remise sans ces malheureuses pommes vertes dont

---

LIRE A L'APPENDICE : I. *Secours contre l'asphyxie par les gaz irrespirables.*

elle ne savait pas se priver; enfin la « grande cuisinière » avait quitté la ferme, la bonne Brigitte étant de retour.

— « Comme notre fille, dit Mme Valon, n'a pas l'intention d'engager à son service cette fameuse Sidonie, je crois qu'elle pourra se contenter d'un petit fourneau, pourvu toutefois que le tirage en soit irréprochable.

Fourneau de cuisine triangulaire.

« Elle sait, comme moi, qu'une pelletée de charbon, flambant rapidement dans un étroit foyer, fait bouillir plus vite une casserole d'eau que quatre ou cinq pelletées brûlant languissamment dans un grand appareil à tirage défectueux.

« Car le degré de calorique développé par un foyer dépend de la vivacité du feu, et non pas de la quantité de combustible.

« Donc, petite dimension du foyer, excellence du tirage, c'est ce que nous avons à rechercher. Que diriez-vous du petit fourneau triangulaire que voici? Le catalogue explique que ce fourneau s'alimente, à volonté, de charbon de terre non fumant, de coke ou d'anthracite.

« Ces deux dernières sortes de charbon, surtout, offrent le précieux avantage de fournir beaucoup de calorique (1)

LIRE A L'APPENDICE : 1. *Valeurs des divers combustibles au point de vue du calorique qu'ils fournissent* et à peine de fumée; par contre, ils sont un peu difficiles à allumer, tandis que les charbons gras et tendres prennent feu au contact de deux bûchettes (1). Il est vrai qu'ils dégagent une grande quantité de suie (2).

— « Ah! je vous en conjure, pas de suie, ni de fumée! s'écria Lucie; pas de cheminée, de tuyaux constamment engorgés, pas de rideaux et de tentures abîmés, pas de casseroles, pas de torchons, de tabliers de cuisine constamment salis!

— « Et, de plus, ajouta maman Suzette, pas de perte inutile de savon et de temps. »

Il fut donc décidé que Lucie brûlerait du charbon dur dans le fourneau de cuisine désigné par Mme Valon.

Puis on choisit, pour le chauffage de la salle à manger, un poêle qui se recommandait par les mêmes qualités que le fourneau, c'est-à-dire par un bon tirage et un foyer restreint et qui devait ainsi donner beaucoup de chaleur à peu de frais.

34. — La lumière.

La lumière n'est pas moins indispensable à la vie que la chaleur. Elle ne sert pas à l'homme seulement pour vivre, mais encore pour travailler.

Que penseriez-vous d'une ménagère qui, dès la chute du jour, irait se coucher, comme les poules dont l'unique occupation, en ce monde, est de manger, caqueter et dormir, dormir, caqueter et manger.

Nous avons un peu plus à faire; notre besogne humaine est si grande, que même les longs jours d'été nous paraissent trop courts; que sera-ce pendant l'hiver, lorsque le soleil nous donne parcimonieusement huit à dix heures, à peine, de lumière!

C'est alors que, pour pouvoir continuer notre travail, nous allumons les lampes qui chassent les ténèbres.

LIRE A L'APPENDICE : 1. *Allumage du feu.* — 2. *Que peut-on faire de la suie?*

— « Eh bien? demanda Sylvain, quelle lampe choisirons-nous entre toutes celles qui sont dans ce catalogue?

— « Cette question, répondit maman Suzette, revient à celle-ci : Parmi ces diverses lampes, à huile végétale, à essence, à pétrole, laquelle mérite nos préférences?

Diverses sortes de lampes.

1. Lampe modérateur, à huile végétale. — 2. Lampe à pétrole, ordinaire. 3 Lampe à pétrole, duplex. — 4. Lampe à essence minérale.

— « Ce doit être celle, dit Mme Valon, qui réunit les qualités suivantes : belle et saine lumière, sécurité, économie.

« L'huile végétale n'a pour elle qu'un seul de ces trois avantages : la sécurité. Sur ce point, elle est parfaite;

mais c'est une huile qui coûte cher ; en provision même restreinte, elle s'altère très vite, perd sa fluidité et, dans cet état d'épaississement, brûle mal, en ne produisant qu'une flamme terne et fumeuse. De plus, le mécanisme des lampes à huile est assez compliqué : il se salit promptement, s'encrasse de cambouis et nécessite la fréquente et coûteuse intervention du lampiste.

« En outre, l'huile est d'un maniement désagréable : les taches qu'elle fait sur le linge, les vêtements, les parquets sont vilaines, tenaces, difficiles à enlever.

« L'essence, elle, tout au contraire, est la propreté même : au lieu de faire des taches, elle les enlève, elle se combine avec les corps gras et, en une seconde, les volatilise. On peut s'en servir pour nettoyer les étoffes de laine et de soie, les rubans, les velours, les gants, le papier. Au surplus, elle donne en brûlant une flamme vive et claire, et elle ne coûte pas cher.

« Cependant, pour être parfaite, il lui manque une qualité, qui est celle de l'huile végétale, la sécurité.

« En effet, son inflammabilité est extrême, et, par suite des vapeurs qu'elle dégage et qui sont encore plus inflammables qu'elle, l'essence prend feu, même à distance. On a vu des personnes grièvement brûlées pour avoir manipulé, le soir, ce liquide, bien qu'elles se trouvassent à plusieurs mètres de la bougie allumée (1).

— « Donc, dit Sylvain ; éliminons l'essence dangereuse et l'huile végétale incommode ; reste le pétrole ; qu'en dites-vous, madame ? »

Mme Valon reprit :

— « Le pétrole, lui non plus, n'est pas parfait, surtout au point de vue de la sécurité. A l'état naturel, cette huile minérale se trouve plus ou moins mélangée d'essence inflammable qui rend son emploi périlleux. Mais, après avoir passé par la raffinerie, une fois parfaitement épuré, le pétrole est sans danger. En cet état

---

LIRE A L'APPENDICE : 1. *Ne pas se servir de lampes à essence, la nuit, en guise de veilleuses.*

il ne s'enflamme que s'il a été chauffé à une température de 35 degrés environ.

« Toutefois la ménagère, en le maniant, doit s'astreindre à quelques précautions indispensables, et, par exemple, se bien garder d'en verser jamais dans une lampe déjà allumée (1). Si malheureusement le pétrole prend feu, l'eau ne saurait l'éteindre. Il faut tâcher d'étouffer la flamme sous une masse de sable, de terre, de cendres, ou bien encore sous une épaisse couverture, qui, en faisant obstacle à l'air, arrêtent la combustion.

Puits à pétrole aux États-Unis.

Le pétrole est une huile minérale qui brûle avec une belle lumière blanche. Il est le produit de la décomposition lente de plantes marines dans l'intérieur de la terre où, autrefois, elles se sont accumulées. Le liquide bitumineux qui en est résulté s'est amassé en lacs, ou a formé des ruisseaux entre les couches argileuses et les roches du sol. Si, au moyen d'une sonde, on perce un trou jusqu'à ces couches, le pétrole jaillit, mêlé à un gaz semblable à celui de l'éclairage; on l'extrait également à l'aide d'une pompe soutenue par une charpente formée de quatre montants reliés par de solides traverses, comme ci-dessus. Le pétrole qui fit son apparition comme huile d'éclairage, vers 1853, est universellement répandu, aujourd'hui; il a supplanté presque partout l'huile végétale.

« Quant à sa valeur éclairante, elle est grande; l'éclairage au pétrole est de tous, sauf l'électricité, celui qui se rapproche le plus de la blanche lumière naturelle du soleil à laquelle notre vue est appropriée.

« Le gaz, qui donne une flamme d'un jaune clair intense, ne vient qu'en second; puis suivent classées d'après leur pouvoir éclairant : la bougie de bonne qualité, jaune orangé clair; l'huile végétale, jaune orangé un peu rougeâtre; enfin la chandelle de suif, plus rouge encore.

LIRE A L'APPENDICE : 1. *Pourquoi il est dangereux d'emplir une lampe à pétrole déjà allumée ou à proximité d'une flamme.*

« Et les objets vus à la lumière produite par ces dernières sortes d'éclairage se colorent d'une teinte jaunâtre qui fatigue nos yeux et nous trompe dans l'appréciation des couleurs. Il nous devient alors impossible de discerner le blanc du jaune clair; le bleu et le vert se confondent, ainsi que le rouge et l'orangé : il en est de même pour toutes les teintes dans la composition desquelles entre le jaune.

« Essayez de choisir à cette clarté une étoffe, un ruban, un lainage : autant vaudrait le choisir au jour, à travers des lunettes jaunes.

« Le degré d'altération subi par les couleurs, le soir, à la lumière artificielle, peut ainsi servir à juger de la qualité plus ou moins blanche de cette lumière. Or celle du pétrole l'emporte sur toutes, sauf, comme je l'ai déjà dit, sur les foyers électriques.

« Une lampe à brûleur de dix lignes, soit 22 millimètres et demi, possède un pouvoir éclairant égal à celui de vingt à vingt-cinq bougies, brûlant à la fois. Elle consomme par heure de trente à trente-cinq grammes de pétrole, tandis qu'une bougie dévore dans le même espace de temps onze à douze grammes de sa substance.

« Le pétrole coûte de 70 à 80 centimes le kilogramme, et la bougie, de deux francs à deux francs cinquante; il faudrait donc dépenser environ trente fois plus pour obtenir avec la bougie une quantité de lumière égale en intensité à celle que procure le pétrole. »

35. — Le soin de la lampe et des yeux.

Nos gens, maintenant fixés sur le choix d'une lampe à pétrole, parcoururent des yeux les divers modèles d'appareils de ce genre représentés sur le catalogue.

Une lampe de porcelaine, gracieuse de forme, à brûleur du calibre de dix lignes et du prix de six francs, leur parut réunir les qualités voulues.

— « Ce sera une bonne acquisition, dit maman Suzette;

car la lampe à pétrole est facile à manier, et son mécanisme très simple.

« Un brûleur contenant une mèche mue par une crémaillère, un récipient où plonge cette mèche, une galerie ajourée supportant une cheminée de verre, et c'est tout.

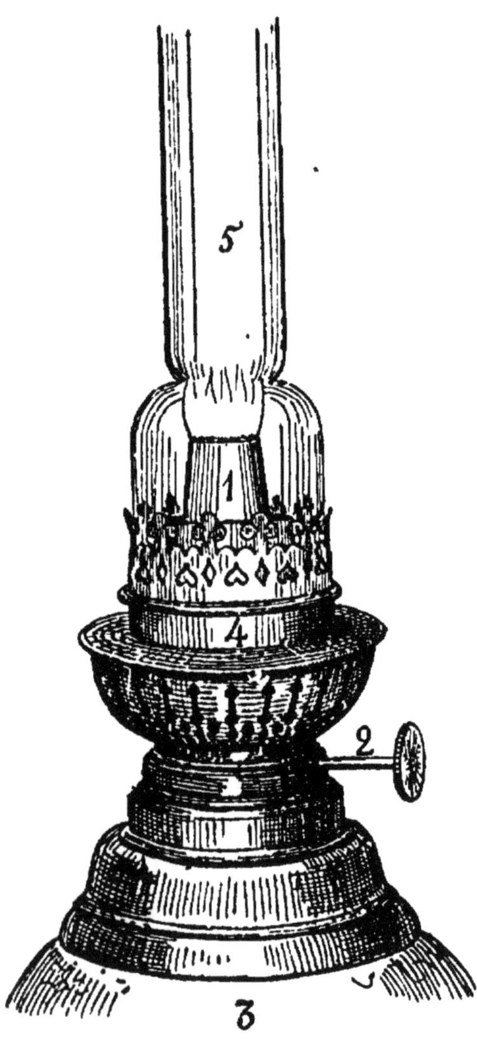

Mécanisme d'une lampe à pétrole.

1. Brûleur. — 2. Clef de la crémaillère. — 3. Récipient. — 4. Galerie ajourée. — 5. Cheminée de verre.

— « Oui, dit en souriant Mme Valon, c'est tout, pourvu que mèche (1), brûleur, galerie et cheminée de verre soient en parfait état; pourvu, encore, que le pétrole soit de bonne qualité; la lampe marche alors à souhait.

« Mais si le tissu spongieux de la mèche se trouve bouché par des corps étrangers, le liquide, ne pouvant plus s'infiltrer librement, n'arrive qu'avec difficulté jusqu'à la flamme pour l'alimenter.

« Si la galerie ajourée a ses orifices obstrués par des poussières, des débris de mèche carbonisés, l'air, ne trouvant pas de passage, n'arrive plus à la flamme qui languit.

« Si, encore, la moindre buée se fixe à l'intérieur de la

LIRE A L'APPENDICE : 1. *Choix de la lampe à pétrole, de la mèche et du verre.*

cheminée de verre, en ternit la transparence, c'est autant de lumière qui nous est dérobée (1).

« Si, enfin, le pétrole est de mauvaise qualité, plus de bon éclairage.

« Or, il est assez difficile de discerner à simple vue la qualité bonne ou mauvaise du pétrole; une ménagère doit cependant savoir que cette huile bien raffinée est

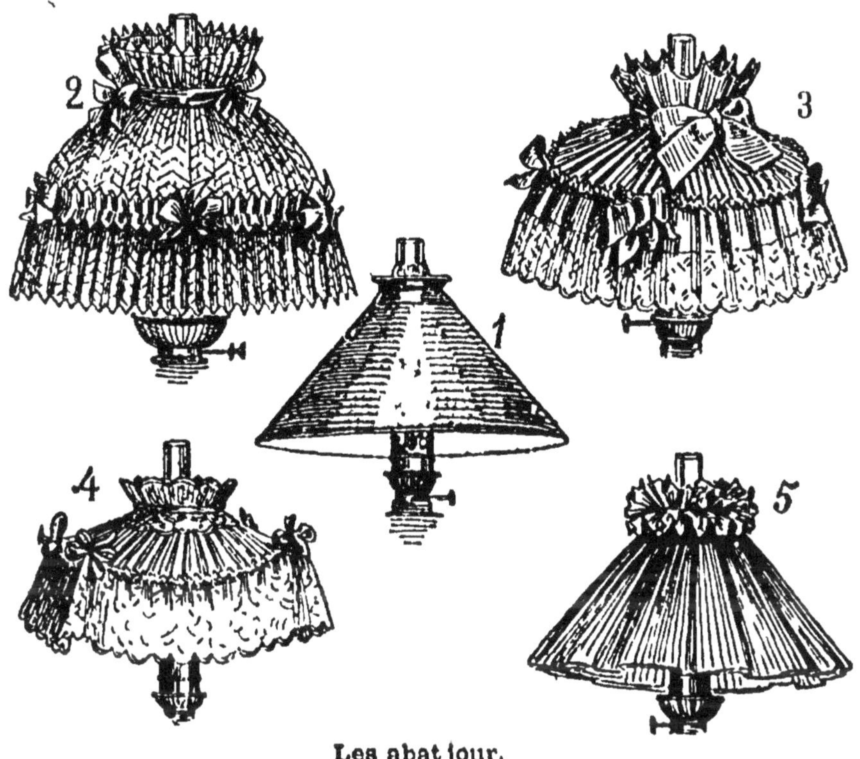

Les abat jour.

1. Abat-jour rond, ordinaire. — 2, 3, 4, 5. Autres modèles transparents.

incolore, avec des reflets légèrement bleuâtres ou jaunâtres, qu'elle a une odeur peu prononcée et non désagréable. Un autre indice plus certain, c'est sa densité : un litre de pétrole doit peser 750 à 800 grammes; les pétroles de faible densité contiennent de l'essence inflammable et sont dangereux. En outre, ils ne donnent qu'une flamme courte, fumeuse, qui laisse au-

LIRE A L'APPENDICE : 1. *Entretien et nettoyage de la lampe à pétrole.*

tour de la mèche un résidu gras et charbonneux (1).

« C'est la ruine des plafonds et des yeux.

— « Eh bien ! dit alors M. Dumay en secouant la tête, plus la clarté de la lampe est brillante, plus j'en souffre ; c'est, sans doute, que mes vieux yeux commencent à devenir délicats.

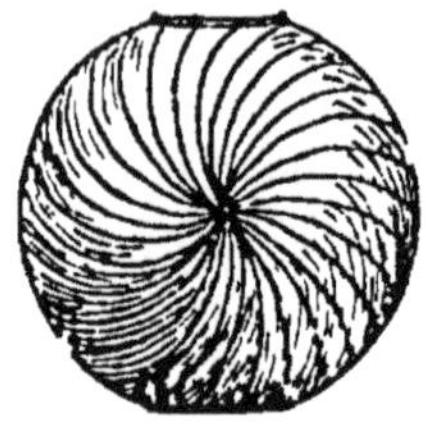

Globes de lampe.

— « Tous les yeux, vieux ou jeunes, répondit Mme Valon, souffrent si on les expose à des foyers lumineux intenses. Nous ne pouvons pas supporter l'éclat du soleil, et si nous essayons de le faire, fût-ce seulement une seconde, notre vue en est paralysée pour plusieurs minutes.

« La flamme des lampes agit de même sur nos yeux, quoique d'une manière moins sensible.

« Aussi, pour remédier à cet inconvénient, nous servons-nous d'abat-jour. Vous en voyez plusieurs spécimens, ici, sur ce catalogue. Il faut seulement savoir choisir entre eux, selon le cas.

« C'est l'abat-jour en bristol léger, ayant la forme d'un cône cylindrique évasé, qu'il faut donner à ceux qui, le soir, à la veillée, lisent, écrivent, cousent ou brodent. Son opacité est un obstacle au passage des rayons lumineux ; il les concentre, les renvoie en bas, répandant ainsi la lumière sur le point même qu'il est nécessaire d'éclairer.

« Les réflecteurs transparents ou seulement translucides, tels que les globes de verre, les abat-jour de papier huilé, de verre opalin ou de couleur, éparpillent la lumière, la portent dans tous les sens. Ils conviennent

---

Lire à l'appendice : 1. *Enlèvement des taches de pétrole sur les étoffes. Utilisation du pétrole à divers usages.*

particulièrement pour éclairer tout l'ensemble d'une pièce, comme une salle à manger, un lieu de réunion, de récréation. »

La question de l'éclairage et celle du chauffage étant alors tranchées, on parla de choses et d'autres et, à neuf heures, la famille Valon se retira, après avoir pris date pour discuter des nombreux achats qu'il restait encore à faire.

36. — La première vaiselle de Marguerite.

Au nombre des inventions que les différentes Expositions nous ont fait connaître, il en est une plus utile à elle seule que beaucoup d'autres, celle d'un objet de première nécessité, digne d'exciter la joie et de mériter l'admiration de toutes les ménagères de France et du monde.

C'est une machine à laver la vaisselle. Elle consiste en une grande cuve, munie d'un système de brosses On y place la vaisselle; un jet d'eau arrive et, le mécanisme étant mis en mouvement, les objets entrés sales à une des extrémités de l'appareil sortent par l'autre, nettoyés, brillants, prêts à reparaître sur la table.

Malheureusement ce remarquable instrument coûte fort cher, comme toute invention nouvelle; de plus, il ne peut être utilisé que dans de très grandes cuisines, déjà agencées pour le recevoir.

Il a donc fallu se contenter d'admirer aux expositions cette aide précieuse, tout en souhaitant qu'elle fût bientôt mise à la portée des bourses les plus modestes. La ménagère l'attend encore et elle continue de faire à la main cette besogne, plus minutieuse qu'on ne pense et si rarement bien exécutée.

Dans combien de maisons trouvez-vous la vaisselle irréprochablement nette?

Cette assiette sent la graisse; cette cuillère, cette fourchette sont poisseuses; touchez le rebord de cette soupière, il semble rugueux ; ce sont les résidus du repas, desséchés sur l'émail de la faïence. Bien des gens s'accommodent d'un pareil lavage, croyant sans doute que le mieux en ce genre de travail est impossible.

Mais il y a des natures plus délicates qui ne peuvent tolérer la malpropreté : c'est à cette élite que sont dus, depuis les premiers âges de l'humanité, le raffinement des mœurs et ce rapprochement graduel vers la perfection qu'on appelle le progrès.

Vous connaissez assez maman Suzette pour vous douter qu'en cette besogne comme en beaucoup d'autres, sa longue expérience, son savoir, sa recherche constante du mieux l'avaient fait passer maîtresse.

Mais, ce jour-là, il ne s'agissait pas d'elle : c'étaient les débuts de Marguerite, qu'elle initiait peu à peu à tous ces soins du ménage qu'on apprend seulement par la pratique.

Les mères connaissant tout le prix, toute l'utilité de ce modeste savoir, doivent se montrer très attentives à l'éducation ménagère de leurs filles (1).

Aussi fallait-il voir maman Suzette mettre les ustensiles dans les mains de la fillette tout en énonçant ce principe : « Pour rendre la vaisselle propre et nette, il n'est nul besoin de salir de l'eau, des torchons et ses mains. »

— « Attache ce tablier, retrousse tes manches... bien !... assemble les objets à laver, là, pour n'en rien oublier... parfait !... sépare du reste les assiettes et les plats par lesquels tu vas commencer...

« Voilà une bassine d'eau chaude, une autre d'eau froide, et voici encore des chiffons de papier que je t'ai préparés. Prends-en un.

« Ces assiettes contiennent des détritus, petits ou gros, des débris de viande, de légumes, des os, des pelures.

« Avec ce chiffon de papier, fais tomber ces résidus dans la boîte à ordures...

« Naturellement, les assiettes, quoique déjà plus

LIRE A L'APPENDICE : 1. *Éducation ménagère des petites filles.*

nettes, gardent encore des traces malpropres; tu les vois. Aussi faut-il procéder à une autre opération. »

Elle lui passa une première assiette:

— « Tiens, celle-ci a contenu du beurre. Crois-tu que l'eau puisse la nettoyer?

— « Je ne sais pas trop, maman.

— « Eh bien! faisons un essai qui nous renseignera. Verses-y de l'eau.

— « Froide ou chaude?

— « Froide; la chaude n'y ferait pas plus. »

— « Avec ce chiffon de papier, fais tomber ces résidus »

L'eau, à peine versée, glissa sur le beurre sans se mélanger avec lui et tomba de l'assiette, presque aussi claire qu'auparavant.

Même expérience fut faite sur un plat ayant gardé des traces de graisse.

Maman Suzette reprit:

— « L'eau, en effet, ne se mélange pas avec la graisse, ni avec le beurre, ni avec l'huile; elle ne peut les dissoudre comme elle dissout nombre de substances, telles que le sucre, le sel, le savon, etc.

« Elle n'agit sur les corps gras que si on l'additionne d'une autre substance, de carbonate de soude ou de potasse (1). Cette bassine d'eau chaude contient du carbonate de soude : c'est ce qu'on appelle une lessive.

« Répands-en un peu dans ce plat et sur cette assiette que l'eau seule n'a pu nettoyer ; puis agite légèrement ce mélange avec le bout de ton doigt. »

Marguerite obéit : dans l'assiette et le plat, l'eau se troubla ; la graisse et le beurre, perdant leur apparence, devinrent opaques, blanchâtres.

Comme Marguerite regardait avec de grands yeux cette transformation, sa maman lui dit :

— « Ce que tu vois là, à présent, tu ne le reconnais pas ; en effet, ce n'est plus du beurre ni de la graisse ; c'est du savon.

— « Du savon ?

— « Oui, ma fille ; de l'huile, de la graisse, mélangées à une lessive de soude ou de potasse, font du savon. On ne le fabrique pas autrement dans les savonneries (2). Or le savon, lui, se dissout parfaitement dans l'eau. Rince ces deux objets et tu en jugeras toi-même. »

Ils sortirent, de ce rinçage, clairs et nets.

— « Eh bien ! trempe maintenant toutes les pièces de vaisselle, les unes après les autres, dans ta bassine de lessive de soude ; tiens-les de la main gauche, garde la droite pour te servir de la lavette. Les souillures graisseuses s'y transformeront en savon et se nettoieront d'elles-mêmes ; le rinçage parachèvera la besogne. Va, agis toute seule.

— « Oui, mère, et bien heureuse de savoir comment m'y prendre. »

Suivant ces indications Marguerite lava le reste de la vaiselle, sans oublier les couverts, les couteaux ; elle rinça ensuite, et laissa le tout s'égoutter un instant ; puis, à l'aide d'un torchon propre, elle essuya chaque pièce l'une après l'autre.

LIRE A L'APPENDICE : 1. *Potasse, soude et autres alcalins.* — 2. *Diverses sortes de savon.*

— « Eh bien ! regarde, que dis-tu de l'eau de la bassine à laver? demanda la maman quand ce fut fini.

— « Elle n'est presque pas sale, répondit Marguerite.

— « Et le torchon ?

— « Le torchon ne l'est pas non plus.

— « Et tes mains?

— « Pas davantage.

— « Eh bien ! te figures-tu ce que seraient tes mains, ce torchon et cette eau, si nous n'avions pas pris soin de débarrasser de leurs détritus de toutes sortes, avec le tampon de papier, les assiettes et les plats? Tout cela eût fait d'abord, dans cette bassine, un amas de souillures qui, pendant l'opération du lavage, se seraient fixées sur la vaisselle ! Nous n'en serions pas venues à bout. Alors, comme chez les mauvaises ménagères, le torchon aurait dû suppléer à l'insuffisance du nettoyage. Il fût sorti, de cette épreuve, balafré, dégoûtant, tout imprégné d'une fort désagréable odeur. Je ne te parle pas de ce que seraient la bassine, la lavette, tes mains. C'est faute de savoir s'y prendre que tant de personnes tiennent le lavage de la vaisselle pour une des plus répugnantes tâches du ménage. »

Il ne restait plus maintenant à Marguerite qu'à nettoyer la lavette avec un peu de savon, et à faire la toilette de la bassine qui, malgré sa propreté relative, contenait pourtant quelques traces du service qu'elle venait de faire.

On la vida d'abord. Après quoi, sous la direction de sa maman, la fillette en essuya les parois avec un tampon de papier, puis elle les enduisit d'un peu de savon (1) noir, frotta à sec et termina par un copieux rinçage à l'eau claire.

— « Ah ! dit-elle gaiement, je pourrai maintenant te soulager de ce travail, mère. »

LIRE A L'APPENDICE : 1. *Comment il faut se servir du savon dans les nettoyages.*

37. — Où Tiennet apprend quelque chose

Elle venait de se laver les mains et était en train de ranger la vaisselle, quand, par la porte entre-bâillée, apparut la petite frimousse de Tiennet.

Tiennet ouvrit la bouche pour parler et la referma, puis il l'ouvrit encore, et dit enfin :

— « Madame Sylvain, avez-vous le temps aujourd'hui ?

— « Le temps de quoi, Tiennet ?

— « Le temps de m'apprendre à me laver, comme vous me l'avez promis.

— « Mais, dit Marguerite en riant, nous ne cueillons pas des fraises comme l'autre jour; les confitures sont faites. »

Tiennet baissa les yeux sur ses mains crasseuses, resta sans bouger, comme s'il craignait qu'on le soupçonnât de venir en ce moment pour les confitures. Et, peut-être, cette supposition n'eût-elle pas été trop risquée.

Alors maman Suzette alla prendre une cuvette de fer-blanc, où, tous les jours, ses enfants se débarbouillaient avant les repas.

Elle l'emplit d'eau.

— « Allons! arrive ici, mon petit, dit-elle; trempe là tes mains... bon!.. frotte-les... C'est fait?... Sont-elles propres ? »

Sans répondre autrement, il les montra, ne se sentant sans doute pas très bon juge.

Eh bien! non! elles n'étaient pas plus propres qu'auparavant, et même on eût dit qu'elles n'étaient pas mouillées.

— « Probablement, dit Marguerite qui se souvenait de ce qu'elle venait d'apprendre, qu'il a touché à du beurre, ou à de la graisse ou à de l'huile, et que l'eau glisse sur ses mains, comme tout à l'heure elle glissait sur l'assiette graisseuse. »

Marguerite se trompait, il n'avait pas eu besoin de toucher à de la graisse.

En effet, les mains et toute la peau de notre corps sont naturellement enduites d'une légère couche huileuse, dont l'huile se fabrique en nous-mêmes.

D'autre part, notre peau est un tissu semé intérieurement d'un nombre infini de toutes petites glandes, munies chacune, par en haut, d'un tube creux extrêmement fin, bien plus fin qu'un cheveu. Ces tubes viennent aboutir à la surface de l'épiderme et y forment tous ces petits trous, visibles seulement au microscope, et qu'on appelle pores.

La paume de chacune de nos mains est, à elle seule, percée de plus de quarante à cinquante mille pores, et tout l'épiderme de notre corps en comprend plus de sept millions (1).

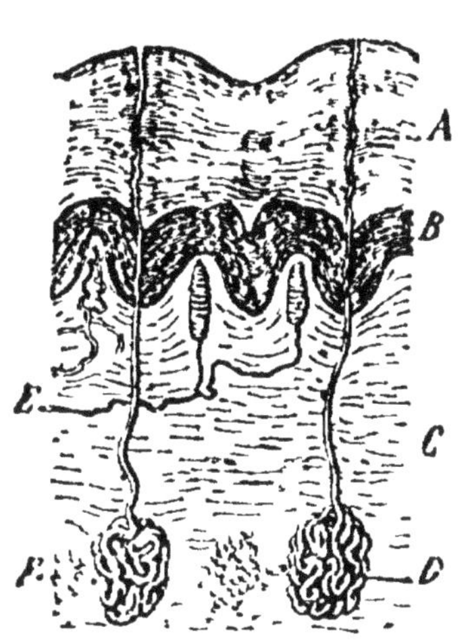

Couches de la peau et glandes sudorifiques (grossies).

A. Couche cornée de l'épiderme. — B Couche molle de l'épiderme. — C. Derme. — D Glande sudorifique — E. Nerf de la peau terminé par des organes du tact. — F. Tissu cellulaire sous-cutané.

Chacun de ces pores est, comme il a été dit, relié à une glande par un conduit.

Ces glandes sont de deux sortes : les unes agissent comme de petits collecteurs et entraînent les impuretés intérieures du sang qui viennent s'y déposer sous forme de gaz, de liquides et de solides; ces résidus sont ensuite expulsées au dehors par la sueur ou la perspiration.

Les autres glandes sécrètent cette huile particulière dont il vient d'être parlé et qui, à travers les canalicules, monte jusqu'aux pores et de là se déverse sur toute la surface de la peau. C'est ce qui donne à certaines personnes, dont les glandes cutanées sont très actives, une peau luisante et comme vernie.

Cette légère couche grasse a pour principale fonction

Lire à l'appendice : 1. *Longueur totale des canalicules épidermiques.*

de protéger nos millions de pores contre l'introduction par leurs ouvertures, de corps étrangers, visibles ou invisibles, qui, une fois admis dans notre organisme, y porteraient le trouble. Grâce à ce léger obstacle, les poussières sont saisies, collées à la surface de la peau : si, par manque de propreté, vous les laissez s'accumuler, elles se fixent là, y forment peu à peu du cambouis, de la crasse et finissent ainsi par gêner la fonction de respiration si nécessaire à la santé.

La crasse est, vous le savez sans doute, un terrain des plus favorables à l'invasion des parasites.

Parmi ceux-ci, il s'en trouve un, l'acarus de la gale, très dangereux, microscopique, et rappelant un peu l'araignée. Une fois introduit sous l'épiderme humain, cet invisible destructeur s'y multiplie, y forme d'innombrables colonies. Les mères acarus, pour mettre en sûreté leurs œufs, creusent des galeries dans le tissu cutané, comme le fait la taupe sous terre. Elles déchirent ainsi sur leur passage les tissus, les nerfs, les canalicules, les glandes et déterminent la terrible maladie contagieuse qui, très commune encore au commencement de ce siècle, est fort heureusement devenue plus rare aujourd'hui.

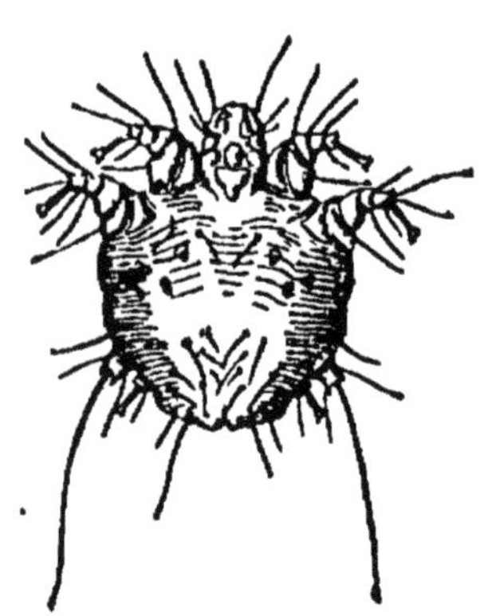
L'acarus de la gale
(vu au microscope.)

Les habitudes de propreté, plus répandues qu'autrefois, et aussi la découverte, par la médecine, d'un traitement sulfureux, détruisent en quelques heures le parasite, et guérissent ainsi la maladie.

Un autre curieux animalcule vit de notre malpropreté ; c'est le démodex. Long d'un tiers de millimètre à peine, mince en proportion, et assez semblable à une chenille, à très longue queue, celui-là ne pénètre pas dans les profondeurs des tissus, comme l'acarus de la gale, mais, sans rien détruire ni déchirer, se cantonne dans les canalicules des glandes à huile.

Et c'est ainsi que, la tête tournée du côté de la glande, la queue vers les pores, il boit sans bouger et même sans beaucoup incommoder. Quatre, cinq, six démodex réunis dans un seul canalicule passent inaperçus; mais, si la population augmente, atteint le nombre de dix ou vingt, une légère tuméfaction se produit, un bouton rouge se forme. Pressez un de ces boutons : vous en verrez sortir un filament blanc, graisseux : c'est lui, en personne, le démodex. Il s'établit et pullule de préférence sur le nez, qui, ainsi envahi, bourgeonne et n'embellit pas.

— « Madame, dit Tiennet, j'ai peur d'avoir de ces bêtes-là sur le mien.

— « Cela se pourrait bien. En tout cas, voici le remède ! »

En parlant ainsi, maman Suzette lui savonna le visage et le cou à tour de bras ; puis, non moins énergiquement, les mains, dont la crasse disparut, comme tout à l'heure la graisse avait disparu des assiettes, décomposée par la soude.

Maman Suzette lui savonna le visage et le cou à tour de bras...

C'est que l'action du savon est identique à celle de la soude; il rend, comme elle, les corps gras solubles dans l'eau; mais il agit d'une façon moins vive et moins rude : la soude, en effet, est brûlante, elle corrode l'épiderme, inconvénient que ne présente pas le savon.

Et il est pour nous un véritable bienfait. Outre la précieuse propriété dont il jouit d'enlever à peu près toute sorte de taches (1), ce qui permet de l'utiliser pour tous les genres de nettoyages, il est indispensable à notre hygiène. Légèrement antiseptique, il purifie. L'usage journalier du savon dans les soins de la toilette assure le libre fonctionnement de la peau en la préservant des parasites. Usons-en donc largement. Les peuples soucieux de la propreté sont des peuples supérieurs. Et l'on a pu dire que le degré de civilisation d'une nation se mesure à la quantité de savon qu'elle emploie.

Le petit Tiennet, ainsi libéralement savonné, se rinça lui-même dans une cuvette d'eau claire, figure, cou et mains, avec tant d'enthousiasme, qu'il fallut l'arrêter, car il n'en finissait pas. Une serviette bien blanche, avec laquelle il s'essuya, acheva la cérémonie.

Il poussait des soupirs de soulagement, et en se voyant dans une petite glace que lui tendit Marguerite, il se reconnut à peine, tant il se trouva beau : ses mains surtout le charmèrent.

— « Eh bien ! lui dit maman Suzette, tu viens d'apprendre comment on se lave : tu n'as plus qu'à faire de même tous les jours et à demander du savon à ta grand'mère.

— « Elle ne m'en donnera pas ! répondit nettement Tiennet; elle m'a souvent répété que, seuls, les riches doivent se débarbouiller et que son père, Benoît, ne se lavait que les jours de grandes fêtes, et sans savon : il remplaçait le savon par une poignée d'argile.

— « Une poignée d'argile ! » s'écria Marguerite, qui ignorait que certaines terres ont, en effet, la propriété, non pas de saponifier les corps gras, mais de les absorber, de les boire, comme le papier buvard boit l'encre.

Avant que l'industrie, grâce aux progrès de la chimie, en produisant à bon marché le savon, l'eût mis à la portée de toutes les bourses, ces argiles en tenaient lieu pour bien des gens. Aujourd'hui encore, les dégraisseurs les emploient au nettoyage des étoffes de nuances délicates et qui ne pourraient supporter l'action du savon.

LIRE A L'APPENDICE : 1. *Essence de savon.*

On utilisait également autrefois certaines plantes, telles que la saponaire (1) et la luzerne dont on obtient, en les faisant bouillir dans l'eau, une décoction mousseuse et mucilagineuse.

— « Tiens, dit maman Suzette à Tiennet, en lui tendant un morceau de savon pour l'encourager à se tenir propre, emporte cela et uses-en tous les jours.

— « Oui, madame Sylvain, » répondit-il.

Il ajouta très doucement :

— « S'il y avait encore des fraises dans le jardin, pourrais-je maintenant en cueillir?

— « Certainement; mais il n'y en a plus; cependant vont venir les groseilles, les framboises, les cerises; puis les prunes; tu cueilleras de tout cela, si tes mains restent ce qu'elles sont aujourd'hui. »

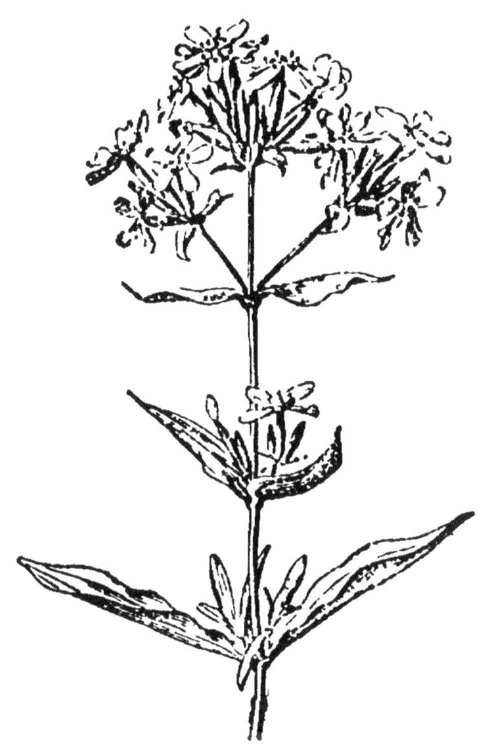

Saponaire.

Cette herbe vivace est assez répandue en France le long des chemins et au bord des rivières. Elle doit ses propriétés à un principe, la saponine, qui est utilisée en médecine. La décoction de racines ou de feuilles de saponaire est dépurative et tonique.

Et elle donna une tartine de miel (2) à l'enfant qui s'en alla tout joyeux.

38. — Fleurs et pois.

Sous le berceau de verdure, dans le jardin, maman Suzette écossait des petits pois frais cueillis. M. Dumay,

---

LIRE A L'APPENDICE : 1. *Manière de se servir de la saponaire.* — 2. *Propriétés, composition et emploi du miel.*

Madeleine sur les bras, faisait le tour des plates-bandes fleuries en lui montrant des fleurs roses, rouges, blanches, violettes, jaunes et lui nommant les couleurs.

Il en cueillait quelques-unes, les assemblait en bouquet, de façon à présenter les couleurs diversement combinées; et les yeux du petit enfant semblaient charmés.

— « Voyez, père, comme la mignonne paraît recevoir d'agréables impressions! » dit maman Suzette.

Petits pois.

Le petit pois ou *pois des jardins* est une plante cultivée de toute antiquité. Les variétés en sont nombreuses. On les divise en pois à écosser et pois *mange-tout*, dont les gousses sont dépourvues de parchemin et peuvent être mangées en même temps que les graines

Elle savait que l'éducation des sens, celle notamment du sens de la vue, peut commencer de très bonne heure pour développer chez l'enfant le goût, la faculté de discerner le laid du beau, l'harmonieux du disparate.

Tout ce qui offrait quelque intérêt, elle le faisait remarquer à ses enfants, qu'il s'agît d'un chant d'oiseau, d'une jolie nuance, d'un parfum, de la saveur d'un mets, de quelque travail d'adresse manuelle. Ils avaient acquis de la sorte bon nombre de connaissances, de termes de comparaison, qui s'accroîtraient avec l'habitude et le temps.

Quand Madeleine eut bien regardé les fleurs, le grand-père la remit à maman, qui l'assit sur sa petite chaise, auprès d'elle, devant la corbeille déjà pleine de pois.

Puis elle lui jeta une cosse, tout en se remettant à écosser.

Et, sous les regards qui l'encourageaient, l'enfant tourna, retourna sa cosse pour en tirer les graines vertes, ainsi qu'elle le voyait faire à sa mère. Bientôt, à force d'application, et de bonne volonté, mademoiselle parvint à ouvrir ou plutôt à faire craquer le petit écrin aux jolies graines.

Elle se mit à rire. Elle avait compris et réussi; une connaissance nouvelle entrait dans son petit cerveau, et ses doigts mignons étaient arrivés assez adroitement à imiter ce qu'elle voyait faire.

Maman et grand-père souriaient de son plaisir.

Mme Sylvain continuait cependant à écosser ses pois si frais, si beaux.

On les avait si soigneusement cultivés, arrosés et surtout surveillés !

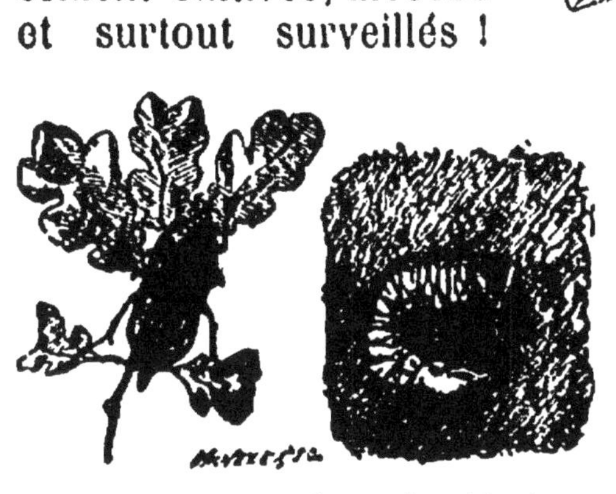

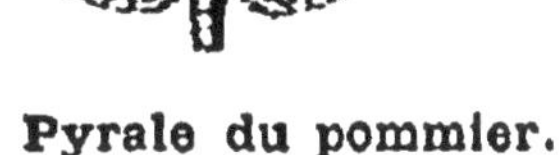

Hanneton et sa larve (ver blanc).

Le hanneton est un coléoptère muni de fortes mandibules ou mâchoires et pourvu de deux paires d'ailes dont la supérieure forme une espèce de bouclier dur et corné qu'on désigne sous le nom d'*élytres*.

De l'œuf du hanneton naît une larve d'un gris blanchâtre (le *ver blanc*, figuré à droite sur notre dessin) qui reste trois ans dans la terre et y vit aux dépens des racines et des plantes, c'est un des fléaux de l'agriculture.

L'insecte parfait (représenté à gauche) apparaît aux premiers jours du printemps et ronge les premières feuilles des arbres; parfois, il est tellement nombreux qu'il cause de véritables désastres. Il faut le détruire sans pitié.

Pyrale du pommier.

La pyrale est un papillon qui voltige au printemps, à partir du crépuscule, autour des pommiers et qui dépose sur les petites pommes, à peine nouées, un œuf minuscule. Quelques jours après, une chenille, mince comme un cheveu (voir la première partie de notre gravure), sort de cet œuf, perce la pomme et va se loger au beau milieu du jeune fruit, près des pépins. La seconde partie du dessin montre la pyrale à l'état parfait. Cet insecte cause aussi dans nos vignobles de sérieux dégâts qu'on atténue par des aspersions d'eau bouillante pendant l'hiv

Vous savez qu'en agriculture « œil du fermier vaut fumier », et que la présence de l'homme éloigne les bestioles malfaisantes les papillons, noctuelles, piérides et pyrales, les hannetons, les bruches, les charançons, les altises, les pucerons qui détruisent les plantes ou, à tout le moins, les gâtent.

Ainsi fait la noctuelle pour les pois. Elle pond ses œufs sur les cosses naissantes. Au bout de quelques jours, de minuscules chenilles en sortent, percent la cosse, s'y introduisent sans laisser de trace de leur passage, s'installent dans les jeunes graines et les dévorent.

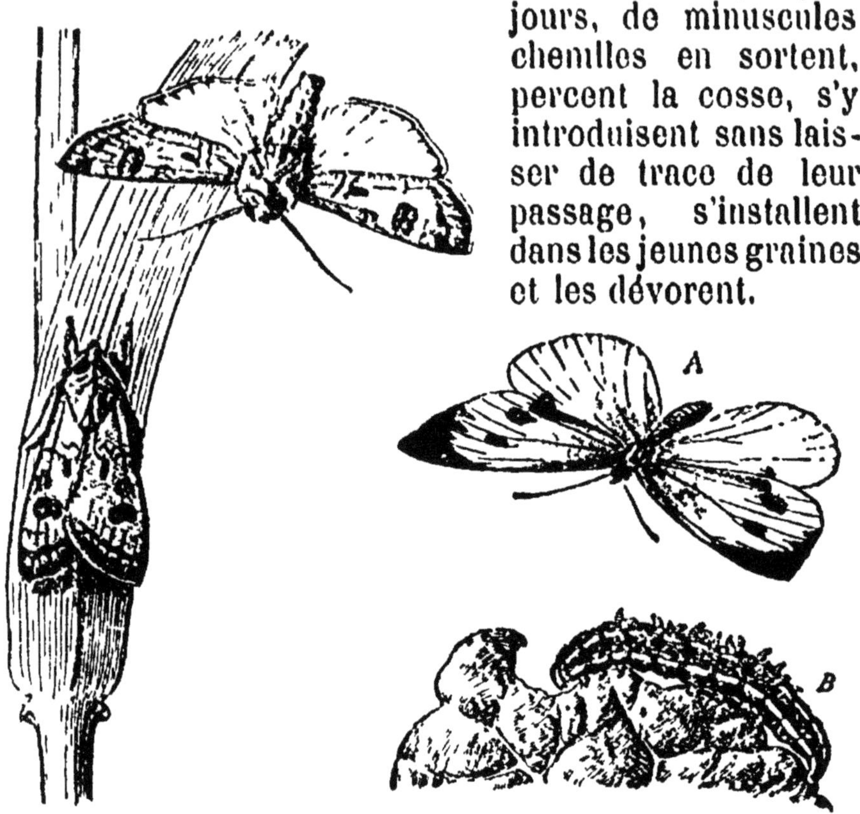

Noctuelle.

Les noctuelles constituent un groupe important de papillons nocturnes très nuisibles à l'agriculture. La *noctuelle du blé* (représentée de grandeur naturelle dans notre dessin) a une chenille blanche avec quatre raies brunes et un papillon de couleur cendrée. Elle attaque le blé sur pied au moment de la floraison, puis, après la floraison, elle dévore les jeunes grains.

Piéride du chou.

La piéride (A) est un papillon diurne dont la chenille (B) est très nuisible et détruit des champs entiers de choux. Notre dessin montre (en B) la chenille attaquée elle même par les larves du *microgaster*, lequel détruit, fort heureusement, des quantités de chenilles et préserve ainsi en partie la récolte. La *piéride du navet* est également très redoutée des agriculteurs.

Vous avez vu de quel aspect répugnant est le pois véreux. Malheureusement il n'a pas seulement perdu sa belle apparence. En effet, les riches matières azotées (1), c'est-à-dire l'albumine et la caséine, qui le composaient

---

LIRE A L'APPENDICE : 1. *Composition et propriétés des pois.*

en partie et faisaient de lui, comme de toutes les autres légumineuses, un aliment nutritif, n'existent plus.

Ah ! ceux-ci n'étaient pas véreux ! Et l'on déjeunerait bien ce matin (1) !

Aussi le premier mot de maman Suzette, en voyant entrer Mlle Lucie, sa petite sœur, fut-il une invitation à prendre sa

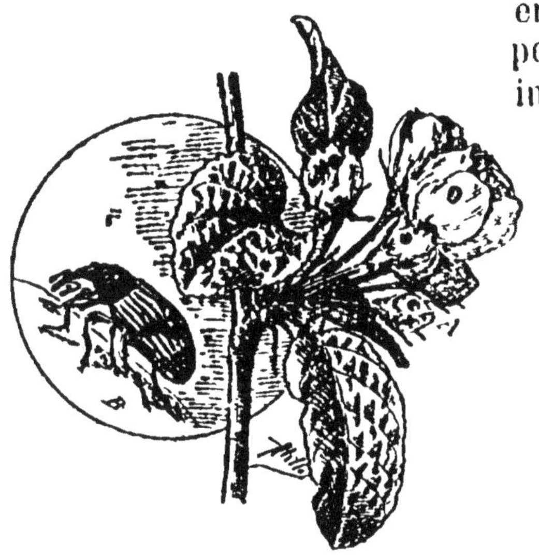

Le charançon du pommier

Le charançon du pommier est un petit coléoptère qui commet des dégâts considérables dans les vergers. Fort heureusement, la nature a placé le remède à côté du mal. Le remède, ici, est l'*ichneumon* (hyménoptère, comme l'est aussi l'abeille), qui ne vit que de larves d'insectes nuisibles, et qui détruit les charançons par milliards. L'ichneumon, au moyen de sa tarière, pond ses œufs dans le charançon vivant, qui est dévoré par les larves de l'ichneumon à leur naissance. Sans cet ennemi mortel du charançon, au bout de trois ans, il n'y aurait plus ni moissons, ni fruits. Le calcul en a été fait. Notre gravure représente, à droite, une feuille de pommier attaquée par un charançon (A) grandeur nature, et, à gauche, en B, ce même insecte grossi six fois.

L'altise de la vigne

L'altise potagère, qui n'atteint pas 4 millimètres de longueur, et qui est noire et sautillante comme une puce, attaque les choux, les raves, les radis, le colza dont elle picote les feuilles de petits trous. L'altise de la vigne, plus grosse, bien que fort petite encore, infeste surtout les vignobles du midi de la France. Notre dessin représente l'altise de la vigne, grandie huit fois. Un grand nombre de moyens de défense ont été tour à tour préconisés contre ces insectes malfaisants.

part de la fricassée qui allait se faire tout à l'heure (2).

Mlle Lucie, qui paraissait très gaie, ne dit pas non, s'assit, après avoir embrassé petits et grands et tira de sa poche une feuille de papier pliée en quatre :

LIRE A L'APPENDICE : 1. *Conservation des pois.* — 2. *Petits pois frais au sucre, soupe aux pois cassés.*

— « Je viens, dit-elle, soumettre à ma grande sœur le choix d'une batterie de cuisine que j'ai discuté hier soir avec maman. Nous désirons avoir votre opinion là-dessus.

— « Je vous écoute, » répondit Suzette.

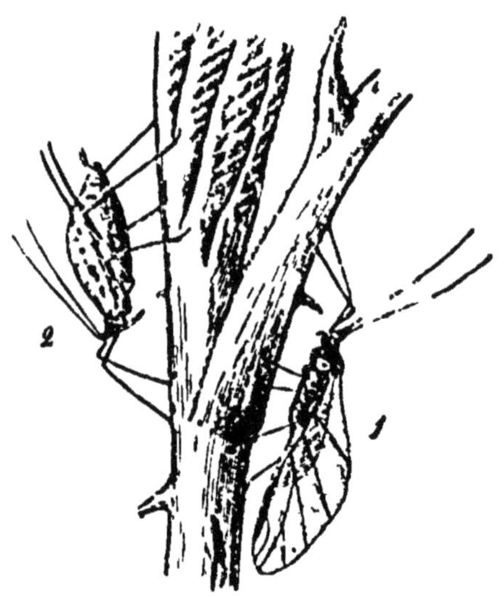

Pucerons

Les différentes espèces de pucerons sont très nombreuses, et il n'est guère de végétaux qui n'en nourrissent une ou plusieurs. Ces insectes épuisent les plantes en suçant la sève ; on les combat à l'aide de poudres et de lotions insecticides. Notre gravure représente des pucerons du rosier, grossis huit fois Le mâle (1) est pourvu d'ailes ; au contraire l'insecte femelle (2) en est complètement privé.

39. — Que choisir ?

Lucie reprit :

— « La batterie de cuisine doit-elle être en fonte, en fonte émaillée, en fer battu, en terre ou en cuivre ?

— « Chacune de ces matières a du bon et aussi du mauvais, répondit, tout en commençant les préparatifs du déjeuner, Suzette, qui, en ménagère expérimentée, connaissait la question. Si vous avez choisi le cuivre, je vous en félicite ; c'est la plus belle décoration d'une cuisine. Mais, sous l'action des acides et des corps gras, le cuivre forme avec eux des poisons (1) meurtriers, si l'on ne prend soin de le faire souvent étamer, c'est-à-dire revêtir intérieurement d'une légère couche d'étain. Puis il est cher, beaucoup trop pour notre bourse.

— « De plus, ajouta Lucie, l'étain qui, au contact des acides, possède l'avantage de ne pas former avec eux des composés vénéneux, a, par contre, le grand inconvénient de fondre facilement. Tandis que le cuivre peut supporter, sans se liquéfier, une température de 700 de-

---

Lire a l'Appendice : 1. *Mets qu'il faut éviter de laisser refroidir et séjourner dans les ustensiles de cuivre.*

grés, l'étain fond à 228, température nécessaire à quelques préparations culinaires comme, par exemple, les fritures à la graisse, les roux, etc.

— « J'ai même vu, dit M. Dumay, l'étamage fondre, se détacher en petites perles brillantes qui roulent au fond de la casserole (1), pour un simple oignon qu'on y faisait revenir. Et voilà un travail à recommencer. Or un étamage de casserole coûte de trente à quarante centimes.

— « Donc, pas de cuivre ! reprit Lucie. Faisons, si vous le voulez, un grand pas ; sautons de la batterie de cuivre à l'ustensile le plus commun. Que pensez-vous de la simple terre ? elle ne coûte pas les yeux de la tête.

— « Ah ! ah ! dit M. Dumay, je me retrouve là en pays de connaissance, avec l'antique poterie d'argile et de sable, cuite au four, puis recouverte d'une sorte d'émail grossier, mais dur et imperméable et qui remédie ainsi à la porosité de la terre cuite. C'est dans des pots de ce genre qu'on a fait la cuisine de mon enfance et de ma jeunesse. Bonne cuisine ! car j'avais alors grand appétit !

— « Père, dit Suzette, aujourd'hui encore, le pot-au-feu se fait mieux dans un vase de terre que dans tout autre ; car la poterie d'argile s'échauffe lentement et se refroidit de même. Elle ne laisse pas facilement passer la chaleur, qu'il s'agisse pour elle, soit de l'absorber, soit de la diffuser.

— « C'est vrai, reprit encore le grand-père ; autrefois, chez mes parents, j'ai souvent soupé de restes du dîner que ma mère conservait sous la cendre tout un après-midi, dans des écuelles de terre. Mais l'inconvénient de cette poterie, c'est qu'elle casse au moindre choc, se fend sur un feu un peu vif, comme le feu de la houille ; ou bien lorsqu'elle se dilate sous la pression de la chaleur, l'émail dont elle est revêtue intérieurement se fendille et se rompt (2). Par ces craquelures, la graisse, les liquides divers s'infiltrent, pendant la cuisson des

---

LIRE A L'APPENDICE : 1. *Étain.* — 2. *Choix et essai de la poterie de terre.*

aliments, dans la poterie très poreuse. Elle en acquiert une vilaine odeur de graillon qui communique aux mets une saveur très désagréable. Rien n'est parfait : « printemps, hiver, et pot de terre, et pot de fer. »

Industrie de la poterie.

A gauche, ouvrier potier tournant un vase d'argile ; à droite, réduction du four à potier dans lequel on place, pour les cuire, les vases fabriqués par l'ouvrier.

— « Fort bien ! dit gaiement Lucie, mais comme nous ne pouvons pas faire la soupe dans nos mains, voyons maintenant le fer.

— « Nous le connaissons, dit maman Suzette. La fonte de fer (1), qui est le fer brut sortant du creuset et coulé dans des moules, rend de grands services pour la fabrication des ustensiles de cuisine ; la cuisson des viandes, les préparations grasses, les fricassées, les ragoûts se font généralement dans des casseroles en fonte de fer.

« La cuisson à l'eau des légumes verts ou secs y réussit moins bien ; ils y durcissent et noircissent à

LIRE A L'APPENDICE : 1. *Entretien de la fonte de fer.*

cause de la petite quantité de fer qui se dissout dans l'eau.

« Il est vrai que cette addition (1) ne va pas sans profit pour nous. C'est un appoint apporté à notre sang qui, vous le savez, doit, pour le maintien de notre santé générale, contenir une certaine quantité de fer, deux grammes et demi à trois grammes (2), répandus dans toute sa masse qu'on évalue à cinq ou six kilogrammes en moyenne.

« Mais les ustensiles de fonte se rouillent sous l'action de l'eau, et, pour remédier à cet inconvénient, on a eu l'idée de recouvrir la fonte d'un émail blanc ou bleu (3). Et, ainsi corrigée, elle serait parfaite, si son émail n'avait, comme celui de la poterie, le défaut d'être cassant et de craqueler facilement quand on l'expose à une trop haute température.

« Toutefois, comme la fonte émaillée, maniée avec intelligence et précaution, peut durer une dizaine d'années sans exiger aucuns frais, ce qui compense bien sa cherté relative, on doit la préférer au fer battu.

« Le fer battu, ou tôle, est du fer pur, forgé, laminé et travaillé au marteau, puis façonné et plongé dans un bain d'étain en fusion. Bien entretenus, c'est-à-dire récurés chaque fois qu'ils ont servi, les ustensiles de fer battu sont brillants comme de l'argent.

« Ils exigent, ainsi que le cuivre, plusieurs étamages par an, mais non pour le même motif; en effet, le fer, en s'oxydant, ne forme pas de poisons; l'étamage n'a donc pour but que de le préserver de la rouille, qui l'aurait vite rongé; et cette dépense finit par devenir assez lourde.

« Mais le fer battu étamé peut servir à toutes les préparations culinaires qui n'exigent pas un feu trop vif et où il n'entre pas d'acides.

« Moi, dit maman Suzette, j'emploie, pour la cuisson des viandes, la fonte; pour celle des légumes, des

---

LIRE A L'APPENDICE : 1. *Fer dans l'alimentation.* — 2. *Fer dans le sang.* — 3. *Nettoyage de la fonte émaillée.*

soupes maigres, des compotes de fruits, la fonte émaillée ; pour le laitage, l'eau, le café, les tisanes, le fer battu. Quant au fer-blanc qui a aussi sa place parmi les matières employées pour les ustensiles de cuisine et qui est une tôle très mince, battue, trempée dans l'eau-forte, puis étamée, je ne m'en sers que très peu. Il ne supporte ni fatigue, ni grand feu. Les objets de ferblanterie, en effet, sont fabriqués de pièces et de morceaux, ajustés, puis joints entre eux par des soudures ; ils ne peuvent avoir une grande solidité. La soudure fond à la température de nos feux ordinaires : en outre, un simple choc la détache partiellement du fer-blanc ; il en résulte des fissures par où le liquide s'échappe. »

Mlle Lucie souriait :

— « Heureux ceux qui s'entendent sans discussion, dit-elle en dépliant le papier qu'elle tenait à la main. Voyez, en effet, la liste de la batterie de cuisine que maman m'a dit de vous soumettre. »

40. — La batterie de cuisine.

Mlle Lucie lut alors à haute voix :

Fonte :

Une marmite.
Une casserole ou cocote.

Fonte émaillée :

Un fait-tout.
Une casserole.
Un passe-purée.
Une écumoire.
Une cuiller à pot.

Fer battu :

Deux casseroles.
Un plat à rôtir ovale.
Une tourtière.
Un petit plat à œufs.
Une poêle à frire.

La batterie de cuisine

Fonte	1. Marmite. 2. Cocote.
Fonte émaillée	3. Fait-tout. 4. Casserole. 5. Passe-purée. 6. Écumoire. 7. Cuiller à pot.
Fer battu	8. Deux casseroles. 9. Plat à rôtir ovale. 10. Tourtière. 11. Petit plat à œufs. 12. Poêle à frire.
Fer-blanc	13. Cafetière. 14. Boîte à lait. 15. Réchaud à esprit-de-vin. 16. Râpe à fromage. 17. Moule à gâteau de Savoie.

Fer-blanc :

Une cafetière.
Une boîte à lait (1).
Un réchaud à esprit-de-vin avec sa casserole.
Une râpe à fromage.
Un moule à gâteau de Savoie.

Articles divers :

Un gril en fer.
Un panier à salade.
Une boîte à allumettes.
Un cuir à couteaux (2).
Une paire de pincettes.
Une pelle à charbon.
Un seau à charbon.
Un seau et un broc en zinc (3).

Boissellerie :

Une boîte à sel.
Deux spatules.
Un moulin à café.
Une planche à hacher.
Un vaisselier.
Un soufflet.

Vannerie :

Un panier.

Coutellerie :

Un couperet.
Un couteau à éplucher les légumes.
Un couteau à viande.

Brosserie :

Brosses à cirer les souliers, une en crin végétal pour ôter la boue, une à manche pour étendre le cirage sur la chaussure, une en crin animal pour faire briller le cirage
Une brosse de chiendent.
Un balai de crin.
Un plumeau.

LIRE A L'APPENDICE : 1. *Entretien de la boîte à lait.* — 2. *Entretien des couteaux.* — 3. *Zinc.*

— « Eh bien! mais voilà un gentil commencement de ménage, dit maman Suzette.

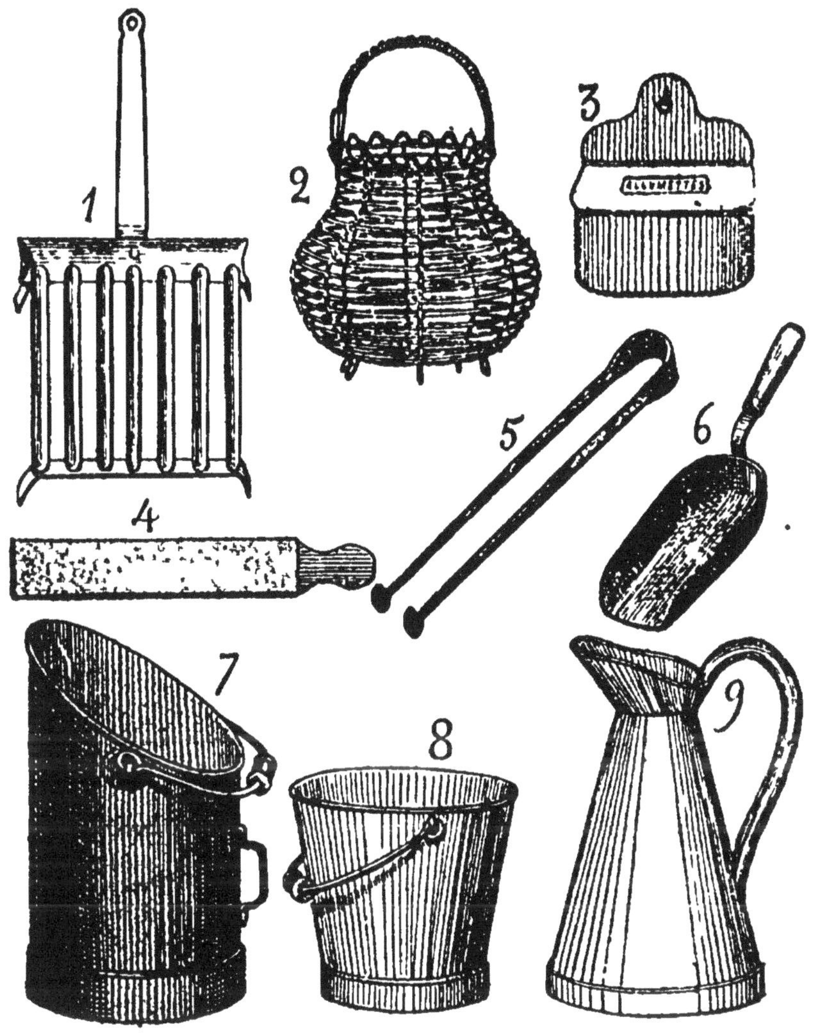

Les articles divers de la cuisine.

1. Gril en fer. — 2. Panier à salade. — 3. Boîte à allumettes — 4. Cuir à couteaux. — 5. Paire de pincettes — 6. Pelle à charbon — 7. Seau à charbon. — 8. Seau en zinc. — 9. Broc en zinc.

— « A combien l'estimez-vous en bloc? demanda Lucie, en repliant sa liste.

— « Quatre-vingts francs ?...

— « Soixante à soixante-quinze francs seulement, d'après maman. Mais les plus grosses dépenses restent

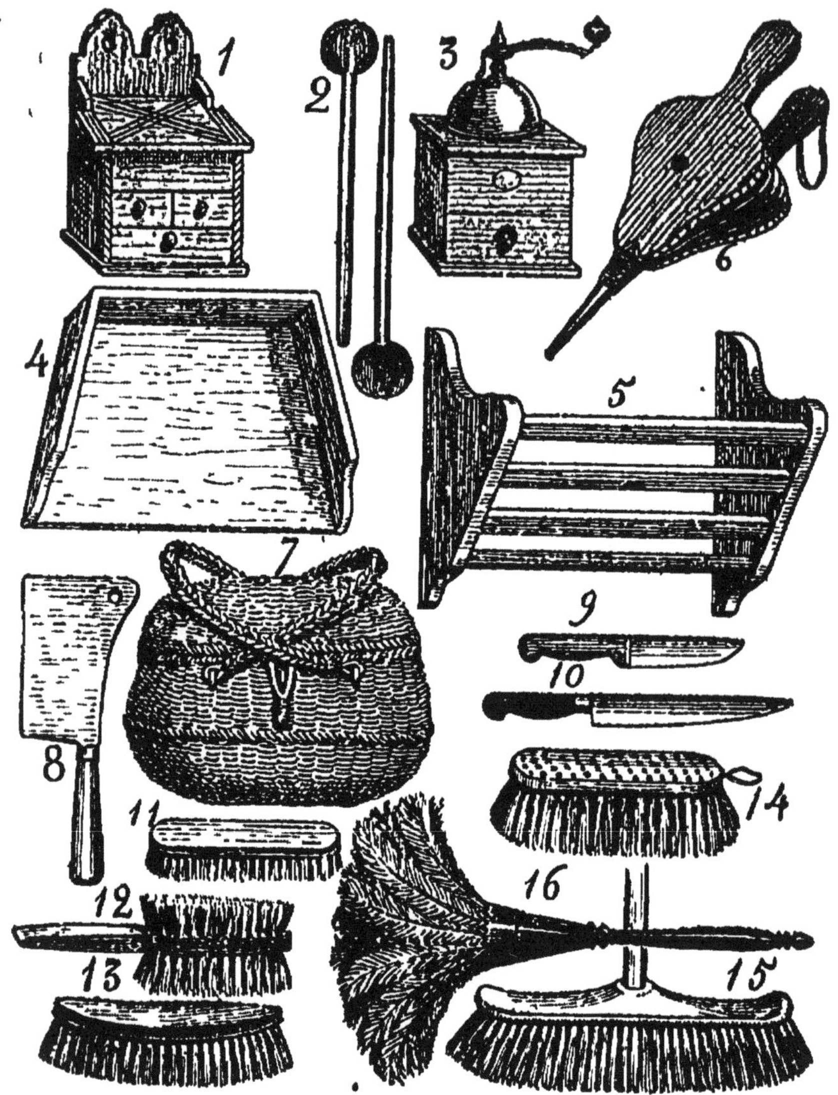

Boissellerie. — Vannerie. — Coutellerie — Brosserie.

Boissellerie.
1. Boîte à sel.
2. Deux spatules.
3. Moulin à café.
4. Planche à hacher.
5. Vaisselier.
6. Soufflet.

Vannerie.. 7. Panier

Coutellerie.
8. Couperet.
9. Couteau à éplucher les légumes.
10. Couteau à viande.

Brosserie..
11. Brosse à cirer les souliers, en crin végétal, pour la boue.
12. Brosse à manche pour étendre le cirage.
13. Brosse en crin animal pour faire briller le cirage.
14. Brosse de chiendent.
15. Balai de crin.
16. Plumeau.

à faire : mobilier, literie, vaisselle..., sans compter les toilettes de mariage. »

Comme elle achevait, une voiture s'arrêta devant la porte; on en vit descendre Jacques et Cécile, et toute la maisonnée alla au-devant d'eux.

Les poignées de main échangées, ils firent un signe d'intelligence à Suzette et, aussitôt, retirèrent de la voiture deux volumineux paquets qui furent portés dans la maison, sur la table où le couvert était déjà à moitié mis.

— « Vous allez dîner avec nous? dit maman Suzette aux arrivants, dont l'odorat paraissait visiblement chatouillé par l'odeur exquise des fins petits pois mijotant sur le feu, en compagnie de bon lard.

— « Dîner ici aujourd'hui était bien un peu notre intention, dit Jacques gaiement. Nos enfants sont sous la garde de la vieille Brigitte et peuvent nous attendre une heure de plus, n'est-ce pas, Cécile?

— « Oui, » répondit Cécile, l'air préoccupé.

Ses yeux pétillaient d'impatience et ne quittaient pas les deux volumineux paquets.

Jacques ouvrit enfin le premier.

41. — Cadeaux.

Et que contenait ce paquet? Pour qui était-il? Mlle Lucie, visiblement intriguée, semblait lire sur les visages qu'il n'était pas destiné au Grand Turc.

Enfin la dernière enveloppe tomba et l'on vit une suspension de lampe si jolie que toute l'assistance sourit à la fois.

C'était une suspension de bronze poli, d'un dessin très simple. Trois ornements en S supportaient l'abat-jour de verre opalin. Des baguettes entremêlées de chaînons rejoignaient, en haut, les chaînes du contrepoids, fait d'une grosse boule de cuivre brillante comme de l'or. La lampe, de porcelaine blanche, était à pétrole.

— « Ah! que cela est de bon goût! dit Lucie.

— « C'est pour vous, petite sœur! répondit maman Suzette.

— « Et c'est de votre choix, je le vois bien, grande sœur, dit Lucie en l'embrassant.

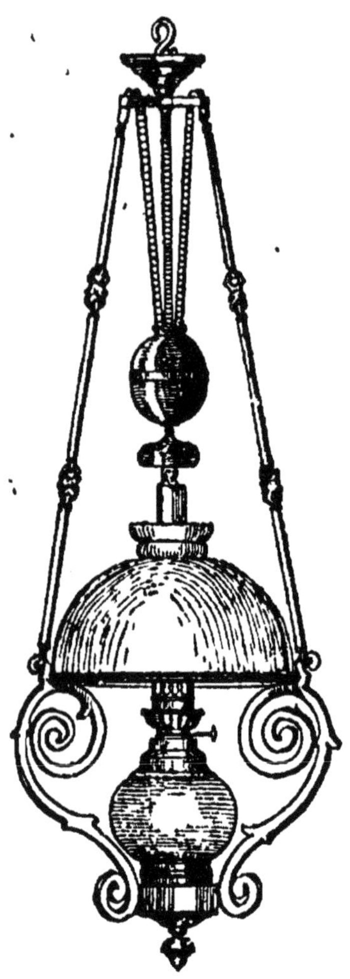

Suspension de salle à manger.

— « Oui, j'ai choisi ce modèle sur le catalogue, et Cécile et Jacques ont bien voulu se charger de me l'apporter de la ville. »

Pendant ce temps, Jacques avait mis au jour le contenu du second paquet.

C'était un service de table en faïence. Et ce service comprenait :

Trois douzaines d'assiettes plates et creuses;

Une soupière;

Un saladier;

Un plat ovale;

Un plat rond;

Un plat creux;

Une saucière.

Le fond de la faïence était d'une jolie couleur blanc crème, décoré en bleu d'une branche de pommier fleuri, sur laquelle voltigeait un oiseau. Cela avait un aspect gracieux et riant; la décoration était l'œuvre d'un artiste.

Peut-être ne savez-vous pas comment se font ces décorations coloriées de la faïence à bon marché ?

Le peintre invente et colorie un modèle qui, à l'aide de procédés industriels, est ensuite imprimé par milliers d'exemplaires sur les pièces de faïence à orner.

Autrefois, avant les progrès de la chimie, ces décorations ne s'exécutaient qu'à la main, ce qui mettait les plus communes à un prix assez élevé.

Aujourd'hui, nous avons des assiettes coloriées pour un prix qui dépasse à peine celui de la faïence unie.

Le service offert à Lucie Valon était en terre de fer, une faïence très dure, faite d'argile bien pure, jointe à une poudre provenant d'un galet de mer, gris bleuté, qu'on trouve sur les rivages de la Manche, entre Dieppe et Saint-Valery-en-Caux. Ce galet, d'abord chauffé au rouge, calciné, puis pilé, et mélangé à la pâte d'argile, donne une grande dureté à la faïence appelée pour cette raison

Service de table en faïence.

1. Trois douzaines d'assiettes. — 2. Soupière. — 3. Saladier. — 4. Plat ovale. 5. Plat rond. — 6. Plat creux. — 7. Saucière.

« terre de fer », quoiqu'il n'entre pas une parcelle de ce métal dans sa composition.

Mlle Lucie, tout heureuse qu'elle était à la vue de ce beau service, se plaignit pourtant de la richesse du cadeau. Mais qui donc pourrait se permettre cette largesse, sinon les gens qui viennent d'hériter ? C'était là visiblement la pensée de Cécile, en répondant au reproche par un sourire et un geste gracieux de la main qui signifiaient : Allez, allez, des amabilités de cette sorte ne sauraient nous ruiner !

On rangea les présents dans des paniers pour pouvoir les porter, après déjeuner, chez Mme Valon ; puis, les enfants étant rentrés de l'école, Marguerite acheva de mettre le couvert, et l'on s'assit à table devant les petits pois qui embaumaient et que chacun trouva délicieux.

— « Il me semble bien que Mlle Sidonie, notre grande cuisinière de Paris, n'a pas passé par ici, » dit Jacques en riant.

Cécile rit aussi, trop contente en ce moment de l'effet produit par son présent pour se fâcher.

42. — Autres cadeaux.

Vous vous rappelez Mme Richard, la tante de Paris, sœur de M. Dumay, et mère de ce fameux explorateur Pascal qui, un jour, à l'âge de quatorze ans, vint conter à Fragicourt ses voyages imaginaires, en compagnie de Sylvain, qui, tout surpris de cette longue et étonnante éloquence, ne soufflait mot *.

Mais les événements, même les plus insignifiants, ont toujours un contrecoup, parfois heureux ; c'est ainsi qu'il en advint de l'escapade de M. Pascal, puisqu'elle fut la cause de la réconciliation de la sœur et du frère, et, plus tard, du mariage de Suzette avec Sylvain.

A cette heure, M. Pascal explorait réellement l'Afrique ; il avait aussi parcouru l'Amérique et l'Asie, mais comme voyageur de commerce, en homme actif, utile, qui va au loin chercher des débouchés aux produits de l'industrie nationale, recueillir pour son pays des produits étrangers. Joindre ainsi par des liens commerciaux les peuples les plus éloignés les uns des autres, en attendant que la diffusion des idées morales, des sentiments humanitaires les unissent fraternellement.

Les deux autres enfants de Mme Richard, Louis et Marthe, tous deux mariés, vivaient avec elle à Paris.

Et c'est de la capitale qu'ils adressèrent à Fragicourt leurs cadeaux de noce, accompagnés d'une lettre de félicitations de Pascal, lettre où il annonçait son retour probable en France pour le jour du mariage.

Le colis qui renfermait ces amicales surprises fut

* Voir *Suzette*, page 128.

ouvert en présence de M. et Mme Valon, et de Mlle Lucie.

Il contenait six cuillers à café en ruolz, six couteaux de table, un service à découper, plus une paire de flambeaux de bronze. Le ruolz surtout excita l'admiration et il fallut expliquer ce qui le différencie de l'argent massif, car Pierre et Paul se joignirent à leur sœur pour demander, à ce sujet, quelques éclaircissements que Mme Valon leur donna de très bonne grâce.

Les petites cuillers qui étaient là, sous les yeux, étaient formées d'une mince couche d'argent, recouvrant un alliage à base de cuivre et faisant corps avec lui.

Cet alliage spécial se coule d'abord dans des moules qui diffèrent, naturellement, suivant l'objet à fabriquer : cuiller, fourchette, timbale, plat, assiette, coupe, cafetière, théière, etc.

Cuillers à café, couteaux de table, service à découper

1. Six cuillers à café — 2. Six couteaux de table — 3. Service à découper

Une fois coulé, l'objet est suspendu à l'extrémité d'un fil métallique communiquant avec une pile électrique, puis plongé dans un bain d'eau où se trouve dissous un sel d'argent.

On fait alors passer le courant électrique qui, se saisissant à merveille de l'argent contenu dans le bain, va le fixer à la surface de l'objet à argenter.

Peu à peu, tout l'argent contenu en dissolution dans le bain se dépose sur l'objet à argenter, en une couche égale, unie et, quoique mince, si fortement adhérente qu'elle peut, quand l'opération a été bien faite, durer vingt et trente années en conservant l'apparence et les qualités de l'argenterie massive.

Flambeau en bronze.

Si à la longue le ruolz se détériore, il offre cet avantage qu'on peut le réargenter sans trop de frais. Il est huit à dix fois moins coûteux que l'argent.

— « Voyez, ajouta Mme Valon, comme tout progresse et se perfectionne; dans mon enfance, chez mes parents, nous mangions la soupe avec des cuillers de fer étamé dont l'étain s'usait vite. Chaque année, à la fête patronale, des rétameurs ambulants, généralement auvergnats (l'industrie de l'étamage existait déjà en Auvergne du temps des Gaulois), parcouraient les villages pour étamer les cuillers, les fourchettes et les ustensiles de cuisine; en outre, ils refondaient la vaisselle d'étain, et je me rappelle que ma mère, un jour, remit à un de ces rétameurs de vieux plats et des pots détériorés, souvenirs de nos grands-parents, pour qu'il les transformât en cuillers et en fourchettes.

« Nous n'en connaissions pas alors de plus belles. Aussi me parurent-elles admirables, lorsque je les vis sortir, toutes brillantes, des moules de fonte où l'ouvrier avait versé l'étain, préalablement liquéfié au feu.

— « Et moi aussi, dit M. Valon, j'ai connu ces grosses cuillers d'étain. Elles servaient dans les grands jours. Elles étaient lourdes, massives de forme, et cependant le moindre effort les ployait. Et puis, l'étain fond à la température de 228 degrés ; impossible de remuer un ragoût avec une cuiller de ce métal qui, de plus, se ternit et nécessite un entretien minutieux. Ah ! depuis mon enfance, nous avons fait du chemin, ajouta-t-il en montrant les cuillers de ruolz.

— « Oui, reprit Mme Valon, ce serait une véritable leçon d'histoire, et non pas des moins utiles, que de

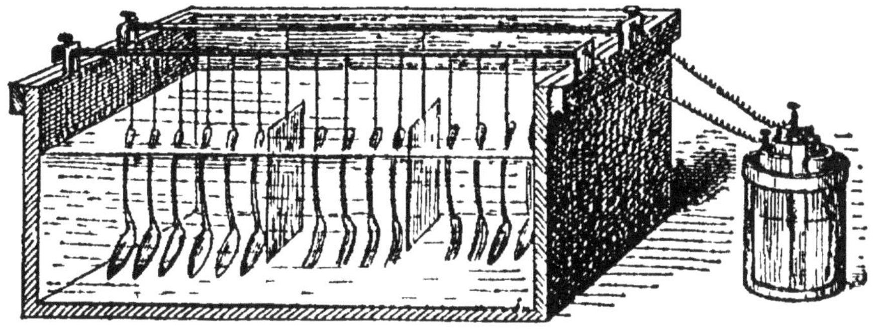

Galvanoplastie des métaux.

Le courant de la pile traverse la dissolution (cyanure d'argent, par exemple) qui constitue le bain ; le cyanure est décomposé et le dépôt d'argent se fait sur le moule ou sur l'objet plongé dans le bain.

comparer entre eux les divers objets usuels et d'étudier leurs différentes transformations.

« A l'époque de mon mariage, nos couverts furent en métal anglais, alliage composé d'environ quatre cinquièmes d'étain, l'autre cinquième consistant en un mélange de plomb, de bismuth et d'antimoine. Ce sont ces deux derniers métaux qui donnent à l'alliage sa dureté et son brillant.

« De même que l'argent, dont il a un peu l'aspect, le métal anglais ne s'oxyde pas, ne fond pas aussi facilement que l'étain ; mais un choc violent le détériore ou le casse.

« Nos couverts nous avaient coûté 1 fr. 75 la pièce, soit 10 fr. 50 les six. Au bout de trois ans, ils étaient à peu près hors de service.

« Nous les remplaçâmes, alors, un à un, par six

couverts de ruolz qui nous coûtèrent 33 francs. Ils nous servent depuis près de vingt ans, et ils sont encore en fort bon état, sans avoir nécessité aucuns frais d'entretien pendant tout ce temps.

« Vous jugez, d'après cet exemple, qu'il y a parfois

Chaque année, à la fête patronale, des rétameurs ambulants, généralement auvergnats, parcouraient les villages.

économie à acheter un objet vingt francs au lieu de cinq ; c'est un simple calcul à faire.

« Beaucoup de ménagères ignorent cet art d'économiser l'argent. »

43. — Ce que donnera l'argile.

— « Les produits consciencieusement fabriqués, capables de fournir un bon et long usage, coûtent cher, ajouta

Mme Valon, et leur achat nécessite une avance dont malheureusement tout le monde ne dispose pas.

— « J'y pensais justement, mère, dit Lucie, et je me regarde comme une privilégiée, moi qui commence par où mes parents ont fini, par des couverts d'argent ou à peu près.

— « Qui sait, répondit Mme Valon, qui sait si la génération prochaine ne fera pas fi de ton argenterie de ruolz,

Anciennes poteries d'étain

comme nous le faisons aujourd'hui de l'étain et du fer étamé de nos pères ?

— « On parle beaucoup, en ce moment, d'un merveilleux métal, l'aluminium, dit Sylvain.

— « Oui, l'aluminium qui, grâce à son brillant, sa légèreté et sa solidité, remplacera un jour, non seulement l'argent, mais le fer même, et coûtera beaucoup moins cher. Il suffirait qu'on parvînt à l'extraire, sans les grands frais qu'il exige aujourd'hui. La mine où on le rencontre est intarissable; c'est la terre entière elle-même. L'argile, en effet, est remplie d'aluminium : il n'y a qu'à se baisser pour ramasser ce trésor.

— « Ah ! dit joyeusement maman Suzette, voyez-vous les batteries de cuisine de l'avenir : casseroles, chaudrons, poêles à frire, et les assiettes, et les plats, et les couverts ! Ce sera d'un éclat, d'un luxe aussi éblouissant que celui dont fut témoin Fernand Cortez au XVIe siècle, comme vous nous l'avez dit, madame, lorsqu'il trouva, dans les villages des Peaux-Rouges du Mexique, les femmes cuisant leurs aliments dans des marmites d'or massif, tant l'or abondait en ce pays, et les hommes travaillant la terre avec des bêches de même métal.

— « Il ne faut pas demander s'ils avaient des couteaux d'or, dit M. Valon qui venait de rouvrir la boîte des couteaux envoyée de Paris. Eh bien ! je n'aurais pas échangé contre ces objets mirifiques les lames que voici, qui sont en simple acier; car l'acier coupe mieux que l'or. »

On examina les lames unies, brillantes, polies comme des miroirs. C'était de vrai acier épuré, forgé, trempé, plus dur que le silex, et non de la fonte d'acier qui tient si souvent sa place, fonte incapable de conserver longtemps son tranchant et son fil. L'acier de mauvaise qualité ne fait que de mauvais couteaux, malgré leur belle apparence.

— « Et, ajouta M. Dumay : « Mauvais couteau coupe le doigt, et non le bois. »

Les petits flambeaux de bronze furent admirés à leur tour. Ils étaient simples et élégants, formés d'une tige mince, terminée en haut par un godet à bobèche métallique pour recevoir la bougie et, en bas, par un joli pied en forme de coupe renversée.

Mlle Lucie, qui, on le sait, avait l'horreur du clinquant, les apprécia comme ils le méritaient. La simplicité jointe à l'élégance est une grande qualité des objets comme des personnes.

— « Un vase à fleurs entre ces deux flambeaux, et ce sera, dit-elle, une charmante garniture de cheminée.

— « Mais, dit M. Dumay en souriant, cette cheminée que vous garnissez si bien, où est-elle ? Et le logis pour abriter les cadeaux, les ustensiles de cuisine et le reste, sans compter vous-mêmes, où est-il ? Qu'en penses-tu, Suzette ?

— « Je pense, mon père, que vous avez raison et qu'après-demain jeudi, si ces dames le veulent bien, nous attellerons Cocotte... et fouette pour Cambrai !

— « Oh ! maman ! s'écrièrent Marguerite, Pierre et Paul

du même accent de prière, n'irons-nous pas avec vous?

— « Ma foi, la calèche est grande, dirent ensemble Sylvain et le grand-papa.

— « Allons, c'est entendu ; les chéris, et même Madeleine, nous accompagneront, » répondit maman Suzette.

Les enfants, tout heureux, se mirent à sauter de joie.

44. — En route.

Ah! la belle et joyeuse compagnie que ce fut!

Il y avait là les trois dames que vous savez, le grand père, puis Marguerite, Pierre, Paul et Madeleine ; enfin Ludivine pour garder la petite, et Tiennet pour se divertir, Tiennet lavé de frais avec du savon dont maman Suzette ne le laissait plus manquer.

Au trot régulier du cheval, on suivit, par la traverse, un chemin vert, ainsi nommé à cause du beau gazon qui le tapissait et qui cachait un tronçon de l'antique voie romaine reliant autrefois la Gaule du Sud à la Gaule Belgique du Nord. C'était bien par cette route qu'était venue jusqu'à nos ancêtres la civilisation romaine, anéantie plus tard par l'invasion et l'établissement des Francs sur notre terre gauloise.

Cette grande voie, négligée par les barbares, puis abandonnée aux vicissitudes du temps, disparut peu à peu sous l'exhaussement du sol, qui monte de siècle en siècle par l'amoncellement des débris de la vie végétale et de la vie animale. Les larges dalles furent enterrées avec le solide empierrement qui les soutenait.

C'est ainsi que la belle route romaine, une merveille du travail intelligent et civilisateur de l'homme, redevint le petit sentier, le chemin vert, qu'à travers les cultures suivait, à cette heure, cahin-caha, la charrette, afin d'aller rejoindre en ligne droite la nouvelle route, construite par Louis XIV pour relier Cambrai, sa nouvelle conquête, à la capitale de son royaume.

On atteignit bientôt cette route au tournant de laquelle se voyait, sur le côté, une grande borne en pierre blanche.

Mme Valon, interrogée par Marguerite, répondit que cette borne se trouvait là pour marquer la limite entre le département de l'Aisne qu'on quittait et celui du Nord où l'on entrait.

Le plus surpris de cette nouvelle, ce fut Tiennet.

Le pauvre petit ne savait pas grand'chose et il montrait assez peu de vivacité d'esprit.

Ce qui avive l'intelligence, vous le savez, c'est autant la bonne alimentation, la bonne hygiène que l'enseignement de parents dévoués, instruits eux-mêmes, et le petit Tiennet manquait, hélas ! de tout cela.

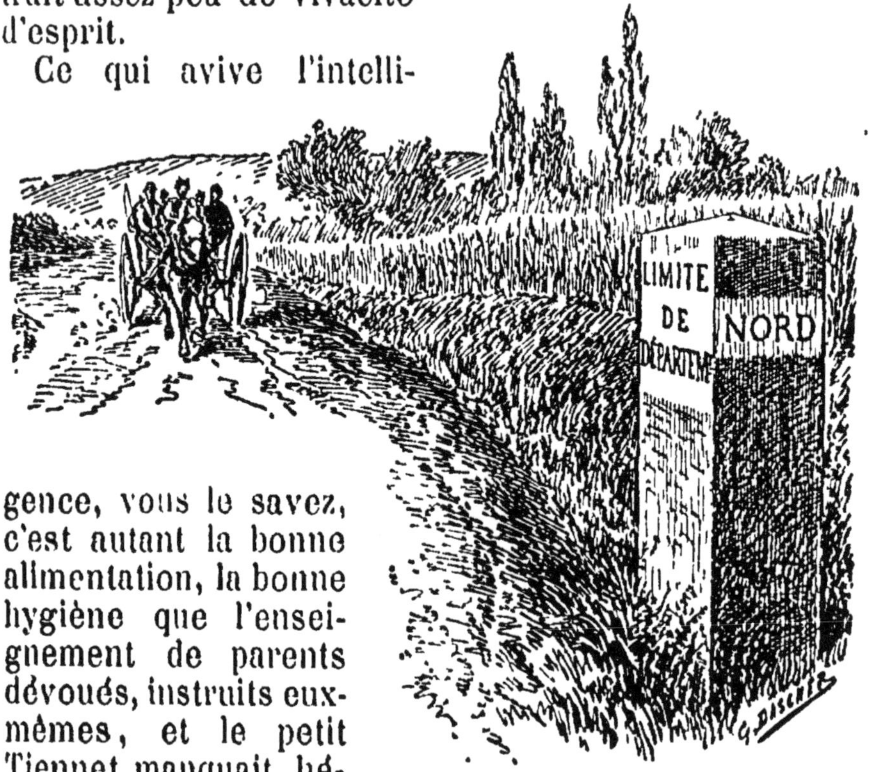

Cette borne se trouvait là pour marquer la limite entre le département de l'Aisne qu'on quittait et celui du Nord où l'on entrait..

Il allait à l'école, mais sans profit ; ses yeux observaient mal, ses oreilles n'entendaient guère et sa mémoire ne retenait rien.

Mme Valon, doucement, lui demanda la raison de son étonnement à la vue de la borne départementale, et il répondit :

— « Je croyais que les départements sont entourés de haies et de murs, comme le sont les cours et les jardins pour empêcher les gens d'y entrer sans permission. »

Chacun se mit à rire, et Tiennet aussi pour faire comme tout le monde ; il parut tout content quand on lui dit qu'il pouvait, s'il lui plaisait, aller se promener ainsi, en charrette ou autrement, à travers les quatre-vingt-six départements de la France.

— « Cependant, ajouta Mme Valon, Tiennet, s'il eût vécu il y a cent ans, ne se serait pas tiré à si bon compte d'une promenade à travers les trente-trois provinces d'alors.

« On ne passait pas librement de l'une à l'autre, ni sur les chemins d'une même province, sans avoir à délier sa bourse. De place en place, sur la route, sur un pont, quelque barrière se dressait. Pour la voir s'ouvrir devant soi, il fallait montrer au péager la couleur de sa monnaie.

« Le passage n'était gratuit que pour les nobles, bien reconnaissables à leur grand train ; mais les marchands qui transportaient leurs produits, les compagnons qui allaient, de ville en ville, chercher du travail, les gens, comme eux, utiles au pays, et le pauvre peuple, devaient payer l'impôt.

« Il y avait pourtant exception pour les ménétriers, les jongleurs, les montreurs de bêtes curieuses. Mais, s'ils étaient exempts du péage en monnaie, ils devaient payer en musique, exécuter leurs tours de force ou de passe-passe, ou encore faire danser leurs ours, leurs singes, pour rien, moyennant quoi on les traitait comme des nobles. De là l'expression : « Payer en monnaie de singe. »

— « Et, demanda Pierre, pourquoi fallait-il payer pour passer sur les routes et sur les ponts?

— « Parce que les maîtres des routes et des ponts, c'est-à-dire les grands seigneurs féodaux et le roi lui-même, avaient besoin d'argent pour les entretenir.

« Vous comprenez que bien des gens restaient chez eux, plutôt que d'encourir ces frais de péage qui finissaient par être onéreux. Le commerçant qui les affrontait devait se rattraper ensuite en augmentant le prix de sa marchandise.

« Aussi un des premiers actes de la Révolution fut-il d'abolir les péages.

— « Mais avec quel argent peut-on maintenant construire et entretenir les ponts et les routes? demanda Marguerite.

— « Tu le verras à notre arrivée à Cambrai, répondit maman Suzette. En attendant, livrons-nous à une occupation préoable, très bonne à éclaircir la vue et le jugement. Déjeunons! »

Ménétrier (1), jongleur (2) et montreur d'animaux (3) au moyen âge

Un rire de satisfaction épanouit toutes les petites faces, et Tiennet, qui du matin au soir avait faim, se leva le premier.

La compagnie descendit et s'installa devant un bouquet d'arbres, à l'ombre, tandis que maman Suzette retirait d'une caisse ayant servi de siège aux trois gamins un gros panier, de ces paniers ventrus, pleins de promesses et qui, d'abord, vous réjouissent les yeux.

Dès que l'on fut assis sur l'herbe parsemée de campanules et de serpolet, elle ouvrit le panier, et en sortit, comme autant de bénédictions, du pain, des œufs durs, du fromage (1), puis des groseilles et enfin un pot de rillons (2), dont le fumet s'alliait très agréablement à la fine odeur du serpolet.

Des bouteilles de bonne bière (3) complétaient l'ensemble. Ah! c'était là un vrai déjeuner!

Nos amis, satisfaits de leur sort, commodément installés sur l'herbe, s'attaquèrent aux victuailles avec entrain

Et la table était si jolie avec sa verdure et ses fraîches fleurettes! elle valait bien, pour le moins, ces tables de millionnaires qu'on garnit aujourd'hui, dans les grands repas, de guirlandes de fleurs merveilleusement rares et chères; cinq cents, six cents, et même mille francs de fleurs pour un seul dîner.

LIRE A L'APPENDICE : 1 *Fromage; sa composition, ses propriétés, ses parasites; comment il faut le choisir.* — 2 *Rillons.* — 3. *Bière.*

Mais, fleurs rares ou argent, il n'en faut pas tant pour être heureux. Et nos amis, très satisfaits de leur sort, commodément installés sur l'herbe, s'attaquèrent aux victuailles avec l'entrain de voyageurs qui ont fourni une longue course en plein air; une bouchée n'attendait pas l'autre; Tiennet surtout semblait les escamoter.

Pendant ce temps, Cocotte, attachée à un arbre, tondait de sa langue, fort paisiblement, le gazon fleuri.

45. — L'homme à l'habit vert.

La petite troupe, une fois restaurée, remonta en voiture.

Une heure après on apercevait la ville et bientôt on allait atteindre la première maison.

Mais, halte-là!

Un homme en habit vert-bouteille grimpe sur le marchepied de la voiture, regarde à droite, à gauche, au fond, sous les banquettes :

— « Vous n'avez rien à déclarer?

— « Non. »

Et maman Suzette ouvre le panier vide.

L'homme descend; et Cocotte reprend son trot.

— « Eh bien! dit Mme Valon à Marguerite qui, un instant après, ouvrait la bouche pour demander la réponse promise à sa question : « Avec quel argent a-t-on construit les routes et les ponts? » tu viens de faire connaissance avec un des moyens qui permettent l'entreprise et l'entretien des travaux publics; ce moyen, c'est l'octroi. Si nous n'avions mangé en route notre viande et nos œufs, bu nos bouteilles de bière, nous aurions eu à payer, ici, vingt à vingt-cinq centimes pour leur entrée en ville.

— « Et tout ce qui se mange et se boit paye-t-il ainsi un droit d'entrée dans les villes?

— « A peu près tout, mais principalement la viande de bœuf, de mouton, de porc, le gibier, la volaille, les œufs le beurre, le vin, le vinaigre, l'eau-de-vie, la bière, le cidre, l'huile.

« A ces impôts, appelés impôts indirects, s'en joignent d'autres, les directs ou contributions foncière, personnelle et mobilière, des portes et fenêtres, des patentes. C'est grâce à ces deux sources de revenus que l'on peut équilibrer le budget de l'État et celui des villes. A l'aide du sien, l'État entretient l'armée, la marine, les administrations des services publics, des postes et télégraphes, les établis-

— « Vous n'avez rien à déclarer?... »

sements d'enseignement, les cultes, les routes, les canaux, les forêts. Les villes se servent de leurs ressources particulières pour entretenir leurs rues, leurs hospices, leurs écoles, leurs fontaines, leur service d'hygiène, leurs musées, leurs théâtres, leurs édifices communaux, leurs promenades.

« Pour tout cela il faut des sommes énormes, qui se chiffrent annuellement par des milliards. Mais il tombe sous le simple bon sens qu'une cité, une nation, ne sauraient exister et durer sans pourvoir aux besoins communs de leurs membres. Et le pourraient-elles sans argent?

« Autant demander qu'un ménage particulier mange, boive, s'habille, se loge, se chauffe sans dépenser un sou. La cité, la nation ne sont qu'une réunion de très nombreux ménages.

« L'important, c'est que l'impôt soit réparti d'une manière équitable, qu'il n'accable pas les pauvres gens, ainsi qu'il arrivait autrefois. Ensuite, c'est que la dépense soit réglée avec ordre.

« Plus tard, sans doute, conclut Mme Valon, on nous épargnera l'ennui de nous arrêter aux portes des villes, comme on arrêtait jadis à tous les ponts et sur toutes les routes; on trouvera, espérons-le, quelque procédé moins gênant. »

En devisant ainsi, nos voyageurs arrivèrent sur la place de l'Hôtel-de-Ville, juste au moment où « Martin et Martine », les deux jaquemarts de la grande horloge, sonnaient neuf heures en frappant à tour de rôle, avec un marteau, chacun un coup sur le timbre retentissant.

Les jaquemarts, personnages automatiques, mis en mouvement par un mécanisme d'horlogerie et sonnant les heures, étaient un des luxes des cités d'autrefois. Elles en ornaient leurs églises et leurs beffrois et rivalisaient entre elles en créations de ce genre.

Un des plus remarquables se voit encore dans la cathédrale de Reims. C'est une horloge représentant les douze apôtres qui, à midi sonnant, défilent l'un après l'autre pour sonner, à tour de bras, un des douze coups.

Mais, sans valoir les apôtres, « Martin et Martine » n'en firent pas moins l'admiration de nos amis, Pierre, Paul, Marguerite, Madeleine et Tiennet, qui échangèrent leurs impressions, pendant que Cocotte trottait du côté de l'auberge de la « Boule d'or », où on allait la loger pour le reste du jour.

La « Boule d'or » était cette même auberge où Sylvain descendait dans ses voyages à Cambrai, et dont il avait donné l'adresse.

L'hôtesse, une bonne grosse Flamande aux cheveux d'or, aux yeux bleus, brillait de propreté, ainsi que la salle au carreau rouge, recouvert d'une couche de sable blanc, selon la mode du pays.

La propreté est la principale vertu de la Flandre.

Maman Suzette et les dames Valon, en personnes qui s'y connaissaient, regardèrent avec plaisir cette jolie pièce avec son papier bleu azur, très frais, sur lequel étincelait l'étagère, chargée de verres et de carafons lavés, rincés, essuyés, scintillants comme des diamants (1).

Hôtel de ville de Cambrai

Elles expliquèrent qu'elles venaient à Cambrai pour y chercher un petit appartement. Et, sans tarder, l'hôtesse leur donna deux adresses dont on lui avait parlé depuis quelques jours : l'une, au numéro 37 de la rue de l'Épine-en-pied,

LIRE A L'APPENDICE : 1. *Nettoyage des verres et cristaux.*

l'autre, au numéro 45 de la rue de Vaucellette.

Après avoir laissé Ludivine, les gamins et Madelinette sous les beaux ombrages de la promenade et pris Marguerite avec elles, les trois dames s'acheminèrent vers la rue de l'Épine-en-pied.

46. — Visite d'un appartement.

La rue, vieille, étroite, pavée de grès inégaux, ce qui expliquait peut-être son nom étrange d'« Épine-en-pied », ne payait pas beaucoup de mine.

Voici le numéro 37 indiqué; une grande porte cochère s'ouvrant sur une cour et, au bout de la cour, une maison de briques, assez noire.

La porte en était entr'ouverte; sur le seuil, un gros chat noir, assis d'un air de propriétaire, faisait sans doute office de portier.

Maman Suzette frappa une fois, deux fois : pas de réponse.

On appela. Même silence. Le chat lui-même n'avait pas l'air d'entendre, il se léchait tranquillement la patte.

Mme Valon ouvrit la porte d'entrée, et fit quelques pas dans un long et sombre corridor; tout à coup un grand cri de frayeur retentit.

Maman Suzette, Marguerite et Mlle Lucie accoururent.

Une vieille dame, tout en émoi, venait de surgir en disant :

— « Vous pourriez bien au moins frapper avant d'entrer! »

En essayant de lui expliquer le fait, on s'aperçut qu'elle était parfaitement sourde. Cependant elle finit par se douter du motif de la visite.

— « Ah?.. bien... très bien! dit-elle alors, toute rassérénée. J'ai un bel appartement, au premier étage, situé juste au-dessus du mien : suivez-moi, mesdames. »

Elle monta un escalier de bois, ouvrit une porte et

introduisit les visiteuses dans une première pièce, à laquelle deux autres faisaient suite.

Ces pièces se ressemblaient surtout par la couleur sombre, la vétusté du papier de tenture et la malpropreté générale: taches sur le parquet, sur les murs, empreintes crasseuses balafrant les boiseries. Ah! la propreté flamande n'habitait pas ici!

La vieille dame lut sur les visages que l'impression n'était pas favorable et mâchonna quelques mots de mauvaise humeur.

On ne répondit pas:

— « Hé! seriez-vous sourdes, toutes les trois? » demanda-t-elle très haut et brusquement.

Nos dames ne purent réprimer un léger sourire.

— « Eh bien! reprit-elle, est-ce que ce logement ne vous plairait pas? »

Elle montrait le papier de tenture.

Mais comment lui faire entendre que ce papier sombre, avantageux sans doute pour elle, à cause de la facilité avec laquelle il dissimulait la saleté qui le couvrait, ne valait rien pour le locataire; l'intérêt de celui-ci étant, au contraire, de le voir renouveler aussi souvent que possible?

Les papiers de tenture s'imprègnent facilement, en effet, de vapeurs et de résidus invisibles, malsains.

Et la science a démontré que certains germes de terribles maladies, telles que l'angine, le croup, peuvent se fixer dans ces papiers, y rester et propager ainsi des épidémies.

L'hygiène exige donc que les tentures qui ont servi à tapisser des chambres de malade, ou qui ont fait un long usage, soient arrachées, puis brûlées, et que les murs, avant d'être recouverts de nouveau, soient préalablement assainis par des lavages ou des fumigations antiseptiques.

Mais les papiers de couleur sombre présentent un autre inconvénient grave : ils assombrissent l'appartement.

Or la privation de lumière amène un ralentissement

dans l'activité du système nerveux et de la circulation du sang (1).

Cet étiolement est frappant dans les végétaux qui, placés en un lieu obscur, y perdent leur couleur verte, ainsi que la consistance de leurs tissus. Leurs tiges, leurs feuilles s'amincissent, s'allongent, décolorées,

L'hygiène exige que les papiers qui ont servi à tapisser des chambres de malade, ou qui ont fait un long usage, soient arrachés, brûlés et que les murs, avant d'être recouverts de nouveau, soient préalablement assainis par des lavages...

comme anémiées, pour chercher quelque issue vers la lumière bienfaisante.

C'est là l'explication, par exemple, de la longueur et de la blancheur de cette chicorée que les jardiniers font pousser en cave, et qu'on nomme barbe de capucin.

Le corps humain subit, dans les mêmes circon-

LIRE A L'APPENDICE : 1. *Effets physiologiques de la lumière.*

stances, des modifications analogues. On cite ce fait d'un enfant qui, relégué dans une cave, pendant plusieurs années, en sortit avec des cheveux blancs d'albinos, et maigre comme un squelette.

Les pièces d'un appartement doivent donc être disposées de manière à donner largement accès à la lumière. Car les couleurs sombres ont, ainsi qu'il a été dit, la propriété d'absorber (1) la lumière, de la garder comme une éponge imbibée retient le liquide, tandis que les couleurs claires laissent les rayons lumineux s'accumuler à leur surface et flotter librement autour d'elles. Et il en est de la lumière artificielle comme de la naturelle.

Ainsi, une lampe à pétrole du calibre de dix lignes donne, dans une pièce badigeonnée à la chaux, ou peinte en blanc, ou tapissée de papier blanc, autant de lumière que quinze bougies brûlant à la fois.

Dans une pièce de même dimension, mais tendue d'un papier de couleur jaune clair, la même lampe ne fournit plus que la lumière de quatre bougies environ ; le reste des rayons lumineux est absorbé par le papier de tenture. Il faudrait là quatre lampes du même calibre ou soixante bougies pour obtenir la quantité de lumière répandue par une seule lampe dans la chambre blanche.

Si les murs sont enfumés, ou couverts d'un papier brun, c'est six lampes, ou près de quatre-vingt-dix bougies, qui deviendraient nécessaires.

Il faut connaître ces détails, sans compter bien d'autres encore, quand il s'agit de louer un appartement.

Les trois dames s'enquirent ensuite de l'orientation : les fenêtres regardaient l'ouest.

Or l'exposition à l'ouest, surtout avec le climat du nord de la France, est mauvaise. De l'ouest arrivent, en effet, les vents chargés de l'humidité de la mer, la pluie, et les rayons tardifs, alanguis du soleil couchant. L'orientation vraiment salubre est celle du levant ; celle du midi vaut déjà moins.

LIRE A L'APPENDICE : 1. *Diffusion de la lumière, réflexion, absorption.*

Les fruits, les confitures, toutes les provisions qui redoutent l'humidité se conservent mal dans des chambres situées à l'ouest. Cette exposition ne convient pas non plus au garde-manger; la viande s'y altère deux fois plus vite que dans un autre placé au nord.

47. — Vilaine compagnie.

Cependant la vieille dame, qui n'entendait pas les réflexions échangées entre les visiteuses, s'était mise à énumérer les avantages de son bel appartement.

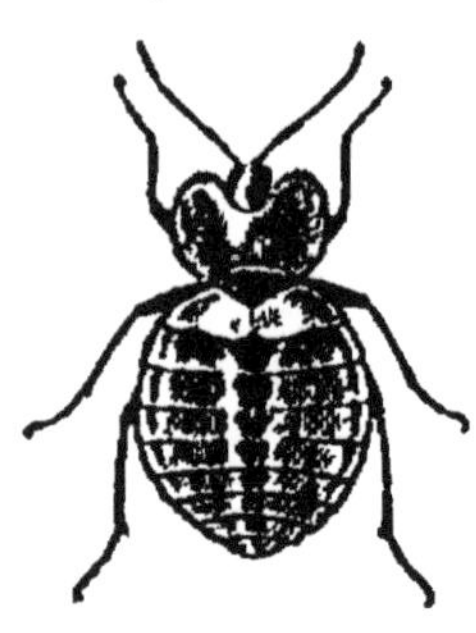

Punaise des lits.

La punaise des lits, ainsi que les autres variétés de cette espèce, parasites des animaux, sont toujours dépourvues d'ailes.

Il existe diverses espèces de punaises vivant au grand air et ailées; elles ont quatre ailes dont les deux supérieures sont mi-parties cornées comme des sortes d'élytres. Elles exhalent la même déplaisante odeur et sont carnassières, mais non parasites; telles sont les diverses punaises des bois et les nèpes ou punaises d'eau.

Elle s'arrêta à la vue de Marguerite qui, l'air étonné, montrait une petite bête en train de se promener au haut du mur.

C'était un insecte sans ailes, plat, d'un brun rougeâtre, à six pattes courtes, très agiles.

— « Tiens! s'écria la vieille dame d'un air fâché, qui donc m'a apporté là cette punaise? »

Mme Valon, Mme Sylvain, Mlle Lucie poussèrent une exclamation de dégoût.

Sachant que la punaise n'a pas, comme l'araignée, l'habitude de vivre solitaire, elles jugeaient que l'appartement devait en abriter un bon nombre dans les fentes des boiseries, les égratignures des papiers et des plâtres.

C'est là, en effet, que ces insectes abritent leurs colonies, aussi bien que dans les bois de lit, les sommiers et les meubles.

Mais le séjour préféré de ces buveuses de sang est celui des chambres à coucher. Bien cachées dans leurs retraites. elles attendent la nuit et le sommeil des gens.

Alors, grimpant le long des rideaux, ou bien suivant le plafond, elles choisissent leur endroit; cela fait, elles se laissent tomber, parfois d'une hauteur qui est pour elles ce que serait pour nous celle d'une tour ou d'un clocher. Mais cette chute ne les gêne guère. Comme la plupart des insectes, elles ont la propriété de tirer d'elles-mêmes, à volonté, un fil soyeux qu'elles fixent en un point et grâce auquel elles peuvent s'élancer sans risque, ce fil, au besoin, leur ménageant la retraite.

Arrivées au but, c'est-à-dire sur la victime qu'elles ont choisie, elles y appliquent leur bec coupant qui s'ouvre, non pas de haut en bas, comme celui des oiseaux, mais de droite à gauche. En même temps, de leur bouche jaillit une salive âcre qui, imprégnant la petite morsure, l'irrite et y détermine un léger afflux de sang dont elles se gorgent tant qu'on les laisse faire.

Le jour venu, après leur substantiel repas, elles regagnent leurs cachettes.

Là, comme dans la maison de la vieille dame sourde et malpropre, elles pondent, du printemps à l'automne, des milliers d'œufs; puis, sauf de très rares exceptions, elles meurent aux premiers froids, mais en laissant, collés contre les boiseries, leurs œufs qui, au printemps suivant, éclosent, donnant naissance à de toutes petites larves rouges, à six pattes, très agiles déjà, et tout à fait semblables à ce qu'elles seront quand, après avoir changé trois fois de peau, elles passeront à l'état d'insectes parfaits. Vous pensez si la colonie a vite fait de décupler et de centupler (1)!

Dans les logis qui sont infestés de punaises, on les sent à distance, grâce à l'odeur désagréable qu'elles répandent et qui leur a valu leur vilain nom. Elle est due à une essence huileuse qu'elles sécrètent par une minuscule glande placée entre leur première paire de pattes.

Les trois visiteuses, qui s'étaient déjà aperçues de cette odeur spéciale, saluèrent pour se retirer.

LIRE A L'APPENDICE : 1. *Destruction des punaises et des puces.*

La propriétaire fit un geste d'étonnement, et Mme Valon lui cria dans le tuyau de l'oreille :

— « Madame, si vous désirez louer votre appartement, vous feriez bien d'arracher d'abord ces papiers, de laver abondamment au pétrole les murs, surtout les encoignures, et de boucher à fond tous les trous avant de recoller un papier nouveau. Et puis, ayez toujours chez vous des insecticides (1).

— « Que je me ruine! s'écria la vieille dame, qui, cette fois, avait entendu ; allez, allez, madame, toutes les personnes en quête d'un logement ne vous ressemblent pas, Dieu merci! La plupart viennent, regardent à peine, louent, emménagent et ne se plaignent qu'après... un peu tard pour qu'on les écoute.

— « C'est cela même, dit Mme Valon en sortant ; que de gens ignorent de quelle importance est le choix d'une maison ou d'un appartement, et se font même gloire de ne pas se montrer difficiles!.. Allons maintenant à la seconde adresse, rue de Vaucellette (2). »

48. — Autre logis.

Le numéro 45 de cette rue avait bonne mine, et la personne qui vint ouvrir, meilleure mine encore. Elle était très accorte, avec un joli bébé sur les bras.

Dès le premier coup d'œil, et surtout après les premières paroles, elle et nos visiteuses se trouvèrent mutuellement à leur gré.

La maison, qui portait sur sa façade cette enseigne : « Misseron, peintre vitrier », était blanche et proprette ; l'intérieur, qu'on examina avec soin, respirait le bien-être.

L'escalier aboutissait à un premier étage de trois pièces, comme chez la vieille dame sourde. Mais ici, de la clarté partout, pour recevoir dignement la lumière, et pour la garder la plus entière possible, qu'elle

---

LIRE A L'APPENDICE : 1. *Insecticides.* — 2. *Conditions que devrait réunir une habitation pour être hygiénique.*

vint du soleil ou de la lampe! M. Misseron, peintre en bâtiment, intelligent décorateur de sa propre maison, avait visiblement pensé à cela.

La première pièce, la salle à manger, avait ses parois ornées d'une couche de peinture imitant le marbre blanc, veiné de gris; un filet rouge grenat formait encadrement.

Dans la petite cuisine, où les murs, les boiseries étaient de couleur grise, se voyaient un évier (1), servant à l'écoulement des eaux ménagères jusqu'à l'égout, des planches pour accrocher les casseroles, une étagère, un placard; en un mot, le confortable.

Quant à l'eau potable (2), on la tirait d'un puits, dans la cour. Dans la cour également, une citerne, munie d'une pompe, fournissait l'eau de pluie, la meilleure, vous le savez, pour la lessive et les nettoyages, à cause de la propriété qu'elle a de dissoudre parfaitement le savon.

On sait combien est importante la question de l'eau pour un ménage qui a souci de l'hygiène et de la propreté.

La science en réclame pour la consommation quotidienne de chacun 40 à 50 litres (3).

Elle a heureusement tant réclamé, que les grandes capitales européennes se sont imposé des dépenses et des travaux gigantesques pour faire face à cette nécessité hygiénique.

Autrefois, il y avait bien, dans les villes, de belles fontaines; mais elles étaient souvent à sec. De plus, des privilégiés en captaient l'eau tout autant qu'il leur plaisait, et, pendant l'été surtout, en privaient le reste des habitants (4).

Nos visiteuses passèrent ensuite, par un cabinet de débarras, dans la chambre à coucher, assez grande, tapissée de papier couleur crème, à bouquets roses.

C'était frais et coquet.

LIRE A L'APPENDICE : 1. *Entretien de l'évier* — 2. *Eau potable* — 3. *Consommation de l'eau à Paris et son influence sur la mortalité.* — 4. *Comment purifier l'eau.*

Marguerite eut beau lever les yeux en l'air; d'écorchures au papier et de vilaines petites bêtes, comme là-bas, d'où l'on venait, il ne s'en trouvait pas ombre.

Mme Valon rechercha ensuite l'orientation de la maison; elle était excellente; la chambre regardait l'est, de façon à laisser pénétrer, dès l'ouverture de la fenêtre, les rayons purifiants du soleil matinal. Même exposition pour la cuisine.

La salle à manger était au midi. Rien de mieux, si l'on songe qu'il fait, dans le nord, six à sept mois d'hiver. C'est dans la salle à manger que la ménagère se tient pour sa couture, son repassage et la plupart de ses travaux. C'est là que se tiendrait Lucie, en compagnie du petit poêle si attentivement choisi; et au moindre rayon du soleil hivernal elle pourrait se croire en été.

On s'entendit facilement avec Mme Misseron et son mari qui venait de rentrer. Ils demandèrent trois cents francs de location par an.

Trois cents francs! c'était le cinquième du petit budget fourni par les appointements de François; et le loyer ne devrait, dit-on, figurer que pour le huitième dans les dépenses annuelles du ménage.

Mais ici, la propreté, le goût, le confort étaient tels, qu'on n'hésita pas. Se bien loger, comme se bien nourrir et se bien vêtir, est une source de force, d'activité et même de gaieté; or, la gaieté est nécessaire à la santé et au bon travail; les lieux sombres, malpropres, rendent triste et anémique.

Lucie trouva que dans une maison si plaisante le travail lui serait un plaisir et lui permettrait de rétablir l'équilibre de son budget (1).

En prenant congé, maman Suzette pria Mme Misseron de vouloir bien se charger de faire mettre, aux places qu'elle indiqua, les meubles, le fourneau, le poêle et la batterie de cuisine que les marchands, chez qui on allait de ce pas, enverraient au plus tôt.

LIRE A L'APPENDICE : 1. *Rechercher des conditions hygiéniques d'existence est un de nos devoirs envers nous-mêmes.*

49. — Chez le marchand de meubles.

Ce fut vite fait de désigner au quincaillier les objets de ménage qu'on avait si bien étudiés, sans les voir autrement qu'en images sur le catalogue : fourneau, poêle, lampe, batterie de cuisine furent payés et mis à

Branches d'ébénier et d'acajou.

L'ébénier (1) se rencontre dans l'Inde, à l'île Maurice, à Madagascar et dans l'Amérique intertropicale. Son bois, très dur et de couleur noire, est très employé en ébénisterie.

L'acajou (2) se trouve également dans l'Amérique tropicale. Le bois de cet arbre est très dur et prend une teinte rouge foncé lorsqu'il est exposé à l'air, les ébénistes l'utilisent principalement pour le placage.

part; le marchand se chargea de les faire porter chez Mme Misseron, rue de Vaucellette.

Puis on alla à la recherche d'un marchand de meubles.

En voici un, au détour de la rue. Quelle grande maison d'ameublement! Quel riche étalage! Aussi brillant que celui du marchand de nouveautés, aux hautes glaces et aux demoiselles de magasin belles comme des poupées.

Ici c'était un salon magnifique, orné de tapis, de rideaux de peluche chatoyante, de meubles en bois précieux : le palissandre de la Guyane, d'un brun violacé, au parfum suave, l'ébène noire de Ceylan, et l'ébène veinée du Brésil, l'acajou aux marbrures en tourbillon, le thuya des forêts tropicales, le gaïac des Antilles et le bois de rose de Chypre, relevé de bronze doré, se trouvaient réunis là.

Fauteuils, canapés, sièges de toute forme, guéridons, secrétaires en marqueterie, coffrets incrustés d'ivoire

Noyer.

Le noyer est très abondant en France, où on le cultive également pour ses fruits et pour son bois. Les *noix*, qui arrivent à maturité en septembre et octobre, sont mangées fraîches ou sèches; elles contiennent la moitié de leur poids d'une huile très employée dans l'alimentation. De l'enveloppe verte du fruit, appelée *brou* macérée dans l'eau-de-vie, on fait une liqueur qui passe pour digestive; enfin, l'infusion et la décoction des feuilles du noyer sont utilisées en médecine pour des lotions, des bains, des gargarismes et des tisanes contre le lymphatisme. La tisane de feuilles de noyer est également vermifuge.

Le bois du noyer sert à de nombreux usages; on en fait des sabots; il est très recherché en ébénisterie et en menuiserie.

et de nacre, il n'y aurait eu qu'à choisir, c'est-à-dire à avoir beaucoup d'argent en poche.

A côté de ces bois exotiques, se voyaient nos bois d'Europe : le chêne, d'une durée inaltérable, qui se prête si bien à la sculpture, le noyer aux jolies veinures, façonnés en buffets, en tables, en dressoirs (1). Ils rappelaient les beaux modèles créés par les artistes de la Renaissance et par les imagiers du moyen âge, qu'on

---

LIRE A L'APPENDICE : 1. *Entretien des meubles de chêne et de noyer cirés.*

admire encore dans les musées ainsi que dans quelques anciens châteaux.

— « Trop beau, tout cela ! madame, ce n'est pas pour nous ! » dit Suzette en riant.

Chêne — Hêtre. — Bouleau

Le bois du chêne (1) a une grande valeur comme bois de construction, de charpente et aussi comme bois de travail. C'est avec l'écorce du chêne qu'on fabrique le *tan* employé pour la préparation des cuirs.

Le hêtre (2) est un des plus grands arbres des forêts des pays tempérés. Il est d'un bel aspect avec sa grande couronne de feuilles brillantes. Son tronc, lisse et droit atteint facilement 30 à 35 mètres d'élévation. Le bois de hêtre, très dur, fournit un excellent chauffage ; il est aussi employé pour le charronnage. Il produit un fruit, appelé *faîne*, de forme triangulaire, et que recouvre une écorce brune et luisante. Le goût des faînes rappelle celui des noisettes et l'on en tire une huile sans saveur dont on tire parti dans le commerce en la mélangeant avec l'huile d'olive.

Le bouleau (3), d'un bois blanc et léger, est utilisé en menuiserie, en charronnage et pour le chauffage.

Et l'on s'achemina vers un magasin plus modeste qu'on apercevait à cent pas de là.

M. Moreau, le maître de ce magasin, dont l'enseigne

portait ce nom, vit tout de suite à qui il avait affaire. Il ne fut pas fâché de montrer sa science à des personnes intelligentes, instruites, paraissant désireuses d'apprendre encore et aussi d'acheter chez lui.

Saule. — Peuplier ordinaire. — Peuplier tremble.

Le saule (1) prospère surtout dans les prairies humides et au bord des eaux; c'est avec les verges du saule que l'on confectionne les paniers et les objets de vannerie.

Le peuplier (2) est très cultivé à cause de son bois, léger et blanc, on l'utilise pour les caisses d'emballage, les objets communs de menuiserie et d'ébénisterie. Les échalas pour le houblon et pour la vigne sont faits avec des branches de peuplier.

Le tremble (3) est une des nombreuses espèces de peuplier.

Il leur montra d'abord le « bois blanc », nom donné à tous les bois tendres, sans veinures et sans couleur : peuplier, tremble, saule, bouleau « et dont on fait, dit-il, la menuiserie à bon marché. Le principal défaut de ces bois est la mollesse de leur tissu qui invite certains coléoptères (1) à y venir pondre leurs œufs. Des larves y éclosent, y vivent pendant plusieurs années, creusant de petits souterrains à travers les planches qu'elles minent à l'intérieur et qu'elles perforent, ensuite, à l'extérieur, pour en sortir quand arrive pour elles l'heure de se transformer en insectes.

« On réussit à écarter un peu ces ravageurs en endui-

Le mobilier de la salle à manger.

1. Buffet à étagère. — 2. Table ronde à volets. — 3. Modèle des chaises cannées.

sant d'une couche de peinture à l'huile les meubles de bois blanc.

« Voici maintenant, mesdames, un autre bois qui pourrait vous convenir! c'est le hêtre; incolore comme le bois blanc, mais dur, sec, et, pour cette raison, à peu près inattaquable. »

M. Moreau fit ensuite voir quelques meubles plus élégants, en placage d'acajou et de noyer.

---

(1) LIRE A L'APPENDICE : 1. *Vrillettes.*

— « Pas mal de gens, ajouta-t-il, les achèteraient pour de l'acajou ou du noyer massifs, sans se douter qu'il n'y a là que de minces plaques de ces bois précieux, taillées en compartiments réguliers. On les assemble de manière que les veines, symétriquement opposées, forment une sorte de marqueterie, puis on les colle sur un bâti de bois blanc ou de sapin sans valeur. Le bois précieux apparait seul, rehaussé encore d'un vernis de résine mastic ou de résine copal, ou bien de laque dissoute soit dans de l'essence de térébenthine, soit dans l'alcool.

« Lorsqu'ils sont soigneusement conditionnés, ces

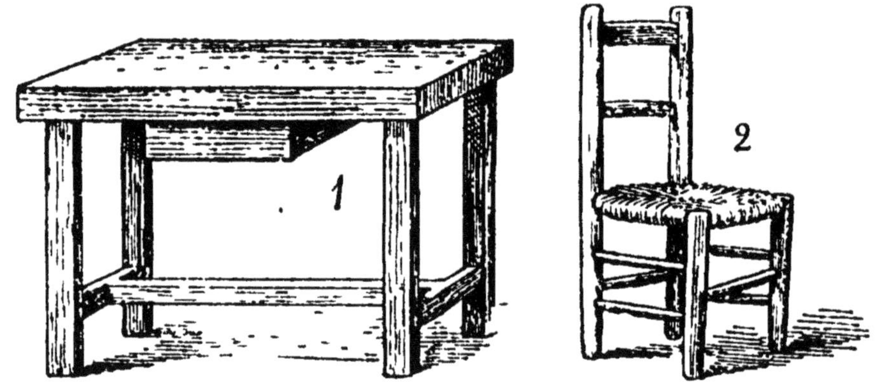

Le mobilier de la cuisine.

1. Table en bois blanc. — 2. Chaise de paille.

meubles plaqués ont de la durée, de l'élégance; et leur prix les met à la portée des bourses moyennes. Mais il faut se garer des placages trop minces, que l'humidité ou la sécheresse, en les dilatant et les resserrant tour à tour, font gondoler et fendre. Dans ce cas d'ailleurs, le bâti est toujours à l'avenant, de mauvaise qualité et de mauvais travail.

« Parfois même, la mince lame de bois précieux est remplacée par une couche de gomme laque appliquée à l'aide d'un fer chaud. Ce genre d'ébénisterie est de la pure camelote, convenant surtout aux gens qui sacrifient l'être au paraître. »

Le mobilier de la chambre à coucher.

1. Deux chaises en hêtre clair. — 2 Une table de hêtre pour la toilette. — 3. Une glace encadrée — 4. Une table de nuit en hêtre verni — 5. Une armoire en hêtre verni. — 6. Lit de fer, sommier, matelas, traversin, oreiller.

50. — Literie.

— « Merci de ces bons renseignements, monsieur, dit Mme Valon. Mais point de placage ; nous voulons des meubles solides avant tout ; le trompe-l'œil ne nous intéresse en rien. Notre porte-monnaie est à votre disposition pour trois cents à trois cent cinquante francs. En vous basant sur ce chiffre, voulez-vous avoir l'obligeance de nous faire le devis d'un mobilier complet ? Pour la cuisine, en bois blanc ; pour la salle à manger et la chambre à coucher, en hêtre, n'est-ce pas ? ajouta-t-elle en s'adressant à maman Suzette.

— « Oui, madame, j'y pensais. »

M. Moreau tira de sa poche un carnet, un crayon et écrivit tout en calculant mentalement.

Puis il lut une liste des objets qu'il venait d'inscrire et les montra en même temps.

Salle à manger :

Un petit buffet à étagère en hêtre bruni et ciré.....	60 fr.
Une table ronde à volets..........................	20 »
Six chaises cannées à cinq francs pièce............	30 »

Cuisine :

Une table en bois blanc...	5 »
Une chaise de paille..............................	3 »

Chambre :

Deux chaises en hêtre clair.......................	9 »
Une table de hêtre pour la toilette...............	5 »
Une glace encadrée................................	5 »
Une table de nuit en hêtre verni..................	7 »
Une armoire en hêtre verni........................	35 »
Total............................	179 fr.

Tous ces objets, que le marchand désignait, au fur et à mesure de sa lecture, n'avaient pas mauvais aspect ; en outre la fabrication paraissait soignée.

Les deux mamans, après s'être concertées, acceptèrent le choix du marchand, sur ce jugement qu'en porta Mlle Lucie :

— « Allons, cela fera une maison claire comme celle de ma sœur Suzette ! »

Restait à acheter la literie.

On choisit un lit de fer, d'abord parce que ce genre de lit coûte trois fois moins cher qu'un médiocre lit de bois et qu'ensuite, grâce à ses barreaux à jour, il s'aère et se purifie plus facilement.

Le marchand montra ensuite un sommier, ce commode remplaçant de l'ancienne paillasse qui, aujourd'hui, nous paraît si grossière. C'était pourtant, il y a quelques siècles, l'unique literie de bien des gens ; beaucoup même s'en passaient, n'ayant pour dormir que la terre nue.

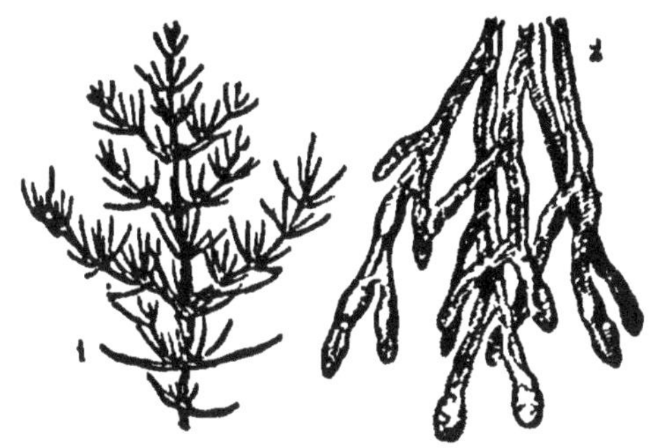

Soude (1) et varechs (2).

Les varechs sont recueillis sur le bord de la mer. Ils rendent de grands services aux populations maritimes, qui les utilisent pour nourrir les porcs et pour fumer les terres. Le *carbonate de soude* et l'*iode* sont extraits des cendres des varechs.

La literie, surtout celle des paysans, se composait, il y a encore cent ans, le plus souvent, d'une paillasse et de « paillots » de balle d'avoine ou de blé, qui leur tenaient lieu de matelas, de traversins, d'oreillers et même de couvertures et d'édredons.

Selon les localités, la paille était remplacée par des feuilles de fougère, des cosses de pois séchées ou du varech ou bien même des spathes de maïs. Ce n'était pas moelleux ; mais c'était frais, sain et facile à renouveler fréquemment sans grande dépense. Ces derniers avantages font qu'on donne, aujourd'hui encore, la préférence à ces matières végétales pour le coucher des petits enfants.

Les gens riches les remplaçaient par des matières

animales : lits de plume (1) et de duvet, beaucoup plus doux, mais moins hygiéniques.

En effet, le dormeur s'enfonce dans la couette de plume comme dans un trou; sa perspiration s'y accumule, et il baigne dans une atmosphère de moiteur malsaine.

Maïs

Le maïs (1, la plante ; 2, le fruit), appelé aussi blé d'Espagne, blé de Turquie, demande, pour mûrir, une température assez élevée; en France, on le cultive surtout dans le Midi; plus au nord, on le fait manger en vert par les bestiaux. Ses graines (3) renferment une forte proportion d'une huile savoureuse et, à cause de cela, sont utilisées avantageusement pour l'engraissement des volailles. La farine de maïs est riche en une matière azotée particulière qui n'est pas du gluten; aussi, quoique nourrissante, elle est impropre à la panification. Elle rancit rapidement.

En outre, la plume qui n'a pas été parfaitement épurée (2) et débarrassée, à l'aide de la chaleur de l'étuve, des impuretés qu'elle peut contenir, est facilement envahie par l'insecte qu'on nomme teigne des plumes (3) ainsi que par une vermine microscopique, sorte d'acarus, qui la réduisent en poussière.

Il y a une soixantaine d'années qu'on s'avisa de remplacer la paillasse par le sommier élastique. Celui-ci se compose de ressorts d'acier, roulés en spirale, disposés et assujettis sur un bâti de bois, puis reliés entre eux par des cordes entre-croisées, et enfin recouverts d'une légère couche de crin et d'une toile.

LIRE A L'APPENDICE : 1. *Plume et duvet.* — 2. *Épuration.* — 3. *Teignes de la laine, de la plume, du crin.*

Légers et fermes, ces ressorts cèdent sous la moindre pression; mais, dès qu'ils redeviennent libres, ils reprennent leur position première.

Le sommier élastique réunit la commodité, la souplesse, la durée et la propreté. Il rend un lit aussi doux que la plume.

Grâce à lui, les couettes firent donc vite place au matelas de laine, plus ferme, plus durable et plus sain pour le coucher.

Mais pour cela, il fallut, — voyez comme tout s'enchaîne, — que les Anglais fondassent d'abord leur grande colonie d'Australie, et qu'ils se livrassent dans

Moutons d'Australie.

ce pays, pour en utiliser les vastes prairies, à l'élevage d'innombrables troupeaux de moutons.

La laine, jusqu'alors si rare et si chère qu'on ne l'employait qu'au tissage des étoffes, devint abondante; la plus belle fut réservée pour la filature, le reste servit à la literie.

Par la nature de ses fils ondulés en spirales, qui sont des tubes à paroi extérieurement écailleuse et rude, la laine offre beaucoup de résistance, de souplesse, d'élasticité, et ne s'affaisse pas comme la plume et le duvet (1).

Dans la confection des matelas (2), on lui adjoint en proportion plus ou moins forte du crin de cheval, préalablement crépi, c'est-à-dire cordé et bouilli à l'eau de savon. Après avoir subi cette manipulation, le crin

---

LIRE A L'APPENDICE : 1. *Choix de la laine pour la literie* — 2. *Confection et réfection des matelas.*

est frisé, ondulé, roulé sur lui-même : il donne du ressort au matelas. La laine, sans ce renfort, finirait, à la longue, par s'aplatir.

Évidemment il ne s'agit ici que du crin naturel, et non additionné de fibres végétales.

Et il ne s'agit aussi que de bonne laine, et non point d'une laine grossièrement falsifiée par des mélanges de poils de chèvre commune, ou de poils de chien caniche.

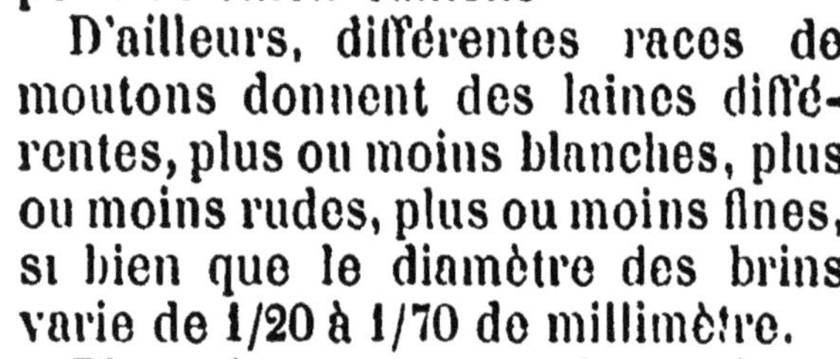

La chèvre.

La chèvre, grâce à sa sobriété, qui lui permet de se contenter des plus maigres herbes, remplace la vache dans les régions arides et dépourvues de pâturages. Elle fournit par jour en moyenne deux litres d'un lait nourrissant et léger, qui convient mieux que celui de la vache à l'estomac faible des jeunes enfants et des malades. On fait avec ce lait d'excellents fromages. La peau de chèvre tannée donne un joli cuir souple et fort, appelé *maroquin*. Le cuir du chevreau, teint, sert à la confection des gants de peau.

D'ailleurs, différentes races de moutons donnent des laines différentes, plus ou moins blanches, plus ou moins rudes, plus ou moins fines, si bien que le diamètre des brins varie de 1/20 à 1/70 de millimètre.

Bien plus, sur une même toison, la laine n'est pas identique : celle du dos de l'animal est la plus belle, la plus longue ; celle des flancs vient après ; celle du cou vaut déjà moins, enfin celle des pattes et de la queue, moins encore (1).

La laine morte, c'est-à-dire prise sur un mouton mort, est beaucoup moins estimée aussi que la laine tondue sur l'animal vivant.

Heureusement, nos dames s'y connaissaient, et la literie fut aussi bien choisie que tout le reste.

Et alors on fit le compte : literie et mobilier entraînèrent une dépense de 362 francs. C'était douze francs de plus que le chiffre fixé par Mme Valon ; mais la qualité des objets achetés compensait bien cette petite différence.

Aussi, après avoir prié le marchand de faire porter le tout au numéro 45 de la rue de Vaucellette, les trois dames et Marguerite gagnèrent la Promenade, où les at-

---

LIRE A L'APPENDICE : 1. *Classification des laines.*

tendaient, tout en jouant, les enfants sous la garde de Ludivine.

Une demi-heure après, toute la compagnie reprenait le chemin de Fragicourt, non sans s'être pourvue d'une petite provision de pain et de pommes pour égayer encore la route.

51. — Soie ou laine?

Cette année-là, une abondante moisson remplit de beau blé le grenier et de joie le cœur de nos gens.

Et ce n'était pas tout : aux élections municipales, Sylvain fut élu conseiller de Fragicourt.

On ne reçoit pas toujours le prix de son labeur, de son honnêteté, de sa bonté; et même il ne faut pas l'attendre, le sentiment du devoir accompli devant suffire au sage. Mais, quand la récompense arrive, elle est généralement bien reçue.

Maman Suzette et la maisonnée se réjouirent; Jacques et Cécile vinrent de Bois-Maillard féliciter leur beau-frère. Cécile embrassa Suzette de bon cœur en l'appelant « madame la conseillère », et, presque aussitôt, l'ayant prise à part, lui dit en souriant :

— « J'espère bien que tu n'as pas besoin d'être « conseillée », à présent, en quoi que ce soit, surtout sur ta toilette de noce; rappelle-toi cependant qu'elle doit être digne de la famille et du nouvel honneur qui vient de lui être fait... Tu parais étonnée; songe donc que nous ne sommes plus qu'à trois semaines du mariage et qu'il y faudra tenir notre rang. Tiens! regarde... »

Elle tira de sa poche deux échantillons, l'un de soie verte, à rayures satinées, l'autre de satin mauve.

— « Le vert est pour moi, le mauve, pour Françoise. Maintenant, voici la toilette! »

Elle déplia une gravure coloriée représentant une dame en robe verte, à falbalas de volants et de berthe; cette dame, grande et svelte, donnait sa main, gantée de gris perle, à une petite fille en robe violette, à grosse ceinture de ruban, et garnie de guipure blanche.

— « Me voilà, reprit Cécile, tout émue à la vue des belles figurines, et voilà Françoise... Nous trouves-tu élégantes?

— « Fort élégantes, répondit finement Suzette.

— « Eh bien! fais comme nous.

— « C'est difficile. »

En ce moment, Sylvain approcha.

— « Sylvain, je vous en prie, apprenez donc à votre femme qu'il ne lui est pas permis d'aller à la noce en caraco d'indienne; dites-lui que vous voulez l'y voir en robe de soie, comme il convient à la situation que vous occupez ici. Il ne faut pas se laisser éclipser par nos parents de Paris qui assisteront au mariage.

— « Certainement, je le désire aussi, répondit Sylvain; Suzette le sait bien; après la vente de notre blé, je lui ai donné, pour ses épingles, deux pièces d'or. Qu'elle en ajoute une autre, et voilà la robe de soie! »

Il insista sur le plaisir qu'il aurait lui-même à la voir élégamment vêtue. Et Suzette qui, après tout, n'avait pas horreur des belles choses, se décida. Demain, dit-elle, elle irait à la ville pour acheter sa toilette et celle de Marguerite.

Le ver à soie.

Le ver à soie naît des œufs que pond un joli petit papillon (1) de couleur grise, originaire de la Chine et du Japon. On élève cet insecte, dans nos pays du moins, à l'intérieur de salles chauffées et on le nourrit avec des feuilles de mûrier. Il croît rapidement et devient une chenille blanchâtre (2), qui, au bout de quelques semaines, se met à filer un cocon (3) dont la matière constitue la soie.

C'est cachée, dans ce cocon, qu'elle accomplit d'abord sa transformation en chrysalide, puis en papillon. L'insecte, pour sortir du cocon, rompt les fils de sa prison et la perce.

Quand on élève les vers pour la soie, on se hâte de récolter les cocons dès qu'ils sont filés et on les soumet à une température élevée qui tue les chrysalides.

Elle se rendait, en effet, le lendemain matin chez le marchand de nouveautés qui avait fourni le trousseau de Lucie.

Et voilà de la soie; de la soie verte, rouge, bleue, grise, jaune, noire. Quels tons! Quel tissu brillant, chaud, léger! Ah! l'insecte qui le fila, dans son cocon d'or, était un fameux ouvrier!

— « Mais le prix, monsieur?

— « Huit francs le mètre, madame.

— « Oh! que c'est cher!

— « Voici meilleur marché : cela ne vaut que quatre francs. »

Heu! heu! C'était beaucoup moins beau et fort cher encore; car les étoffes de soie n'ont guère, en largeur, que la moitié des étoffes ordinaires de laine, c'est-à-dire quarante-six à cinquante centimètres, au lieu de quatre-vingts à cent vingt.

Maman Suzette calcula mentalement...

— « Largeur, deux fois moindre... longueur, double... il fallait donc pour la robe de soie douze mètres au lieu de six... douze fois quatre francs font quarante-huit francs... Oh! quarante-huit francs, dit-elle tout haut, c'est presque le prix de trois bonnes robes de laine.

Tonte du mouton

— « Oui, madame, répondit le marchand; mais aussi la laine de très bonne qualité, celle qui est prise sur le dos du mouton vivant, dont les brins sont de vingt à trente centimètres de longueur, vaut seulement de huit à dix francs le kilogramme, tandis que la soie grège, c'est-à-dire le cocon, dévidé et mis en écheveau, coûte huit à dix fois plus. »

Le marchand s'arrêta de parler; une nouvelle cliente venait d'entrer et l'abordait, comme s'il n'y avait eu là personne; manière d'agir particulière aux gens mal élevés et peu discrets.

Maman Suzette attendit donc. En laissant errer ses yeux du côté de la porte, elle y vit, arrêtée à la devanture, une chétive petite figure d'enfant pauvre, étiolé par la souffrance et par la faim. Ce gamin semblait encore plus misérable que Tiennet.

L'enfant, se sentant regardé avec sympathie, sourit doucement. Suzette alla mettre deux sous dans sa maigre menotte; il se sauva au galop, sans doute vers quelque boulangerie.

— « Oui, pensa-t-elle, toute soucieuse, en refermant son porte-monnaie; oui, un peu d'argent, voilà ce qui met des couleurs aux joues des enfants, de la joie dans leurs yeux, de la santé, de la vie dans leur jeune sang. »

Elle n'était pas riche, et le pain de la maison, jusqu'ici abondant, n'était pas assuré... Pour trois pièces d'or qu'avait données une année grasse, une année maigre en pouvait reprendre dix... cent... par la sécheresse, par la grêle, par quelque malheur imprévu ! — hélas ! il y en a tant et de toute sorte ! — Et que resterait-il alors à la ferme?... une robe de soie !

— « Ah ! Marguerite, et toi, petite Madeleine, et vous, Paul et Pierre, mes quatre chéris, si jamais vous souffriez de privations, de quel poids serait sur mon cœur l'achat de cette futilité !... Comment, hier, devant Cécile, ai-je manqué ainsi de tout bon sens, de tout esprit de prévoyance?... »

Maman Suzette contint son émotion, et s'adressant au marchand que l'autre acheteuse venait de quitter:

— « Montrez-moi, je vous prie, des lainages.

— « Vous renoncez à la soie, madame?

— « Oui, monsieur. »

Il fit de nouveau miroiter les soieries, les draps, les mit en belle lumière; il y perdit sa peine et dut finalement déplier des étoffes de laine.

52. — Vanité.

[illegible]n avait de ces étoffes ! et encore plus riches en couleurs que la soie : du vert, du loutre, du bleu, du rouge, du gris de fer, d'argent, du jaune d'or; et cent variétés de tissus : du granité, du croisé, du cachemire, doux comme duvet, de la vigogne rude, de la mousseline, de l'étamine; d'autres encore, plus façonnées, à nuances combinées formant des rayures, des carreaux, des dessins, des fleurs, des ornements. Toutes ces richesses étaient étendues, sur la longueur du comptoir :

« Un seul mot, un désir,
Vous n'avez qu'à choisir ! »

Le regard de maman Suzette errait, indécis, sur le fouillis multicolore des lainages dépliés, quand il s'arrêta sur une pièce à fond beige, parsemé d'un gracieux et original semis de fins anneaux rouge foncé.

Guimpe de mousseline blanche sur un corsage.

En femme de goût et d'imagination, elle se rendit compte aussitôt de ce que serait ce costume, une fois terminé : la robe à deux volants, le corsage ouvert sur une chemisette rouge de même ton que le dessin de l'étoffe, une ceinture de semblable nuance ; une collerette à plissés.

— « Combien ceci, monsieur ?

— « Madame, un franc vingt-cinq le mètre.

— « Six mètres pour la robe et deux mètres pour les volants, en quatre-vingts centimètres de large, à un franc vingt-cinq, font dix francs. Maintenant, s'il vous plaît, le prix de ce gris argent, à côté ? »

Et elle montrait l'étoffe.

— « Un franc vingt-cinq également, madame.

— « Bien. Il me faudrait quatre mètres de ce gris. »

C'était, est-il besoin de le dire, de la robe de Marguerite qu'il s'agissait. Deux robes de noce pour quinze francs, au lieu d'une seule pour quarante-huit francs. A la bonne heure !

Aussi le marchand fit-il la moue. Il voyait avec peine les pièces d'or qui, au lieu de passer dans sa poche, restaient dans celle de l'acheteuse. Il regrettait aussi le choix de cette étoffe gris argent qui, dit-il, lui semblait un peu terne pour une cérémonie de ce genre.

Mais il n'était pas dans la pensée de maman Suzette ; et

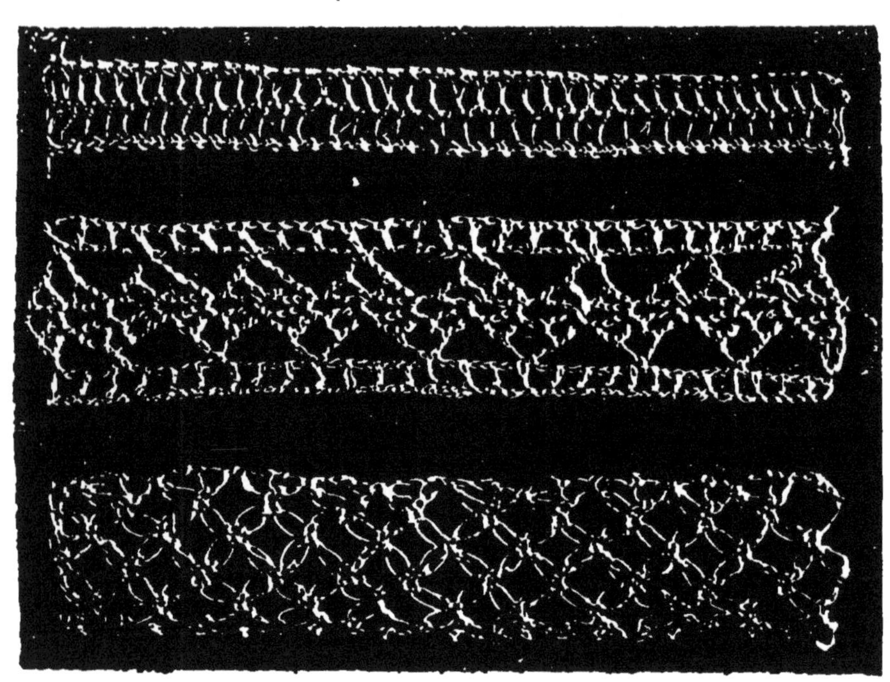

Modèles d'entre deux au crochet.

il n'imaginait pas, comme elle, une jolie guimpe de mousseline blanche, au haut du corsage, ni un gentil entre-deux de crochet, fait par l'enfant elle-même, qui, posé au bas de la jupe, corrigerait la monotonie du gris et le rendrait frais, harmonieux comme une aile de tourterelle.

Puis aussitôt, autre affaire. Maman Suzette choisit de la cheviotte bleu marine unie, la palpa, la drapa, la regarda de loin, de près.

Hé ! cela ne s'accorderait-il pas joliment avec les blonds cheveux de ses deux petits hommes, Pierre et Paul ?

Elle prit encore des cravates, des rubans (1) pour Madelinette; et cependant la note totale ne fut que de vingt-neuf francs soixante, presque moitié moins que n'eût coûté la seule robe de soie. Et toute la famille se trouvait habillée et pimpante! Il n'est que de savoir s'arranger!

Aussi maman Suzette avait-elle le cœur léger tout en faisant, au retour, trotter Cocotte, le long du faubourg Saint-Jean. A cette heure, le faubourg fourmillait d'ouvriers et d'ouvrières, sortis des usines et des ateliers, pour aller prendre leur repas de midi.

Un groupe de trois jeunes filles accompagna un moment la voiture, qui s'était mise au pas, à cause de la foule grossissante.

Elles portaient toutes trois leurs cheveux frisottés sur le front, des robes à volants, des rubans et même des bijoux; l'une d'elles avait au bras un bracelet en imitation de corail; l'autre, de gros pendants d'oreilles; mais leur maigreur, leurs joues pâles, leurs yeux cernés faisaient pitié.

Au tournant d'une étroite ruelle, l'ouvrière au bracelet entra dans une pauvre maison, d'apparence malsaine et malpropre. Quelques pas plus loin les deux autres disparurent, à leur tour, dans un logis d'aussi misérable aspect, à trois étages de logements.

Aux fenêtres, sur des ficelles tendues, pendaient des oripeaux rapiécés ou troués. Suzette remarqua encore que les cheminées ne fumaient pas, quoique ce fût l'heure de la soupe.

Belle toilette, hélas! mais marmite renversée; pas même de charbon peut-être!

> « Rubans, satin et velours
> Éteignent le poêle et le four. »

C'est un proverbe toujours juste. Les trois pauvres petites n'en eussent pas moins ri de Suzette, si elles avaient su que celle-ci venait de se refuser une belle robe.

LIRE A L'APPENDICE : 1. *Nettoyage des rubans.*

L'ouvrière au bracelet entra dans une pauvre maison, d'apparence malsaine et malpropre..

Quel triste défaut que la vanité! La nature, le bon sens crient en chacun de noûs : Ayez d'abord du pain, de la viande; mangez, pour ne pas mourir ou ne pas ressembler à des moribonds durant toute votre existence!

Mais la vanité crie beaucoup plus haut encore : Je veux de beaux chiffons, des bijoux; je veux qu'on me regarde, qu'on me trouve belle!

La nature reprend : Mais, la vraie beauté, c'est la force, la santé! Tu veux paraître, au lieu d'être! Et tu ne parais même pas, car sous tes colifichets on aperçoit ta pâleur, ta maigreur, ta misère et ta sottise! Mange donc, avant tout: quand tu auras l'indispensable, tu penseras, si tu veux, à l'inutile.

— Non, non, répond la vanité, attifons-nous d'abord!

Et c'est la vanité qui a le dernier mot.

Les explorateurs ont cité certaines peuplades sauvages, qui, décimées par le froid et les privations, s'occupaient, non à s'abriter et à se vêtir, mais à se barioler le corps de tatouages de couleur, à s'orner de bracelets et à se coiffer de plumes d'oiseaux. Aussi mouraient-ils comme des mouches.

Les explorateurs ont cité certaines peuplades sauvages qui, décimées par le froid et les privations, s'occupaient, non à s'abriter et à se vêtir, mais à se barioler le corps de tatouages de couleur, à s'orner de bracelets et à se coiffer de plumes d'oiseaux...

Beaucoup de gens civilisés ne se montrent pas plus sensés que ces primitifs.

Combien de femmes et de jeunes filles, dans les grandes villes, s'achètent plusieurs robes par an, plusieurs chapeaux, des ombrelles, des éventails, des bijoux, des dentelles, et, pour se procurer ces vaines et dispendieuses futilités, se privent du strict nécessaire! Elles s'abstiennent de manger à leur faim; si bien qu'elles s'affaiblissent, s'étiolent (1), jusqu'au jour où fatalement, la plus légère maladie, les trouvant sans force de résistance, toutes prêtes pour la mort, les emporte!

LIRE A L'APPENDICE : 1. *Effets de l'inanition.*

53. — Patrons et coupe.

Quand maman Suzette rentra à Fragicourt, elle y trouva toute la maisonnée réunie pour admirer ses achats.

— « Je vois à ton air joyeux, dit Sylvain, que la soie doit être jolie.

— « Oui, répondit en riant Suzette ; elle me plaît beaucoup, surtout parce qu'elle est en laine et ne coûte presque rien... La voici : et celle de Marguerite également; sans compter les vêtements de nos garçons, plus quelques rubans pour Madeleine... et il me reste encore trente francs ! »

Ombrelles et éventails

Elle fit alors le récit de sa journée, dit ses impressions, ses pensées, l'effet qu'avait produit sur elle la vue du petit pauvre et des trois jeunes ouvrières du faubourg Saint-Jean, si minables sous leurs atours.

Son père, son mari, ses enfants la félicitèrent. Et vous l'auriez, sans doute, félicitée, vous aussi !

Lucie, qui arrivait au même instant, approuva le choix des étoffes ainsi que les toilettes combinées par maman Suzette devant le comptoir du magasin de nouveautés.

Une heure après, la plus grande des chambres était transformée en atelier de coupe. Une longue table, des épingles, des ciseaux, un mètre en ruban, c'était là tout l'outillage.

Le matin même, les patrons étaient arrivés de Paris par la poste. Ils étaient l'œuvre de la tante Richard, qui les avait coupés d'après les mesures envoyées de Fragicourt.

Vous connaissez probablement ces mesures, néces-

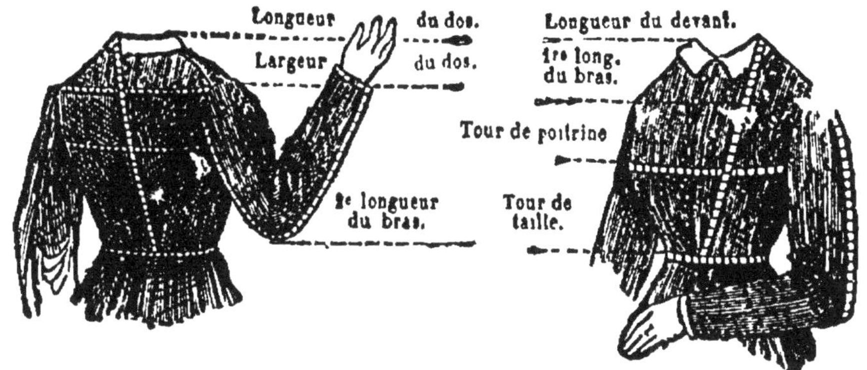

Manière de prendre les mesures pour un corsage

saires à la confection d'un patron de corsage, et qui sont :

1° La longueur du dos, prise du cou, un peu au-dessus de l'attache de l'épaule, jusqu'au milieu du bas de la taille ;

2° La largeur du dos, d'un bras à l'autre ;

3° Le tour de la taille ;

4° La longueur du devant, prise du cou, un peu plus haut que l'attache de l'épaule, jusqu'au bas de la taille, au milieu, en passant par la poitrine ;

5° Le tour de poitrine et du dos, pris en faisant passer le centimètre sous les bras ;

6° Le tour des hanches, pris à quinze centimètres environ au-dessous de la taille ;

7° La longueur du bras, prise sur le bras coudé, depuis le haut du bras jusqu'au poignet.

Ces patrons étaient taillés dans une sorte de mousseline commune qui se vend dix à quinze centimes le mètre, ou, au plus, vingt-cinq à trente centimes.

Les patrons de papier ne sont pas assez solides pour supporter l'assemblage et l'essayage, ni pour permettre les rectifications presque toujours nécessaires, avant la coupe définitive du vêtement.

Tandis que la machine ronfle bruyamment, Marguerite surfile.....

Vous comprenez qu'on usa de cette mousseline largement, sans compter, et que, le patron une fois ajusté, on tailla selon les bons préceptes de Mlle Lucie.

Et il arriva ce qui arrive toujours aux personnes travaillant avec méthode et précision, ni temps ni étoffe ne furent perdus....

Avant la chute du jour, la coupe était achevée, et Mlle Lucie quitta sa grande sœur avec le mot fameux de la reine Catherine de Médicis : « Ce n'est pas tout de tailler; maintenant il faut coudre ! »

54. — Toilettes de noce.

Suivez-vous, d'ici, le jeu rapide et brillant des aiguilles, dans cette chambre de travail?

Tandis que la machine à coudre ronfle bruyamment sous les doigts de sa mère, Marguerite surfile, en s'y reprenant, comme fait une novice, toutes les coutures des deux robes et des costumes des petits frères.

La bonne volonté finit par faire des merveilles. Mais aussi comme la fillette s'appliquait!

Et ce fut un surfilage régulier, ni trop droit, ni trop penché, ni trop serré, ni trop lâche; on en félicita l'ouvrière, qui, ainsi mise en train, demanda, comme une grâce, de pouvoir surfiler les coutures de la robe de la mariée.

La robe de la mariée.

Mlle Lucie allait se mettre à la confection de sa toilette; elle ne refusa pas une faveur aussi facile à accorder, et surtout si méritée. La petite couturière fut de la fête.

Devant la jolie fenêtre ornée de clématite, elle surfila, surfila, surfila, et en fut récompensée en contemplant, la première, la belle robe blanche achevée.

Robe d'ailleurs fort simple, en cachemire, tissu qui offre l'avantage de pouvoir être teint facilement; jupe légèrement traînante, mais ne rappelant que de très loin ces robes à queue de deux mètres, si déplacées au village; deux petits volants froncés au bas; le corsage uni, gracieusement décoré d'une berthe venant se perdre dans la ceinture.

Le chapeau de maman Suzette.

Les robes achevées, on s'occupa des chapeaux.

En deux jours Suzette et Marguerite furent pourvues: la maman s'était confectionné une capote de tulle bouillonné, orné d'une dentelle légère et d'une simple rose rouge; mais cette unique fleur, d'un léger tissu finement colorié, évidemment sortie des mains d'une fleuriste de goût et piquée avec art entre les deux coques de dentelle (1), donnait au chapeau un air d'élégance modeste et de coquetterie, suffisant pour un jour de noce.

Pour sa part Marguerite eut du ruban crème, noué en grosses coques, sur un chapeau rond de paille blanche (2).

Le chapeau de Mlle Marguerite.

Ensuite on fit une exposition des costumes, tout comme chez les grandes faiseuses. Il n'y vint que deux belles dames, Cécile et sa fille Françoise; mais tous les messieurs s'y trouvèrent.

Mme Valon, la première, loua les toilettes, très distinguées dans leur simplicité, de Suzette, de Marguerite et de Lucie. Et comme cette distinction et cette simplicité

LIRE A L'APPENDICE: 1. *Nettoyage des dentelles.* — 2. *Nettoyage des chapeaux de paille.*

étaient vraiment frappantes, les hommes firent chorus, Jacques en tête.

Ce fut Mlle Françoise qui, tout en rongeant ses ongles (1), protesta la première contre ce jugement.

— « Moi, dit-elle, ma robe est en soie! »

Madame sa mère s'adressa à Suzette d'un air de supériorité :

— « Je t'avais cependant prévenue, ma chère; tant pis pour toi et tes lainages. Nous serons, moi et Françoise, les deux reines de la fête! »

Elle conta que, la veille, chez la couturière de la ville où, avec sa fille, elles essayaient leurs deux robes, voilà que madame la sous-préfète était arrivée, juste pendant l'essayage. Eh bien! madame la sous-préfète les avait lorgnées en souriant agréablement. Et, après son départ, la couturière avait dit : « La sous-préfète n'a pas deux robes comme celles-là! »

— « C'est cela, dit Jacques, d'un air narquois, les grandes dames, les grandes couturières et les grandes cuisinières, voilà notre affaire, à nous! »

Sauf Cécile, tout le monde se mit à rire.

M. Dumay prit la parole :

— « Moi, mes enfants, je dirais bien comme cet autre s'adressant à sa femme, parée à l'égal d'une châsse : « Ma belle femme, dînerons-nous à l'avenant? » Car, pour le jour de la noce, il faut non seulement préparer ses toilettes, mais encore son dîner. Ce repas-là mérite qu'on s'en occupe un peu, et le jour approche. Monsieur et madame Valon ont bien voulu accepter que la noce se fît ici, chez nous, où il y a de la place. Eh bien! si nous composions le menu en famille, puisque nous voilà réunis? »

Cécile hasarda cette observation que des gens de Paris devant assister au festin, il fallait leur offrir de bonnes choses, leur présenter un menu distingué : potage, hors-d'œuvre, entrées, rôtis, entremets, desserts, vins fins.

— « Ah! ma bru, répondit M. Dumay, il y a un obstacle

LIRE A L'APPENDICE : 1. *Danger de ronger ses ongles.*

à ce menu-là, c'est que vous n'avez pas gardé Mlle Sidonie, le célèbre cordon bleu, et que nous ignorons son adresse. Puis, nous sommes de simples paysans, ayant conservé quelques traditions de famille en matière de repas de noce.

« Sachez qu'en 1788, au mariage de mon aïeul Mathias Dumay, le festin consista en une simple soupe aux haricots, suivie de quelques galettes (1), le tout arrosé de l'eau du puits, fraîche et bonne (2).

« Les pois, les fèves, les haricots étaient, pour les pauvres gens, l'unique viande, à cette époque : on parcourait des douzaines de paroisses sans trouver un seul boucher (3).

« Ce Mathias Dumay, je vous l'ai conté, fut, quelques mois après son mariage, délégué par le village de Fragicourt pour l'élection d'un député aux États Généraux de 1789*. C'est alors qu'il vit s'accomplir ce grand mouvement social qui donna au peuple un peu de viande, du pain (4) de froment, et surtout l'entière liberté du travail avec le droit de posséder la terre. Grâce à ce droit, Mathias put fonder ce petit patrimoine sur lequel vivent aujourd'hui ses descendants.

« Aussi, au mariage de son fils Louis, mon grand-père, le dîner de noce fut-il composé de soupe de viande, de bouilli et de rôti, ainsi que de bière. Ce fut également le menu du dîner de noce de mon père et le mien.

« Celui du mariage de Suzette n'en différa guère que par le dessert, plus fin et plus abondant. Et aujourd'hui pour François...

— « Père, interrompit Suzette souriante, ne voudriez-vous pas lui accorder un plat de plus qu'à moi, pour que nous puissions nous dire : Depuis la soupe aux haricots du mariage de l'aïeul, les Dumay ont fait du chemin ; ils ont amélioré leur table ?

* Voir *Suzette*, page 101.

LIRE A L'APPENDICE : 1. *Remarques sur les pâtisseries.* — 2. *L'eau est la plus salutaire des boissons.* — 3. *Consommation de la viande autrefois et de nos jours.* — 4. *Pain.*

— « Bonne pensée, » répondit le grand-père.
Et, aidé de Suzette, il arrêta ainsi le menu :
Bouillon de bœuf et de poule.
Poule et bœuf bouillis, à la croque-au-sel.
Rôti de volaille.
Jambon fumé.
Salade.
Pour dessert : *gâteau madeleine, fruits du jardin.*

— « Et que tout cela, ajouta M. Dumay, soit bien choisi, bien préparé, cuit à point. Vous m'en donnerez des nouvelles, ma bru ! car, voyez-vous, le bon vaut encore mieux que le rare. »

Mais Cécile fit, en réponse, une petite moue; elle aurait voulu un grand dîner dont tout le village eût parlé longtemps

55 — Les quenottes de Madeleine.

Le grand jour approchant, les invités commencèrent à arriver ; ce fut d'abord Georges Valon, l'étudiant en médecine. A la suite d'un bon examen, et grâce aux vacances de ses derniers élèves, il parut le premier à Fragicourt.

Il vint aussitôt rendre visite à son ancienne camarade d'école, maman Suzette; personne ne pouvait arriver plus à propos que lui à cette heure.

La petite Madeleine était souffrante depuis deux jours déjà; elle refusait la nourriture, dormait à peine, et, agitée jour et nuit, ne trouvait un peu de calme que dans les bras maternels.

Maman commençait à s'inquiéter; la faiblesse des petits enfants est sujette à tant de dangers! un mauvais coup de vent passe et c'est peut-être la fluxion de poitrine, le croup (1), la fièvre lente !

Sylvain s'apprêtait à aller chercher le médecin, quand Georges Valon entra.

Et aussitôt après l'échange des premières amitiés :

LIRE A L'APPENDICE : 1. *Croup ou diphthérie.*

— « Voyez, je vous prie, ce que peut avoir notre petite Madeleine... Est-ce la dentition qui la travaille tout simplement, ou couve-t-elle quelque grave maladie? »

Le jeune homme observa un moment la malade, puis dit :

— « Ce doit être la dentition... Avez-vous du miel? »

On ne manquait jamais de miel en cette maison où Sylvain et Suzette avaient créé un rucher.

Elle tendit un peu de miel au jeune homme; celui-ci en frotta doucement les gencives de Madeleine, qui, bientôt, visiblement soulagée, cessa de geindre, et consentit même à se laisser examiner la bouche (1).

— « C'est bien ce que je supposais; la mignonne perce ses huit petites molaires à la fois. »

Il s'informa des époques de l'apparition successive des douze premières quenottes qui, comme autant de gouttes de lait, ornaient déjà les petites arcades maxillaires de l'enfant.

Eh bien! ainsi que le dit maman, les deux premières incisives du milieu, en bas, avaient d'abord paru; ensuite étaient venues les deux d'en haut, entre six et huit mois; puis les deux incisives latérales vers le neuvième mois et les quatre canines vers dix-sept à dix-huit mois.

Tout cela était normal, assura M. Georges; mais il y avait un peu de retard pour les quatre premières petites molaires, qui, d'ordinaire, se montrent entre le vingtième et le vingt-quatrième mois. Par contre, les quatre autres molaires, qui ne percent généralement que vers le trentième mois, arrivaient ici le vingt-huitième.

Et c'était là uniquement la cause de la souffrance actuelle de l'enfant. Mais cette crise une fois passée, elle aurait achevé, enfin, sa première dentition des vingt dents de lait. Ce serait chose faite, sans doute, pour le jour de la noce de son oncle, où la mignonne pourrait, grâce à ses vingt dents, grignoter tout à son aise.

LIRE A L'APPENDICE : 1. *Soins à donner aux enfants pendant la dentition.*

Rassurée par ces paroles, maman Suzette alla porter dans son berceau Madeleine qui s'était endormie et revint pour interroger le jeune étudiant. Celui-ci lui apprit comment, dans la mâchoire du nouveau-né, et cachés sous la gencive rose, se trouvent semés deux rangs superposés de petits sacs membraneux, que remplit une substance molle, rosâtre, appelée pulpe.

Ces germes, munis de vaisseaux sanguins et de nerfs reçoivent, du sang, leur nutrition. Avec le temps, le petit sac membraneux durcit, devient cet osselet d'ivoire extrêmement dur que nous connaissons et qui se compose d'une racine implantée dans l'os maxillaire et d'une partie visible, nommée couronne, dont l'ivoire est recouvert d'un émail blanc nacré, très résistant, dur comme du silex.

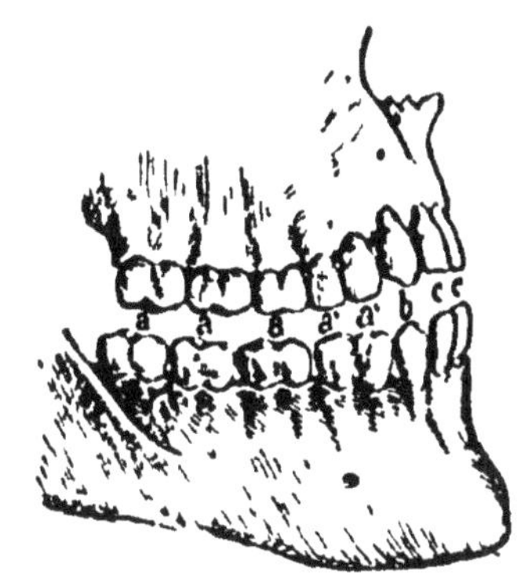

Mâchoire humaine

Squelette de la mâchoire montrant, ouverte, la position des dents : *a*, grosses molaires ; *a'*, petites molaires ; *b*, canines ; *c*, incisives.

La première rangée compte vingt germes et fournit les vingt dents de lait. Ceux de la seconde rangée, au nombre de trente-deux, se développent beaucoup plus lentement. Il faut jusqu'à vingt années à certains d'entre eux pour durcir et devenir des dents parfaites.

Mais cette nouvelle dentition, plus robuste que la première, se nourrit aux dépens de celle-ci. C'est pourquoi, vers six ou sept ans, on voit les dents de lait s'atrophier, tomber, laissant la place aux dents dites « permanentes ».

Après cinq ans, l'enfant possède vingt-quatre dents. Entre l'âge de huit et quinze ans, outre les vingt dents de lait, entièrement renouvelées, et les quatre premières molaires, il a percé quatre nouvelles dents permanentes qui en portent le nombre à vingt-huit. Pour acquérir les quatre dernières, celles qu'on nomme les dents de sagesse, et qui compléteront sa seconde dentition, il lui faut attendre l'âge de dix-huit à vingt-cinq ans.

Donc, trente-deux dents, dont huit incisives à une seule racine, pour trancher ; quatre canines pointues, également à une seule racine, pour percer et déchirer; vingt grosses molaires à deux et trois racines, pour broyer et triturer les aliments, voilà ce qui est nécessaire à une bonne mastication, sans laquelle il ne saurait y avoir de bonne digestion.

Les dents.

A, incisive. — B, molaire.

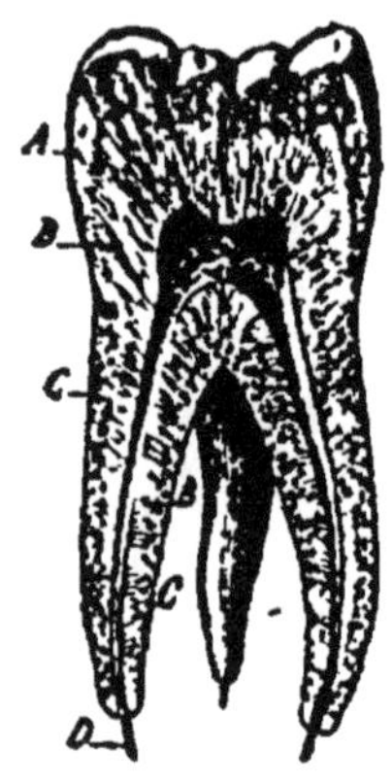

Coupe d'une molaire.

A, émail. — B, ivoire. — C, cément. — D, nerf dentaire.

Si, par malheur, les dents permanentes tombent, elles ne se renouvellent pas, ainsi que l'ont les dents de lait. Il faut donc les conserver en bon état. D'elles en effet dépendent non seulement la digestion (1), mais encore l'émission de la parole, l'articulation des mots, la beauté de la bouche et l'harmonie des traits.

Et c'est surtout par la propreté, par un entretien journalier qu'on les conserve. Elles se salissent, on le sait, très aisément ; d'abord des débris d'aliments se fixent dans leurs interstices, s'y décomposent et s'y corrompent; puis, les résidus de la salive et de l'haleine se déposent au bas de la couronne et y forment ces vilaines salissures jaunes ou grises qu'on nomme tartre (2).

Aussi rincez-vous soigneusement la bouche; brossez vos dents tous les jours, le matin en vous levant, et, si vous le pouvez, le soir en vous couchant (3).

Dent cariée.

Une bouche non rincée, des dents non brossées sont, en vingt-quatre heures, envahies par de microscopiques végétaux, des animalcules malfaisants, et des germes pestilentiels.

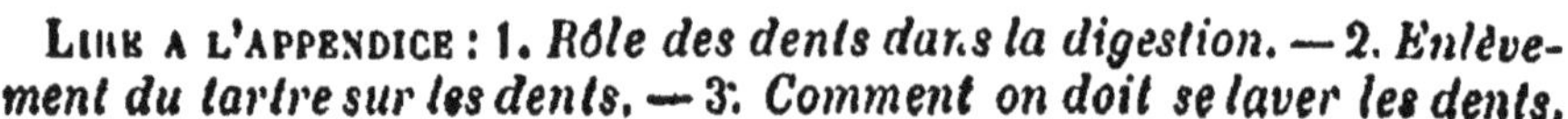

LIRE A L'APPENDICE : 1. *Rôle des dents dans la digestion.* — 2. *Enlèvement du tartre sur les dents.* — 3. *Comment on doit se laver les dents.*

Dans la salive d'une bouche mal entretenue nagent des vibrions, microbes en forme de fils ondulés, des volvox roulés en boule, toujours en mouvement, tandis que, dans les interstices dentaires, flottent des touffes de filaments réunis en houppes, qui sont une sorte d'algue microscopique, à la présence de laquelle certains dentistes attribuent la carie des dents, c'est-à-dire la cause la plus fréquente de leur destruction.

Le brossage journalier des dents est un excellent préservatif...

Vous savez probablement ce qu'est la cruelle carie (1). Elle commence par effriter l'émail, cette substance d'un blanc brillant, assez semblable à la porcelaine ou à la matière nacrée qui tapisse l'intérieur des coquillages. Puis, une fois l'émail entamé, l'ivoire qu'il recouvre se perce, s'effrite à son tour. La dent noircit; la pulpe, les nerfs dentaires qui sont fort sensibles, ainsi mis à nu, deviennent très douloureux. Et :

« A douleur de dent
N'est violon ni instrument, »

comme disaient nos pères, du temps desquels l'odontalgie (nom scientifique du mal de dents), était sans remède.

Heureusement, de nos jours, on a appris à traiter, et même à sauver les dents cariées.

LIRE A L'APPENDICE : 1. *Remède contre la carie des dents.*

Les dentistes les cautérisent, les assainissent, les déblaient de leurs parties déjà gâtées et comblent les trous avec du plomb, de l'or ou du mastic.

Mais, faute de cette obturation, la carie, en mettant à nu le nerf de la dent, finit par causer une si intolérable torture qu'il faut la faire arracher, ou bien se condamner à souffrir continuellement et la voir tomber par fragment en ne laissant après elle qu'une racine noircie.

Veillons donc à la conservation de l'émail de nos dents, gardons-nous de ce qui peut l'altérer, notamment des acides (1) et, surtout, de la malpropreté.

Le brossage journalier est un excellent préservatif. En y ajoutant l'emploi d'une poudre dentifrice (2) ou de quelques gouttes d'alcool, on prévient l'accumulation du tartre qui, sans cela, durcit à la longue et blesse les gencives. Celles-ci se rétractent et déchaussent ainsi les dents les plus saines, qui s'ébranlent alors peu à peu, quittent les alvéoles de la mâchoire et finissent par tomber prématurément, quand elles auraient pu durer longtemps encore. Il ne reste, désormais, que la ressource de se faire poser des dents artificielles.

56. — Anciennes connaissances.

Madeleine, pourvue maintenant de ses huit molaires, faisait d'aimables risettes et chacun était content dans la maison remplie d'invités. La famille entière s'y trouvait réunie : le patriarche, au cœur réjoui ; sa fille, sa chère fille, la seconde mère de François ; Sylvain, son gendre ; ses quatre petits-enfants ; le marié, en grande tenue, et Charlot, l'oncle Charles, à la physionomie intelligente et bonne.

Auprès de lui, son frère Jacques, Mme Jacques en grand tralala, Mlle Françoise, raide, dans sa belle robe, comme une poupée de carton, et M. Claude qui, très

---

Lire a l'appendice : 1. *Effet des acides sur l'émail des dents.* — 2. *Poudre dentifrice.*

remuant, cognait l'un, heurtait l'autre sans crier gare.

Puis, la famille de Paris, Mme Richard, la sœur de M. Dumay, et les siens. Elle avait maintenant les cheveux tout blancs, mais ne marchait guère plus courbée que quinze ans auparavant, quand elle vint à Fragicourt chercher son fils évadé de la maison maternelle, et se réconcilier avec son frère, Denis Dumay *.

Quoique couturière, et assez à son aise, elle ne portait pas, aujourd'hui, de robe de soie; sa fille Marthe et sa belle-fille, Mme Louis Richard, n'en avaient pas non plus, et les enfants de celle-ci, pas davantage : les personnes de tact se reconnaissent à des détails de ce genre. Mme Richard s'était bien gardée de faire des embarras de toilette pour éblouir sa famille de Fragicourt, de sorte que Cécile et sa fille se trouvaient être les seules vêtues si magnifiquement : elles n'en paraissaient que plus contentes.

Mais quel était ce grand garçon à la barbe soignée, aux yeux vifs, ressemblant un peu à François et qui causait, auprès de la fenêtre, avec celui-ci et M. Dumay? Le teint bronzé, un peu étrange, il semblait venir de loin.

Regardez-le bien; le reconnaissez-vous? C'était lui, notre vieil ami, « l'explorateur » Pascal **, le même qui, à travers les jungles, et sans souci des dangers qu'il courait au milieu des tigres, des crocodiles, du simoun, des Touaregs et des lions du désert, avait abordé un soir d'hiver, chez son oncle, à Fragicourt. On sait que, grâce à ses lectures, à sa riche mémoire et surtout à sa langue bien pendue, il avait accompli cet immense voyage à quatorze ans, en quatre jours, le temps juste d'aller à pied de Paris chez les Fragicourtois.

Or, à cette heure, c'était bien réellement que Pascal explorait le monde. Voyageur de commerce, ainsi que nous l'avons dit, il arrivait, non pas d'Afrique, mais de Chine d'où ses affaires, coïncidant avec le mariage de François, l'avaient rappelé en France.

* Voir *Suzette*, pages 156 et 164.
** Voir *Suzette*, page 119.

Dix heures sonnèrent à l'horloge. Le soleil, à ce moment, perça la brume blanche qui voilait le ciel depuis l'aurore et dont la persistance inquiétait un peu les Parisiens, mais non les villageois.

— « En route ! cria gaiement M. Dumay, je vous avais bien dit qu'il ferait beau temps :

« Rouge soir et blanc matin,
C'est la joie du pèlerin. »

On allait prendre la mariée.

La famille s'ébranla et, avec elle, Tiennet qui attendait sur la porte.

Il était très proprement habillé, d'un vêtement qui venait de Pierre ; mais la pièce principale de sa toilette consistait en une énorme cravate, à fond jaune, sur lequel couraient des vermicelles bleus, une cravate antique du père Benoît, et que sa grand'mère avait exhumée pour la circonstance.

Quant à Ludivine, elle resta à la maison en compagnie de Brigitte, la servante de Bois-Maillard, brave femme point sotte et fort capable de soigner le repas, d'ailleurs mis en train par Suzette.

57. — Les propos du village.

Et voilà de nouveau le cortège qui revient par la grande rue du village, accueilli par les saluts sympathiques de tous les habitants, car les Valon et les Dumay sont aimés et respectés dans le pays.

Les conversations vont bon train :

— « Ah ! que la mariée est jolie, et modeste !

— « Et Mme Sylvain aussi, il me semble !

— « Oui, vous pouvez même dire : élégantes toutes deux.

— « Mais voyez donc si la petite Marguerite, toute claire dans sa robe, n'a pas l'air d'une gentille pâquerette ! Ah ! les mains des deux belles-sœurs n'ont pas d'engelures ! Il paraît qu'elles ont fait elles-mêmes toutes leurs toilettes.

— « Oh! oh! attention! voilà Mme Jacques, la plus riche! Belle robe verte et qui fait frou-frou! Mais pourquoi la dame est-elle si rouge? elle a l'air d'un dindon en colère.

— « Et sa fille! elle est jaune comme un coing; mais sa robe de soie violette est bien belle aussi. »

Et voilà, de nouveau, le cortège qui revient par la grande rue du village...

Ce teint si singulièrement jaune de la fillette et le pourpre non moins étonnant de la maman occupèrent encore un instant les braves paysannes, qui finirent par conclure que Mme Jacques devait avoir la migraine, et sa fille, la jaunisse.

Les commères ignoraient qu'acheter une robe de soie ou de toute autre étoffe ne suffit pas pour qui prétend s'en embellir, si l'on ne se rend compte d'abord de ce qui sied à la couleur du teint.

Le teint, généralement plus coloré chez les bruns que chez les blonds, varie beaucoup : pâle, bistré ou rougeaud, c'est le blanc ou le jaune ou le rouge qui y domine.

Or certaines couleurs, placées l'une à côté de l'autre, gagnent mutuellement en intensité. Ainsi le vert semble plus vert à côté du rouge, et le rouge plus rouge à côté du vert; de même pour le violet et le jaune, pour le bleu et l'orangé qui se font aussi valoir par leur juxtaposition. Mme Jacques, étant très colorée de teint, avait, en s'habillant de vert, fait ressortir le rouge de ses joues au point d'avoir « l'air d'un dindon en colère ».

Et mademoiselle sa fille, au teint naturellement un peu ambré, paraissait jaune « comme un coing » dans sa toilette violette, le violet faisant ressortir le jaune.

Il importe donc qu'à défaut de goût naturel, on connaisse ces détails pour exercer ses yeux à juger aussi bien les tons disparates entre eux que ceux qui s'harmonisent.

D'une manière générale, les femmes intelligentes ou expérimentées se gardent des couleurs crues et voyantes. Elles leur préfèrent les teintes neutres : les gris, les beiges, par exemple, dont les nuances diverses vont à tout le monde.

Si pourtant le rouge, le vert, le bleu, le jaune, le violet vous tentent trop fortement, prenez-les dans les teintes foncées, se rapprochant le plus possible du noir (1).

58. — Le « Salon des parfums de l'amandier ».

Dès que la noce fut rentrée à la maison, on se mit à table. Le menu réglé par M. Dumay et maman Suzette prouva une fois de plus que la bonne cuisine consiste surtout en mets simples, bien accommodés. Viandes, légumes, gâteaux, tout était d'une fraîcheur exquise.

Et chaque plat préparé par Suzette, puis surveillé par Brigitte avec attention, était à point.

Un bon dîner, une grande fête nuptiale et l'affection mutuelle des convives mettent les estomacs en appétit et les cœurs en joie.

LIRE A L'APPENDICE : 1. *Remarques sur l'assemblage des couleurs.*

Aussi tous les convives étaient-ils en gaieté, mais d'une gaieté discrète, sans les gros rires et les grands cris des gens mal élevés.

Toutefois il fallut, pour pouvoir causer, imposer silence à Mlle Françoise et à monsieur son frère qui, après les premières bouchées, se crurent chez eux et commencèrent à faire des leurs.

Mais le grand-père parla net, les sépara en faisant changer Françoise de place, dès qu'elle se mit à crier.

M. Dumay estimait que les grandes personnes, ayant des idées à échanger, ne peuvent céder la parole aux enfants qui, eux, ne savent que faire du bruit; qu'il importe de leur donner, de bonne heure, des habitudes de silence, de respect, de tenue et que les parents assez faibles pour souffrir leur tapage, leurs caprices, et même pour y applaudir, font d'eux des égoïstes, des vaniteux et des sots.

Le grand-père se tourna ensuite vers Pascal :

— « Mon neveu, lui dit-il, maintenant que nous allons, je pense, avoir du silence, car mes enfants de Fragicourt et nos petites Parisiennes savent se taire, ou parler sans élever la voix, nous voudrions bien t'entendre raconter quelque chose de tes voyages; toi qui as beaucoup vu, tu dois avoir beaucoup retenu.

— « Mon oncle, répondit gaiement Pascal, autrefois, si vous vous le rappelez, j'avais même beaucoup retenu sans avoir rien vu du tout.

— « Et c'est justement, mon cher enfant, le souvenir de ta singulière exploration de l'Afrique, il y a quinze ans, qui me fait désirer t'entendre, aujourd'hui, que tu nous arrives réellement de loin.

— « Va, frère, dit Sylvain, en riant; pour moi, je t'écouterai certainement avec moins d'embarras que lors de ton premier récit, quand tu me présentais comme le compagnon de tes fabuleux voyages.

— « Mais, répondit Pascal, parmi tout ce que j'ai vu, il faut d'abord choisir; je ne voudrais pas vous fatiguer ni éterniser le repas.

— « Eh bien! dit Suzette, puisque nous sommes à table,

parle-nous, Pascal, de la cuisine étrangère, que tu dois connaître. Les ménagères qui sont ici t'écouteront avec grand plaisir.

— « Oui, oui, s'écrièrent les dames.

— « Eh bien! commença Pascal, nous partons pour

Un restaurant chinois.

la Chine... Nous y voilà! Encore quelques enjambées en imagination, et nous pénétrons dans le « Salon des parfums de l'amandier », où j'entrai lors de mon voyage à Pékin.

« Ce salon est un restaurant, tout orné, à la mode du pays, de lanternes bariolées, de rideaux et de tentures faites de pendeloques de verroterie multicolore, scintillante comme des pierres précieuses; les couleurs les plus riches, les plus harmonieuses, égayent la vue. Et, partout, d'admirables fleurs. Les tables sont couvertes de petites soucoupes remplies. Voici d'abord un mets très recherché, des nids d'hirondelles; c'est l'hirondelle de mer, la salangane, qui les fabrique avec la substance gélatineuse de certaines algues; puis, c'est du chien, des pieuvres, du canard desséché, des poissons fermentés, des crevettes salées, des algues marines, des cobas, hampes florales d'une certaine espèce de roseau,

Pieuvre

La pieuvre poulpe (1), pourpre, seiche (2), a le corps mou en forme d'œuf, sans coquille, contenu en partie dans un manteau en forme de sac. La tête est entourée par huit bras ou tentacules munis de ventouses; à la base et au milieu de ces bras, s'ouvre la bouche, armée de deux mandibules dures et cornées, avec lesquelles l'animal broie l'enveloppe des crustacés dont il se nourrit. La pieuvre sécrète une liqueur d'un noir foncé, qu'elle répand dans l'eau quand elle est poursuivie ; elle a, de plus, la faculté de changer instantanément de couleur et de prendre la teinte du milieu où elle se trouve.

du fromage de pois, dit soïa, de petits citrons confits, des préparations sucrées originales.

« Je m'assis devant une table et, regardant les gens qui mangeaient là auprès de moi, je vis qu'ils se servaient de deux bâtonnets d'ivoire en guise de fourchette et de couteau. A l'aide de ces bâtonnets, dont l'un est maintenu fixe entre le pouce et l'annulaire, tandis que l'autre, mobile, est manœuvré par l'index et le médium de la même main, ils picoraient çà et là, dans leurs petites soucoupes, tour à tour de la viande, du poisson, des sucreries. Du riz cuit à l'eau remplaçait le pain. Ils ne buvaient pas en mangeant, mais, le repas fini, on leur servait du thé dans de petites tasses.

Chinois mangeant à l'aide de bâtonnets.

— « Et le goût de cette cuisine, quel est-il ? demanda Suzette.

— « Mais pas désagréable, quand on s'y est habitué, et l'on s'habitue à tout, grâce à l'impérieuse nécessité de manger.

« D'ailleurs je vous parle en ce moment de la grande cuisine chinoise ; car, dans le « Salon des parfums de l'amandier » comme dans d'autres salons du même genre et qui sont des restaurants, on ne voit guère que les gens riches venir s'y offrir des régals.

« Le peuple, lui, fait son ordinaire de grains, notamment de riz, de légumes, surtout de poisson et son « Salon des parfums de l'amandier », c'est le plus souvent la rue.

« Un matin, à Shang-Haï, je rencontrai de-ci de-là des marchands ambulants qui portaient, sur l'une de leurs épaules, deux plateaux suspendus aux extrémités d'une assez longue perche. L'un de ces plateaux contenait du poisson cru, l'autre de la braise allumée. Au premier signe, le marchand s'arrêtait. Le client ayant fait son choix, le poisson passait du premier plateau sur celui qui contenait la braise, et où il cuisait. Et voilà le repas servi et mangé sur place, ou emporté dans quelque maison voisine.

— « La judicieuse mode chinoise ! s'écria Mme Richard ; comme elle simplifierait la besogne de bien des mères de famille, des ouvrières, à qui le temps manque pour faire la cuisine (1) !

— « Oui, reprit Pascal, et ce qui augmenterait encore leur plaisir, c'est qu'un de ces poissons cuits en plein vent, et suffisant au repas d'une personne, ne coûte pour ainsi dire que cinq centimes de notre monnaie. »

Culture du riz en Chine

Le riz (A) est une céréale que l'on cultive dans les terrains humides et marécageux des pays chauds, on en tire un grain farineux (B, fragment d'épi de grandeur nature), qu'on appelle également riz, et qu'on mange cuit à l'état naturel ou sous forme de farine. On le sème au printemps dans les sillons, puis on inonde le sol à diverses reprises, et, au milieu de l'été ou au commencement de l'automne, on le récolte. L'Hindoustan, la Chine, l'Indo-Chine, le Japon en produisent des quantités considérables, et il y forme la base de la nourriture des habitants. On cultive encore cette plante dans les riches plaines de la Lombardie qu'arrose le Pô.

Le riz, après avoir été débarrassé de la pellicule qui recouvre chaque grain, peut être cuit à l'eau ou au lait. Il sert à préparer des potages, à accompagner les viandes blanches, à composer des plats sucrés. Le riz est rafraîchissant, digestible, mais il est pauvre en matière azotée.

Toutes les dames levèrent les mains au ciel :

LIRE A L'APPENDICE : 1. *Conseils aux personnes à qui le temps manque pour faire la cuisine*

— « Quand verrons-nous ces prix-là aux halles de Paris? dit la cousine Marthe.

— « Ce sera, répondit Pascal, quand la Seine, le Rhône, la Loire, tous les fleuves, rivières et ruisseaux de France*, quand la ferme de cousine Suzette et celles de toutes les fermières, quand les champs de Sylvain, de Jacques et de leurs confrères nous donneront le spectacle qu'on voit en Chine, sur les eaux, dans les fermes et dans les jardins.

Marchand ambulant chinois

« Sur le Yang-tsé-Kiang, ou fleuve Jaune, que j'ai parcouru, on élève le poisson par milliards, grâce à des soins infinis et à d'habiles moyens pour le faire éclore, le préserver de la destruction, l'alimenter (1)...

« Et il en est ainsi des autres fleuves et des rivières. Les innombrables canaux qui sillonnent partout la Chine sont des réservoirs immenses d'alimentation. Outre l'élevage du poisson, j'y ai vu encore des basses-cours flottantes de quatre mille canards et oies couvés artificiellement, non pas à l'aide de dispendieuses machines, mais tout simplement à la chaleur du fumier en fermentation, dans lequel on dépose les œufs.

* Voir *Écoliers et écolières*.

LIRE A L'APPENDICE : 1. *Valeur alimentaire du poisson.*

« Vous savez que pour faire éclore des œufs il suffit de les tenir pendant 21 jours à une température constante de 36 à 39 degrés, température facilement fournie par le fumier en décomposition.

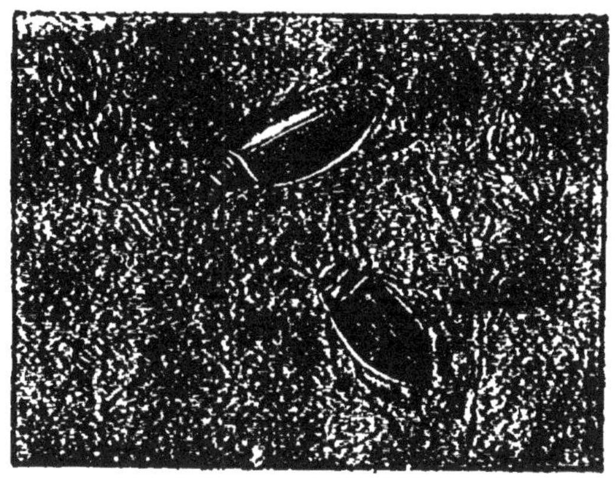

Le dytique

Les œufs des poissons, déposés dans les herbes aquatiques ont de nombreux ennemis, tels que la grenouille, le héron le canard, l'oie Un gros insecte, le dytique, que représente notre gravure, se montre très friand de cette nourriture, cet insecte, très carnassier, vit dans les eaux douces et particulièrement dans les eaux dormantes Il se nourrit de petits mollusques, de petits poissons et de larves de grenouille.

« Eh bien ! les Chinois ont un instinct merveilleux pour juger, au simple toucher, du degré de chaleur de leur singulière machine à couver, et pour la maintenir à la température voulue.

« En cela, comme en tout ce qui concerne la production agricole, ils pourraient servir d'exemple aux peuples de l'Europe, chez qui les objets de première nécessité, les vivres de toute nature sont si chers et si rares, tandis qu'on s'y procure à assez bon compte la dentelle. les rubans, le velours, les gants, les plumes.

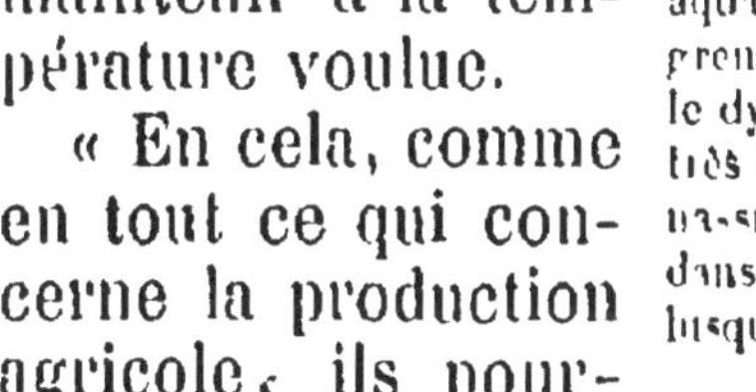

Type chinois

(Race jaune)

« En Chine, une douzaine d'œufs coûte de trente à trente-cinq centimes ; un poulet, un caneton du poids de 500 à 750 grammes, de trente-cinq à quarante centimes ; le sucre vaut vingt-cinq centimes le kilogramme ; l'huile à manger, quarante-cinq centimes ; le poisson frais, de huit à dix centimes ; le jambon salé, un franc le kilogramme.

— « Si nous allions en Chine ? dit en riant Mme Richard.

— « Et le prix de la viande de boucherie, bœuf, mouton ? demanda Suzette.

— « De ces viandes, il n'y en a guère, cousine, et voici pourquoi : l'élevage du mouton convient surtout à une

Buffles

La forme du buffle se rapproche beaucoup de celle du bœuf, son pelage est noir, dur, peu épais. Le buffle se rencontre en Afrique et en Asie ; domestiqué, il est doux, très sobre, très docile ; aussi est ce un animal de somme et de selle très précieux, enfin on peut l'employer au labour aussi bien que le bœuf.

agriculture négligée et pauvre, avec des landes en friche, des jachères ; celui du bœuf exige de vastes étendues de prairies. Or, en Chine, la jachère est inconnue et la propriété est morcelée en fort petites parcelles. Ce qu'on voit donc à l'étalage des boucheries, c'est, outre une petite quantité de viande de buffle, de mouton et de chevreau, surtout du porc, et une sorte de chat et de chien comestibles. »

Porcs

Le porc, animal domestique, s'élève pour sa chair et sa graisse. Peu d'animaux sont plus utiles ; on en tire une viande excellente et grasse, qui s'accommode avec tous les légumes et constitue, dans ces conditions, un mets économique et nourrissant des mieux appropriés aux besoins des gens qui travaillent au grand air. C'est un aliment moins sain pour les habitants sédentaires des villes. La pomme crue ou cuite est, d'après le savant Liebig, le meilleur correctif de ce que la chair de porc peut avoir d'échauffant.

59. — A travers les cuisines étrangères

Puis, comme la question paraissait intéresser la compagnie, Pascal ajouta quelques mots sur la cuisine des divers pays de l'Europe qu'il avait parcourus : la Russie, l'Allemagne, l'Italie, l'Angleterre.

— « En Russie, où j'étais l'an dernier, reprit-il, ce qui m'a surtout frappé dans la cuisine des villes, c'est

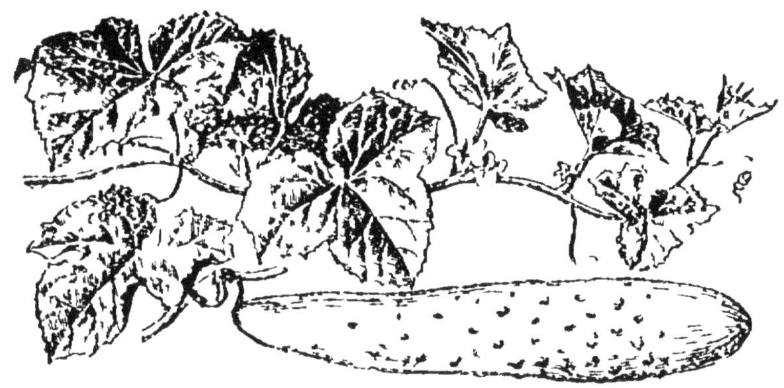

Concombre et son fruit

Les fruits de cette plante, cueillis sitôt qu'ils sont formés se nomment *cornichons*; on les confit dans le vinaigre. Les concombres murs se mangent cuits ou crus en salade. C'est un légume aqueux qu'on doit éviter de manger cru pendant les grandes chaleurs et en temps d'épidémie cholériforme

le goût pour les mets aigres : soupes à la betterave rouge aigrie, concombres salés aromatisés aux feuilles de cerisier, de chêne, de cassis et de fenouil, plats doux

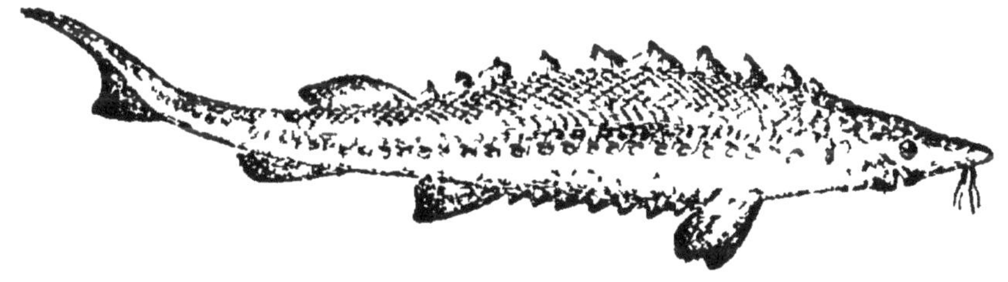

Esturgeon

Ce poisson, qui vit dans les mers de l'Europe et de l'Amérique du Nord, remonte les grands fleuves pour effectuer sa ponte. Il est très recherché pour sa chair exquise, pour ses œufs qui servent à préparer le *caviar*, pour sa vessie natatoire qui fournit la *colle de poisson*. Dans le sud est de la Russie et dans les fleuves de la Sibérie orientale, il donne lieu à une pêche très importante

relevés de crème aigre ou de lait caillé ; cela rappelle nos mets français du moyen âge, arrosés de verjus et de vinaigre. Un des mets nationaux russes très connu, c'est le caviar, qui se confectionne avec les œufs d'un gros poisson, commun dans le Volga, l'esturgeon. Les habitants des villes consomment une grande quantité de viande, mais les paysans, en revanche, n'y goûtent guère et vivent misérablement de quelques légumes, de racines, de grains, d'orge, d'avoine, de sarrasin; le pain, même le pain bis, de seigle (1), est un aliment de luxe que bien peu se permettent : on peut dire que la cuisine du paysan russe est nulle.

Sarrasin

Le sarrasin ou *blé noir* donne un pain peu nutritif dont on fait usage dans les pays où la culture du blé est impossible, dans le Morvan et en Bretagne, notamment; cette céréale réussit, en effet, dans les terrains pauvres. Avec la farine de sarrasin on confectionne d'excellentes galettes et de la bouillie.

« En Allemagne, le pain de seigle est la base de la nourriture des gens du peuple. Là aussi, la consommation de la viande de boucherie est faible. La viande la plus répandue est celle du porc frais ou salé, qu'on mange le plus souvent accompagnée de choucroute, le vrai mets national allemand.

« Quant à la cuisine, elle se signale surtout par la lourdeur de ses pâtisseries et par ses potages composés des plus singuliers mélanges de bière ou de vin, de sucre, de fruits, d'amandes pilées et d'épices, qui font songer aussi à certaines recettes en honneur chez nous jadis, dans les grands repas féodaux du treizième au quinzième siècle.

« Les mets véritablement italiens sont le maca-

LIRE A L'APPENDICE : 1. *Valeur alimentaire de l'orge, de l'avoine, du seigle et du sarrasin.*

roni, les nouilles, les lazagnes, toutes les pâtes dites d'Italie (1), assaisonnées de gruyère ou de parmesan râpé. Les bonnes pâtes ne peuvent être fabriquées qu'avec des farines de froment de première qualité, très riches en gluten, substance azotée de premier ordre ; elles constituent donc un aliment presque suffisant. L'addition du fromage, qui est plus riche en azote que la viande elle-même, augmente la valeur nutritive de ces plats.

« A Naples, j'ai vu des marchands en plein air débiter, pour quelques centimes, non pas du poisson comme en Chine, mais des portions de macaroni aux lazzaroni (mendiants du pays) qui dînent ainsi, en flânant, sous le plus beau ciel du monde. Naturellement ce macaroni-là ne contient pas de fromage ; mais, pour peu que le client le désire, le vendeur lui fait une faveur : prenant dans sa bouche une petite gorgée d'huile d'olive, il la souffle en fine pluie sur la pâte... Vous riez ?... cela ne vous paraît pas très propre ?... les lazzaroni ne sont pas si difficiles.

La salaison du porc.

La viande de porc et le lard se conservent longtemps lorsqu'ils ont été salés à raison de 100 grammes de sel par kilogramme de chair. La viande salée est un peu moins nutritive que la viande fraîche, mais elle est saine à condition qu'on la mange accompagnée de légumes et notamment de pommes de terre.

LIRE A L'APPENDICE : 1. *Pâtes alimentaires.*

« Ce qui caractérise, surtout, la cuisine bourgeoise italienne, c'est la profusion des épices. Les mets un peu recherchés embaument la cannelle, la muscade, le safran, la vanille, la rose, le girofle et font penser à ce paon et à ces deux faisans rôtis qui furent servis jadis, à Naples également, au repas donné pour l'entrevue de l'empereur Charles-Quint et du bey de Tunis. Ce paon et ces deux faisans étaient si farcis de « drogues odoriférantes et de telle somptuosité », dit Montaigne, que leur apprêt revint à plus de mille francs. Il ajoute que, quand on découpa ces rôtis, non seulement la salle du festin, mais tout le palais et même les rues avoisinantes se remplirent d'une « très suave odeur ».

Giroflier et clou de girofle (épices).

« La cuisine des Anglais est simple, peu variée, abondante en viandes d'excellente qualité, mais elle ne se pique pas de savants apprêts. Point de ragoûts ni de sauces, qu'ils remplacent par des mélanges qui nous paraissent extraordinaires, tels que vinaigre framboisé, feuilles de menthe hachées dans de l'eau vinaigrée et sucrée, ou encore gelée de groseille accompagnant le rôti de lièvre.

« De gros quartiers, qui pèsent généralement cinq ou six kilogrammes, de bœuf, de mouton, très soigneusement rôtis ou bouillis au four, voilà leurs plats ordinaires. On les mange chauds le jour même, froids tant qu'il en reste, parfois pendant une semaine entière. Chaude ou froide, la viande est toujours accompagnée de pommes de terre bouillies à l'eau, qui tiennent, en grande partie, lieu de pain. Les légumes frais ou secs, qui, chez nous, servent à varier si agréablement et si utilement la nourriture, ne paraissent guère sur les tables anglaises.

« Le mets national est le rôti de bœuf. Les Anglais ont aussi des pâtisseries particulières composées de farine, de levure, de graisse, de sucre, de fruits secs ou frais qu'ils cuisent à l'eau. Ces pâtisseries bouillies sont massives, assez indigestes, mais savou-

Cannelier.

La cannelle provient de l'écorce du cannelier, arbre de 0 à 10 mètres de hauteur, qu'on cultive sous les tropiques. Cette écorce, d'une couleur jaune pâle, d'une saveur aromatique, un peu sucrée, est vendue dans le commerce en feuilles minces, enroulées sur elles-mêmes. En cuisine, on emploie la cannelle comme aromate principalement dans les entremets. En médecine, on l'utilise aussi comme tonique.

Vanille (fleur et fruits)

La vanille est cultivée dans les régions tropicales. C'est une plante grimpante, son fruit est une sorte de gousse, que l'on récolte un peu avant sa maturité, pour la faire sécher, d'abord au soleil, puis à l'ombre. La vanille est employée en confiserie, en cuisine et en parfumerie, à cause de son odeur très douce et des plus agréables.

reuses quand on s'est habitué à leur goût. Et cependant la pâtisserie anglaise au four est loin de valoir celle de France, si délicate, si variée, et qui, avec nos sauces et nos ragoûts, fait regarder notre cuisine comme la première de l'Europe.

Par sa recherche, sa variété, notre art culinaire français rappelle celui des anciens Romains, dont les cuisiniers, à force d'habileté, étaient parvenus à modifier le goût même des viandes. On cite de l'un d'eux un plat si merveilleusement apprêté, que tous les convives crurent manger du pigeon; or, c'était du poisson. »

Sur ces mots, Pascal regarda les dames comme pour leur demander ce qu'elles en pensent.

Elles estimèrent toutes, et les messieurs avec elles, que c'était là de la simple prestidigitation et non de la science culinaire, la cuisine, à leur avis, ayant uniquement pour but de rendre les mets agréables au goût, digestibles à l'estomac, profitables au corps: Bien choisir ses denrées, bien connaître leurs propriétés, en faire ressortir la saveur, tel est l'art d'un bon cuisinier. Et l'habileté, le véritable talent consistent à préparer un bon mets avec un morceau médiocre.

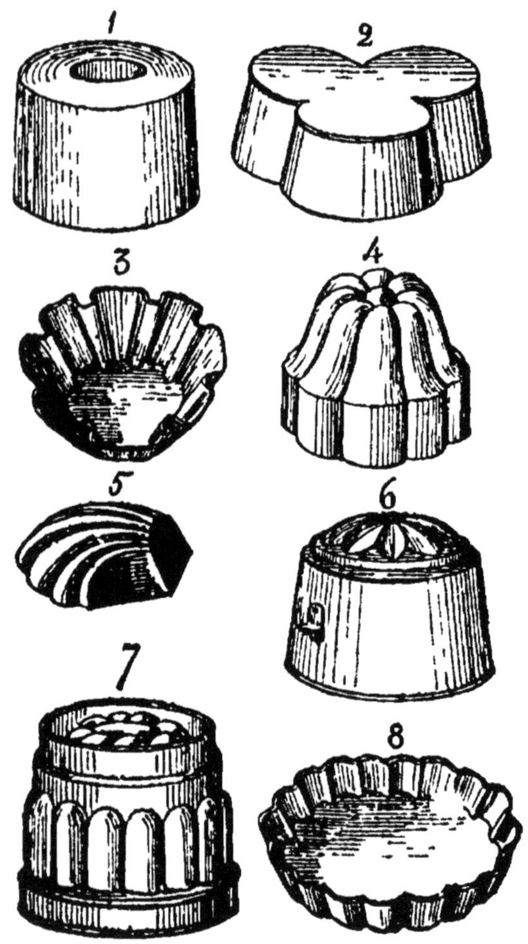

Moules à pâtisserie

1. Moule à babas. — 2. Moule à gâteau glacé. — 3. Moule à brioches. — 4, 5, Moules à madeleines. — 6. Moule à gâteau de riz. — 7. Moule à pudding. — 8. Moule à tartelettes.

La question des assaisonnements et des condiments fut ensuite discutée.

— « Les assaisonnements, dit Georges Valon, ne sont pas mal imaginés; ils ont leur utilité. Les acides, employés modérément, facilitent la digestion, et c'est pourquoi ils étaient si fort en usage dans la cuisine du moyen âge. Par suite du misérable état de l'agriculture, dans ce temps-là, les viandes étaient de mauvaise qualité, les légumes, peu variés, car beaucoup de plantes potagères (1), aujourd'hui très répandues, ne nous sont venues que plus tard, par l'importation. On mangeait alors surtout des pois, des fèves, de l'avoine, de l'orge et jusqu'à des glands de chêne. L'estomac, pour digérer cette nourriture grossière, avait besoin d'être stimulé. Aussi le verjus, le vinaigre formaient-ils alors le fond de toutes les sauces : « Sans de l'aigreur la saulce est fade », dit un vieux proverbe.

Fèves

La fève (A) est une plante cultivée depuis les temps les plus reculés. Ses graines (B) sont recouvertes d'une enveloppe coriace, indigeste, qu'on doit enlever avant de les faire cuire. Il existe plusieurs variétés de fèves; la meilleure est la fève des marais, ainsi appelée, non parce qu'elle croît dans des terrains marécageux, mais parce que *marais* est le mot par lequel on désignait autrefois les jardins de culture potagère

« A cette même époque, on recherchait également les épices, qui flattent le palais et excitent l'appétit. Dans les cuisines aisées, on n'employait que cannelle, gingembre, muscade, safran, girofle, poivre, moutarde (2). Les herbes odoriférantes jouaient là aussi leur rôle : l'aspic ou lavande, le basilic, l'anis, la sarriette, la sauge, le thym, le fenouil, l'hysope, le genièvre, le romarin, le souci, le laurier et surtout l'ail (3).

« Notre cuisine moderne est revenue de tout cela. En effet, verjus, épices, aromates ne méritent pas le nom d'aliments; ce ne sont que des excitants...

— « Ils tiennent en cuisine la place que la pommade,

---

1 LIRE A L'APPENDICE : 1. *Date d'introduction en France de certaines plantes potagères.* — 2. *Épices.* — 3. *Plantes aromatiques.*

les parfums et les poudres occupent dans la toilette; c'est la coquetterie des mets, dit Mme Valon.

— « Oui, même en cuisine, la simplicité vaut mieux que la coquetterie. La science nous a appris que les excitants absorbés trop fréquemment deviennent vite malsains. L'abus qu'on en fait détermine des maladies d'estomac ou de foie; leur moindre

Gingembre

Cette plante est cultivée dans les contrées tropicales de l'Amérique; on l'utilise en médecine et en cuisine. Les Anglais et les Allemands font une grande consommation de ses racines fraîches confites dans le sucre; ils en préparent aussi une sorte de confitures.

Moutarde.

La moutarde est une herbe qui fleurit en juin et juillet; ses graines renferment une huile de saveur âcre et piquante et qui devient brûlante dès qu'on l'humecte. Le condiment que nous nommons moutarde n'est autre chose que ces graines macérées pendant plusieurs jours dans du vinaigre, puis broyées et aromatisées.

défaut est d'endormir petit à petit le sens du goût, qui ne peut se réveiller que sous l'action d'excitants de plus en plus énergiques, produisant, à la longue, de véritables brûlures.

« Or le but de la cuisine n'est pas de détruire en nous le sens du goût; elle doit, au contraire, nous laisser le plaisir d'apprécier les saveurs, les aromes divers des substances alimentaires destinées à nous soutenir, à réparer nos forces, à conserver notre santé.

— « Quant aux boissons, dont je ne vous ai pas encore parlé, reprit Pascal, tous les habitants de la terre en

Poivrier.

Le poivrier est une plante des pays chauds, grêle, grimpante, dont la tige noueuse porte des racines qui s'implantent dans les troncs de vieux arbres. A Java, à Sumatra, dans l'Inde et les îles de la Sonde, on plante le poivrier sur l'emplacement de vieilles forêts, que l'on a préalablement incendiées; la récolte des fruits, c'est-à-dire du poivre, se fait toute l'année et à mesure qu'ils arrivent à maturité.

Le poivre a une saveur âcre, brûlante; c'est un condiment dont on ne doit pas abuser. Le *poivre blanc* est le même que le *poivre noir*, mais débarrassé de son enveloppe.

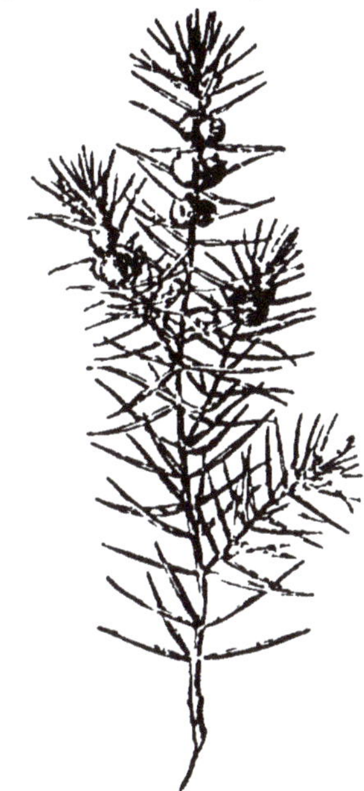

Genévrier

Le genévrier est un arbre de la famille des conifères, aux feuilles linéaires piquantes, disposées trois par trois tout le long des rameaux. Il fournit des baies qui restent vertes deux années et ne mûrissent que la troisième. Elles sont alors noires et renferment une huile fortement aromatique qui leur donne une saveur amère particulière et des propriétés apéritives et toniques. Les baies de genévrier parfument agréablement la saumure employée à la salaison des viandes, ainsi que la choucroute. La liqueur alcoolique qui se débite sous le nom de genièvre n'est autre chose que de l'eau de vie, souvent de très médiocre qualité, dans laquelle ont infusé des baies de genévrier.

consomment une qui leur est commune, c'est l'eau, la seule qui leur soit indispensable pour dissoudre et liquéfier les aliments dans l'estomac.

« Malheureusement, cette boisson naturelle s'offre rarement à l'état de pureté nécessaire. Tantôt elle contient des substances qui lui communiquent une saveur désagréable ; tantôt, en traversant les couches ter-

Romarin, sauge, fenouil, lavande.

Le romarin (1) est un arbuste qu'on trouve sur les côtes du midi de la France. Ses fleurs sont utilisées en médecine comme stomachiques et stimulantes. On en retire une essence, d'odeur très agréable, l'*essence de romarin*.

La sauge (2), elle aussi, se rencontre dans le Midi. C'est une herbe vivace, d'une odeur forte et agréable, employée en médecine à cause de ses propriétés stimulantes.

Le fenouil (3) croît dans les lieux secs et pierreux ; c'est une plante vivace, aux fleurs jaunes, à l'odeur agréable, utilisée en médecine comme stimulant et stomachique.

La lavande (4), plante que l'on rencontre à l'état sauvage dans le midi de la France, est cultivée dans nos jardins. Elle répand une très agréable odeur. On en retire une essence, l'*essence de lavande*, dont les parfumeurs se servent pour aromatiser les savons et pour faire l'*eau de lavande*.

restres ou bien en courant à travers les villes et les lieux habités, elle s'est chargée de microbes, de résidus dangereux dont parfois les meilleurs filtres ne peuvent la débarrasser entièrement.

« De là, sans doute, est venu l'usage de remplacer l'eau par des boissons artificielles, telles que : le vin, jus exprimé du raisin fermenté (1); le cidre, jus de

Laurier.

Le laurier est un arbre qui atteint plusieurs mètres de hauteur dans les pays chauds du littoral de la Méditerranée. En France, il reste toujours plus petit. — Le *laurier-sauce* est de la famille des laurinées, qui comprend les végétaux les plus aromatiques et notamment le camphrier, le cannelier, etc.

Ail et sa gousse

L'ail est un condiment très employé, surtout dans le midi de l'Europe; son fruit, en forme de gousse, constitue un assaisonnement très sain, mais assez excitant et dont il ne faut pas abuser.

pomme ou de poire également fermenté; la bière, décoction d'orge fermentée et additionnée d'une infusion de fleurs de houblon.

LIRE A L'APPENDICE : 1. *Vin, cidre; leurs propriétés et leurs falsifications.*

« Il va sans dire que chaque peuple adapte sa boisson

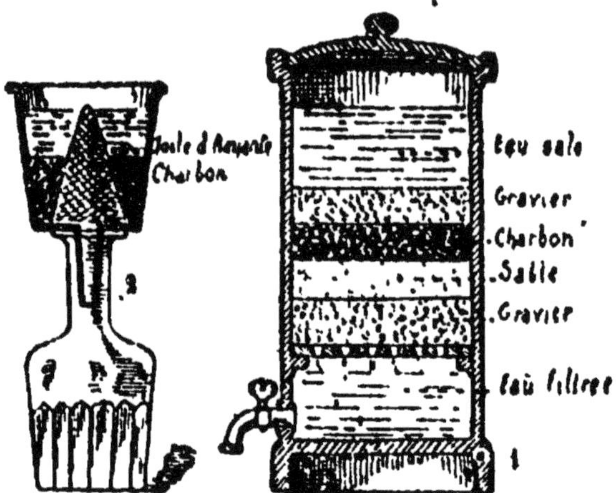

Filtres au charbon.

Un filtre est un appareil formé d'une caisse, généralement en grès, dans laquelle on dispose alternativement des lits de charbon pulvérisé et de sable. En traversant ces diverses couches de matières, l'eau se débarrasse de ses impuretés et arrive limpide à la sortie du robinet adapté à la partie inférieure de la caisse.

aux ressources que lui offre la nature de son sol et de son climat.

« A ceux de la zone tempérée, tiède et chaude où croît la vigne, le vin; aux habitants des régions plus froides, la bière et le cidre.

Tige de houblon.

Le houblon sert à aromatiser la bière et à en assurer la bonne conservation. En médecine, l'infusion de houblon est employée comme dépuratif.

« Ces trois boissons sont également saines, pourvu qu'elles soient naturelles, c'est-à-dire non falsifiées : le vin est léger, tonique, stimulant, agréablement acidulé; la bière est tonique aussi et fortifiante, quoique un peu alourdissante et favorisant la tendance à l'obésité. Quant au cidre, très rafraîchissant, délicieux pour calmer la soif, il pèche par un excès d'acidité et ne convient ni aux estomacs débiles, ni aux rhumatisants.

« Mais cidre, bière et vin ont un grand défaut qui leur est commun : dès qu'on en use un peu trop largement, ils produisent l'ivresse, et cela tient à ce

Treille et cep de vigne.

Un cep ou pied de vigne est un arbrisseau à tige noueuse, ordinairement tortue, où il pousse des rameaux grimpants, longs et flexibles, appelés sarments. La vigne porte des feuilles découpées et des rameaux appelés vrilles ; les fleurs sont nombreuses, d'une odeur suave, disposées en grappes qui se transforment en raisin. Le *chasselas* est un beau raisin blanc qui atteint de grandes dimensions et dont les grains prennent une teinte blond doré sous l'influence du soleil. Il est sucré et parfumé. L'espèce la plus estimée se récolte dans les environs de Fontainebleau, à Thomery principalement. Dans les jardins et le long des murs, on cultive la vigne sous forme de *treille*, ainsi que le montre notre gravure.

que ces boissons contiennent une assez grande quantité d'alcool.

« Or, de ce liquide, il n'y a guère à dire que du mal.

« Introduit dans l'estomac, sous la forme d'eau-de-vie, il est un obstacle à la digestion et, par suite, à la nutrition. C'est sous son action que tout dans l'organisme se ralentit ou s'arrête ; les molécules de nos tissus qui devaient être renouvelées ne le sont pas, les résidus qui devaient être éliminés ne le sont pas davantage, le sang se vicie, la santé s'altère. Ce n'est donc pas à tort qu'on a appelé l'alcool un poison. »

60. — Bon café.

A ce moment une odeur délicieuse emplit la salle à manger.

Maman Suzette, qui venait de se lever de table, préparait le café (1).

— « Ah ! que voilà donc un arome exquis ! s'écria Mme Louis.

— La saveur vaudra le parfum, ajouta Jacques.

— Je l'espère, répondit Cécile ; mais payer 2 fr. 80 les 500 grammes de café quand je les paie, moi, 1 fr. 75 seulement, c'est un peu cher vraiment ! »

Les autres dames sourirent à cette réflexion d'une ménagère si somptueusement vêtue.

Georges Valon lui dit :

— « Eh bien ! madame, votre café à 1 fr. 75 vous coûte probablement — je le crains bien — beaucoup plus cher que celui de Mme Sylvain à 2 fr. 80. Sans avoir goûté au vôtre, je suis sûr qu'il n'a du café que l'apparence ; tandis que celui qui se prépare dans cette cafetière, à en juger par l'odorat, me paraît bien être du vrai café, tonique, nutritif, réparateur du système nerveux.

« Il y a peu de denrées aussi falsifiées que le café. Des expertises ont montré que sur trente-quatre échantillons, examinés au microscope et analysés chimiquement, trois seulement étaient purs; trente et un contenaient, les uns un cinquième, les autres un quart, un tiers, et jusqu'à moitié de faux grains fabriqués avec de la sciure de bois, de l'argile, du foie de cheval, ou

---

LIRE A L'APPENDICE : 1. *Composition du café ; sa valeur alimentaire.*

de vieux marcs, de la farine de légumineuses : tout cela pilé, pétri, moulé, séché et coloré.

« Et ces cafés avaient été payés 5 à 6 francs le kilogramme, ce qui est le prix des bons cafés.

« Quant à ceux à très bon marché, comme le vôtre, madame Jacques, ils contiennent la même proportion de substances étrangères; de plus, le café pur n'y est représenté que par des grains avariés. Vous savez que ces avaries sont produites par le séjour de la marchandise à la chaleur humide des cales, dans les bâtiments qui l'apportent des colonies. La loi, qu'on n'observe pas souvent en ce cas, prescrit de jeter à la mer toutes les balles de café qui, à l'arrivée au port, sont imprégnées d'eau salée.

« En effet, ce n'est plus là du café, puisqu'il a perdu, par suite de ce mouillage, son principe même, la caféine, et tout ce qui constitue son arome, sa tonicité, sa vertu alimentaire.

Branche de caféier

Le café provient d'un arbuste le caféier, que l'on cultive dans les pays des tropiques. Le café *moka*, qui vient d'Arabie, a ses grains de couleur gris jaunâtre, petits et comme roulés ; c'est le plus estimé. Le café Bourbon (de l'île de la Réunion) a la même teinte à peu près que le moka, mais ses grains sont beaucoup plus gros et moins ronds. Le café de la Martinique a les grains gros, plats et verdâtres. Ces trois sortes réunies forment un mélange de choix. Mais la plus grande partie des cafés qui se débitent sous leur nom provient du Brésil et leur est inférieure.

Notre dessin représente une branche de caféier couverte de ses fruits; au-dessous, l'un de ces fruits contenant des grains de café verts. C'est dans cet état que le café est brûlé, par l'épicier (voir, plus loin, *torréfaction du café*), dans un cylindre qu'il tourne avec une manivelle au-dessus d'un brasier. C'est alors seulement que le café prend une couleur marron foncé.

« Torréfié, le café s'altère encore plus rapidement que vert. Aucune denrée ne nécessite plus de soins pour être bien conservée. A l'air, il s'évente : il n'est pas jusqu'à la lumière qui n'agisse fâcheusement sur lui.

— « Voici où je renferme le mien, dit maman Suzette, en montrant une bouteille de verre noir, bien bouchée.

— « Oui, c'est cela : un flacon de verre noir hermétiquement clos, ou une boîte de métal. A cette condition, pourvu que l'infusion soit faite de la bonne manière, on boit d'excellent café. »

Torréfaction du café.

Suzette donna alors sa recette : dix grammes (1) par tasse, les jours de fête comme celui-ci, et huit grammes en temps ordinaire ; son café une fois moulu, et placé dans le filtre, elle versait dessus l'eau bouillante, non pas toute à la fois, mais peu à peu, au fur et à mesure qu'elle se filtre.

— « C'est la bonne manière, reprit Georges Valon ; il faut que l'eau soit bouillante, car les principes du café ont besoin, pour se dissoudre, d'une chaleur de 100 degrés ; en versant l'eau peu à peu, et toujours bouillante, dans le filtre, on est sûr de dissoudre petit à petit toute la substance aromatique, et d'extraire du café les 25 pour cent de matière nutritive qu'il contient. »

LIRE A L'APPENDICE : 1. *Moyen de reconnaître si le café en poudre est falsifié avec de la chicorée.*

On goûta alors à celui que maman Suzette venait de verser dans les tasses, et ce fut aux joyeuses approbations de la table entière.

Après quoi, les convives se levèrent pour aller respirer l'air pur des champs et des prés.

« Septembre est le mai de l'automne », dit un ancien dicton.

Il faisait un doux soleil, une brise tiède et légère : la bonne nature invitait les braves gens à terminer chez elle cette agréable journée de fête de famille.

Les enfants, enchantés de trouver là de l'espace pour s'ébattre, jouer, crier au besoin, s'en donnèrent à cœur joie.

Son café une fois moulu et placé dans le filtre, Suzette versait dessus l'eau bouillante, non pas toute à la fois, mais peu à peu, au fur et à mesure qu'elle se filtre.

Seuls Françoise et Claude ne purent prendre part au divertissement général. Ces derniers avaient trop mangé, selon leur habitude, et ils étaient pâles, mal à l'aise (1).

M. Dumay en fit la remarque tout bas, à l'oreille de sa bru, en terminant par ce proverbe :

> « Les gourmands
> Creusent leur fosse avec leurs dents. »

LIRE A L'APPENDICE : 1. *Danger de trop manger.*

61. — Les comptes de la maison.

Octobre était arrivé, et, avec lui, le temps des semailles et des dernières récoltes : regains de fourrages, pommes de terre, betteraves.

L'année avait été exceptionnelle ; « du soleil au blé,

Assis tous deux sous la lampe, ils restèrent la plume en main, l'un et l'autre chiffrant en silence.

de la pluie au pré » ; un temps, disait Suzette, fait comme avec la main.

Une partie de la récolte était engrangée et l'autre, vendue. Un soir, donc, après le coucher des enfants, M. et Mme Sylvain passèrent la veillée à arrêter les comptes, ainsi qu'ils faisaient chaque année, depuis leur mariage, selon le vieil usage de la ferme.

Assis tous deux sous la lampe, ils restèrent la plume en main, l'un et l'autre chiffrant en silence.

Les chiffres sont indispensables à l'administration d'une maison. Eux seuls nous éclairent sur l'état de nos entreprises, en mettant en regard nos recettes et nos dépenses, nos profits ou nos pertes. Sans eux, c'est l'obscurité dans la direction des affaires, qui vont alors à l'aventure et conduisent parfois à la ruine.

Au bout d'une heure, Suzette posa sa plume et prit la parole.

— « Voici, dit-elle, les comptes de mon exploitation, et d'abord l'inventaire de ma basse-cour :

30 poules et coqs d'une valeur de 2 fr. 25 l'un	67 fr.	50
12 canards(1) d'une même valeur de 2 fr. 25.	27	»
5 oies à 5 francs pièce	25	»
3 dindes à 6 francs	18	»
20 pigeons à 0 fr. 80	16	»
8 lapins à 2 fr. 50	20	»
Soit en tout une valeur de 173 fr. 50.		
Le rucher comprend à présent 48 essaims et 48 ruches représentant ensemble une valeur de	576 fr.	»
La vache vaut	300	»
L'argent engagé dans mon exploitation représente donc un capital de	1049 fr.	50
La basse-cour a moins coûté cette année, grâce au blé noir que j'ai substitué à l'avoine dans les rations de la volaille; la dépense pour la nourriture se monte donc à	384 fr.	»
L'entretien des poulailler, colombier et clapier coûte	20	»
Celui du rucher	25	»
L'entretien de la vache, déduction faite du prix du fumier vendu, revient à	150	»
Le matériel de la laiterie a coûté	28	»
Soit un total de dépenses de 607 francs.		

LIRE A L'APPENDICE : 1. *Canard; oie.*

« Voici maintenant les recettes :

Les poules ont donné en moyenne 75 œufs (1), au lieu des 70 de l'an passé. J'en ai vendu quinze cents à 0 fr. 08 pièce en moyenne, soit..........................	120 fr.	»
Les couvées ont fourni :		
100 poulets à 2 fr. 25..........................	225	»
40 canetons à 2 fr. 25..........................	90	»
12 oisons à 5 francs..........................	60	»
8 dindes à 6 francs..........................	48	»
104 pigeons (2) à 0 fr. 80..........................	83	20
Les clapiers (3) ont fourni 60 lapereaux à 2 fr.	120	»
En outre, la plume, le duvet, les peaux de lapin laissent un bénéfice de..............	80	»
En tout..........................	826 fr.	20
Avec 275 kilog. de miel à 2 francs et 19 kilog. de cire à 4 francs, le rucher nous a valu un bénéfice de..........................	626 fr.	»
En lait, beurre, fromage à la crème, la laiterie a rapporté..........................	570	»
Quant au jardin, qui s'est enrichi de quelques arbres fruitiers, d'une couche de terreau, et de quelques paillassons contre les gelées, il a donné..........................	250	»

Soit une recette totale de 2272 fr. 20, qui, déduction faite des 607 francs de dépenses, laissent un bénéfice net de 1665 fr. 20. »

Sylvain avait écouté d'un air à la fois content et préoccupé. A son tour, il détailla ses comptes d'exploitation, ses dépenses, ses charges :

Cinq cents francs pour le loyer des terres et de la maison payés à son beau-père, les journées d'ouvrier, les journées de cheval, l'entretien du matériel agricole, les achats de semences et d'engrais ; le tout montant à 2073 francs.

LIRE A L'APPENDICE : 1. *Conservation des œufs.* — 2. *Pigeon.* — 3. *Lapin.*

Mais la vente du blé, des récoltes diverses avait rapporté 4312 fr. 75 centimes, qui, ajoutés aux 2272 fr. 20 centimes de maman Suzette, portaient le total des recettes à 6584 fr. 95.

— « Parfait ! dit-elle joyeusement ; cela ne marche pas mal. Les affaires de notre maison sont également prospères ; notre avoir en mobilier se maintient ; nous n'avons pas perdu un seul de nos anciens meubles, et même nous avons acquis quatre chaises et un coffre. Le buffet contient un peu de vaisselle en plus. L'armoire à linge porte sur ses rayons une paire de draps de bonne toile, six serviettes, douze torchons et une pièce de calicot neuf qui n'y étaient pas l'an passé. Nos vêtements sont en bon état. La batterie de cuisine, les ustensiles, également : voilà notre avoir.

« Voici maintenant les dépenses de maison à ajouter à celles d'exploitation :

Chauffage	72 fr.	»
Éclairage	35	»
Vêtements, linge, étoffes, blanchissage	300	»
Chaussures et raccommodages	58	»
Ménage, entretien du mobilier	150	»
Nourriture	1097	20
Journées payées à Ludivine	160	»

Soit au total : 1872 fr. 20 de dépenses de maison.

« Le total des frais d'exploitation et des dépenses de maison se monte à 4552 fr. 20 ; celui des recettes à 6584 fr. 95. La différence en faveur des recettes est donc de 2032 fr. 75. »

Elle attendit l'effet produit par ce chiffre sur son mari ; mais il garda le silence ; elle reprit :

— « Nos sept premières années de mariage ne nous ont laissé, à elles toutes, que 4500 francs de profit : les économies, jointes à notre mobilier, notre matériel et outillage agricoles constituent notre fortune. La voilà portée par le travail de cette année-ci à 6532 fr. 75 centimes... Nous avons vécu, élevé quatre enfants, nous sommes tous en excellente santé, enfin nous possédons une assez bonne avance; tout le monde n'en peut montrer autant.

62. — Rêve de fortune.

— « C'est vrai, dit Sylvain, qui conservait son air préoccupé.

— « Eh bien! reprit Suzette, si nous consacrions une

L'irrigation consiste à amener des eaux d'arrosage dans un terrain trop sec. Pour irriguer un terrain, on creuse à sa surface de nombreuses rigoles (4), dans lesquelles on fait arriver l'eau d'une rivière (1) ou d'un étang à proximité maintenue par une digue (2) Au moyen de portes ou vannes (3), que l'on ouvre ou ferme à volonté, on arrête l'irrigation dès que le terrain est devenu assez humide.

partie de cet argent à une assurance en faveur de nos deux filles, comme le firent autrefois si sagement M. et Mme Valon pour Lucie? Ils nous en parlaient encore récemment. »

Sylvain répondit par un simple geste d'assentiment. Suzette continua :

— « Une autre partie de cette petite fortune, nous l'emploierions, comme nous en avons déjà parlé, à irriguer le pré qui nourrit notre vache et qui aussitôt nous permettrait d'en nourrir deux ou trois. L'eau coule à deux pas; il suffirait de détourner le ruisseau un peu à droite. »

Sylvain secoua la tête:

— « Avant toute amélioration, avant même toute assurance, dit-il, je voudrais nous voir propriétaires du bien que nous cultivons. Oui! je voudrais le posséder définitivement, l'acheter à ton père, comme il me l'a proposé.

— « Mais, répondit Suzette, cette irrigation, en quintuplant au moins le rendement du pré, nous aiderait à atteindre bientôt la somme de dix mille francs nécessaire pour l'achat des biens de mon père. Mon frère Charles nous a parlé de terrains autrefois sans valeur, sortes de landes où ne poussait que de la bruyère, et qui, irrigués maintenant, valent de trois à quatre cents francs l'hectare. Ne voilà-t-il pas des chiffres tentants ?

— « D'accord! répondit Sylvain, mais j'en ai à te donner de plus tentants encore. Que dirais-tu d'un placement de notre argent qui nous mettrait, l'an prochain, dans les mains, deux mille cinq cents francs d'intérêt?

— « Deux mille cinq cents francs d'intérêt pour un capital de six mille cinq cents francs ? demanda-t-elle tout étonnée.

— « Oui, près de cinquante pour cent, et peut-être davantage. »

Il exposa alors les détails d'une grande affaire dont parlaient les journaux : cette affaire consistait dans la mise en exploitation d'un gisement inépuisable de phosphates dans l'Amérique du Sud. L'appropriation des terrains de gisement ne coûtait rien ; l'extraction du phosphate, rien non plus, ou presque rien, grâce au bas prix de la main-d'œuvre par l'emploi d'ouvriers chinois ou nègres qui se contentent d'infimes salaires. Le transport par navire se faisait également à peu de frais En revanche, le phosphate, une fois arrivé en Europe, se vendrait, comme engrais pour l'agriculture, soixante-dix francs la tonne. Voilà l'explication de ces dividendes magnifiques promis aux capitaux qui voudraient bien s'offrir.

— « Cette mine d'or, car c'en est une, ajouta-t-il, a été découverte par Jacques ou plutôt par le notaire à qui il a confié son récent héritage... Amicalement, en bon frère, Jacques veut me faire participer à l'aubaine... Laisse-moi agir, et, avant peu, tu nous verras en belle situation, avec ce domaine à nous, des dots pour nos

Vaches laitières.

La vache est le plus précieux, peut-être, de nos animaux domestiques ; elle nous donne à la fois son lait et sa chair. On l'utilise même comme animal de trait dans certaines contrées.

Nous donnons ci-dessus les types de nos principales races françaises, telles que : 1. Race normande ; 2. Race bretonne ; 3. Race comtoise ; 4. Race gasconne.

deux filles et un bon établissement pour chacun de nos fils ! »

Sylvain avait l'air enthousiasmé d'un homme qui tiendrait déjà tous ces biens en poche.

Maman Suzette, très surprise par une nouvelle si inattendue, ne répondit qu'après un assez long moment.

— « Tu n'as pas peur, mon ami, d'une si grande entreprise ? L'Amérique est bien loin, et j'ai entendu dire que souvent on perd tout pour vouloir trop gagner. Je crains fort que ton projet, je veux dire celui de Jacques, ne lui ait été inspiré par Cécile, très désireuse de se voir millionnaire, au plus tôt. Mais les spéculations financières sont contraires à nos traditions familiales; jusqu'ici, le travail seul nous a donné le pain et même le bonheur. »

Elle parlait avec émotion. Il répliqua doucement qu'étant le chef de la maison, chargé des destinées de la famille, il ne pouvait, sans manquer à son devoir, laisser échapper une occasion unique, un de ces coups de fortune qui donnent plus en un jour que tout le travail d'une longue vie.

Elle le pria encore de considérer que ce droit absolu que lui donnait la loi de disposer à son seul gré de la fortune du ménage, rendait plus grande sa responsabilité.

— « Si malheur arrivait à cet argent par ta faute, ajouta-t-elle, je connais ton cœur : il se briserait.

— « Je suis sans inquiétude, répondit-il.

— « Consulte au moins mon père.

— « Volontiers; je le consulterai. »

Le lendemain matin, de très bonne heure, Jacques arriva de Bois-Maillard, en voiture, pour prendre Sylvain, et l'emmener en ville chez le notaire. Sylvain était prêt depuis longtemps déjà, et Jacques eût visiblement préféré ne pas même mettre pied à terre. Les deux beaux-frères semblaient aussi pressés l'un que l'autre de se débarrasser de leur argent.

M. Dumay se trouvait là.

Informé du fameux projet, il hocha la tête.

— « Mes enfants, dit-il, à mon avis, le meilleur banquier pour un laboureur est la terre. C'est à elle qu'il doit confier son argent, s'il veut le faire valoir. Peu ou prou, elle le lui rend toujours, et cela, sans lui avoir promis plus de beurre que de pain, comme font certains financiers. Je vous engage donc à ne pas vous hâter et à réfléchir. »

Jacques et Sylvain répondirent tour à tour avec conviction par les arguments que Suzette avait entendus

— « Enfin, la terre leur restera !... »

la veille. Puis, en gens dont la volonté est inébranlable, ils partirent.

Leur père les suivit d'un long regard qu'il reporta ensuite sur les champs environnant la ferme.

— « Enfin, murmura-t-il... la terre leur restera.... »

Maman Suzette s'était détournée pour s'essuyer les yeux.

63. — Visite au jeune ménage.

Et que devient notre jeune ménage de Cambrai?

C'est ce que se demandèrent, quelque temps après, maman Suzette et Cécile, en se rencontrant.

Elles s'étaient déjà vues depuis la fameuse décision de Sylvain et de Jacques. Cécile l'approuvait et la célébrait à grand bruit, sans vouloir entendre aucune objection sur cette tentative de grande fortune, où elle avait très vivement poussé son mari, ainsi que l'avait deviné Suzette.

On perd son temps à échanger des paroles inutiles.

Aussi les deux belles-sœurs, quand elles se revirent, ne parlèrent plus de cette affaire qui leur agitait si différemment le cœur. Leur conversation roula surtout sur Cambrai : Cécile désirait y aller faire des achats pour un dîner qu'elle donnait, le dimanche suivant, en l'honneur de M. Georges Valon, sur le point de retourner à Paris.

— « Eh bien ! dit maman Suzette, j'ai aussi des provisions à acheter, nous irons ensemble voir François et Lucie. »

Et, par un beau matin, elles se mirent en route. Les enfants, d'ailleurs rentrés à l'école, étaient laissés à Fragicourt, sous la garde du grand-père et de Ludivine, tandis que Brigitte veillerait sur ceux de Bois-Maillard.

A Cambrai, les deux voyageuses trouvèrent dans la maison de la rue de Vaucellette le ménage le plus heureux de la ville, à en juger par la gaieté dont rayonnait Mme François en son très gentil petit appartement.

Elle allait préparer le dîner pour midi, heure à laquelle François rentrait de son travail, et généralement, dit-elle, avec un bel appétit, comme un homme qui a l'estomac bon et le cœur content.

— « Eh bien ! petite sœur, nous allons pouvoir juger de cet appétit, dit maman Suzette en tirant d'un sac un poulet tout préparé, tout troussé, un lapin et un pot de confitures. C'est Cécile qui offre le lapin. »

Lucie se récria un peu. Mais qui donc arrive les mains vides de la campagne à la ville, à l'heure du dîner, chez des gens qui ne vous attendent pas ? Et les deux campagnardes n'avaient pas annoncé leur visite. Elles apportaient aussi les amitiés des deux familles Valon et Dumay, y compris celles de Jacques.

On se mit immédiatement de concert à la cuisine, pour ne pas être en retard, et M. François eut, ce matin-là, trois cuisinières pour confectionner son dîner.

Le soleil, également de la partie, faisait étinceler les casseroles et briller tout le reste de l'appartement qu'on apercevait par la porte ouverte.

Lucie voulait mettre le poulet au four; mais nos deux visiteuses s'y opposèrent : il ne s'agissait plus d'un dîner de noce; un seul plat de viande suffisait: il fallait réserver le poulet pour le lendemain; il n'en serait que meilleur.

Suzette alla l'accrocher elle-même dans le garde-manger (1).

Pendant que le lapin mijotait dans la casserole, Lucie, tout en préparant un plat de choux-fleurs, entretint ses belles-sœurs de ses projets de travail. Elle était d'avis que la femme doit, quand cela se peut, s'efforcer d'accroître les ressources du ménage.

Deux offres lui avaient été faites; l'une par une

Choux-fleurs

On désigne sous le nom de choux-fleurs une variété de choux dont les rameaux et les fleurs forment une masse blanche et tendre qui fournit un légume délicat.

grande maison de blanc qui lui proposait un travail de lingerie chez elle. Ce travail pouvait, si elle y consacrait les heures laissées libres par les soins du ménage, lui rapporter 60 centimes par jour, en moyenne. L'autre venait également d'un magasin; mais celui-ci désirait une vendeuse qui serait occupée de huit heures du matin jusqu'à neuf heures du soir : les appointements étaient de 60 francs par mois avec la table.

— « Oh! oh! dit Cécile; d'une part, 60 centimes par jour, soit 200 francs environ par an, et, de l'autre,

LIRE A L'APPENDICE : 1. *Conservation de la viande*

plus de 700 francs..., que dis-je?... plus de 1200, en comptant la nourriture. A votre place, je n'hésiterais pas.

— « François et moi nous n'hésitons pas non plus, répondit Lucie; nous choisissons la maison qui me propose les 60 centimes par jour; en effet, tout en travaillant, je pourrai rester dans mon ménage.

— « Très bien! approuva maman Suzette; que devient un ménage sans la ménagère?

— « C'est notre avis à tous les deux.

« Mais, même en ne nous préoccupant que des chiffres, reprit Lucie, avec ces 1200 francs nous y perdrions encore. François devrait aller manger au dehors. Et songez à ce que coûte cette manière de vivre; à peu près le double de celle de la maison, sans compter que la nourriture est beaucoup moins saine.

« Joignez à cela les dépenses de toilette que ne peut éviter l'employée de magasin; puis, le prix des journées qu'il faut payer à la blanchisseuse, à la raccommodeuse, à la femme de journée, si l'on ne veut pas laisser tout le ménage à l'abandon et vivre en plein dans le désordre et la malpropreté.

« Vraiment, 60 centimes par jour gagnés chez moi, soit 200 francs par an, me donneront un profit beaucoup plus clair et plus certain que 1200 francs gagnés au dehors.

« Et je ne parle pas des douces joies du foyer, de la vie de famille, qui fait la moralité des unions, et permet d'élever sainement les enfants. Au foyer seul est la véritable place de l'épouse, de la mère.

« Je ne peux penser sans un serrement de cœur à ces pauvres femmes que le malheur, la misère, la faim de leurs enfants chassent vers les usines, les fabriques, les ateliers, tandis que la triste maison est abandonnée et que la famille achève de se perdre! »

A ces paroles touchantes, maman Suzette, tout attendrie, embrassa sa « petite sœur ».

— « Tu as raison, lui dit-elle, et mon frère qui t'a choisie est bien le plus heureux des hommes. »

A ce moment, une clé tourna dans la serrure et, de

la porte d'entrée, la voix joyeuse de François se fit entendre :

— « Hé! que cela sent bon ici! »

Son visage fut plus joyeux encore que sa voix, lorsqu'il aperçut maman Suzette et Cécile.

Le couvert était déjà mis, le dîner prêt; il n'y avait plus qu'à se mettre à table pour juger de la qualité de ces plats qui sentaient si bon.

François les trouva excellents et complimenta les cuisinières; puis, tout aussitôt, comme pour payer maman Suzette et Cécile de leur peine, il leur apprit que, le matin même, il venait de terminer les devis et les calculs concernant une amélioration à apporter à « l'encreur ». du télégraphe. Il ne s'agissait plus que de mettre tout le travail au net et de l'expédier au ministère des Postes et Télégraphes, à Paris.

Cette bonne nouvelle ne surprit pas beaucoup maman Suzette, qui avait vu le mécanicien à l'œuvre dès son enfance, mais elle l'enchanta.

Lucie, qui savait déjà quelque chose de cette affaire, se joignit à Cécile pour le féliciter.

— « Ah! qu'il vaut mieux chercher à accroître sa position par le travail que par des gains aventureux! » dit Suzette.

Cécile, comprenant l'allusion, riposta par les banalités ordinaires : « Qui ne risque rien n'a rien, dit-elle; et les paysans qui ne s'arrangent pas de façon à devenir des bourgeois et à faire de leurs enfants de beaux messieurs et de belles dames sont bien sots.

— « Mais, répondit François en riant, habiter la ville, cela vous rend donc beau monsieur ou belle dame? J'ai vu beaucoup de citadins assez laids, et, ajouta-t-il d'un air sérieux, j'ai vu surtout beaucoup de gens qui, pour vouloir gagner un gros lot, se mettaient sur la paille. »

Cécile répondit par un geste de tête qui voulait dire à la fois qu'elle était bien sûre, elle, de n'être jamais sur la paille, et que cette conversation ne l'amusait pas du tout.

Alors Lucie, en bonne créature et en ménagère

pratique, mit l'entretien sur l'intéressant sujet de la consommation journalière d'un ménage.

Elle pouvait déjà comparer les prix de la ville et ceux de la campagne. La dépense de bouche qui, à Fragicourt, chez ses parents, revenait à 80 centimes par tête, se montait ici, à Cambrai, à 1 fr. 20 pour un ordinaire semblable.

— « Je sais, dit maman Suzette, par notre tante Richard, qu'à Paris cette dépense s'élève jusqu'à 1 fr. 50 par personne, c'est-à-dire presque le double de ce qu'elle est aux champs. »

Lentille.

La lentille est une plante légumineuse qui produit une graine comestible dont la consommation est importante. On trouve dans le commerce deux sortes de lentilles : les grosses, de couleur blonde, et les petites, plus foncées, dites lentilles à la reine. L'arome des lentilles est très particulier ; il réside dans la pellicule qui recouvre les graines.

On convint que la vie coûtait fort cher, aussi bien à la ville qu'à la campagne, et que bien des pauvres gens, à cause de cette cherté, devaient renoncer à se donner la nourriture nécessaire.

Or la nourriture nécessaire à l'existence doit se composer :

1° D'aliments azotés pour la réparation des tissus : viande, œufs, lait, poisson, fromage, pain, graines légumineuses, telles que fèves, haricots, pois, lentilles ;

2° D'aliments gras, sucrés et féculents pour la production de la chaleur intérieure : graisse, huile, beurre, sucre, riz, pommes de terre, etc. ;

3° D'aliments toniques pour la réparation du système nerveux : café, thé, chocolat.

— « Cette cherté des vivres, dans les villes, dit

maman Suzette, tient sans doute aux octrois, au prix des loyers, aux transports dispendieux des denrées, à l'accroissement du bien-être qui crée des demandes de plus en plus nombreuses ; mais elle tient surtout, comme l'a dit le cousin Pascal, à l'insuffisance de la production

Rameau d'arbre à thé.

Le thé est un arbrisseau originaire de la Chine et du Japon. Il s'élève à une hauteur de $1^m,30$ à 2 mètres. Le commerce débite deux sortes de thé, le thé vert et le thé noir. Le vert provient d'arbres plantés en plaine bien fumée ; sitôt que les feuilles sont cueillies, elles sont soumises à la chaleur de la vapeur d'eau bouillante, puis séchées, légèrement torréfiées et roulées.

Le thé noir est fourni par les arbres cultivés sur le sol moins riche des pentes de montagnes. Les feuilles sont séchées à l'air quelque temps avant de subir les manipulations du roulage et de la torréfaction, et c'est ce qui les noircit.

Le thé vert est plus aromatique, mais plus excitant que le noir.

« Oui ! les besoins vont s'accroissant de jour en jour, la consommation augmente, et nous ne tirons pas assez de la terre. C'est cependant de la terre que tout nous vient : notre nourriture, notre boisson, nos vêtements, toutes les matières premières.

« Malheureusement pour tout le monde, en France, la terre manque de bras, et notre nation, afin d'arriver à se nourrir à peu près, est forcée d'acheter bien des vivres à l'étranger : du blé, de la viande, des œufs, des légumes, des fruits.

— « C'est probablement pour cela, dit François, que notre sœur Cécile veut quitter ses champs nourriciers et s'en aller à la ville, faire la belle dame ! »

Bientôt une heure sonna et on se leva de table pour reconduire François à son travail.

Après les adieux échangés à la porte du bureau télégraphique, nos dames se mirent en quête d'une épicerie où Cécile pût faire les meilleurs achats pour son grand dîner, et Suzette, ses approvisionnements.

Dès le tournant de la première rue, elles furent arrêtées par un étalage d'affiches aussi criardes que celles du magasin de nouveautés où, vous vous le rappelez, les dames Valon et maman Suzette n'étaient pas entrées par méfiance de la réclame. Des caisses, des tonneaux

— « Voyez, mesdames! la vue n'en coûte rien! »

de marchandises, encombrant le trottoir, semblaient vouloir se jeter au nez des passants.

— « Ah! oui, dit Lucie, c'est la grande épicerie dont, depuis quinze jours, des affiches annoncent l'ouverture pour aujourd'hui. »

On avança. Sur la porte, le marchand allait, venait, se frottant les mains; il dit gracieusement :

— « Voyez, mesdames! la vue n'en coûte rien! »

C'était un gros homme légèrement grisonnant, la tête très pommadée, l'air content de lui et de ses marchandises. Une énorme chaîne d'or s'étalait sur son gilet.

A la vue de cette chaîne, et de cet air de satisfaction, un souvenir lointain s'éveilla dans l'esprit de Suzette. Où donc avait-elle vu ce visage ?

Prunes de Sainte-Catherine.

Le prunier est cultivé dans les régions tempérées et particulièrement en France : son fruit, charnu, est des plus savoureux. Les prunes se mangent crues ou en confitures ou encore conservées dans l'eau-de-vie. Les *pruneaux* sont des prunes que l'on a fait sécher au four, et pour la confection desquels on choisit de préférence la *prune de Sainte-Catherine* et la *prune d'Agen*.

Mais, sur le fronton de la boutique, se lisait cette enseigne :

FLORENTIN LEJOLY.
GRANDE ÉPICERIE DES CONNAISSEURS.
RABAIS EXTRAORDINAIRE ! !
CONCURRENCE IMPOSSIBLE ! ! !

Eh ! oui ! c'était bien Florentin Lejoly, l'ancien voisin de Fragicourt qui, jadis, vous vous le rappelez, lors d'un voyage à la ville qu'on avait fait en char à bancs, se moquait si prétentieusement de l'ignorance de Ludivine, alors qu'il en savait aussi peu qu'elle *.

Suzette raconta ce souvenir d'enfance à Lucie pendant que Cécile pénétrait dans l'épicerie, déjà pleine d'acheteurs et où les garçons, en longues blouses de toile blanche, s'empressaient à servir la clientèle.

L'épicier des « connaisseurs », en personne, vint au-devant de cette nouvelle cliente et lui dit d'un air aimable :

Rameau de figuier.

Le figuier est cultivé dans toutes les régions méditerranéennes; on en rencontre jusque dans le centre de la France. Les *figues* sont adoucissantes et émollientes; on les mange fraîches ou sèches.

— « Madame, je vous prie, jetez un coup d'œil sur ces marchandises vraiment aussi extraordinaires par leur qualité que par leur prix : voici du surchoix, de l'extra-choix, du superfin et du suprême à l'usage du beau monde. Et voilà du choix, du fin, du bon, pour les petites gens. »

M. Florentin Lejoly avait déjà pressenti, sans doute, que Mme Jacques ne tenait pas à passer pour appartenir à la classe des petites gens. Aussi ne voulut-elle voir

* Voir *Suzette*, page 35.

que du « surchoix, de l'extra-choix, du superfin, du suprême » en pâtes, en saucisson de Lorraine, en mortadelle de Bologne, en conserves de petits pois au naturel, et en figues, pruneaux, chocolat, savon au suc de laitue, poivre, sel, vinaigre.

Elle prit même du beurre garanti d'Isigny, « le premier beurre de France, » lui dit M. Lejoly.

Ces marchandises, malgré leur qualité superfine, ne coûtaient relativement pas cher; elles étaient vraiment

Marais salants.

Le sel se montre sous deux états : ou en dissolution dans les eaux, et particulièrement dans celles de la mer, ou en couches plus ou moins épaisses au sein de la terre. (Voy. l'appendice au mot *sel*.)

Dans le midi et l'ouest de la France, pour extraire le sel des eaux de la mer, on la fait arriver dans des espaces particuliers, soigneusement nivelés et divisés en compartiments où l'eau s'évapore, en laissant une couche de sel cristallisé. C'est ce qu'on appelle les *marais salants*.

au rabais; et Cécile, entraînée par l'éloquence de l'épicier, qui les lui vantait outre mesure, en acheta beaucoup plus qu'il ne lui en fallait.

Quant à maman Suzette qui se rappelait le vieux proverbe : « A beau parleur, closes oreilles », elle se contenta du rôle de spectatrice et ne fit ses provisions qu'un peu plus tard, dans une épicerie voisine.

Après quoi, elles embrassèrent leur gentille « petite sœur », et chacun rentra chez soi.

64. — Les falsifications de Florentin Lejoly.

Et le dimanche fixé pour le grand dîner, les deux familles Dumay et Valon se trouvaient réunies autour de la table de la ferme, à Bois-Maillard.

A l'exception de la viande, tout, sur cette table, venait de chez Florentin Lejoly, depuis le potage au tapioca jusqu'aux douceurs du dessert.

Ce tapioca parut un peu singulier; il n'avait pas au goût la finesse ordinaire de la fécule de manioc et il avait cuit inégalement. Tandis qu'une partie des grains, bien gonflés, étaient devenus tout transparents et mucilagineux, comme cela doit être, sous l'action du liquide bouillant, d'autres étaient demeurés opaques, blancs et durs.

A leur tour, le saucisson de Lorraine, la mortadelle de Bologne, quoique d'une belle couleur rosée, semblèrent avoir bien plutôt le goût de pain sec que celui de la charcuterie.

Et quant au beurre garanti d'Isigny, « le premier beurre de France, » il avait une saveur de graisse très prononcée.

Maman Suzette remarqua que M. Georges Valon, après y avoir goûté, laissait sur son assiette et le beurre d'Isigny et la charcuterie. On mangea le rôti de veau, puis vint le tour de la « conserve de petits pois au naturel ». M. Georges la regarda, d'un air très attentif, dans le plat où elle était servie, verte, très appétissante.

Manioc

Le manioc, arbrisseau des contrées les plus chaudes de l'Amérique, a des racines volumineuses contenant une grande quantité de fécule. Cette racine, râpée, pressée et séchée au soleil pour la débarrasser d'un suc blanchâtre très brûlant, donne la farine de manioc, et le pain de *cassave*, qui remplace le pain pour les indigènes de l'Amérique. Sa valeur alimentaire est celle de la fécule, ni plus ni moins.

— « Mes amis, dit-il, si vous avez encore faim, je vous engage fort à reprendre de ce rôti très bien préparé par Brigitte ; mais ne touchez pas à ces petits pois qui, s'ils ne déterminaient pas chez vous un empoisonnement pouvant aller jusqu'à la mort, vous gratifieraient tout au moins de coliques. »

On le regarda avec étonnement ; il reprit :

— « Cette conserve si verte, si fraîche, en apparence, est, en réalité, une vieille conserve, jaunie par le temps, qu'on a reverdie à l'aide d'un sel de cuivre dangereux. Aussi défiez-vous de tous ces légumes en boîtes, lorsqu'ils sont d'un si beau vert.

« Quant au tapioca et aux hors-d'œuvre, je n'ai rien voulu en dire, par discrétion, par crainte de paraître dénigrer dès les premières bouchées l'amical dîner que nous offre Mme Jacques ; mais, devant une telle série de falsifications, il est vraiment difficile de garder le silence. Eh bien ! ce tapioca n'était en grande partie que de la simple fécule de pommes de terre et de qualité inférieure, probablement ; ce saucisson de Lorraine et cette mortadelle de Bologne représentent sans doute, aussi, une indigne fraude : la chair de porc doit y avoir été presque entièrement remplacée et figurée par de la colle de pâte, colorée à l'aide d'une substance très toxique, très dangereuse, la fuchsine.

« L'ami dont je vous ai déjà parlé, et qui est employé au laboratoire municipal de Paris, a analysé de ces charcuteries falsifiées ; il a trouvé dans certains échantillons 67 pour 100 de colle de pâte ainsi colorée par la fuchsine, et 27 pour 100 seulement de vraie viande. »

Georges prit ensuite le beurrier sur la table :

— « Et ce beurre (1), « d'Isigny, le premier de France », savez-vous ce que c'est ?... Un extrait (2) de suif. »

Tout le monde se récria.

— « Oui, reprit-il, c'est tout uniment de la margarine, substance qu'on tire du suif de bœuf. Ce suif est

---

LIRE A L'APPENDICE : 1. *Beurre*. — 2. *Falsification du beurre*.

acheté comme résidu de boucherie ; on le broie, on le mélange à de l'eau, rendue légèrement caustique par une addition de carbonate de potasse ; on chauffe jusqu'à 45° centigrades après avoir ajouté quelques morceaux d'estomac de mouton ou de porc ; puis on filtre à travers un sac de toile. Ce qui découle de ce sac est une huile, l'oléo-margarine.

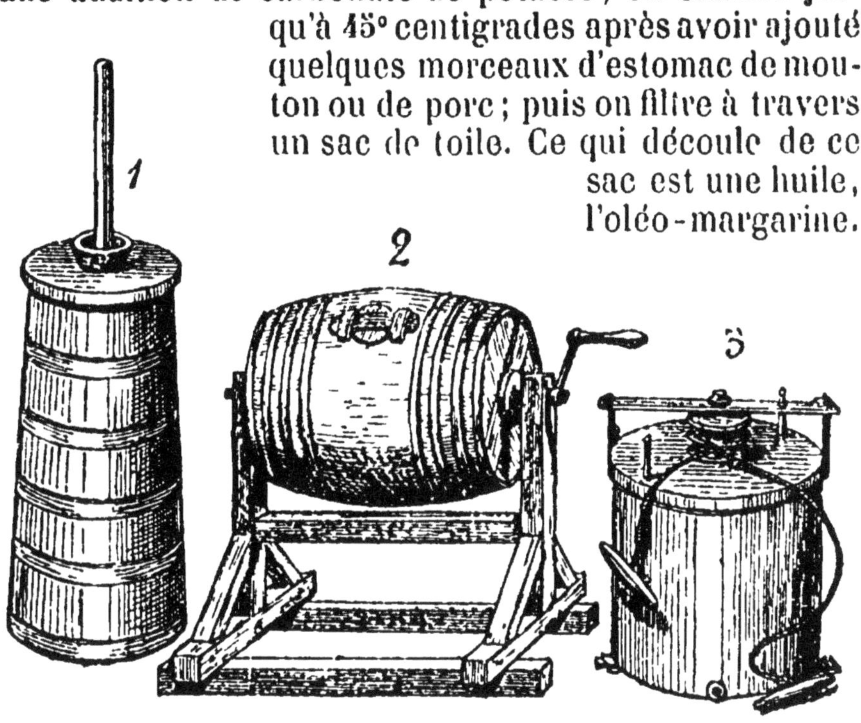

Barattes.

Pour *faire le beurre*, on introduit de la crème dans un vase de bois appelé *baratte*, dont le couvercle supérieur est percé d'un trou par où passe un bâton terminé par une épaisse rondelle de bois. On élève et on abaisse rapidement ce bâton dans la crème. Peu à peu le beurre apparaît et se réunit en grumeaux ; alors on le retire à la main, on le pétrit et finalement on le lave à grande eau pour qu'il y reste le moins possible de petit-lait. On obtient ainsi des pains auxquels on donne diverses formes au moyen de moules en bois.

Il existe différents modèles de barattes : La plus ordinaire (1) ne le cède en rien aux autres au point de vue du résultat final. La baratte normande (2), grâce à la manivelle dont elle est pourvue, est plus commode et permet de traiter une plus grande quantité de crème à la fois. Le troisième modèle, d'invention récente, est appelé l'*expéditive ;* le mécanisme intérieur est mis en action au moyen de la corde qui, en s'enroulant et se déroulant autour de l'axe, lui imprime son mouvement. On fabrique très rapidement le beurre au moyen de cet appareil.

« Cette huile, mélangée avec du lait et battue dans une baratte, se solidifie ; on la colore ensuite avec du rocou, substance d'origine souvent malpropre.

« Après avoir subi ces diverses manipulations, l'oléo-margarine ressemble, à s'y méprendre, à du beurre. Elle en a l'odeur douce, la saveur, la couleur, toute l'apparence ; elle trompe à la fois la vue, le goût et l'odorat (1).

Laiterie et ses accessoires.

Le *lait* est à la fois un aliment solide et une boisson, une source d'albumine et de graisse, de sucre et de sel ; il est très nourrissant et très digestif. En été, on ne peut conserver le lait que dans des vases très propres, en le faisant bouillir et en le tenant dans un lieu frais.

La *laiterie* est une pièce demi souterraine ordinairement, exposée au nord, munie d'une seule fenêtre pour que la lumière n'y pénètre que faiblement. Les murs en doivent être épais ; intérieurement, ils sont garnis de tablettes de pierre ou de bois dur sur lesquelles on pose les vases de lait ; le pavé doit être fréquemment lavé à l'eau fraîche.

Notre gravure représente les différents vases et objets qui garnissent la laiterie, tels que : 1. Vases à écrémer, 2. Passoires ; 3. Seaux pour recueillir le petit-lait, 4. Pèse-lait ; 5. Boîtes à lait ; 6. Thermomètre.

« Les falsificateurs profitent de cette ressemblance pour vendre la margarine au prix du beurre, soit pure,

---

LIRE A L'APPENDICE : 1. *Composition des corps gras.*

soit mélangée à du beurre naturel, en plus ou moins grande quantité.

« Heureux encore sommes-nous si, pour leur frauduleux trafic, ils se servent de suif frais et bon, et non de graisses malsaines, de provenance répugnante, comme celles que fournissent les établissements d'équarrissage.

« Je crains fort que le beurre d'Isigny de la « grande épicerie des connaisseurs » ne soit des plus suspects... »

Les convives poussèrent des exclamations de dégoût :

— « Je vous l'ai dit, le beurre vraiment pur et le beurre factice ne se discernent pas facilement l'un de l'autre. Il n'y a que la souris qui en sache bien juger. Placée entre du beurre et de la margarine, elle ne s'attaque qu'au premier ; et quand le vrai beurre lui manque et que la faim se fait sentir, elle sait choisir, entre des beurres plus ou moins margarinés, celui de tous qui l'est au moindre degré. Mais nous n'avons pas l'avantage d'être des souris.

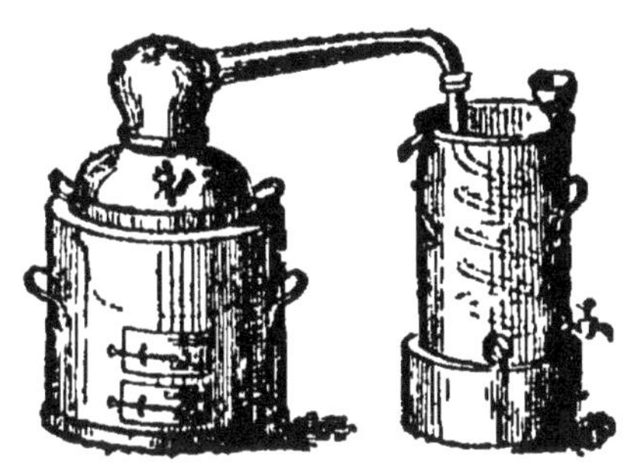

Alambic.

L'alambic est un appareil qui sert à la distillation. On chauffe, et les vapeurs qui s'élèvent de la marmite, traversent le serpentin qui est plongé dans un vase rempli d'eau froide, elles s'y refroidissent pour passer ensuite à l'état liquide

« Malheureusement, nous ne sommes pas non plus des savants. Les savants, d'ailleurs, ne peuvent arrêter ni la fraude, ni les fraudeurs qui vivent pourtant des travaux de la science.

« Les savants, en effet, découvrent, dans leurs creusets, dans leurs alambics, des corps nouveaux ; l'industriel, le commerçant, quand ils sont malhonnêtes et préoccupés seulement de faire rapidement fortune, s'emparent de ces découvertes, et, au lieu de les appliquer au bien de l'humanité, ils en fabriquent des poisons. »

Georges s'arrêta pour regarder M. Dumay qui, après

avoir mangé quelques feuilles de la salade qu'on venait de servir, portait la main à sa bouche.

— « Mes dents vieillissent, dit celui-ci ; elles ne peuvent plus supporter le vinaigre.

— « Moi aussi, dit le petit Paul en posant sa fourchette, mes dents vieillissent ! »

Les dents des autres convives qui venaient de manger de la salade se trouvèrent toutes atteintes, subitement, de ce mal de vieillesse. Ce qui fit beaucoup rire.

M. Georges goûta la salade à son tour.

— « C'est encore chez Florentin Lejoly que vous avez acheté ce vinaigre superfin, madame Jacques ?

— « Certainement, monsieur, du vinaigre à l'estragon.

— « Et, tous, vous ressentez aux dents une sensation d'âpreté, de rugosité ? »

C'était, en effet, l'impression de chacun.

— « Eh bien ! ce vinaigre superfin à l'estragon est évidemment dosé d'acide sulfurique, de vitriol.

— « Ah ?

— « Oui, de vitriol, ce terrible corrosif, destructeur des tissus du genre humain ; c'est avec du vitriol qu'on donne de l'acuité aux vinaigres faibles, c'est-à-dire additionnés d'eau. Et il ne vous serait pas bon de continuer à en humecter vos salades. »

Il prit le saladier, regarda au fond et en retira une petite pierre blanche.

— « Vraiment, dit-il, ce Florentin Lejoly ne montre pas même la prudence qu'observent généralement les marchands malhonnêtes, empoisonneurs publics de son espèce, qui, au moins, parmi leurs denrées de mauvaise qualité, ont soin d'en glisser quelques-unes de bon aloi pour pouvoir écouler celles-là à l'aide des autres. Chez lui, tout est falsifié, même le sel. Ce malfaiteur compte trop sur l'ignorance des gens et, sans doute aussi, sur le bon marché de ses denrées. Voyez cette pierre ; c'est du plâtre. On en mêle ainsi au sel, qui coûte si peu cher pourtant, parce que le plâtre coûte encore moins (1).

LIRE A L'APPENDICE : 1. *Sel ; ses propriétés, sa valeur alimentaire.*

— « Et ce poivre (1), qu'en dites-vous ? demanda M. Dumay en tendant la poivrière qu'il avait devant lui. J'en ai mis inutilement dans mon potage. Plus j'en mettais, plus il me semblait s'affadir.

— « Ce poivre-là, répondit Georges, en en prenant une pincée, doit se composer surtout des balayures de la « grande épicerie ».

« Généralement, dans ce qui se débite sous le nom de poivre moulu, le vrai poivre n'est représenté que par une infime quantité de sa pellicule extérieure, ajoutée à 25 pour 100 de farine, 20 pour 100 de noyaux d'olives pulvérisés, un peu de laurier en poudre et un soupçon de piment rouge de Cayenne pour donner à ce composé la saveur brûlante.

« Cette fraude est si commune que le seul moyen d'y échapper est de moudre soi-même le poivre à la maison (2).

— « Il n'est pourtant pas possible, dit maman Suzette, que Cécile n'ait rapporté de la ville que des denrées falsifiées : — elle montra sur une étagère un pain de savon — tenez, par exemple, ce savon-là. »

Brigitte passa le savon à M. Georges, qui le regarda, le soupesa, puis fit la moue.

— « Ce savon-là peut très bien, comme beaucoup d'autres, dit-il, avoir été falsifié, à l'usine, par une addition plus ou moins copieuse de farine avariée, de plâtre ou d'argile, jusqu'à 15 pour 100 de son poids. Mais ce qui est certain pour celui-ci, comme on s'en rend compte par son humidité, c'est que, chez l'épicier, il a été trempé dans l'eau, et dans de l'eau fortement salée : son poids le prouve.

« Le sel a, vous le savez, la propriété de rendre le savon insoluble dans l'eau; en même temps, il lui permet de satisfaire, sans se dissoudre, son affinité pour elle. Et vous devinez alors ce qui se passe : le savon ainsi trempé absorbe cette eau, gonfle par conséquent, et

---

LIRE A L'APPENDICE : 1. *Poivre.* — 2. *Moyen de reconnaître si le poivre moulu est falsifié.*

acquiert un volume et un poids très rémunérateurs pour le marchand. Le savon dur peut pomper ainsi et retenir jusqu'à 60 pour 100 de son poids d'eau ; les savons mous, davantage encore. »

Le savon fortement trempé, la salade vinaigrée au vitriol, salée au plâtre, poivrée à la poussière, les petits pois reverdis au cuivre et la charcuterie à la colle de pâte fuchsinée furent emportés au milieu de paroles peu flatteuses pour la grande « épicerie des connaisseurs ».

Branche de cerisier.

65. — Dessert.

Puis Brigitte servit le dessert assez coquettement préparé sur de jolies assiettes, comme il convient à un dessert de choix : gelée de framboise, crème au chocolat, petits fours surfins, pruneaux d'Agen fleuris, figues de Smyrne.

— « Eh bien ! que nous présente-t-on maintenant? demanda Jacques.

— « Faut-il continuer la critique de votre dîner? reprit Georges.

— « Oui, oui ! s'écria toute la société.

— « Rien n'est plus important pour une ménagère, dit Suzette, que de connaître tous ces détails. »

M. Dumay ajouta :

— « Nous tenons ici à deux choses : à ne pas nous empoisonner et à nous instruire.

— « Ces petits fours sont pourtant bien appétissants, dit Cécile tout attristée du malheureux sort de ses emplettes, regardez les fruits confits qui les décorent : cerises, angélique, abricot, et la belle pâte couleur jaune d'or dont ils ont été pétris.

— « Madame, répondit Georges, je n'en dirai pas de mal, mais à une condition : c'est que la belle couleur jaune d'or de leur pâte soit due à la présence de jaune d'œuf, et non à celle du chromate de plomb, qui est un poison dangereux; qu'en outre, la farine (1) n'y ait pas été détériorée par des insectes, tels que le papillon de nuit nommé *Ephestia* (2), ni falsifiée avec de l'alun ou de la chaux; que, de plus, les jolis fruits confits ne soient pas tout simplement des morceaux de navet ou de côtes de melon, diversement colorés à l'aide de substances nuisibles; enfin, que le sucre de canne ou de betterave n'y soit pas remplacé par de la glucose, le beurre par de la margarine ou par du saindoux d'Amérique au rabais. Un saindoux d'Amérique, analysé par mon ami du laboratoire parisien, contenait de la fécule, du plâtre, de l'alun et 25 pour 100 d'eau retenue par ces diverses matières. La graisse, le saindoux, vous le savez, ne retiennent pas l'eau; par contre, l'alun, le plâtre en sont très avides. Vous comprenez que de l'eau, qui ne coûte rien, vendue 1 fr. 60, 1 fr. 80 et même 2 francs le kilogramme, donne de jolis bénéfices au marchand, qui peut bien s'en réjouir. »

Rameau d'angélique.

L'angélique est une plante commune dans nos bois où elle fleurit vers le milieu de l'été. Sa tige, confite dans le sucre, est recherchée en confiserie.

M. Georges prit ensuite un petit four, y mit la dent, puis le reposa sur son assiette.

— « Saveur vague, dit-il. C'est bien cela; madame,

LIRE A L'APPENDICE : 1. *Falsification de la farine*. — 2. *Ephestia*.

vous pouvez envoyer ces petits fours rejoindre la conserve de pois, la salade et le reste... »

Mais alors Mlle Françoise et son frère Claude, voyant Brigitte emporter aussi les petits fours, se mirent à pousser des cris si désespérés, en disant qu'ils en voulaient, que Jacques dut leur imposer silence, se fâcher même. Enfin le tumulte s'apaisa et l'on procéda à l'examen du reste du dessert.

Branche d'abricotier et son fruit.

La culture de l'abricotier est très importante en Auvergne, où l'on fabrique avec son fruit les pâtes dites de Clermont. On en exporte pour trois millions de francs. Paris consomme, par an, cinq millions de kilogrammes d'abricots. Indigeste à l'état cru, ce fruit fait d'excellentes conserves.

Ce fut vite fait; la confiture à la framboise n'était que de la gélatine et de la glucose colorée à la fuchsine, puis parfumée avec quelque essence rappelant de fort loin la framboise.

Ce que contenait le chocolat qui avait servi pour la crème, nous le savons déjà : farine de haricots, argile, graisse de bœuf, glucose, aromatisés avec quelques résidus de cacao, tandis que le vrai chocolat doit être composé de pur sucre de canne et de cacao broyés, réduits en pâte, chauffés et mis en tablettes.

— « Et ces pruneaux fleuris d'Agen, ces figues de Smyrne, sont-ils aussi falsifiés? » demanda Cécile, un peu agressivement, en passant les deux assiettes à Georges.

Celui-ci souleva les fruits et examina le fond des deux assiettes.

— « Non, madame, ces fruits ne sont pas falsifiés...

— « Enfin! s'écria-t-elle.

— « Ils sont simplement avariés. »

Ce disant, il tira de sa poche un petit microscope qu'il portait presque toujours sur lui.

Après avoir recueilli quelques parcelles de la poudre grisâtre qui se trouvait au fond des deux assiettes, il la disposa dans le microscope, mit l'œil à l'oculaire, et re-

Framboisier.

Les framboises, fruits du framboisier, ont une saveur sucrée et très parfumée. De même que les fraises, on les consomme fraîches; on en fait aussi des confitures et des sirops. Le framboisier peut être cultivé en France dans tous les jardins pourvu que le terrain ne soit pas trop sec; il préfère l'ombre au soleil.

Branche de cacaoyer.

Le fruit du cacaoyer est ovale, jaune, long de 0m15, il renferme de 50 à 80 graines qui constituent ce qu'on nomme le *cacao*, substance nutritive principalement employée à la fabrication du chocolat.

garda un moment; ensuite il pria M. Dumay, son voisin, d'en faire autant.

Maman Suzette, tous les convives voulurent voir à leur tour, et chacun se récria en apercevant, au lieu d'une poudre inerte, un fouillis grouillant de petites bêtes à huit pattes, au bec pointu, des sortes de vilaines araignées de différentes formes, les unes globuleuses, toujours en mouvement, les autres allongées et immobiles.

66. — Travail de quelques animaux microscopiques.

— « Vous avez en ce moment l'occasion, dit ensuite Georges, de voir réunis plusieurs des membres d'une désagréable famille d'animalcules qui envahit nos provisions dès qu'elles commencent à s'altérer. Ce sont les acariens détritico-

Acariens détriticoles.

Notre gravure représente le *tyroglyphe* du fromage grossi environ vingt fois. On peut facilement observer ces acariens, à l'aide d'un microscope, sur de vieux fromages.

les (vivant de détritus), et, entre autres : le Glyciphage, mangeur de choses douces et sucrées, de confitures; le Carpoglyphe, amateur de vieux fruits secs, de figues, de pruneaux, de raisins, de dattes, qu'il fouille et réduit en poussière.

Grains d'amidon vus au microscope.

Les grains d'amidon varient beaucoup de forme selon leur provenance. Ceux de l'amidon du blé sont lenticulaires, aplatis; ceux de la fécule de pomme de terre, ovoïdes; ceux de la fécule de pois, allongés, concaves dans le sens de la longueur.

Ils varient également en dimension : un grain de fécule de pomme de terre, tout microscopique qu'il soit, est trente fois plus gros qu'un grain d'amidon de blé.

Les différences dans la structure de l'amidon permettent de discerner facilement, par l'examen au microscope, le mélange frauduleux de diverses fécules à la farine de blé.

« Eh bien ! ces pruneaux fleuris d'Agen, ces figues de Smyrne ainsi avariés, votre épicier des « connaisseurs », Florentin Lejoly, les a achetés à bas prix, les a roulés dans de la poudre d'amidon pour dissimuler leur altération, et il les vendra aussi cher que possible.

« L'acheteur ignorant prend cette poudre d'amidon pour la glucose naturelle qui transsude des fruits, lorsqu'ils se dessèchent. »

Georges cita encore d'autres acariens détriticoles, parasites de nos denrées et de nos provisions :

— « En première ligne, le Tyroglyphe du fromage (1), qui élit domicile sur la croûte des fromages secs, comme

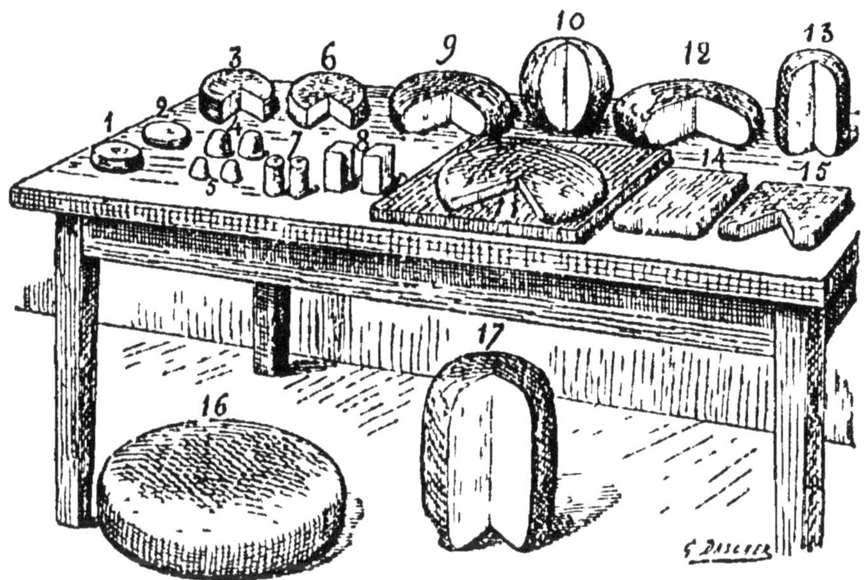

Les diverses sortes de fromages

1. Camembert. — 2. Mont-Dore. — 3 Livarot. — 4, 5. Fromage de chèvre. — 6. Roquefort. — 7. Neufchâtel (bondons) — 8. Marolles (en pavé) — 9 Fromage d'Edam. — 10. Tête de mort. — 11. Brie. — 12 Gex. — 13. Neufchâtel. — 14, 15. Marolles (en tuiles). — 16 Gruyère. — 17. Fromage d'Auvergne

le gruyère, le hollande, le cantal. Il trace, à leur surface, des sillons qui s'entre-croisent en tous sens, et figurent des arabesques sculptées : d'où son nom de tyroglyphe.

« Le Cœpophage, qui s'attaque aux provisions de pommes de terre, d'oignons, aux champignons, dans lesquels il creuse des cavernes qui se remplissent peu à peu d'une poussière noirâtre. C'est aussi le destructeur des plantes d'herboristerie et des herbiers.

« Un autre genre d'acarus s'en prend aux collections

LIRE A L'APPENDICE : 1 *Nettoyage des fromages envahis par le tyroglyphe.*

d'oiseaux, de papillons, d'animaux empaillés dont il dévore le poil et la plume.

« Il y a aussi le Serrator (scieur), qui est amphibie et qui vit également bien dans l'eau et à sec. Celui-là envahit les provisions humides, telles que les champignons, la choucroute, etc.

Oignon.

L'oignon est une plante potagère qui a une racine bulbeuse de forme ronde, constituée par plusieurs enveloppes épaisses superposées, et qui se distingue par une saveur et une odeur fortes. Du pied naissent une ou plusieurs tiges creuses que viennent couronner les graines quand la plante arrive à maturité, ce qui a lieu la seconde année seulement. On fait la récolte au mois d'août.

« D'après ces quelques spécimens de l'armée de nos ennemis microscopiques, vous pouvez pressentir, mesdames, ce que sont les mauvaises denrées et ce que deviennent en peu de temps les provisions insuffisamment garanties, mal rangées, mal couvertes, abandonnées à elles-mêmes.

« Vous pouvez également vous figurer l'horrible et répugnant grouillement qui se produit dans tous les coins de la maison où des détritus sont laissés en décomposition, notamment dans les balayures non enlevées, dans les boîtes à ordures mal entretenues, dans les garde-manger, dans les armoires où séjournent de vieilles croûtes de pain, du fromage, des résidus animaux ou végétaux, dans les caves, dans les greniers, partout enfin, et surtout dans les boutiques mal tenues, peu achalandées, où les denrées entassées, ne se renouvelant guère, s'altèrent rapidement.

« La boutique de M. Florentin Lejoly vient de s'ouvrir et tout y a l'air neuf; mais il n'y a pas à en douter, elle n'est remplie que de vieilles marchandises déclassées, achetées presque pour rien, çà et là, et qu'il vend à bon marché.

Ce faux bon marché et l'ignorance des acheteurs font assez souvent la fortune de commerçants indélicats.

— « Mais, dit alors M. Dumay, il n'existe donc pas de lois contre ces empoisonneurs?

— « Il en existe beaucoup, et quelques-unes datent

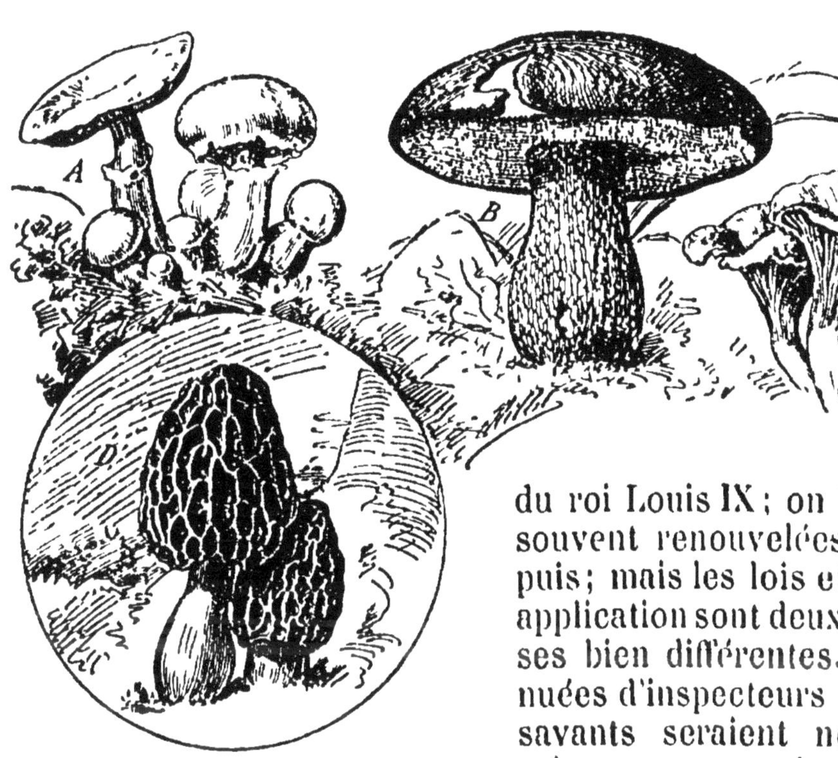

Principaux champignons comestibles

A. Champignon de couche. — B. Cèpe — C. Chanterelle ou girole. — D. Morille.

du roi Louis IX; on les a souvent renouvelées depuis; mais les lois et leur application sont deux choses bien différentes. Des nuées d'inspecteurs et de savants seraient nécessaires pour examiner les marchandises. Mais où prendre ce personnel, et comment le payer?

« Il existe pourtant déjà des inspecteurs des halles et des marchés; et, ce qui est encore mieux, on a créé des laboratoires municipaux où le premier venu peut apporter la denrée qui lui paraît suspecte et la faire analyser; si elle est déclarée falsifiée et dangereuse, le falsificateur peut être traduit en justice, condamné à l'amende ou à la prison.

« Malheureusement, ces laboratoires municipaux sont rares; on n'en compte encore que trois en France, celui de Paris et ceux de Lille et de Nancy.

« A vrai dire, il en faudrait un dans chaque ville et dans chaque village. C'est donc à vous, mesdames, qu'il appartient d'y suppléer par une science, une expérience de plus en plus grande du ménage. Le marchand, qui spécule sur votre ignorance, deviendrait vite plus scrupuleux, s'il vous voyait refuser sa mauvaise marchandise. »

Champignonnière

Le champignon de couche (*agaric comestible*) est cultivé dans les endroits obscurs, caves, carrières, sur des couches de fumier. Notre gravure représente une champignonnière établie dans une ancienne carrière de pierre aux environs de Paris. On y descend au moyen d'une échelle qui met en communication la carrière avec la surface du sol.

On remercia beaucoup Georges Valon des intéressants renseignements qu'il venait de donner, puis on quitta la table.

67. — Nouvelles d'Amérique.

L'année allait finir; le froid avait commencé de bonne heure et la neige couvrait la campagne : mais « neige au blé est bonne pelisse », comme on sait, et nos amis de Fragicourt ne s'en inquiétaient pas outre mesure

Ils avaient une autre préoccupation, et elle se voyait sur le visage de maman Suzette, cousant, par une après-midi de décembre, auprès de M. Dumay, dont l'attitude dénotait aussi le souci. Madeleine jouait sans bruit; les autres enfants étaient à l'école.

— « Père, dit Suzette, après un long silence, il faut s'attendre à tout, même à de moins mauvaises nouvelles que celles qui courent.

— « Oui, peut-être... peut-être... » répondit M. Dumay.

Elle reprit :

— « La neige a cessé de tomber : j'espère que Sylvain, Jacques et Cécile pourront rentrer de bonne heure. »

M. Dumay fit un signe affirmatif, puis, comme s'il se fût parlé à lui-même, il murmura : « Trop tôt vient qui mauvaise nouvelle apporte. »

Et le silence recommença.

C'est que depuis quelques jours des bruits inquiétants couraient sur le compte de la grande opération des phosphates d'Amérique, dans laquelle les deux fermiers de Fragicourt et de Bois-Maillard avaient engagé leur argent.

Et ce matin même, Jacques et Cécile étaient venus à l'improviste prendre Sylvain, pour l'emmener avec eux à la ville, comme s'ils craignaient d'aller seuls au-devant de la terrible nouvelle qu'ils devinaient.

M. Dumay se leva, et, se promenant de long en large :

— « Ah! dit-il, ah! les fous! qui ont échangé la tranquillité, la douce paix d'une vie laborieuse contre les cruels soucis du jeu! Ils ont cru que les vains plaisirs de l'argent valent mieux que les joies saines, morales, fortifiantes que seul donne le travail; et ils ont perdu leurs honnêtes économies! »

A cet instant un bruit léger de roues sur la neige se fit entendre.

Suzette, se dressant vivement, courut à la porte.

La voiture entrait dans la cour. Cécile pleurait et les deux hommes baissaient la tête.

— « Du courage! ma fille! » dit M. Dumay.

Cécile entra en criant :

— « Je suis ruinée!... tout le monde est ruiné! même le notaire!.. Ces phosphates d'Amérique ne valaient pas trente centimes; des coquins qui ont lancé l'affaire se sont fait des millions avec notre bel argent! »

Elle s'assit en sanglotant. Jacques et Sylvain, sombres tous deux, regardaient leur pèr et Suzette, avec l'air d'attendre des reproches mérités

Ils n'avaient pas, comme Cécile, la ressource de crier, de pleurer, d'accuser autrui et de se soulager ainsi.

Le spectacle de la douleur muette de Jacques et de Sylvain fermait aussi la bouche de maman Suzette et de M. Dumay. Cécile en profita pour reprendre haleine, pour gémir tout haut sur sa ruine complète, car, dit-elle, tout était emporté dans la débâcle, même les quinze mille francs de son héritage.

— « Il nous reste la maison et les champs, » murmura Jacques.

Hé! qu'était-ce donc qu'une ferme et des champs, pour une femme qui s'était crue à la veille de devenir une grande dame de la ville et la reine incontestée de la famille ?

Cécile alla jusqu'à accuser de cette ruine son mari, qu'elle avait elle-même poussé chez le notaire.

Il y a des gens si personnels, si égoïstes, qu'ils perdent tout bon sens et toute mémoire. Rien n'existe qu'eux-mêmes; ils sont, à leurs propres yeux, le centre du monde; bien plus, ils sont le monde tout entier. A peine si les êtres humains qui vivent ou passent à leur côté leur paraissent avoir juste l'importance et la taille de ces animalcules que nous avons vus, comme une poussière sur les pruneaux et les figues de M. Florentin Lejoly.

L'admiration, les gâteries des parents déterminent ces excès de personnalité qu'une saine et intelligente éducation eût le plus souvent réprimés.

Cécile se leva pour partir, suivie de Jacques qui s'arrêta sur le seuil, et dit d'une voix émue :

— « Ma sœur, mon père, vous ne m'adressez pas de reproches?

— « A quoi bon? mon fils, répondit M. Dumay; le mal est accompli; tâche de le réparer énergiquement, comme tu le dois.

— « Oui, notre père a raison, » dit simplement Suzette, en serrant la main de Jacques.

Sylvain, sans parler, fit de même. Et bientôt la voiture s'éloigna, roulant vers Bois-Maillard.

Sylvain n'avait pas encore prononcé un seul mot; il s'assit, tout pâle, l'air accablé.

« Si tu allais perdre le pain de nos enfants, je connais ton cœur, il se briserait! » lui avait, entre autres choses, répondu sa femme, le jour où il lui déclarait sa volonté de lancer leurs six mille cinq cents francs dans l'affaire des phosphates. Devant la pâleur et le morne silence de son mari, Suzette se rappelait ses paroles.

Alors, commandant à son propre cœur, pourtant bien gros, et à ses larmes, qui, en coulant, l'eussent soulagée, elle dit doucement à Sylvain qu'il fallait maintenant oublier le passé, et reprendre toute l'énergie nécessaire pour assurer le pain du lendemain.

Il écouta un moment cette voix pleine de douceur et de raison, puis murmura :

— « Le pain, je l'ai jeté : et, pour en gagner de nouveau, il faudrait l'argent que je n'ai plus.

— « C'est vrai, dit M. Dumay, le blé qui donne le pain, il faut d'abord le semer, puis attendre longuement l'heure de la récolte; et cela ne peut se faire sans une avance d'argent.

— « Père, reprit douloureusement Sylvain, vous m'avez confié une ferme et des terres florissantes, et je vais les laisser s'appauvrir, se ruiner dans mes mains; ma situation est terrible. »

Maman Suzette regarda anxieusement son père, attendant sa réponse. Après un moment de réflexion, il dit :

— « Tu te rappelles, ma fille, la triste année où fut incendiée notre maison et tu sais comment je pus échapper à la ruine menaçante, à la cruelle nécessité de vendre la terre familiale et d'aller offrir à autrui l'emploi de mes bras, ou de m'expatrier avec vous. Eh bien! ce que je fis alors, je le ferai de nouveau. J'hypothéquerai encore une fois, au Crédit Foncier, une partie de mon bien, depuis longtemps libéré de toute dette. Vous aurez ainsi l'argent qu'il vous faut. La nécessité excuse l'emprunt qui, en soi, est chose mauvaise, périlleuse. Je m'arrangerai d'ailleurs pour que tes frères n'aient pas à en souffrir; et Sylvain, je n'en doute pas, s'efforcera d'éteindre au plus vite cette dette. Je l'ai déjà dit : la terre reste, tout peut être sauvé! »

Maman Suzette embrassa son père avec effusion, tandis que Sylvain, très ému, sans un mot, tendait la main à M. Dumay qui la pressa.

A ce moment, les enfants rentrèrent de l'école. Marguerite, avec sa délicatesse native, lut vite sur les visages que quelque chose de grave s'était passé; elle s'informa timidement.

Sa mère, tout en prenant les précautions indispensables pour sauvegarder la dignité paternelle, lui répondit qu'on venait de recevoir la nouvelle d'une grosse perte d'argent, mais que cette perte se réparerait par beaucoup de travail.

— « Nous travaillerons avec vous, dit Marguerite bravement.

— « Certes, oui! » s'écria Pierre avec l'accent d'un enfant intelligent et affectueux.

Petit Paul fit gentiment chorus et les parents, touchés, embrassèrent ces bons petits cœurs.

Au souper, Sylvain mangea peu; et dès que le service de la ferme fut achevé, il se retira dans sa chambre.

— « Ah! père, dit alors douloureusement Suzette, pourvu que ce coup ne l'ait pas trop durement frappé! »

68. — Temps difficiles.

Le printemps fut hâtif et magnifique; dès les premiers jours de février, le doux soleil brilla dans le ciel bleu, attiédissant l'air. Bientôt les bourgeons gonflèrent, s'épanouirent. Mars vit les arbres feuillés comme rarement ils le sont en avril.

Cerisiers, pruniers, poiriers fleurirent en bouquets blancs et roses, et de joyeuses espérances fleurirent aussi dans le cœur des hommes.

Les journaux rappelèrent les rares années des siècles passés restées célèbres par leur douceur : 1121, où au

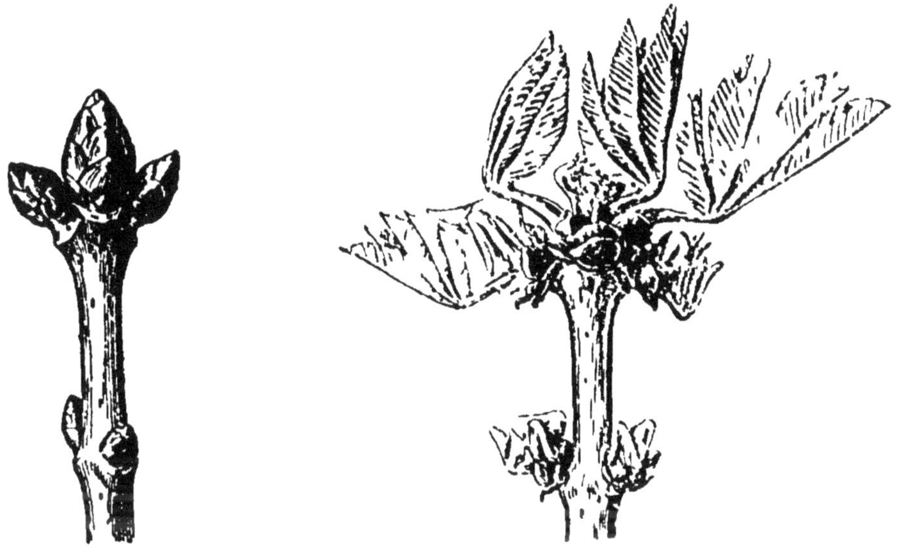

Bourgeons de marronnier.

Les feuilles et les tiges nouvelles sortent des bourgeons. Dès que l'arbre est feuillé au printemps, commencent à pointer les bourgeons contenant les feuilles et les tiges de l'année suivante. Ayant à protéger des embryons très délicats contre l'ardeur de l'été et la rigueur de l'hiver, ces bourgeons sont revêtus, à l'extérieur, d'écailles dures, et, capitonnés, à l'intérieur, d'un duvet soyeux.

La gravure ci-dessus représente : à gauche, l'état des bourgeons en hiver, et, à droite, leur développement au printemps.

mois d'avril on mangea du raisin cueilli aux treilles; 1572, où les blés épièrent à Pâques; 1692, où, même dans les pays du Nord, on n'alluma pas de feu pour se chauffer.

Un peu relevé de son abattement, Sylvain disait :

— « Si cette année finit comme elle commence, elle donnera deux récoltes et réconfortera bien des gens.

— « Oui, répondait à cela M. Dumay, il y a des années

bénies, trop rares, hélas! mais il y en a beaucoup plus qui, débutant par des fleurs, finissent par des ronces. Nos anciens le savaient bien lorsqu'ils disaient : « Quand mars fait avril, avril fait mars. »

Et, en effet, avril fut mauvais; la bise, la gelée, la neige, le grésil, de brusques variations de température détruisirent

La basse cour.

La basse-cour est l'enclos où vivent les volailles. Les animaux de la basse-cour sont précieux dans une ferme, d'autant plus qu'ils se nourrissent à très bon compte de débris et de grains.

Dans la basse-cour vivent en bonne intelligence les poules et les coqs, les canards (1), les oies (2), les pintades, les dindons (3). La nourriture doit être distribuée aux volatiles à heure fixe. Les poules cependant ne vivent pas seulement des grains qu'on leur jette, mais encore d'herbes, de salades, d'oseille et même de vers de terre et d'insectes. On aura soin d'entretenir dans un réservoir de l'eau propre pour servir à la boisson des animaux de basse cour.

les premières fleurs; puis vint un été sec, accompagné d'un hâle qui acheva de brûler la végétation languissante. Tout souffrit, sécha sur pied; il n'y eut ni primeurs, ni fruits au jardin, ni grains, ni fourrages, ni racines aux champs.

L'élevage des volailles fut aussi difficile que coûteux;

les frais doublèrent ; le travail opiniâtre ne donna qu'un maigre rendement.

Quand vint l'heure des comptes annuels, les recettes excédèrent les dépenses de 38 francs seulement. Où étaient les six mille cinq cents francs qui eussent été d'un si grand secours à cette heure ?

Il ne restait qu'une avance de 475 francs sur les 1500 empruntés au Crédit Foncier. Sylvain et Suzette avaient prié M. Dumay de ne pas demander une somme plus forte qui eût alourdi le poids de la dette et leur souci de la payer.

Cinq cent treize francs ! C'est là tout ce qu'on avait pour vivre et faire face aux frais de l'exploitation jusqu'à l'année prochaine.

Les prodiges d'économie de Suzette dans l'intérieur de la maison, vous les devinez. Elle réduisit toutes les dépenses, sauf celles de la nourriture qu'elle savait être la force, la vie même du travailleur. Le poêle, pour chauffer, a besoin de sa ration de charbon, et l homme, pour agir, a besoin de sa ration d'aliments.

Quant aux vêtements destinés à couvrir le corps, à le protéger du froid et non pas seulement à le parer, maman les fit durer autant qu'elle put.

Aussi, point d'habits neufs, cette année. Elle sortit du portemanteau tout ce qu'il contenait de hardes ; le meilleur en était encore ce qui restait de la noce de François ; puis elle procéda à l'essayage.

Marguerite, d'abord, fut priée d'endosser la jolie robe gris argent. Hélas ! autant demander à l'oiseau de rentrer, en automne, dans le petit œuf dont il sortit au printemps.

Pierre, Paul n'entrèrent pas mieux dans leurs vêtements bleu marine, pas plus que Madelinette dans sa petite robe.

Les morceaux destinés aux réparations avaient déjà été employés six mois auparavant.

Mais on était, ici, rarement pris au dépourvu ; maman Suzette tira d'un coffre une quantité de chiffons qu'elle y tenait en réserve, lavés. nettoyés, repassés (1), n'attendant que l'occasion d'être utilisés; et, grâce à un morceau d'écossais, noir et blanc, s'harmonisant bien avec le ton gris argent de la robe de Marguerite, non seulement elle l'élargit et l'allongea, mais encore en fit comme une robe neuve (2).

De même celle de Madelinette et les vêtements des deux garçons furent agrandis à leur taille.

Et je vous prie, comment avec de légères étoffes d'été fait-on de chauds vêtements d'hiver? C'est le secret du coffre de Suzette, ce coffre où elle serrait avec soin les moindres morceaux de lainage. Puis, quand elle voyait sa fillette oisive, prête à bayer aux corneilles : « Allons! deux de ces morceaux au bout de vos doigts, mademoiselle! Voilà du fil, une aiguille; assemblez-moi ces deux pièces en surjet. »

Et tous ces restes d'étoffes, autrement sans emploi, mis ainsi bout à bout, formaient, avec le temps, des mètres et des mètres d'une doublure bigarrée, chaude, merveilleusement propre à renforcer les tissus trop légers (3).

C'est ainsi que la famille se trouva à l'abri des terribles morsures du froid (4).

Mais au prix de quelle activité! Et quelle surveillance dans la distribution des divers travaux de la maison! Car il faut beaucoup d'ordre pour mener à bonne fin la tâche de la journée; sinon, on se débat, on se noie dans une agitation bruyante et stérile.

Suzette ne se plaignait que d'une chose, c'est que les journées n'eussent pas au moins trente-six heures : elle savait toutefois que notre terre est encore une des planètes les plus favorisées du système solaire au point de vue de la durée de son jour, et elle se contentait, ne pouvant allonger le temps, de n'en pas perdre une seconde.

Mais, chaque soir, lorsque tardivement sa lampe s'étei-

LIRE A L'APPENDICE : 1. *Nettoyage des étoffes au bois de Panama.* — 2. *Diverses manières d'élargir et d'allonger une robe.* — 3. *Ce qui rend les vêtements chauds ou frais.* — 4. *Effet du froid sur la vieillesse et sur la première enfance.*

gnait enfin, Suzette eût pu se répéter ce dicton des pauvres gens :

« Autant de journées passées,
Autant de batailles gagnées. »

Sylvain, devant ce travail incessant, se désespérait.

Au pied d'un tas de fourrage, Sylvain gisait sur le sol, inanimé...

« Qui, disait-il, avait imposé ce surmenage à une compagne si chère? Lui, lui seul! » Cette pensée et le remords l'accablaient de plus en plus.

Il pâlissait ; cette mauvaise année finissant par des ronces après avoir commencé par des fleurs, ainsi que le disait M. Dumay, lui porta le dernier coup : il perdit l'appétit et le sommeil, si nécessaires cependant au renouvellement de nos forces (1).

De temps à autre il lui prenait des éblouissements, ce qui est le signe d'une grande faiblesse.

Suzette déjà attristée commençait à s'alarmer; les soins les plus tendres, les paroles d'encouragement semblaient n'avoir plus de prise sur lui.

Un matin, trouvant son mari plus défait qu'à l'ordinaire, après une nuit d'insomnie, elle le pria si instamment de ne pas sortir qu il répondit :

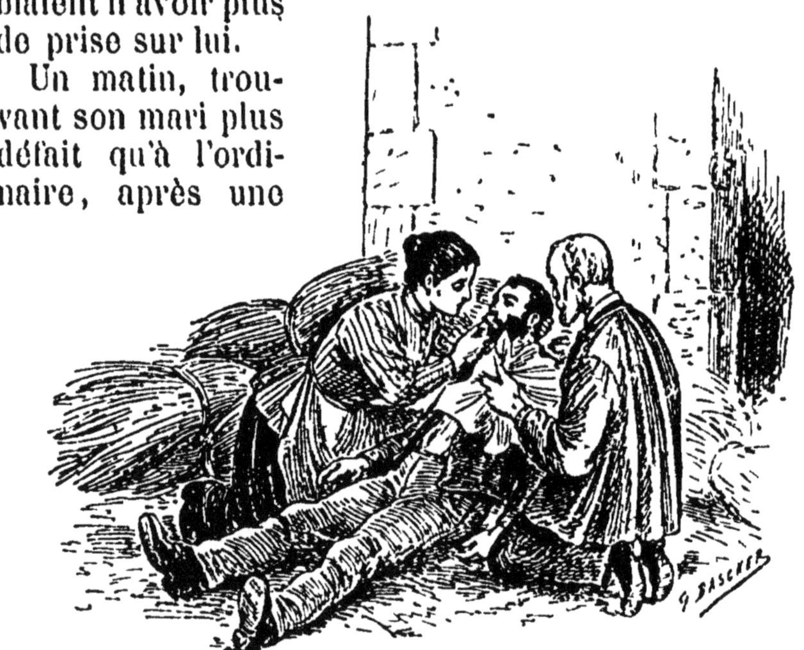

Tous deux donnèrent promptement les premiers soins au blessé ..

— « Eh bien! je vais seulement donner la provende aux bêtes, et je reviens. »

Maman Suzette, retenue auprès de sa petite Madeleine qui toussait (2) depuis une semaine, attendit son retour, et, comme il tardait, elle prit, tout inquiète, le chemin de la grange.

Là, au pied d'un tas de fourrage, Sylvain gisait sur le sol, inanimé. Il était tombé du haut de la grange

---

LIRE A L'APPENDICE : 1. *Réparation des forces pendant le sommeil.* 2. *Toux.*

Suzette le crut mort et appela au secours.

M. Dumay accourut. Tous deux donnèrent promptement les premiers soins au blessé. Ils éventèrent d'abord son visage avec un mouchoir, pour accélérer l'entrée de l'air dans les poumons, puis lui firent respirer du vinaigre et lui en frottèrent les tempes afin d'exciter la sensibilité.

Sylvain se ranima enfin et put expliquer, en quelques mots, qu'il avait été pris d'un éblouissement et précipité du haut d'un tas de fourrage. Aidé de sa femme et de son beau-père, il parvint cependant à se relever, et à gagner avec peine la maison, où on le mit au lit.

69. — La garde-malade.

Et vite M. Dumay attela la carriole pour courir chercher le médecin à six kilomètres de la ferme.

Au bout de deux heures, il arriva.

L'auscultation de la poitrine du blessé ne révéla, heureusement, rien de grave à l'intérieur. Extérieurement tout se bornait à une contusion au bras, une autre à la jambe et à une assez forte courbature de tous les membres, qui céderait à quelques soins et surtout au repos.

Ensuite le docteur remarqua la coloration jaunâtre du teint et du blanc des yeux du patient.

— « Eh bien! dit-il à maman Suzette en sortant de la chambre, le foie est malade, et depuis quelque temps déjà; le pauvre garçon est atteint de la maladie des gens qu'un souci tourmente. »

Il savait les revers de fortune de cette maison et l'état d'abattement auquel s'était laissé aller Sylvain.

— « Voilà! reprit-il; l'énergie morale est aussi utile que l'hygiène. Quand l'homme s'abandonne et perd courage, la nature l'avertit d'abord par de légers malaises. S'il refuse d'entendre, elle frappe un coup plus fort; c'est la maladie. L'homme alors, terrassé, n'ayant plus la force de lutter contre son propre intérêt, laisse agir la nature, qui, peu à peu, le ramène à la santé et à la notion du devoir. « Si tu ne mets raison en toi, elle s'y mettra malgré toi. »

Il écrivit une ordonnance, et ajouta, en partant, que le malade, ayant un tempérament sain et robuste, serait hors d'affaire dans une quinzaine de jours; mais qu'une convalescence assez longue suivrait et exigerait encore de grands soins.

Ah! les soins, ce n'est pas ce qui allait manquer! on en connaissait ici l'importance : l'effet des médicaments dépendant beaucoup de la vigilance, du dévouement, du savoir des garde-malades.

Or les meilleures, les vraies garde-malades se préoccupent non seulement d'administrer les potions ordonnées, mais encore de veiller à l'hygiène, et, surtout, d'aérer la chambre du patient à qui il faut un air pur (1), c'est-à-dire un air riche en oxygène. L'oxygène est la grande source de toute vie sur notre globe.

Maman Suzette commença donc par débarrasser la pièce de tout ce qui n'y était pas strictement indispensable, pour donner le plus d'espace possible à l'air; puis, d'heure en heure, elle la ventilait.

Ventiler (2) est une opération très nécessaire, et aussi très simple, qui consiste la porte de la chambre étant fermée, à ouvrir largement la fenêtre pendant quelques secondes. L'air du dehors entre à flots, et, comme il est plus lourd, plus dense que l'air chaud et vicié du dedans, il pèse sur celui ci et le chasse.

S'il y a une cheminée, comme c'était le cas ici, l'expulsion est complète. C'est pourquoi une cheminée dans une chambre à coucher est très utile, et plus encore pour la ventiler que pour la chauffer.

Après cette purification, maman Suzette refermait la fenêtre pour la rouvrir en temps voulu.

Pendant huit jours, elle se tint au chevet du malade,

LIRE A L'APPENDICE : 1. *Maladies ayant pour origine le manque d'air pur.* — 2. *Ventilateurs* tout attentive à ne pas trahir l'inquiétude qui, malgré l'espérance donnée par le docteur, la minait.

Autrefois, son père avait perdu de si bonne heure la compagne de sa vie, la mère de ses quatre petits enfants ; à cette heure encore, il n'y pensait pas sans larmes. Et elle, maman Suzette, allait-elle aussi, dans

Ventiler la chambre d'un malade est une opération très nécessaire.
(La flèche indique la direction suivie par l'air du dehors vers la cheminée.)

sa jeunesse, perdre son cher Sylvain, le père de Marguerite, de Pierre, de Paul, de sa petite Madeleine ! Allait-elle demeurer seule, avec cette inconsolable douleur !

Elle n'avait pas besoin de recommander le silence aux enfants. Élevés gravement, ils sentaient bien l'inquiétude de leur mère et de leur grand-père. Marguerite, d'elle-même, avait pris la place de maman auprès de ses frères, comme autrefois, Suzette, auprès des siens ;

elle préparait leurs repas, les servait à table, veillait à leurs devoirs d'écoliers, soignait surtout la petite Madeleine. Les fillettes sont d'une grande ressource dans un ménage malheureux.

Et M. Dumay disait :

— « Dans sa toute jeune enfance, j'appelais déjà Marguerite « Suzette II » ; je l'avais bien nommée. »

Enfin la fièvre (1) de Sylvain cessa ; le médecin, un matin, prononça les paroles qui relèvent le cœur des affligés et tarissent leurs larmes : « Nous voilà hors d'affaire ! »

Marguerite avait pris la place de maman ...

La convalescence commença.

Le convalescent donne de grands soucis encore ; il exige une nourriture particulière dont les frais sont bien lourds pour une maison où l'argent manque ; tout le monde sait cela.

Aussi Mme Valon vint-elle offrir amicalement sa bourse à Suzette.

Déjà François et Lucie étaient accourus de Cambrai à Fragicourt pour voir le malade et faire les mêmes offres. De Paris, Mme Richard, par une lettre, proposa aussi ses services. Mais maman Suzette refusa l'aide de ces cœurs généreux.

— « Vous n'êtes pas riches, leur dit-elle, et je ne sais à quelle époque nous pourrions restituer cette avance ; je crois, d'ailleurs, avoir trouvé le moyen de sub-

Lire à l'appendice : 1. *Fièvre*.

venir à ce surcroît de dépense sans nuire au reste de la famille. Au cas seulement où, soit mes enfants, soit mon père, viendraient à en souffrir, je vous rappellerais votre offre cordiale ; car, il ne faut pas pousser la délicatesse jusqu'à se laisser mourir soi et les siens, faute d'accepter la bourse que vous tendent si généreusement de bons parents ou de bons amis. »

Et le moyen d'échapper à l'emprunt, c'était, pour maman Suzette, d'équilibrer l'augmentation des frais de l'alimentation du malade par une diminution correspondante pour les valides, tout en entretenant ceux-ci

Morue.

La morue est un gros poisson dont la taille peut dépasser un mètre, son poids atteint parfois jusqu'à 40 kilos. On trouve la morue dans les mers du Nord et principalement sur les côtes d'Islande, du Groenland et du Labrador.

La pêche de la morue constitue une industrie très importante : 400 vaisseaux français, montés par près de 12 000 marins, vont pêcher ce poisson dans les régions du Nord. On conserve la morue en la salant, ou en la faisant sécher. C'est aussi de ce poisson que l'on retire l'*huile de foie de morue*, dont l'emploi est très répandu en médecine.

en bonne santé. En effet, quel mauvais calcul c'eût été que de faire plusieurs malades pour en guérir un !

Les livres et son observation personnelle lui avaient appris que la nourriture journalière, suffisante à notre organisme, doit lui fournir 19 grammes et demi d'azote pour la réparation des tissus et 283 grammes de carbone pour l'entretien de la chaleur vitale. Elle savait que cette dose indispensable peut s'obtenir avec des aliments coûtant plus ou moins cher selon leur provenance ; qu'il y a des denrées plus riches en matière azotée, plus nutritives que la viande même et coûtant trois et quatre fois moins cher (1) : par exemple, la morue salée, dont

---

LIRE A L'APPENDICE : 1. *Ration journalière du soldat français.*

le sel, les arêtes laissent à peine 110 à 115 grammes de déchet par kilogramme, quand la viande en donne 250 pour le même poids (1). La viande coûte 2 francs à 2 fr. 40 le kilogramme, et même plus cher dans les villes; la morue se vend 60, 70, 80 centimes.

Les lentilles, les haricots, les fèves, les pois, très riches également er substance nutritive, ne le cèdent en rien à la viande, sinon qu'ils se digèrent moins facilement qu'elle, à cause de la pellicule qui les enveloppe. Mais une habile ménagère sait, par une cuisson appropriée, remédier à ce défaut, et d'ailleurs les jeunes estomacs sont robustes à digérer des pierres, comme on dit. Quant au grand-papa, sa santé était bonne : il suffirait pour lui de quelques précautions (2).

Rameau d'olivier.

L'olivier est un arbre qui ne peut croître que dans les contrées où la température de l'hiver reste douce et régulière, comme la Provence, l'Espagne, l'Italie, la Grèce, l'Asie Mineure, la Syrie ; le fruit de cet arbre, l'*olive*, est charnu et renferme un noyau très dur. Les olives se récoltent à la fin de l'automne ; on en tire une huile excellente pour la table. On cueille aussi les olives avant leur complète maturité pour les confire dans le sel, après les avoir laissées séjourner 24 heures dans une lessive de potasse ; il s'en fait ainsi une grande consommation. L'olivier prospère en France et sur le littoral de la Méditerranée ; Marseille est le centre du commerce de l'huile d'olive.

Les corps gras, producteurs de calorique, la graisse, le beurre, l'huile, autant de matières à combiner pour en faire des menus variés, la variété dans l'alimentation étant chose très nécessaire aussi.

Maman Suzette arriva donc à nourrir suffisamment sa petite famille, ainsi que son père et elle-même, avec une somme qui mettait le prix des rations journalières à 25 ou 30 centimes par tête ; somme minime avec laquelle bon nombre de gens, pourtant, sont condamnés à vivre, mais souvent fort mal, parce qu'ils ignorent ce qu'on peut tirer de ces quelques sous.

LIRE A L'APPENDICE : 1. *Déchet que donne le poisson comparé à la viande.* — 2. *Alimentation des vieillards.*

Combien de ménages, même sans avoir un malade à leur charge, tombent dans la pauvreté, faute de connaître un peu la nature des denrées, leurs qualités nutritives, nos besoins vitaux et l'arithmétique!

Sylvain, lui, grâce à l'économie expérimentée de sa femme, ne fut nourri que de laitage, d'œufs frais, de viande grillée, de poulet rôti ; il buvait du vin blanc coupé d'eau, sur l'ordonnance du médecin : celui-ci avait interdit les aliments gras, les féculents, dont la digestion est plus spécialement l'œuvre du foie (1). Et celui de Sylvain, éprouvé par la maladie, avait besoin de repos, tandis que l'estomac et les autres parties du tube digestif travailleraient, grâce à une nourriture appropriée, à reconstituer les forces du malade.

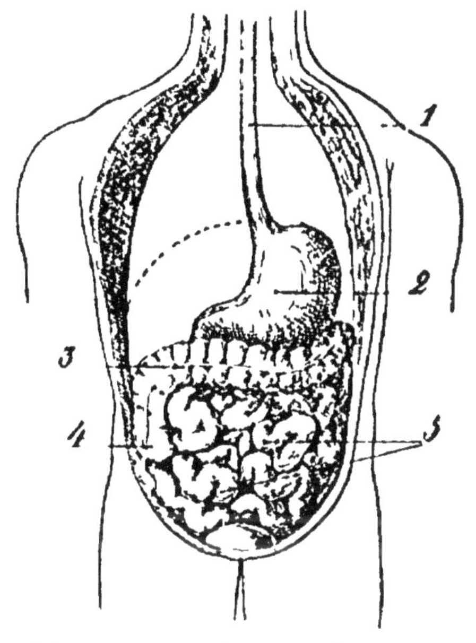

L'estomac et le tube digestif.

1. Œsophage. — 2. Estomac. — 3. Gros intestin. — 4. Cæcum. — 5. Intestin grêle.

70. — Renouveau.

Ne devenons pas pauvres par notre faute : car la pauvreté est alors une humiliation.

Les enfants de l'école de Fragicourt connaissaient sans doute le sens du mot : pauvreté, et ils savaient aussi dans quel malheureux état de fortune se trouvaient les fils Sylvain, car un jour quelques-uns traitèrent le petit Paul de « pauvre ».

Celui-ci, tout chagrin, le raconta à sa mère, qui répondit :

— « Mon enfant, dis-moi, manges-tu à ta faim ?

— « Oui, maman.

— « Es-tu couvert contre le froid ?

Lire à l'appendice : 1. *Les trois actes de la digestion*

— « Oui, maman.

— « Quand tu lances ta balle, ton bras manque-t-il de force? Quand tu veux courir, tes jambes refusent-elles de te porter?

— « Non, maman.

— « Et lorsque tu apprends tes leçons et fais tes devoirs de classe, la mémoire te manque-t-elle, ton cerveau est-il fatigué?

— « Non, maman.

— « Eh bien! qui est à l'abri de la faim et du froid, qui a les membres solides et qui garde la santé de l'esprit, celui-là n'est pas pauvre. »

Le pauvre, en effet, est l'infortuné qui, insuffisamment nourri et vêtu, vivant sans hygiène, perd ses forces physiques et intellectuelles.

Maman Suzette pensait là-dessus comme le grand savant Liebig qui disait : Si deux hommes, nourris, l'un copieusement de viande et de pommes de terre, l'autre, parcimonieusement de pommes de terre seules, voyaient surgir sur leur chemin une difficulté, ils l'envisageraient très différemment : le premier ne songerait qu'à la vaincre, le second qu'à la fuir. Ce chemin, c'est celui de la vie, et ces hommes c'est nous-mêmes.

On n'était donc pas encore pauvre chez nos amis de Fragicourt, et, si la pauvreté guettait devant la porte, elle n'entra pas.

Aussi, peu à peu, les forces revenaient-elles au convalescent, en même temps que tout dans la nature reprenait vie et gaieté sous les premières tiédeurs du printemps nouveau.

Un matin que maman Suzette s'occupait dans le jardin à semer, sous châssis, des laitues et des radis de primeur, qui se vendent si bien dans les villes, Madeleine s'approcha, tenant à la main quatre violettes qu'elle venait de découvrir sous leur feuillage : c'étaient les premières de l'année, et elles embaumaient.

— « Eh bien! mignonne, lui dit maman, va porter ces fleurs à papa. »

Madelinette y courut.

Devant la suave fraîcheur de ces violettes, le visage de Sylvain s'épanouit... ses joues se colorèrent, ses yeux s'animèrent; il semblait transfiguré. Souvent, une impression agréable produit de ces heureux changements dans l'état d'un malade (1).

Le papa embrassa l'enfant, et, lui prenant la main tout en se levant de sa chaise, il lui dit :

— « Viens, ma chérie, je veux aller remercier maman. »

Au bruit des pas, maman Suzette se retourna, et, en apercevant son mari, poussa un cri de joyeuse émotion.

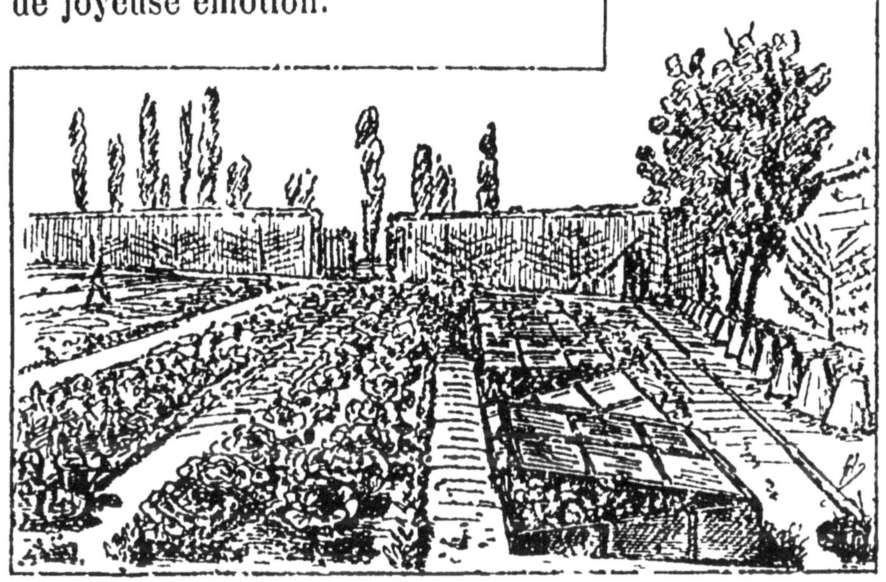

Châssis vitrés dans un jardin maraîcher.

Grâce à ces abris transparents, doués de la propriété d'emmagasiner la lumière avec la chaleur, les plantes et les légumes germent et fructifient beaucoup plus vite, et devancent ainsi la saison

— « Oui, dit-il, c'est moi! Je suis guéri ! .. tout à fait guéri par ces fleurs et par la main qui me les a envoyées ! »

Et, en vérité, Sylvain n'était plus le même homme ; sa pâleur, la langueur de ses yeux, la faiblesse de sa voix avaient disparu.

LIRE A L'APPENDICE : 1. *La tristesse retarde la guérison.*

Il prit le bras de sa femme et, précédés de Madelinette, ils parcoururent ensemble le jardin.

Les petites herbes pointaient; les groseilliers tout feuillés annonçaient le renouveau.

Groseillier à grappes, groseillier à maquereau, groseillier noir.

Le groseillier à grappes (B) donne des fruits qu'on emploie surtout pour faire des confitures et des sirops. Les fruits du groseillier à maquereau (A) sont gros et épineux, mais d'un goût agréable. Quant au groseillier noir ou cassis (C), il porte des fruits noirs, d'un arome peu agréable, qui sont utilisés pour la fabrication de la liqueur appelée *cassis*.

Et déjà tout était en ordre, les carrés de culture bêchés, désherbés, les arbres taillés.

— « Ah! chère femme, dit-il, tu n'as pas chômé! »

Sans répondre, elle l'entraîna près de la haie et, étendant la main, lui montra, à distance, leur vieux père qui, là-bas, marchait à pas lents, semant dans le sillon la graine nourricière.

— « Oui ! murmura Sylvain, après un moment, j'ai été un paresseux, quelque chose comme un lâche, et je me suis laissé accabler sous un premier coup, alors que l'homme vraiment digne de ce nom doit rester debout et ferme contre tous les malheurs. Ainsi a fait ton père et ainsi fais tu toi-même, Suzette. »

Il l'emmena vers M. Dumay.

— « Père, dit-il, en l'abordant, me voici de retour. Donnez-moi ces semences; vos vieux bras ont assez travaillé pendant que je dormais. Je vais rattraper le temps perdu. »

Sylvain prit le sac et se mit à semer sous les yeux joyeux du père et de Suzette...

M. Dumay l'embrassa :

— « Je t'attendais, mon fils, te sachant du cœur, lui dit-il. Aujourd'hui est un heureux jour et que suivra, sans doute, une année meilleure que celle qui nous a tant coûté. Il y a un instant, mon fils Jacques est passé par ici; il est dans les mêmes dispositions d'énergie que toi. Il a pris le commandement dans sa maison; il voit pleurer Cécile, sans trop s'émouvoir; ah! l'adversité est une rude école, mais elle est nécessaire à certains caractères. Allons, courage! et prends mon sac de semences. »

Sylvain prit le sac que lui tendait M. Dumay et se mit à semer, sous les yeux joyeux du père et de Suzette.

71. — Deux anniversaires.

Vous rappelez-vous ces jalons, peints en rouge, traversant en file indienne la plaine de Fragicourt, où ils représentaient un chemin de fer en espérance?

Comme tout finit par arriver, même un chemin de fer longtemps attendu, la procession des jalons a maintenant cédé la place à une longue suite de rails, et sur ces rails circulent de nombreux trains.

Les gens vont, viennent, les échanges se multiplient. Fragicourt a, lui aussi, sa petite gare.

Là s'amassent des caisses à claire-voie, laissant apercevoir de belles volailles grasses et blanches, prêtes à partir pour la broche.

Sur les caisses on lit ces mots :

Envoi de Sylvain Manceau, à Fragicourt.

Et voici toute une rangée de paniers de primeurs sur lesquels on lit également :

Envoi de Sylvain Manceau.

Puis, d'autres paniers, les uns pleins d'œufs, les autres contenant du beurre, et de grandes boîtes à lait portant la même indication.

A côté, s'étalent des expéditions du même genre, mais au nom de Jacques Dumay, de Bois-Maillard.

C'est le chemin de fer qui a sauvé, en partie, nos deux fermiers; les villes, qui n'ont pour manger que ce que produit la campagne, payent bien les bonnes denrées que le producteur leur envoie, et celui-ci s'enrichit, surtout s'il est assez habile pour ne pas laisser le plus gros du profit entre les mains de trop nombreux intermédiaires.

Le travail, l'ingéniosité des méthodes de culture et d'élevage appliquées par Sylvain, par maman Suzette et par Jacques, et aussi les bonnes récoltes, ont achevé de rendre à la famille sa première aisance.

Mais il a fallu six ans pour relever ainsi la situation compromise par un coup de folie, une mauvaise année et une maladie.

Au bout de ces six ans, l'emprunt était remboursé, la ferme achetée à M. Dumay, le pré que vous savez, irrigué. Ce pré nourrit maintenant ses trois vaches qui y paissent grassement et rendent en bon lait savoureux, en beurre, en fromage, l'eau dépensée pour elles.

Fragicourt a, lui aussi, sa petite gare. .

Et tout le reste à l'avenant.

Nos enfants de Fragicourt, à qui la double nourriture matérielle et morale a été prodiguée avec intelligence et tendresse, grandissent en une belle et robuste jeunesse, pleine d'espérance.

Marguerite, qui, par la taille, l'expression de sa physionomie, ressemble de plus en plus à sa mère lorsqu'elle était jeune fille, étudie pour devenir institutrice. Mme Valon veut qu'elle lui succède à Fragicourt. Ce sera un honneur pour la famille Dumay.

Pierre est un grand et beau garçon: il prépare son examen d'entrée à l'École d'agriculture. Cette nouvelle ferait peut-être rire M. Florentin Lejoly, qui, depuis la « grande épicerie des connaisseurs », a fait du chemin, vendant à Lille des souliers, puis des casquettes à Bordeaux, des parapluies à Lons-le-Saunier, de la bijouterie à Limoges, de la quincaillerie à Brest, de la parfumerie à Poitiers, et qui débite à cette heure du cirage à Carpentras. Toujours vendant, toujours trompant, il court après la fortune qui paraît le fuir de plus en plus.

Petit Paul travaille bien; il a la tournure d'esprit de l'oncle François, et se sent plutôt porté vers la mécanique que vers le labourage.

Vive et gaie comme un pinson, Madelinette lit, écrit et compte déjà gentiment. Elle est la joie de la maison.

Malheureusement les enfants de Bois-Maillard ne suivent pas les traces de leurs cousins. Il était trop tard quand Jacques a ressaisi la direction de sa famille. L'éducation, vous le savez, doit commencer dès le plus jeune âge et, dans cette maison, les mauvais plis étaient pris depuis bien longtemps. C'est ainsi que Mlle Françoise pense surtout à passer pour la plus riche de la famille et du pays et que cette mesquine idée suffit à lui faire tenir la tête très haute. Sa mère n'y voit pas de mal, d'autant qu'avec le retour de l'aisance, elle compte bien reprendre elle-même ses triomphantes robes de soie et ses grands airs.

M. Claude est un vrai tyran pour cette mère, à qui Mlle Françoise commande aussi, et tous deux sont sans égards pour elle. Mme Jacques subit le sort douloureux des mères qui ont trop sottement gâté leurs enfants.

On peut lui prédire une vieillesse moins heureuse que celle de son beau-père dont on fête aujourd'hui joyeusement le soixante-huitième anniversaire.

Tous les siens sont réunis autour de lui pour cette solennité :

François et Lucie sont venus de Paris, car François a eu l'avancement que lui ont mérité ses efforts et son travail intelligent; il est accompagné de deux gentils enfants, la petite Suzanne et le petit Denis. L'oncle Charles, qui, après trois années passées auprès de Jacques, vient de prendre, à son compte, une bonne ferme dans les environs, ne manque pas non plus à la fête.

M. et Mme Valon sont là avec leur fils Georges, établi médecin à Fragicourt.

Même le brave Tiennet, devenu un enfant de cette maison où on l'élève aux travaux des champs, depuis dix-huit mois que la pauvre Ludivine a quitté ce monde sans avoir hélas! revu son Vincent.

L'aïeul est dans son fauteuil; il promène ses regards souriants sur toute sa famille.

Et chacun passe tour à tour devant lui, pour offrir son bouquet et ses souhaits de longue vie.

Il répond :

— « Longue vie! oui, mes enfants, je le veux bien ; grâce à vous, la vieillesse m'est légère et douce : « La vieillesse loue la vie, comme le soir loue le jour; » je peux me compter parmi les heureux. Mais, écoutez : en même temps que mon anniversaire de ce 2 septembre, il y en a un autre à célébrer... — Il s'arrête une seconde, tout le monde prête l'oreille, puis il reprend : — C'est, voyez si j'ai bonne mémoire! c'est aussi un 2 septembre que la direction de ce logis familial, privé comme moi de votre pauvre mere, fut prise en main par une autre maman, une ménagère, alors toute petite de taille, mais déjà grande par le cœur et le bon vouloir. Depuis, ce cœur, cette énergie aidés par l'expérience, le savoir, ont soutenu et sauvé la maison. Car, sachez-le, sans la tête prévoyante, éclairée et les mains habiles de la femme telle que je l'ai vue... que je la vois encore, il n'y a pas de maison qui puisse vivre et prospérer. Eh bien! mes enfants, j'ai songé, ce matin, que vous tous, en me fêtant aujourd'hui, vous deviez aussi fêter cette bonne âme bienfaisante, ma fille, ma fille chérie! et c'est pourquoi je vous ai ainsi parlé. »

En prononçant ces derniers mots, M. Dumay a pris les bouquets; au milieu de l'attendrissement général, il les dépose devant Suzette.

Et Suzette, dont les yeux sont mouillés des plus douces larmes, se jette dans les bras grands ouverts de son vieux père.

APPENDICE [1]

RENSEIGNEMENTS, PROCÉDÉS ET RECETTES UTILES

A

Alimentation des enfants d'un à deux ans. — Après le sevrage, c'est-à-dire à partir d'un an jusqu'à dix-huit mois, alimentation plutôt simple que variée et surtout lactée : potages liquides tels que panades, tapioca et bouillie au lait. De temps à autre, un peu de pomme de terre écrasée ou de pain émietté, arrosés de jus de viande bien dégraissé. A partir de dix-huit mois, nourriture plus solide que liquide : mêmes potages plus épais; on donnera plus fréquemment de la pomme de terre et du pain trempés de jus de viande. On y ajoutera des œufs à la coque, des fruits cuits en compote, en marmelade, etc. Ce n'est que vers deux ans à deux ans et demi, quand l'enfant sera muni de sa première dentition, qu'on introduira la viande dans son régime. Le porc sera interdit. Ne pas négliger le sel dans les aliments, c'est un excellent préservatif contre les vers intestinaux. Habituer les enfants à bien mâcher, la digestion dépendant en grande partie de la mastication.

Alimentation des vieillards. — La digestion se fait plus lentement chez les gens âgés que chez les personnes jeunes. Il ne faut pas dépenser le peu de forces qui subsistent à digérer des aliments lourds et peu nutritifs. Aussi devra-t-on donner

(1) Nous rappelons que l'auteur a réuni dans les pages qui suivent, et par ordre alphabétique, bon nombre de renseignements utiles qui ne pouvaient trouver leur place dans le récit. Nous insistons tout particulièrement pour que ces renseignements soient lus avec soin par les jeunes filles ; ils leur donneront une foule d'indications générales dont elles seront à même de faire leur profit tôt ou tard. On pourrait, en effet, appeler cet appendice le *guide de la ménagère*.

aux vieillards des viandes blanches et tendres, des bouillons, des potages, du lait, des œufs, des légumes frais, des fruits cuits, le tout par petite quantité, car les gens âgés n'ont plus à construire, c'est-à-dire à former des tissus nouveaux, mais seulement à entretenir.

Aliments plus spécialement producteurs de calorique. — 1° Les corps gras : beurre, huile, graisse; 2° la fécule, qui forme, on le sait, la plus grande partie des grains des céréales, des graines légumineuses, des pommes de terre et autres tubercules; 3° le sucre, qui se trouve non seulement dans la canne à sucre et la betterave, mais encore dans une grande quantité d'aliments : carottes, oignons, navets, citrouille, potiron, dans la farine des graminées et dans tous les fruits en plus ou moins grande quantité.

D'après le savant Liebig, 100 parties de graisse produisent autant de calorique que 240 parties de fécule, 249 de sucre et 770 de maigre de viande.

Allumage du feu. — Tous les combustibles ne sont pas également inflammables. Il faut la chaleur d'un petit brasier pour embraser la houille, tandis que la paille, les copeaux, le papier prennent feu au contact d'une seule allumette, et que celle-ci flambe à un simple frottement. Pour l'allumage d'un feu, il suffit de mettre en contact des substances de plus en plus inflammables, de façon qu'elles s'embrasent l'une l'autre de proche en proche. Donc, placez d'abord le papier, la paille ou les copeaux, puis le menu bois ou la braise, puis un peu de houille, sans les tasser, afin que l'air puisse circuler librement autour de ces divers combustibles, car l'air est, quoique invisible, le principal agent de toutes les combustions.

B

Beurre. — Le beurre ne se fabrique pas; il existe tout fait en globules microscopiques dans le lait ou plutôt dans la crème : le lait contient de 5 à 20 pour 100 de crème, et la crème de 2 à 5 pour 100 de beurre. Il doit sa saveur douce et agréable à la présence d'une matière particulière, subtile et très altérable. La qualité du beurre varie beaucoup selon la nourriture de la vache. Les feuilles de choux, de navets, de poireaux, d'oignons, mangés par l'animal, communiquent à la crème et, par suite, au beurre un goût détestable. Les feuilles de ronce, de hêtre, de pommier, le trèfle rouge l'altèrent aussi, mais leur mauvaise influence ne s'aperçoit qu'à la longue. Quelques feuilles de colchique suffisent à rendre un beurre amer; le trèfle blanc, les prairies de graminées où les vaches errent librement, leur fournissent la nourriture dont on peut attendre le beurre le plus fin. Le barattage (voir la gravure, page 273) a aussi son influence. Obtenu trop rapidement ou trop lentement, le beurre est pâle, médiocre. La température la plus favorable pour le barattage est de 13 à 15 degrés. Lorsque le beurre est battu, il faut le laver à grande eau (celle de puits doit être préférée) et répéter l'opération jusqu'à ce que l'eau reste parfaitement claire. Le lavage a pour objet de débarrasser le beurre du lait aigre qu'il peut encore contenir et qui, si on ne le fait disparaître, y fermente, agit sur la matière grasse, la décompose et forme à sa place des acides à odeur et à saveur désagréables, qui lui donnent son goût de rance.

Même s'il est de qualité parfaite, le beurre s'altère rapidement au contact de l'air. Pour le garder frais, il faut le mettre dans un beurrier et le couvrir d'eau légèrement salée.

Bière. — A l'analyse, la bière se compose d'alcool, de dextrine et de glucose, de substances minérales, d'un principe amer, d'une essence aromatique et surtout d'eau. Elle est nutritive, stimulante, rafraîchissante et saine, à condition qu'on n'en abuse pas.

On falsifie la bière en y remplaçant l'orge et le houblon avec lesquels on la fabrique par des produits moins coûteux, tels que la glucose, le buis, etc. Pour l'empêcher d'aigrir ou de se corrompre, on y ajoute des drogues toxiques. M. Pasteur a cependant démontré que pour faire de la bière de conserve, il suffit de quelques précautions, et, notamment, de purger les brasseries et leurs abords des détritus animaux ou végétaux qu'on y laisse trop souvent séjourner et qui sont les foyers d'où se répandent dans le brassin les microbes de la corruption.

C

Calliphore ou mouche à viande; moyen d'en préserver la viande. — Cette mouche pond ses œufs oblongs et d'un blanc jaunâtre sur la viande cuite ou crue, par petits tas, de place en place, et en si grand nombre que Linné disait : « Trois mouches mangent le cadavre d'un bœuf plus vite que ne le ferait un lion. » Au bout de dix-huit à vingt-quatre heures, selon la température, les œufs éclosent et donnent naissance à de petites larves blanches, sans pattes, à la bouche pourvue de crochets et d'une sorte de dard, qui pénètrent dans la viande et commencent à s'en repaître. Ces larves croissent avec une étonnante rapidité; en deux jours, leur poids est deux fois centuplé; au bout de cinq à sept jours, elles ont atteint leur plein développement. Elles quittent alors la viande nourricière, gagnent un coin obscur, s'enfoncent en terre, si elles le peuvent, et là, se séparent de leur peau, sans la quitter. Celle-ci se dessèche et forme autour de leur corps une coque ovoïde, rousse, dure. Cachées ainsi, elles se transforment et sortent de leur étui à l'état de mouches parfaites.

La présence des larves de la calliphore dans la viande en active la décomposition et la rend repoussante. On la préserve aisément en la couvrant d'une cloche de toile métallique ou d'une mousseline légère, ou, mieux encore, en l'enfermant dans un garde-manger.

Canard, oie. — La chair du canard est moins digestible que celle du poulet, mais plus savoureuse. Ses qualités à rechercher, pour la table, sont la jeunesse et la fraîcheur ; le bec flexible et souple, les pattes jaune clair indiquent la jeunesse ; la souplesse des pattes, la fraîcheur. Les mêmes signes font discerner une jeune oie d'une vieille. La chair de l'oie est grasse et, par cela même, indigeste ; on peut la comparer à celle du porc. Sa graisse est excellente pour accommoder les légumes.

Ce que les savants ont trouvé dans les poussières. — A l'observatoire de Montsouris, à Paris, des savants ont observé au microscope des poussières recueillies dans l'atmosphère de la grande ville. Ils y ont trouvé des débris minuscules de laine, de coton, de soie, de fil, de cheveux, de poils, de plume, de pellicules épidermiques, de cadavres d'insectes, de minéraux, de végétaux, des spores de moisissures et enfin des microbes. Ces microbes sont des êtres infiniment petits. Grossis 1800 fois par les plus forts microscopes, ils apparaissent à peine de la taille d'un demi-millimètre à un millimètre. Ils ont des formes diverses, les uns globuleux, les autres filamenteux, droits, ondulés, roulés en spirale. Le grand savant, M. Pasteur, a démontré que certains phénomènes, tels que la fermentation du lait, des liquides, la putréfaction animale et végétale, ainsi qu'un grand nombre de maladies, sont dus à la présence de microbes particuliers.

Ce qui rend les vêtements chauds ou frais. — C'est, premièrement, la matière dont ils sont tissés. La laine est une substance qui ne se laisse pas facilement traverser par la chaleur. Si donc nous couvrons notre corps d'un vêtement de lainage, ce vêtement nous conservera notre propre calorique.

Le coton, au contraire, livre aisément passage à la chaleur, la toile plus facilement encore; c'est pour cette raison que nous confectionnons nos vêtements d'été avec ces matières, et pour cela également que, dans les cas d'inflammation de la peau, nous éprouvons plus de soulagement d'un pansement de toile que de celui fait avec du coton. La couleur de nos vêtements contribue aussi à les rendre plus ou moins frais, plus ou moins chauds, car certaines couleurs absorbent à des degrés divers la chaleur solaire. Un jour de beau soleil, où le sol était couvert de neige, Franklin étendit par terre quatre carrés d'étoffe : un noir, un bleu, un marron, un blanc; la neige fondit très vite sous le noir, un peu moins vite sous le bleu, moins vite encore sous le marron et à peine sous le blanc. Ceci explique comment les vêtements blancs ou clairs paraissent plus frais à porter l'été que des vêtements de couleur foncée et surtout noirs.

Choix et essai de la poterie de terre. — Choisissez votre poterie de terre vernie, de couleur jaune ou brune, jamais de couleur verte, qui est vénéneuse. Ne dédaignez pas les vernis un peu rugueux; ceux-ci sont obtenus au moyen du sel de cuisine dont on jette une poignée sur la poterie en train de cuire dans le moufle, tandis que les vernis lisses et brillants ont une origine plombifère suspecte. Pour vérifier si le vernis d'un ustensile de terre est ou n'est pas dangereux, vous y verserez de l'eau vinaigrée (1/10 de vinaigre, 9/10 d'eau). Vous y laisserez séjourner ce mélange vingt-quatre heures. Si, au bout de ce temps, le liquide a noirci, c'est que le vernis est plombifère et le vase impropre aux usages culinaires.

Choix de la laine pour la literie. — Rechercher, non la finesse, mais l'élasticité; les laines frisées, aux brins en spirale et qui, déroulés et étendus, se roulent vivement de nouveau dès qu'ils sont libres, sont celles qui conviennent de préférence. Pour juger de l'élasticité d'une laine, on en prend une poignée, qu'on roule entre les deux paumes de la main, en la comprimant aussi fort que possible; puis on la lâche tout à coup. Plus vite la laine reprend son premier volume, plus élastique elle est.

Choix de la lampe à pétrole, de la mèche et du verre. — 1° *Lampe.* Choisissez une lampe à récipient plutôt large que profond; huit à dix centimètres de profondeur suffisent.

Il faut savoir que c'est en s'infiltrant de bas en haut dans le tissu de la mèche que l'huile éclairante arrive au haut du brûleur. Plus la distance à parcourir est grande, moins vite elle afflue; c'est pourquoi, dans les lampes à récipient haut et étroit, la lumière décline à mesure que le niveau du pétrole s'abaisse dans le récipient. — 2° *Mèche*. Elle doit être en beau coton, lisse, souple, d'un tissu plutôt lâche que serré, sans apprêt. Elle aura assez de longueur pour toucher le fond du récipient. Elle remplira l'orifice du brûleur sans cependant y être comprimée. (Nota : la mèche gonfle quand elle est imprégnée de liquide; en l'achetant, il faut la prendre plutôt petite que trop grande.) — 3° *Verre*. Vous le prendrez en verre ordinaire, mais recuit (qualité intermédiaire du commerce). Les verres de troisième qualité qui n'ont pas été recuits cassent très aisément. Quant à ceux de cristal, ils sont plus beaux, mais non pas plus solides. Le verre ne doit pas être trop serré dans la galerie et l'étranglement du canon doit se trouver à deux centimètres environ plus haut que l'extrémité du brûleur.

Choix d'un poulet. — Recherchez la jeunesse et la fraîcheur. Vous reconnaîtrez la jeunesse aux pattes lisses et brillantes et non écailleuses et ternes; à la pointe du bréchet, que vous sentirez, en le tâtant à travers les chairs, mou et flexible sous les doigts. Au bout d'un an, ce cartilage est tout à fait ossifié: si donc il est dur, le poulet l'est aussi. La fraîcheur se distingue à la souplesse des pattes, aux yeux clairs et globuleux et non pas troubles et comme enfoncés dans les orbites.

Classification des laines pour literie. — On les classe en laine *vive* ou *mère* tondue sur le mouton en vie, et en laine *morte* ou *surge* détachée à l'aide de la chaux, par les mégissiers, sur les toisons des animaux abattus. La laine morte a moins d'élasticité que la vive; elle se feutre facilement, et est sujette aux parasites. La laine des pattes, qui est plate et lisse, sans ressort, s'appelle *jarre;* elle est très inférieure.

Les déchets des filatures fournissent au commerce de la literie la matière appelée *laveton* ou *bourre lanice*, plus mauvaise encore que la jarre.

Comment il faut se servir du savon dans les nettoyages. — Le savon agit chimiquement; en décomposant et saponifiant les salissures graisseuses, il les rend solubles. L'eau, elle, agit mécaniquement : elle entraîne et emporte les salissures devenues solubles. S'agit-il de dégraisser une table, un parquet, un ustensile? enduisez de savon les endroits graisseux, ne mouillez qu'autant qu'il est indispensable de le faire, car le savon agit plus activement pur que délayé dans l'eau ; c'est seulement quand les taches seront parties que vous rincerez à grande eau.

Comment on doit se laver les dents. — Avec une brosse, plutôt dure que douce, les frotter de bas en haut et de haut en bas, dessous comme dessus, car il s'agit de nettoyer non seulement la surface des dents, mais aussi et surtout leurs interstices. L'eau tiède salée est bonne pour purifier la bouche et fortifier les gencives.

Comment purifier l'eau? — En la filtrant. Il existe une grande variété de filtres. Les plus anciens ou filtres à pierre sont reconnus aujourd'hui comme très insuffisants. Le filtre en kaolin et le filtre au charbon offrent plus de sécurité. Le premier se recommande par la finesse de ses pores, telle que les microbes n'y peuvent passer; le second doit ses qualités au charbon qui le compose; ce combustible possède, en effet, la propriété d'absorber les matières dissoutes dans l'eau qui altèrent sa pureté, et de les transformer en substances inoffensives. Mais le défaut de ces deux variétés de filtres est qu'ils se salissent rapidement et doivent être très souvent et très soigneusement nettoyés.

M. Girard, du laboratoire municipal de Paris, conseille un moyen très simple de purifier l'eau : dans un litre de ce liquide, exprimer le jus d'un demi-citron, agiter, puis laisser reposer une demi-heure environ : l'eau qui en résultera sera indemne, les microbes ne pouvant vivre dans les milieux acides. Mais le moyen de purification le plus sûr, celui auquel on doit avoir recours en temps d'épidémie, dût-il en coûter quelque surcroît de dépense et de peine, c'est de faire bouillir l'eau pendant 20 ou 30 minutes, de la laisser refroidir ensuite dans un vase très propre et de la garder bien bouchée jusqu'au moment de la boire. Malheureusement l'eau bouillie a perdu pendant l'ébullition tout l'air qu'elle contenait, ainsi que la plus grande partie de ses sels minéraux : elle est insipide et indigeste.

Composition des corps gras. — Les corps gras se composent tantôt de deux, tantôt de trois substances qui sont : l'oléine, la margarine et la stéarine. L'oléine est liquide; la margarine est solide, mais molle ; la stéarine est dure. L'huile est formée d'environ 1/4 de margarine et 3/4 d'oléine; c'est pour cette raison qu'elle est liquide. La graisse de bœuf et de mouton contient seulement 1/5 d'oléine et 4/5 de margarine et de stéarine mélangées. Le beurre naturel contient surtout de la margarine unie à de l'oléine. Tous les corps gras deviennent liquides à une température plus ou moins élevée : la graisse de mouton, à 44 degrés ; le beurre, à 60 degrés. Ils peuvent s'échauffer sans bouillir jusqu'à une température au moins double de celle de l'eau bouillante, et c'est grâce à cette propriété qu'on les emploie à la préparation des fritures. Les corps gras sont peu digestibles, et l'échauffement les rend plus indigestes encore. Le beurre fondu est plus difficile à digérer que le beurre frais cru, et le beurre roussi, plus encore que le beurre fondu.

Composition du café, sa valeur alimentaire. — Le café est formé d'eau, de glucose, de matières azotées, de caféine, d'une huile aromatique, de substances minérales : potasse, magnésie, chaux, phosphore, soufre, etc. Son arome ne se dégage que lorsque les grains ont été soumis à la torréfaction. Dans cette opération, le café perd 15, 20 ou 25 pour 100 de son poids et gagne en volume 30, 40 et 50 pour 100. Les cafés de qualité supérieure exigent moins de torréfaction que ceux de qualité inférieure. Quant à la valeur alimentaire du café, elle n'est pas en elle-même bien grande : mais, grâce à la caféine et à l'huile aromatique qu'il renferme, il excite la circulation du sang et l'activité nerveuse, il favorise l'énergie et l'effort mental et physique. L'abus de cette boisson est mauvais ; il exalte le cerveau, cause de l'insomnie, des maux de tête, des palpitations du cœur et un délire particulier.

Composition des fruits. — Les fruits sont formés d'une masse pulpeuse contenant : 1° une très grande quantité d'eau, de 75 à 95 pour 100 ; 2° une proportion de glucose variant de 1 à 20 pour 100 ; 3° des acides différant suivant l'espèce de fruit ; 4° des substances minérales, de la chaux, de la potasse ; 5° de la pectine (la pectine est une sorte de gélatine végétale : c'est elle qui donne au jus de fruit la propriété de se prendre en gelée après la cuisson) ; 6° des essences huileuses aromatiques qui causent la saveur et le parfum particuliers des fruits.

Composition des œufs. — Le poids moyen d'un œuf de poule est de 55 à 60 grammes ; la coquille pèse environ 1/10 du poids total, le blanc 6/10, et le jaune 3/10. La coquille se compose de carbonate de chaux ; le blanc, d'albumine dissoute dans de l'eau (environ 15 à 20 pour 100 d'albumine et 75 à 80 pour 100 d'eau) ; le jaune est formé également d'albumine et d'eau auxquelles se joint une huile de couleur jaune vif, contenant du soufre, du phosphore, du sel, etc.

La porosité de sa coquille fait que l'œuf laisse évaporer

chaque jour une certaine quantité de son eau, qui est remplacée par de l'air; et son poids diminue en conséquence. La ménagère devra donc rechercher les œufs relativement pesants, cette pesanteur étant un indice de leur fraîcheur.

Composition des pois. — Ils se composent d'albumine et surtout de caséine, matières azotées, d'environ le quart de leur poids. Le reste est formé, en grande partie, de fécule mélangée à de la gomme, d'un peu de matière sucrée, de substances minérales : potasse, chaux, phosphore, soude fer, sel, etc., enfin d'une huile particulière. Les pois frais ou pois verts sont plus riches en matière azotée que les pois mûrs ou secs. Ils sont à la fois plus nourrissants et plus digestibles. Même secs, les pois, comme toutes les légumineuses, d'ailleurs, constituent une nourriture fortifiante et relativement peu dispendieuse.

Composition de la pomme de terre. — D'après le chimiste Payen, on peut l'évaluer ainsi : une pomme de terre du poids de 50 grammes est formée de 13 grammes de matière solide et de 37 grammes d'eau. La matière solide est ainsi répartie : fécule, environ 10 grammes; substances azotées (albumine et caséine), substance huileuse, sucre, tissu cellulaire, c'est-à-dire pelure et cellules matières minérales : potasse, sel et acides divers, du tout environ 3 grammes.

Ces quantités sont approximatives et varient selon l'espèce, la saison et le terrain ; mais toutes les substances ci-dessus énumérées se rencontrent invariablement dans chaque variété, la proportion seule diffère. On voit que la pomme de terre fournit à l'alimentation surtout de la fécule et peu d'azote; toutefois les matières minérales qu'elle contient en font un précieux correctif des viandes salées.

Composition de la viande. — La proportion de la chair musculaire ou maigre, de la graisse ou gras, des peaux, des os, des cartilages et tendons, dans un animal abattu, prêt pour la boucherie, s'évalue ainsi : tissu musculaire : environ la moitié du poids total; graisse : un quart; os, cartilages, tendons : un quart. La chair musculaire, qui est la partie la plus nutritive de la viande, se compose d'environ 20 à 30 pour 100 de fibre solide et de 70 à 80 pour 100 de suc liquide.

Le tissu fibreux est incolore, le suc liquide également. La couleur rouge de la viande est due à la présence du sang resté dans les tronçons de veines et d'artères qui la sillonnent. Le tissu fibreux est sans saveur, et la chaleur a pour effet de le racornir. Le suc liquide est formé d'eau dans laquelle sont dissoutes des substances minérales : phosphore, soufre, sel, soude, des essences aromatiques et surtout de l'albumine. La quantité d'albumine est variable ; tandis que le suc de la chair d'un jeune animal en contient jusqu'à 14 pour 100, celui d'une bête âgée n'en fournit pas plus de 2 et même 1 pour 100. C'est un détail d'une grande importance au double point de vue de la valeur nutritive de la viande et de la cuisine. L'albumine ayant, comme on le sait, la propriété de se coaguler à la chaleur, tout en retenant jusqu'à 60 pour 100 d'eau, elle conserve ainsi dans les tissus fibreux les sucs liquides et forme, en même temps, autour des fibres, une sorte de voile protecteur qui s'oppose à leur racornissement. Vous saurez maintenant pourquoi la viande des jeunes animaux est plus tendre, plus digestible, plus nourrissante que celle des vieux ; et vous vous rappellerez que l'âge où le bœuf donne la meilleure chair à la boucherie est de trois à cinq ans ; pour le mouton, c'est dix-huit mois, et neuf à treize mois pour le porc. Le gras de viande fournit de la chaleur à notre organisme. Les peaux, les os et cartilages produisent, à la cuisson, de la gélatine, substance peu nourrissante, mais qui donne aux sauces et au bouillon une consistance agréable ; elle favorise aussi la digestion.

Conditions que devrait réunir une habitation pour être hygiénique. — Elle serait construite en solides matériaux, mauvais conducteurs de la chaleur, aurait des murs épais, une cave aux parois étanches, dont le sol serait recouvert d'une forte couche de béton ou de ciment imperméable aux émanations humides du sous-sol. En effet, la nuit, surtout pendant l'hiver, l'air des caves, moins froid que celui des étages supérieurs (la température des caves est de 8 à 10 degrés) et, par conséquent, plus léger, monte et se répand à travers la maison, y apportant des germes de moisissures, des vapeurs malsaines si la cave est humide. Les fenêtres de cette maison idéale seraient orientées à l'est et au midi, hautes et larges pour livrer libéralement passage à l'air et à la lumière, ces deux agents de vie. Chaque pièce aurait sa cheminée, en vue surtout de la ventilation. Les portes intérieures joindraient hermétiquement : les vides sous les portes occasionnent des courants d'air pernicieux : mieux vaudrait une porte grande ouverte, car l'air se refroidit considérablement en passant par d'étroites ouvertures. Des conduits amèneraient l'eau dans la maison même, et la mettraient abondamment, à chaque étage, à la disposition des habitants. Elle serait également pourvue d'un système complet d'élimination. D'autres conduits porteraient les eaux ménagères, soit à l'égout, soit dans un puisard. Ces tuyaux seraient munis de valves empêchant les gaz malsains de refluer dans l'habitation. Les fosses d'aisances auraient leurs parois étanches : vous savez que les infiltrations des matières de vidange dans les nappes d'eau souterraines causent des épidémies mortelles. Pour conclure, une maison idéale aurait une atmosphère aussi pure que l'air des bois. C'est en visant ce but que les principales villes de France ont institué des comités d'hygiène chargés de surveiller les habitations, au point de vue de la salubrité.

Confection et réfection des matelas. — La proportion de laine et de crin doit être des 2/3 de laine et de 1/3 de crin environ.

La quantité de laine et de crin nécessaire à la confection d'un bon matelas est évaluée à 7 kilog., environ, par mètre carré de surface pour les matelas de petits lits, et 8 kilog. pour ceux de grands lits. Pour la confection d'un matelas neuf, on emploiera de la laine battue d'abord, puis cardée. Mais, pour la réfection qui devrait s'opérer tous les deux ans, on évitera l'emploi des cardes qui déchirent les brins de la laine et, par conséquent, lui ôtent de son élasticité; un fort battage suffit à débarrasser la laine de sa poussière et remédie à son affaissement

Conseils aux personnes à qui le temps manque pour faire la cuisine. — Les ménagères que de dures nécessités forcent à déserter leur maison pour l'usine ou l'atelier, trouveraient dans l'association un remède à leur triste situation. Il suffirait, en effet, de l'une d'elles pour préparer à vingt ou trente autres un repas plus sain, plus réparateur et moins coûteux que celui qu'elles prennent çà et là, tout en courant, soit chez le restaurateur, soit chez le charcutier. A défaut de ce moyen, beaucoup trouveraient encore leur compte à préparer à l'avance, le soir ou le dimanche, des mets qui peuvent se manger froids ou réchauffés, tels que : terrine de bœuf à la paysanne, rillons, fromage de tête de porc (Voir ces mots). Une soupe substantielle de légumes, conservée de la veille et réchauffée, un morceau de fromage, quelques figues ou une pomme, joints à une portion de ces mets, formeraient un repas suffisant.

Conservation des œufs. — Choisir, pour la conserve, des œufs très frais, les badigeonner sans secousse avec de l'huile de lin, les ranger la pointe en bas dans de la sciure de bois et les tenir en lieu sec et frais. Ce léger badigeonnage d'huile a pour effet de s'opposer à la sortie, par évaporation, à travers la coquille, de l'eau contenue dans l'œuf; il s'oppose aussi à l'entrée, par le même canal, de l'air dont l'oxygène décompose l'œuf et amène sa corruption. Les œufs conservés gardent une fraîcheur relative, mais il est impossible de les manger à la coque. Un bain d'eau de chaux ou de gros sel conserve également les œufs qui y sont plongés; mais la chaux a la propriété de liquéfier le blanc des œufs, et le sel, de le dessécher.

En Écosse, on réussit à conserver des œufs à la coque très frais en les soumettant à une cuisson partielle à l'eau bouillante et en les enfermant ensuite hermétiquement. Plus tard, pour les manger, on n'a plus qu'à les réchauffer. On suppose que cette cuisson partielle coagule la couche d'albumine immédiatement placée sous la coquille, couche suffisante pour empêcher l'évaporation de l'œuf et l'introduction de l'air; on pense aussi que la chaleur de l'eau bouillante a stérilisé les œufs en détruisant les microbes qui eussent contribué à leur décomposition.

Conservation des pois. — On les conserve de trois manières: frais, secs et cassés.

Conserve fraîche. — Prenez des petits pois frais cueillis, écossés et triés de façon à les avoir tous à peu près de même grosseur. Mettez-les dans des bouteilles propres et sèches, que vous remplissez, mais sans tasser; bouchez et ficelez les bouchons. Enveloppez les bouteilles, soit d'un linge, soit d'un tampon de foin, et plongez-les debout jusqu'à moitié du goulot dans un chaudron d'eau froide que vous élèverez peu à peu à l'ébullition; laissez bouillir très doucement une demi-heure, ôtez le chaudron du feu, en gardant vos bouteilles dans l'eau jusqu'à complet refroidissement. Essuyez-les alors et rangez-les en lieu sec. Cette provision vous permettra de manger en hiver des pois presque aussi bons que s'ils venaient d'être cueillis. Cette méthode s'applique également aux haricots verts et aux flageolets frais.

Pois secs. — Lorsque les pois sont mûrs, récoltez-les et laissez-les dans les cosses, à l'abri de l'humidité, jusqu'au moment de vous en servir. Les pois secs sont souvent altérés par la présence des bruches, petits coléoptères dont les larves rongent l'intérieur des graines sans que rien révèle leur présence.

Pois cassés. — Les pois cassés fournissent une conserve bien supérieure aux pois secs. Ce sont des pois récoltés avant leur complète maturité, décortiqués et cassés en deux sous des meules.

Conservation de la viande. — A l'état frais, la viande

se garde 24 à 48 heures en été et à peu près le double de ce temps en hiver. Mais il existe plusieurs procédés pour la conserver assez longtemps, même en été, et qui sont :

1° La cuisson complète ;

2° La cuisson partielle, qui consiste à faire simplement revenir la viande dans la graisse ou le beurre chauds ;

3° La marinade. — Une marinade ancienne, peu connue, mais excellente, est celle au petit-lait ; on peut y laisser séjourner la viande quatre à cinq jours. Elle n'y perd ni sa saveur, ni son jus, par conséquent rien de sa valeur nutritive, comme cela arrive dans les marinades au vin blanc ou au vinaigre ;

4° La salaison. — On frotte de sel fin, bien sec, les morceaux à garder. Le sel, très avide d'eau, s'empare d'une partie de celle contenue dans les fibres, et s'oppose ainsi à la corruption de la viande ;

5° La fumure. — La viande une fois salée et séchée, on l'expose à la fumée d'un feu de bois. Il s'en dégage un principe âcre, éminemment antiseptique, la créosote, qui permet à la viande de se garder des années et lui communique, en outre, une saveur caractéristique agréable et excitante.

Consommation de l'eau à Paris et son influence sur la mortalité. — A Paris, on a constaté que la mortalité par la fièvre typhoïde, dans l'épidémie de 1881, s'est répartie, pour les divers arrondissements, en raison de la quantité d'eau dont pouvaient disposer les habitants. La mortalité étant de 4 à 6 décès pour 10 000 habitants, dans les arrondissements où la quantité d'eau disponible est la plus grande et où cette eau est de meilleure qualité, elle atteignait 16 à 22 décès dans les quartiers où l'eau est rare et de qualité suspecte.

Consommation de la viande autrefois et de nos jours. — Nous n'avons sur les temps passés que des renseignements vagues, cependant nous savons avec certitude que la consommation de la viande, dans le peuple, était à peu près nulle au moyen âge, et s'est maintenue faible jusqu'à la Révolution. « Le peuple ne se nourrit que de grains, » dit un auteur du temps de Louis XIV. Aujourd'hui, des enquêtes agricoles décennales nous apprennent que la consommation de la viande, qui est un des signes de l'accroissement du bien-être général, suit une progression constante. Elle a presque doublé en France depuis 1842. Malheureusement, les prix ont augmenté dans les mêmes proportions, ce qui démontre que la production ne progresse pas aussi vite que la consommation. Celle-ci est de 1 251 149 841 kilogrammes, annuellement, pour toute la

France; plus de la moitié est représentée par de la viande de bœuf, le porc y figure pour un tiers, le mouton pour un sixième. Les habitants des villes mangent trois fois plus de viande que ceux des campagnes, et surtout du bœuf, tandis que les paysans consomment plutôt du porc. Les habitants de Paris ont une plus forte consommation que ceux des autres villes : 79 kilog. est leur moyenne par tête; 55 kilog. est la moyenne pour l'habitant des villes, 19 kilog. pour l'habitant des campagnes.

Crème au café. — Préparez de bon café au lait, assez monté en couleur, bien sucré et très légèrement salé. Pour un litre de la préparation, ajoutez trois œufs fortement battus; mélangez bien intimement; passez à travers une passoire fine, dans un plat creux; exposez à la chaleur d'un bain-marie ou d'un four doux (évitez de laisser bouillir la crème). Il s'agit de chauffer jusqu'à 70 ou 75 degrés, température à laquelle l'albumine des œufs incorporés au lait se coagule et détermine ainsi la solidification du mélange. Laissez refroidir complètement avant de servir.

En faisant bouillir dans du lait sucré et légèrement salé, au lieu de café, un peu de la pellicule jaune enlevée à l'écorce d'un citron, ou encore une gousse de vanille, et en achevant ensuite comme il est indiqué plus haut, on aura une crème à la vanille ou au citron.

Les livres de cuisine enseignent, pour la préparation des crèmes, des recettes plus recherchées et aussi plus dispendieuses. Ils conseillent de n'employer que le jaune des œufs, et non le blanc; or le jaune, à cause des diverses substances mélangées à son albumine, donne à la crème une saveur plus fine, une coloration jaune plus appétissante; mais, comme il contient moins d'albumine que le blanc (Voyez *Composition des œufs*), il est moins apte à solidifier la crème. Il faut employer six à huit jaunes d'œufs, là où deux ou trois œufs entiers suffiraient.

Croup ou diphtérie. — C'est d'un à deux ans que les enfants sont le plus sujets au croup. Cette maladie les atteint de plus en plus rarement de deux à dix ans; à partir de dix ans, il n'y a plus guère à le redouter, quoiqu'on puisse le gagner à tout âge par contagion. L'humidité, le froid aux pieds peuvent être des causes déterminantes du croup, qui règne particulièrement par les vents d'est et du nord. Les premiers symptômes sont : le rhume avec toux sèche, la peau chaude; l'enfant pleure d'une voix enrouée. Peu à peu, la toux devient rauque, caverneuse, la respiration difficile; si les soins n'arrivent promptement, c'est la mort à bref délai. La mère attentive ne doit pas attendre pour appeler le médecin. Dès les premiers symptômes, elle tiendra son enfant chaudement dans une pièce à la température de 18 degrés, bien ventilée, où l'air ne soit pas desséché. Si le médecin tarde à venir et que les symptômes s'aggravent, elle donnera une cuillerée de sirop d'ipécacuana (clair et non trouble); elle appliquera sur la gorge une éponge imbibée d'eau très chaude. La diphtérie était, jusqu'à ce jour, la plaie de l'enfance; elle fauchait annuellement, en France, 36 000 enfants. Heureusement pour l'humanité, un savant élève de l'illustre Pasteur, le Dr Roux, a récemment trouvé un traitement nouveau de la terrible maladie, par des injections sous-cutanées de sérum de cheval qui tuent le microbe de la diphtérie, et il parvient à sauver ainsi un très grand nombre d'enfants.

D

Danger de trop manger. — Trop manger détermine un état de congestion avec sensation de lourdeur et somnolence. Si l'excès passe en habitude, surtout chez des gens menant une vie sédentaire, la santé devient précaire. L'appareil digestif, soumis à un trop grand travail, se fatigue, s'irrite; des désordres, tantôt de l'estomac, tantôt du foie et de l'intestin, se manifestent. On l'a dit avec beaucoup de raison : les aliments que la digestion ne transforme pas en chair et en sang, elle les transforme en maladie. Plus les aliments sont de riche sorte, plus le mal s'aggrave.

Danger de ronger ses ongles. — Un savant médecin anglais a constaté que la plupart des enfants affligés de vers intestinaux, et notamment d'oxyures, petits helminthes très tourmentants, rongent leurs ongles. Il en a conclu que les enfants, en jouant, pouvaient ramasser d'invisibles œufs d'helminthes dans leurs ongles et, en se les rongeant ensuite, introduire ces germes dans leur bouche et les avaler. Une fois arrivé dans l'estomac et humecté de suc gastrique, l'œuf d'oxyure s'ouvre, laisse sortir une petite larve qui reste d'abord dans la partie supérieure de l'intestin. Elle y croît rapidement, change trois fois de peau, et en moins d'un mois devient un oxyure parfait qui descend alors au bas de l'intestin, s'y cantonne et s'y multiplie en colonies nombreuses. Ronger ses ongles enlaidit les doigts. En outre, il est nécessaire que tous ceux qui se livrent à cette vilaine habitude sachent qu'elle est tenue pour l'indice d'un caractère faible, de la poltronnerie, de la gourmandise, de la paresse, et, qu'à elle seule, elle suffit à inspirer la méfiance et la mésestime.

Date d'introduction en France de quelques plantes potagères. — Au IXe siècle, le haricot a passé d'Espagne en Gaule. Cependant la culture en était peu répandue encore au XVIe siècle. L'épinard est venu d'Asie Mineure, apporté par les croisés au XIIe. Au XVe, sous Charles VIII, le melon, et, au XVIe, l'artichaut, le concombre, la citrouille, les brocolis ont passé d'Italie en France. Au XVIIIe siècle la pomme de terre, au XIXe la tomate nous arrivèrent de l'Amérique

Déchet que donne le poisson comparé à la viande. — Certains poissons, comme le saumon, la sole, le hareng, l'anguille de mer, la morue salée, ne donnent pas plus de 9 à 14 grammes de déchet par 100 grammes de chair nette. La raie, le maquereau, l'anguille d'eau douce atteignent 20 à 24 grammes; la carpe, le barbillon, le brochet, 35 à 46 grammes par 100 grammes. Ce déchet est insignifiant, comparé à celui des animaux de boucherie : un bœuf ne fournit en viande que la moitié de son poids vif; et même de la viande nette, il faut retrancher en os et cartilages 25 grammes de déchet par 100 grammes, sans compter la graisse qui figure pour au moins autant.

Destruction des punaises et des puces. — Le moment le plus favorable pour la destruction des punaises est l'entrée ou la fin de l'hiver; à cette époque, il reste peu d'insectes parfaits en vie, et vous n'aurez affaire qu'aux œufs qui se trouvent collés en plaques noirâtres dans les joints des meubles, les coins de murailles, etc. On procédera ainsi : démontage des lits, lavage des endroits envahis à l'eau chaude et au savon, à l'aide d'une brosse de chiendent, ou bien encore lavage au pétrole; nettoyage complet jusqu'à ce que toute trace ait disparu. La toile du sommier devra être déclouée au moins dans les coins. Pour les murailles : recherche minutieuse de toutes traces de punaises que l'on distingue facilement grâce à des picotures noires caractéristiques; lavage à l'essence minérale (elle ne laisse aucune trace sur les papiers; mais il faut se garder de l'employer en présence d'une bougie ou d'une lampe allumées); bouchage des trous des murs avec du mastic et recollage du papier, partout où il peut se trouver décollé. Insuffler ensuite dans les endroits menacés de la poudre de pyrèthre (Voyez au mot *Insecticides*).

Quant à la puce, parasite bien moins gênant que la punaise, son séjour préféré est le linge sale, la literie malpropre, ainsi que les interstices des planchers. L'histoire naturelle nous enseigne que la mère puce pond deux à trois œufs de forme allongée d'où sortent de petites larves blanches comme des vers, qui vivent de débris d'acarus. Elles restent douze jours sous cette forme de larves très remuantes, puis, après ce temps, se renferment dans une petite coque soyeuse qu'elles filent, et s'y transforment en nymphes ; au bout de vingt jours, elles en sortent à l'état d'insectes parfaits. Voulez-vous empêcher les puces de se propager chez vous ? balayez, frottez ou lavez vos planchers à fond, ne laissez pas le linge sale s'accumuler dans les coins ; aérez la literie tous les jours et battez-la fréquemment. Sachez aussi que le camphre et tous les insecticides chassent et détruisent les puces.

Développement de l'arome des viandes sous l'actio de la chaleur. — Le savant Chevreul a découvert que l'arome des viandes, qui donne à chacune sa saveur particulière, réside dans le suc liquide du tissu musculaire et ne se dégage que s'il est chauffé à 100 degrés, au moins. Mangées crues, toutes les viandes auraient le même goût.

Diffusion, réflexion, absorption de la lumière. — La diffusion est la propriété qu'a la lumière de se répandre en rayons à travers l'atmosphère. En se diffusant, elle perd de son intensité, et en proportion d'autant plus forte que le rayon lumineux s'éloigne plus du foyer qui le produit. Supposez que travaillant à 50 centimètres d'une lampe, vous doubliez d'un seul coup la distance qui vous en sépare, ce n'est pas deux fois moins de lumière qui vous arriverait, mais vingt-cinq fois moins. Dans certains cas, les rayons lumineux sont comme bus et absorbés ; ce phénomène d'absorption se produit quand les rayons lumineux tombent sur une surface de couleur foncée et surtout noire. Dans d'autres cas, au contraire, les rayons, au lieu d'être absorbés, sont rejetés par la surface qui les reçoit et rebondissent vers le foyer dont ils émanent. C'est ainsi que se comportent les surfaces claires ou blanches en produisant le phénomène de la réflexion. Voulez-vous accumuler la lumière sur une table de travail ? recouvrez-la de blanc.

Diverses manières de border les vêtements. — 1° *A plat.* On pose le galon ou le lacet, à cheval, sur le bord de l'étoffe, et on le fixe à l'aide d'une piqûre ou d'un point de côté. C'est la manière la plus usitée pour border les vêtements d'homme. — 2° *Bordure retournée.* On pose le galon ou le lacet, à l'endroit, et à deux millimètres du bord de l'étoffe à border; on le fixe à l'aide d'un point devant rapproché; puis on le retourne et on le rabat sur l'envers. C'est la manière employée pour border les jupes et les jupons des dames.

Diverses manières d'élargir et d'allonger une robe. — Pour élargir le corsage, le moyen le plus simple consiste à reprendre tout ce qui se peut sur les coutures, en les décousant et les refaisant plus étroites. Si ce moyen qui peut donner plusieurs centimètres de largeur est insuffisant, on découd la couture du dessous de bras et l'on ajoute un petit côté. L'élargissement du devant du corsage peut se faire aussi par l'addition de morceaux formant gilet.

Quant à l'allongement de la jupe, il s'opère soit par le haut, en décousant la ceinture et en ajoutant des morceaux qui se trouveront dissimulés sous la basque, soit, si le corsage est sans basque, par le bas, à l'aide de morceaux semblables à la jupe, dont les coutures d'assemblage seront masquées par des plissés, ou par un volant, ou par des galons. On peut encore ajouter des morceaux dissemblables assortis à l'étoffe et formant alors garniture. Dans ce dernier cas, on aurait soin d'agrémenter le corsage comme la jupe, en consultant toujours le bon goût, la simplicité et aussi un peu la mode.

Diverses sortes de savon. — Les savons diffèrent selon la substance alcaline employée à leur fabrication. Ceux à base de potasse sont noirs ou verts, et mous; ceux à base de soude sont blancs et durs. L'action des premiers est plus énergique que celle des seconds.

Quant aux savons durs, ils varient entre eux suivant la substance grasse unie à la soude, dans leur fabrication. Les espèces principales sont : le savon blanc fourni par l'huile d'olive, le meilleur de tous, celui qui, coloré et parfumé à l'aide d'essences aromatiques, constitue les savons fins de toilette; — le savon de Marseille à marbrures bleuâtres, fait également avec de l'huile. Les marbrures sont produites par des substances terreuses. Moins fin que le savon blanc, il offre à la ménagère l'avantage de retenir moins d'eau dans sa masse, 25 à 30 pour 100 seulement au lieu de 45 à 50. — Puis viennent les savons de suif, de saindoux, qui fournissent la plupart des savons de toilette de qualité ordinaire débités sous le nom de : Windsor, savon au suc de laitue, au son, à la fraise, à la guimauve. Le savon de graisse est inférieur au savon d'huile. — L'alcool mélangé au savon blanc lui donne de la transparence. Les savons de toilette transparents, dits à la glycérine, s'obtiennent ainsi. La présence de l'alcool, qui dégraisse la peau, la tonifie et lui est salutaire, les rend agréables. Malheureusement, ce genre de savon se dissout si aisément dans l'eau qu'il fait peu de profit. — La résine mélangée à la soude ou à la potasse forme des savons dits de résine. Cette sorte est très caustique ; elle doit être rejetée pour la lessive et le nettoyage des vêtements de laine.

« **Dormir en haut un trésor vaut** » — En l'absence des rayons solaires, il se forme, la nuit, dans la région inférieure de l'atmosphère, à la surface du sol, une zone humide, lourde, toute chargée des émanations malfaisantes échappées soit du sous-sol, soit des résidus abandonnés à la surface du sol. Cette zone s'élève à 1 mètre ou $1^{m},50$, parfois davantage, selon les lieux, et elle reste là stagnante jusqu'au retour du soleil. L'ancien proverbe a donc raison. Dormez de préférence dans des chambres situées aux étages supérieurs, elles sont plus saines que celles du rez-de-chaussée. Si la nécessité vous oblige à coucher au rez-de-chaussée, choisissez des lits élevés qui vous tiennent au moins à 1 mètre ou $1^{m},50$ au-dessus du sol.

Durée du rôtissage. — Pour le *bœuf :* au four, 30 à 35 minutes par kilogramme ; à la broche, 35 à 40 minutes.

Pour le *veau :* au four, 50 à 55 minutes par kilogramme ; à la broche, 55 à 60 minutes.

Gigot de mouton : au four, 35 minutes par kilogramme ; à la broche, 38 à 40 minutes.

Porc : au four, 48 minutes par kilogramme ; à la broche, 50 minutes.

Canard : de 30 à 50 minutes selon la grosseur.

Poulet : de 50 à 60 minutes selon la grosseur.

Oie : de 1 h. 25 à 1 h. 50 selon la grosseur.

Les viandes blanches exigent un rôtissage plus prolongé que les rouges. Durant le rôtissage, la température du milieu du morceau est plus de moitié moins élevée qu'à l'extérieur. Quand elle ne dépasse pas 60 à 65 degrés à l'intérieur, la viande reste rouge clair et le rôti est dit saignant. Si au contraire elle atteint 70 à 74 degrés, l'hématosine, matière colorante rouge du sang, se coagule et devient grisâtre : le rôti est alors très cuit.

Durée du sommeil. — Pour les nouveau-nés, il faut 18 à 20 heures de sommeil par jour. Les bébés qui dorment beaucoup ont une meilleure croissance que ceux qui dorment peu, la nutrition et l'assimilation se faisant mieux pendant le sommeil que pendant la veille. Jusqu'à deux ou trois ans, les enfants doivent avoir 14 à 16 heures de sommeil, dont une ou deux au milieu du jour.

Huit à dix heures suffisent à l'adolescent; sept à huit, aux adultes.

E

Eau boriquée. — Pour un litre d'eau, mettez 30 grammes d'acide borique; faites bouillir pendant un bon quart d'heure.

Eau de pluie, eau crue; procédés pour corriger l'eau crue. — L'eau de pluie dissout le savon sans blanchir ni se troubler; elle forme avec lui un mélange onctueux, glissant au toucher ; elle convient pour les nettoyages. Elle est également précieuse pour les usages culinaires, par la propriété qu'elle a de dissoudre les principes alimentaires des viandes et des végétaux, d'attendrir les légumes à la cuisson. Ce serait la meilleure à employer comme boisson si, malheureusement, elle ne se corrompait rapidement à cause des animalcules morts et des débris microscopiques qu'elle entraîne dans sa chute à travers l'atmosphère. On l'appelle eau douce par opposition à l'eau de puits ou de rivière, dite crue ou séléniteuse. L'eau crue dissout imparfaitement le savon, blanchit en sa présence et ne peut servir ni au lavage ni au rinçage du linge. Elle rend imperméable la peau des haricots, lentilles, pois secs, et empêche ainsi l'humidité de l'eau bouillante de pénétrer à l'intérieur des graines légumineuses et de les cuire. Cette crudité est causée par des substances calcaires dissoutes dans l'eau, principalement du carbonate de chaux (pierre) et du sulfate de chaux (plâtre). Parmi les eaux de nos grands fleuves, celle du Rhône contient le plus de sulfate de chaux, 5 centigrammes par litre. L'eau de Seine n'en a que 3 centigrammes, mais, en revanche, elle renferme 16 centigrammes par litre de carbonate de chaux, deux fois plus que l'eau du Rhône. Celle de la Loire est exempte de sulfate de chaux et ne contient que 5 centigrammes par litre de carbonate.

Correction de l'eau rendue crue par le carbonate de chaux. — Il suffit de la faire bouillir avant de s'en servir. En effet, en s'élevant à la température de l'ébullition, elle a perdu environ 1/7 de son carbonate; si l'on maintient l'ébullition pendant cinq minutes, la proportion du carbonate de chaux est réduite à peu près de moitié; après avoir bouilli quinze minutes, elle garde à peine 1/3 de la substance calcaire qu'elle contenait avant d'avoir été chauffée. Le carbonate de chaux se dépose en fine poussière blanche au fond et sur les parois du vase. Les infusions de café et de thé se faisant mieux à l'eau douce, la ménagère agira sagement en laissant bouillir l'eau de l'infusion, quelques minutes avant de la verser sur le café ou le thé.

Procédé pour corriger l'eau rendue crue par le sulfate de chaux. — Il suffit d'y faire dissoudre une faible quantité de carbonate de soude, soit 1 gramme par litre pour le rinçage du linge, 5 centigrammes pour la cuisson des légumes secs. L'eau ainsi corrigée a un petit goût de lessive; la ménagère ne devra pas abuser du carbonate de soude en cuisine.

Eau phéniquée. — Employez de préférence de l'eau bouillie; lorsqu'elle est froide, pour un demi-litre, cinq grammes d'acide phénique, soit une cuillerée à café. (Manipulez l'acide phénique avec précaution, car, pur, il brûle la peau et la chair.)

Eau potable. — Pour être potable, une eau doit contenir : 1° des gaz : de l'air et de l'acide carbonique environ 3 à 4 pour 100 de son volume; 2° des matières minérales : du sel de cuisine, du phosphate de chaux et un peu de carbonate de chaux, le tout ne dépassant pas le poids de 1 à 5 décigrammes par litre. Une eau réunissant ces qualités est agréable au goût, légère à l'estomac; elle cuit les légumes secs et dissout le savon. Avant de se servir de l'eau d'une source ou d'un puits nouveau, on fera bien de la faire analyser Une eau est déclarée suspecte si, à l'analyse, elle contient en excès des substances minérales; mauvaise, s'il s'y trouve des traces de matières organiques en décomposition. La température de l'eau potable varie de 10 à 15 degrés.

Éducation ménagère des petites filles. — Les travaux du ménage sont un excellent exercice pour les petites filles; ranger la maison, balayer, essuyer les vitres, faire briller les chandeliers, jardiner, etc., fournissent une gymnastique aussi salutaire que le jeu. Dès l'âge de sept ans, une fillette peut être associée aux travaux du ménage; elle aidera sa mère à faire son lit et ceux de ses frères et sœurs, à brosser les vêtements, cirer les chaussures, à mettre le couvert, servir à table, etc. C'est un des devoirs de la mère de lui enseigner de bonne heure à se rendre utile dans la maison, de lui donner des habitudes de travail, d'ordre et de propreté.

Effet des acides sur l'émail des dents. — Tous les acides agissent fâcheusement sur l'émail des dents. L'acide citrique, qui se trouve dans les citrons et les oranges, le corrode le plus vivement. Pour cette raison, jointe à d'autres déjà données, il est salutaire de se rincer la bouche après les repas.

Effet du froid sur la vieillesse et sur la première enfance. — Le froid exerce une influence fatale sur les êtres faibles ou affaiblis, vieillards, valétudinaires, enfants. La statistique démontre que la mortalité des vieillards est plus considérable l'hiver que l'été, et dans le Nord que dans le Midi. De même, pour le premier âge, la mortalité, en janvier, est double de ce qu'elle est en juillet. Conclusion : il faut aux vieillards et aux enfants des habitations mieux chauffées, des vêtements, des couvertures, des lits plus douillets qu'aux adolescents et aux adultes.

Effets de l'inanition. — Si, par l'absence totale de nourriture l'inanition est complète, l'oxygène fourni par la respiration, ne trouvant plus dans le sang de matériaux de réparation pour recomposer nos tissus, en est réduit à agir sur notre propre substance. Liebig dit : « L'air agit alors en nous comme une épée tranchante qui, graduellement, mais irrésistiblement, pénètre jusqu'au centre même de la vie et met fin à son activité. » D'abord la graisse se consume, puis les muscles; le corps s'émacie, perd de son poids de minute en minute; le cerveau, le système nerveux se troublent, le délire survient; et, dès que notre corps a perdu les 2/5 de son poids et que notre chaleur vitale s'est abaissée jusqu'à 20 à 24 degrés, la vie s'arrête. A côté de cette inanition complète, assez rare, qui nous tue en quelques jours, il y a l'inanition partielle des gens insuffisamment ou mal nourris. Les phénomènes physiologiques causés par la pénurie de nourriture sont les mêmes que ceux de l'inanition complète, quoique moins apparents et moins rapides : amaigrissement, faiblesse générale des viscères et des organes, incapacité du cerveau à penser, force amoindrie, activité pénible, le délire est ici remplacé par une irritabilité fébrile. L'organisme, où la réparation ne fait pas équilibre à la destruction, s'épuise, et la moindre maladie tue le malade, qui, en réalité, meurt de faim.

Effet du sucre dans l'alimentation. — Pris en quantité modérée, il favorise la digestion ; il l'entrave, au contraire, si l'on en fait abus, et cause l'inflammation du tube digestif. On recommande aux obèses de s'en priver, car, dans certains cas où les poumons ne fonctionnent pas parfaitement, le sucre, au lieu de fournir de la chaleur, se transforme dans l'organisme en graisse qui se dépose sur les muscles et les viscères et aggrave l'obésité. Le sucre dissous dans l'eau, et abandonné à l'air libre, s'aigrit à la longue et devient acide. C'est ainsi qu'il agit dans les interstices des dents; devenu aigre, il corrode leur émail : de là vient la réputation qu'il a de les gâter. On fera bien de se rincer la bouche après avoir mangé des sucreries.

Effets physiologiques de l'ivrognerie. — A ceux que vous verrez user et abuser de l'eau-de-vie, apprenez que l'alcool a pour effet de ralentir la digestion et la nutrition. Il s'oppose à la libre introduction de l'oxygène dans les poumons, il accumule dans l'organisme l'acide carbonique qui est un poison, et vicie ainsi peu à peu le sang et tous les tissus. Dites-leur bien haut que cette intoxication, en s'aggravant avec le temps, amène l'affaiblissement du cerveau; par suite, les facultés mentales s'altèrent, le jugement s'affaiblit, la mémoire s'efface, et l'alcoolique finit misérablement dans l'abrutissement, la folie, la paralysie ou l'épilepsie.

Effets physiologiques de la lumière. — A la lumière solaire, l'énergie est plus grande, l'esprit plus éveillé, la digestion plus rapide, la circulation du sang plus vive. L'action de la lumière artificielle est la même, mais à un degré infiniment moindre.

Enlèvement du tartre sur les dents. — Le vinaigre est excellent pour l'enlèvement du tartre. Il faut en frotter avec une brosse la base des dents, non pas chaque jour, mais de temps à autre seulement.

Enlèvement des taches de pétrole sur les étoffes. — Exposez simplement la tache aux rayons du soleil ou à la chaleur d'un poêle, comme pour la sécher. En peu de temps elle aura disparu, l'huile de pétrole se volatilisant rapidement sous l'action de la chaleur.

Enlèvement des taches sur les vêtements. — *Taches de graisse.* On les enlève : 1° à l'aide des alcalins : soude, savon, alcali, essence de savon (Voyez ce mot); les trois premiers doivent être préalablement mélangés avec de l'eau. On imprègne la tache grasse du mélange et l'on frotte, soit avec un chiffon, soit avec une brosse douce; on rince, ensuite on sèche d'abord en essuyant avec un linge sec et propre, puis en abandonnant à l'air; — 2° à l'aide de la benzine ou de l'essence minérale. On imbibe la tache de l'une de ces deux substances; on sèche ensuite, en essuyant doucement avec un linge sec et propre. Mais rappelez-vous bien que la benzine et l'essence minérale dégagent des vapeurs très inflammables à distance, et qu'il faut s'abstenir absolument de les manipuler le soir à la lumière. — *Taches de sucre.* Elles se dissolvent à l'aide de l'eau claire; pour les enlever, il s'agit donc simplement de les mouiller jusqu'à ce que tout le sucre soit dissous et entraîné par l'eau. — *Taches d'encre et de rouille.* Le jus des tomates mûres les enlève sur le linge. — *Taches de fruit, de café.* Elles s'enlèvent à l'eau bouillante qu'on fait passer à travers l'étoffe tachée comme à travers une passoire.

Nota. — Avant de détacher un vêtement, il faut le brosser à fond, de manière à ne pas laisser de poussière dans le tissu; sinon, des ronds grisâtres presque aussi vilains que les taches elles-mêmes apparaîtraient dès que l'étoffe serait sèche.

Entretien des couteaux. — On polit les lames des couteaux à l'aide d'une planchette garnie d'un cuir, dite planche à couteaux, et d'un sablon très fin tiré d'une brique spéciale appelée pierre ou brique anglaise. Grattez sur le cuir de la planche à couteaux une petite quantité de la brique; frottez la lame des deux côtés jusqu'à ce qu'elle soit bien nette. Essuyez ensuite pour enlever le peu de sablon qui pourrait être resté sur les lames et les manches.

Entretien de la chevelure. — Premièrement : évitez de la salir. En faisant le ménage, ayez soin de vous couvrir la tête, soit d'un bonnet, soit d'un mouchoir noué sous le cou. Secondement : brossez vos cheveux chaque soir avant de vous coucher. Surtout n'employez jamais, pour les faire briller, ni pommade, ni huile, ni aucune substance graisseuse. Toutes rancissent à la longue et communiquent à la chevelure une odeur désagréable, sans compter l'inconvénient plus grand qu'elles ont de se transformer, par leur mélange avec la poussière, en un affreux cambouis qui crasse les coiffes des bonnets et des chapeaux. Les cheveux en bon état de santé et de propreté sécrètent d'eux-mêmes une huile naturelle qui suffit à leur donner l'apparence soyeuse, brillante, qu'on demande en vain aux cosmétiques les plus coûteux.

Entretien de la boîte à lait. — La laver soigneusement chaque fois qu'elle a servi. De temps à autre, la plonger dans l'eau bouillante et même l'en remplir, de façon à détruire les germes de putréfaction qui se développent si facilement dans les joints du fer-blanc.

Entretien des meubles de chêne et de noyer cirés. — On les cire à l'aide d'une encaustique ainsi composée :

Cire................................	25 grammes
Essence de térébenthine...........	1 decilitre.

Mettez la cire et l'essence dans un vase; chauffez au bain-marie, et non d'autre manière, car l'essence de térébenthine trop chauffée prend feu. Laissez refroidir. Pour vous en servir, enduisez-en très légèrement, à l'aide d'un petit chiffon doux, la surface à cirer; laissez sécher un instant, et frottez avec une flanelle.

Entretien des ustensiles en fonte de fer. — Évitez l'emploi des caustiques, de la soude, et même du savon. Si cet emploi est rendu nécessaire, corrigez-en l'effet en graissant, après le nettoyage, les objets de fonte avec un peu d'huile ou de graisse et en les essuyant ensuite avec un chiffon ou du papier.

Entretien et nettoyage de la lampe à pétrole. — Combien de fois par semaine faut-il faire la lampe? *Tous les jours.* Qui doit faire la lampe? *Toute personne soigneuse, connaissant bien l'appareil et son fonctionnement, ainsi que les propriétés du pétrole.* Une écolière attentive peut se charger de ce soin du ménage. A quelle heure doit-on faire la lampe? Le matin de préférence, à toute heure du jour plutôt que d'y manquer, mais *jamais le soir à la lumière.* Vous aurez deux chiffons, l'un pour le verre, l'autre pour la lampe. Vous essuierez le verre soigneusement; vous débarrasserez le haut de la mèche des débris carbonisés en l'essuyant simplement. Vous emplirez le récipient de pétrole en laissant en haut un vide d'au moins deux centimètres. Pour procéder à ce remplissage, vous aurez soin, avant de dévisser le brûleur, de remonter d'abord la mèche, et vous ne la redescendrez qu'après l'avoir revissé. Cette précaution a pour but d'empêcher la mèche de se tordre dans le récipient, et par là même de refuser d'obéir ensuite au mouvement de la crémaillère quand on veut la monter ou l'abaisser. En revissant le brûleur, gardez-vous de forcer le pas de vis pour ne pas le fausser; car un pas de vis faussé est perdu.

Nettoyage de la lampe. — 1° *Récipient.* Il faut le vider de temps à autre et rejeter les débris de mèche carbonisée ou autres résidus qui peuvent se trouver au fond. — 2° *Brûleur.* Si vous vous servez de bon pétrole, le brûleur se salira peu. S'il noircit, vous le savonnerez au besoin. Vous veillerez à ce que les orifices percés à sa base tout autour et au milieu ne s'obstruent pas. Ils sont ménagés pour livrer passage aux vapeurs qui s'exhalent du récipient pendant la combustion et qui, si elles restaient emprisonnées dans la lampe, pourraient s'y enflammer et la faire éclater. — 3° *Mèche.* Si elle se salit à l'extrémité qui touche le fond du récipient, vous l'ôterez du brûleur et la laisserez d'abord sécher. Vous la savonnerez ensuite, la rincerez et sécherez complètement avant d la replacer. La propreté de la mèche est chose très importa e; c'est par la mèche que le liquide s'élève jusqu'au brûleur; t ut ce qui obstrue les interstices de son tissu entrave l'ascens n du liquide éclairant vers la flamme et diminue l'intensité de la lumière.

Entretien de l'évier. — Enduisez les quatre coins de savon noir, frottez avec la brosse de chiendent, puis rincez. La potasse d'Amérique, l'acide muriatique, même, peuvent être employés s'il s'agit, non d'entretenir propre, mais de décrasser l'évier. Il faut avoir grand soin de ne pas laisser séjourner à l'entrée du conduit de l'évier des débris qui, en se corrompant, dégageraient de mauvaises odeurs. Pour assainir ce conduit, vous y verserez de temps en temps une solution de sulfate de fer à raison de 10 grammes par litre d'eau. Le sulfate de fer a la propriété de s'emparer des gaz méphitiques qui se dégagent des puisards et des fosses d'aisances et de les neutraliser.

Entretien de la table de nuit. — La propreté exige que l'intérieur des tables de nuit soit nettoyé et assaini de temps à autre. On lavera les tablettes et les parois intérieures à l'eau et au savon, ou, mieux encore, on les frottera avec un linge imbibé d'essence de térébenthine. Un petit paquet de plantes aromatiques, romarin, lavande, ou un morceau de camphre sont bien à leur place dans un coin de la table de nuit.

Ephestia. — C'est un petit papillon gris du genre teigne qui s'attaque aux sacs de farine, aux provisions de biscuit, de riz, de blé et même aux vieilles croûtes de pain. Son séjour préféré est le moulin. Sa chenille, rose ou rosâtre, est longue de 10 à 12 millimètres quand elle a atteint toute sa croissance. La présence de l'Ephestia est révélée par des amas de feutrage blanc que la larve file au-dessus d'elle pour s'abriter. C'est cachée sous ce feutre qu'elle vit dans les sacs de farine et de blé, dans les bluteries, les caisses de biscuits, etc., salissant tout de ses déjections et dévorant ce qui se trouve à sa portée. Pour se transformer en chrysalide, elle se retire dans une fissure, et file autour d'elle un cocon de soie blanche. Un seul Ephestia peut donner naissance en une saison à des millions de larves : aussi ce petit insecte est-il une calamité pour les meuniers, les grainetiers et pour les magasins de biscuits. M. Danysz, qui l'a étudié spécialement, conseille pour le combattre l'emploi de la poudre de pyrèthre.

Épices. — Le poivre, le girofle, la muscade, la moutarde, la cannelle doivent leur goût particulier à une essence huileuse, brûlante au palais. L'addition des épices aux mets ne fait pas autre chose que de les parfumer et n'ajoute rien à leur valeur nutritive. Les épices excitent l'appétit et flattent le goût; elles sont légèrement antiseptiques, mais la cuisinière doit en user avec beaucoup de modération.

Épuration de la plume. — Elle a pour objet de nettoyer la plume, de la débarrasser des matières grasses et des germes de parasites qu'elle a pu emporter. Cette épuration se fait en grand dans les fabriques de literie, à l'aide d'étuves et d'appareils particuliers. Dans les simples ménages, on peut employer l'une des méthodes suivantes : ensacher les plumes non tassées, les laisser dans le four où on a cuit le pain jusqu'à ce qu'il soit refroidi; ou bien suspendre le sac où elles sont renfermées, au-dessus d'un chaudron d'eau bien bouillante, de façon que la vapeur brûlante pénètre le sac et la masse des plumes; on les sèche ensuite au soleil.

Essence de savon. — Mettez dans une bouteille 165 grammes de savon coupé en minces copeaux, 32 grammes de potasse, un demi-litre d'esprit-de-vin. Faites tiédir au bain-marie, filtrez, puis bouchez. Cette essence enlève les taches de cambouis les plus grasses, comme en ont sur leurs vêtements les gens qui travaillent dans les usines. On en verse quelques gouttes sur l'endroit taché, on brosse, puis on rince à l'eau claire.

Étain. — L'étain pur ne forme pas de poison au contact des acides ou des corps gras. Malheureusement l'étain, malgré la loi qui punit de la prison les falsificateurs de ce métal, est souvent adultéré par une addition de plomb. Or le plomb est plus dangereux encore que le cuivre. L'étain des étameurs contient parfois 50 pour 100 de plomb, alors que 10 pour 100 à peine devraient être tolérés. Pour plus de sûreté, la ménagère s'abstiendra de laisser séjourner, dans des vases étamés, soit du lait, soit tout autre mets.

F

Falsification du beurre. — On frelate le beurre : 1° en y incorporant de l'alun, du borax ou du silicate de potasse, substances qui ont la propriété de retenir dans sa masse une certaine quantité d'eau; 2° en y ajoutant de la farine, de l'amidon, de la pulpe de pommes de terre cuites et finement écrasées, de la graisse, et surtout, comme il est dit page 273, de la margarine; 3° en le colorant artificiellement avec du chromate de plomb, un poison, ou du rocou, substance très répugnante; parfois, simplement avec du jus de carottes ou une décoction de fleurs de souci.

Falsification de la farine. — On falsifie la farine de froment en y incorporant les farines moins coûteuses de fèves, de lentilles, de haricots, d'orge, de châtaignes, etc. On y ajoute aussi du plâtre, du sulfate de baryte. La baryte est une substance d'un blanc grisâtre, de saveur brûlante, et qui pèse beaucoup sous un petit volume. C'est pour rendre la farine pesante que les fraudeurs la mélangent avec cette matière nuisible.

Fer dans l'alimentation. — Le fer se rencontre dans un grand nombre de nos aliments, soit animaux, soit végétaux, non pas à l'état pur, mais combiné avec d'autres substances qui le rendent soluble et assimilable.

Fer dans le sang. — Notre sang contient environ 0,05 pour 100 de fer. L'hémoglobine, qui compose en grande partie les globules rouges, en renferme 42 pour 100. Quand cette proportion de fer diminue dans le sang, la santé s'altère, les forces déclinent, les fonctions se ralentissent; on tombe dans un état de faiblesse nommé anémie.

Fièvre. — Dans la fièvre, le pouls s'accélère et la température du corps augmente. Quand elle ne dépasse pas 39 degrés, la fièvre est modérée; elle est forte, dès qu'elle s'élève au-dessus; à 42 degrés, la mort est imminente. On soulage la fièvre par des lotions d'eau fraîche faites rapidement sur tout le corps, et particulièrement aux tempes et aux poignets; par des tisanes fébrifuges, telles que : infusion de petite centaurée, de camomille ou des deux mélangées. Il existe contre la fièvre un remède très énergique, le sulfate de quinine, mais on ne doit y avoir recours qu'après avis du médecin.

Fromage ; sa composition, ses propriétés, ses parasites; comment il faut le choisir. — Le fromage est la partie solide du lait; il se compose presque entièrement de caséine. Pour séparer le caséum ou caillé du lait (séparation qui se fait d'elle-même naturellement dès que le lait aigrit), on emploie généralement la présure dans la proportion d'un décigramme environ par litre de lait. La présure est une substance qui se trouve dans la caillette des jeunes veaux à la mamelle. On se la procure toute préparée dans le commerce sous la forme liquide ou solide. Le caillé, une fois égoutté et débarrassé de tout son petit-lait, constitue le fromage blanc ou frais. Salé, abandonné à l'air libre, dans un lieu à température fraîche, il subit une sorte de fermentation, se couvre d'abord d'une croûte de moisissures verdâtres ; plus tard, cette croûte jaunit, devient grasse, onctueuse ; le fromage est alors « fait » ; le caséum, de blanc et sec, est devenu couleur crème et gras : il a une odeur forte, ammoniacale. Que la transformation se prolonge, et le fromage fait arrivera au degré qu'on nomme l'affinage. Lorsqu'on voit la croûte du fromage se couvrir de taches de couleur jaune orangé, c'est qu'il est trop vieux. Ces taches sont dues à la présence d'un champignon microscopique qui envahit les fromages passés. La qualité des fromages faits varie beaucoup suivant certaines circonstances : 1° selon la qualité du lait employé. Les fromages fabriqués avec du lait faible ou écrémé arrivent difficilement à l'état « fait », et ne peuvent jamais atteindre à l'affinage ; 2° selon le mode de fabrication qui varie à l'infini ; 3° selon la température de la cave où ils sont exposés. Si elle est trop élevée ou variable, ils se putréfient. La température des célèbres caves de Roquefort est de 5 degrés au-dessus de zéro. Celle des caves ordinaires est de 8 à 10 degrés.

Parasites. — Outre le nombre infini des microbes qui vivent dans le fromage (on en a compté huit cent mille dans un gramme de gruyère), et qui sont très probablement les auteurs de ses modifications cette denrée est recherchée par des insectes parasites qui nous la disputent. Le premier, le plus connu, est la petite mouche Piophila caséi. Elle vient pondre ses œufs sur les fromages en train de se faire. Ils y éclosent bientôt sous la forme de petites larves blanches improprement appelées vers. Après avoir vécu de la substance du fromage, elles se transforment en nymphes d'un roux mordoré qu'on aperçoit souvent à la surface de la croûte et deviennent ensuite des mouches parfaites. D'autres, également fréquents, surtout sur les fromages affinés, sont des acariens détriticoles, désignés sous le nom de mites ou cirons. On ne les distingue à l'œil nu que comme une poudre grisâtre. Ils communiquent aux fromages une saveur désagréable. On combat ces parasites par des badigeonnages à l'huile, des lavages à l'eau salée et surtout par le bon entretien des caves. Voici comment, d'après de vieux proverbes, il faut choisir le fromage :

Ni mou, ni blanc, ni pleurant ;
Pesant ;
Sans yeux et teigneux ;

c'est-à-dire à la croûte sèche et rugueuse.

Pain léger, pesant fromage
Prends toujours si tu es sage.

Fromage de tête de porc. — Tête de porc, 2 kilogrammes; sel, poivre, un peu de muscade râpée. (Un grand bol ou un petit saladier pour servir de moule.)

Découpez la tête en morceaux de façon qu'ils posent bien à plat dans le vase ayant servi à la cuisson; versez de l'eau juste ce qu'il en faut pour que les morceaux en soient couverts (le moins sera le mieux). Chauffez sur un feu modéré, écumez, ajoutez les condiments, et laissez mijoter jusqu'à ce que les os se détachent d'eux-mêmes de la chair. Retirez alors le vase du feu; désossez la viande cuite, coupez-la en menus morceaux que vous placerez à mesure dans le bol ou le petit saladier. Versez sur le tout le jus de cuisson, couvrez d'une assiette et laissez refroidir 6 à 10 heures. Démoulez ensuite. (Ce mets est nourrissant et peu coûteux.)

G

Gelée de groseille. — Égrenez des groseilles et épluchez des framboises quatre fois plus des premières que des secondes; placez-les dans un vase de faïence ou de terre, et le vase, dans un chaudron d'eau bouillant doucement; laissez-les ainsi jusqu'à ce que le jus soit bien sorti des fruits. Passez-le alors à travers un tamis ou une toile, sans trop presser. Versez, en le mesurant, le jus ainsi filtré dans une bassine de cuivre, de terre ou de fonte émaillée (les vases étamés ou en fer ne conviennent pas aux préparations acides). Pour chaque litre de jus, mettez 1 kilog. de sucre (900 grammes peuvent suffire). Chauffez, remuez fréquemment jusqu'à ce que le mélange bouille. Enlevez l'écume. Laissez bouillir 20 minutes. Jetez alors une goutte du mélange sur une assiette froide; si la gelée se solidifie, elle est cuite; mettez-la en pots et ne couvrez qu'après refroidissement complet. Le jus de groseille se prend facilement en gelée, car il contient beaucoup de pectine. Si cette pectine ou gélatine végétale cuit trop longuement, elle perd sa propriété de se solidifier et ne la recouvre plus. Il faut donc laisser bouillir les confitures le temps nécessaire, mais ne pas dépasser ce temps.

H

Houille. — La houille ou charbon de terre fournit trois variétés de combustible : 1° l'anthracite, tiré du fond des gisements carbonifères. C'est un charbon très dur, presque pierreux, qui brûle lentement, sans flamme, avec une chaleur intense, en dégageant des vapeurs sulfureuses malsaines. L'anthracite use vite les appareils de chauffage; il cause des maux de tête; — 2° les charbons demi-durs tirés des couches médianes des mines, comme le charleroi, le newcastle, brûlent avec une flamme blanche et presque sans fumée en donnant une chaleur plus agréable que l'anthracite; — 3° les charbons gras ou bitumineux extraits des couches supérieures des mines brûlent avec une flamme rougeâtre et produisent beaucoup de suie et de fumée. Ils n'ont qu'un seul avantage, celui de s'allumer très rapidement.

I

Indigestion. — L'indigestion peut être causée, soit par des aliments ingérés en trop grande quantité ou indigestes, soit encore par un certain état morbide de l'estomac. Dans tous les cas, les symptômes sont les mêmes : sensation de pesanteur, gonflement douloureux de l'estomac, nausées. Le thé léger, une infusion de camomille ou de menthe peu sucrée et très chaude suffisent parfois à exciter suffisamment l'activité digestive et à arrêter l'indigestion. Des cataplasmes émollients de graine de lin apaisent les douleurs stomacales. Mais le plus souvent ces moyens sont insuffisants, et le mal ne peut être soulagé que par le rejet des aliments qui encombrent l'estomac. Si les vomissements n'arrivent d'eux-mêmes, on les provoquera en faisant avaler un peu d'eau tiède. Ils sont la fin de l'indigestion, dont les suites disparaissent, tout à fait, en 12 heures, à condition de laisser le malade à la diète, pour donner aux organes fatigués le temps de se reposer.

Insecticides. — Le camphre, la poudre de pyrèthre, le pétrole, le jus de tabac, le sulfure de carbone sont des insecticides; les deux derniers employés surtout par les agriculteurs.

La poudre de pyrèthre passe pour être très efficace dans la destruction des teignes. D'après les renseignements fournis par le laboratoire de parasitologie de la Bourse du Commerce de Paris cette poudre est préparée avec la partie jaune des fleurs du pyrèthre de Dalmatie et du Caucase, broyée et réduite en poussière. Les fleurs non épanouies fournissent une poudre de couleur jaune très active; les fleurs épanouies, une poudre grise moins efficace. Comme cet insecticide revient assez cher au commerce, celui-ci le falsifie largement. Le plus souvent la poudre a été fabriquée, non pas avec les parties jaunes du pyrèthre qui seules contiennent le principe actif, mais avec la plante entière, fleurs et tige; et elle s'altère bien autrement en passant de main en main du fabricant jusqu'à l'acheteur, si bien qu'elle ne contient souvent plus alors que de la sciure de bois, accompagnée des substances les plus variées, et à peine un soupçon de pyrèthre. La poudre véritable a une odeur forte qui provoque l'éternuement; quand on l'emploie en insufflation, il est bon de se protéger les narines et la bouche avec un bandeau. Après en avoir saupoudré une chambre, on tiendra cette chambre close pendant 10 à 12 heures. La poudre de pyrèthre perdant sa vertu à l'humidité, il faut la conserver dans un flacon de verre bien bouché.

L

Lapin. — La chair du lapin est molle, aqueuse, peu savoureuse, digestible, laxative. Vous reconnaîtrez la jeunesse aux griffes lisses, cassantes, si vous les ployez de côté, ainsi qu'aux oreilles flexibles et molles. Des oreilles dures, sèches, des griffes usées, ne pouvant être ni ployées, ni cassées, dénotent la vieillesse, c'est-à-dire une chair coriace, difficile à cuire et indigeste.

La tristesse retarde la guérison. — C'est un fait admis que l'état d'esprit, ce qu'on est convenu d'appeler le moral, influe beaucoup sur la santé. Une bonne garde-malade s'ingéniera donc à éveiller, en son patient, l'espérance. Elle évitera tout ce qui peut le préoccuper et surtout l'affliger. Elle arrangera sa chambre pour le plaisir de ses yeux et ne se fâchera ni de ses impatiences, ni de ses fantaisies, se rappelant, qu'en état de maladie, la sensibilité nerveuse est très surexcitée. Elle se gardera surtout de cette erreur que, pour égayer un malade, il faut rire, jaser, s'agiter, en sa présence. Rien, au contraire, ne saurait lui être plus pénible et plus nuisible.

Lavage des plaies. — Employez, non des éponges, mais de petits tampons de charpie de toile bien propres. Ne trempez jamais la même charpie deux fois dans l'eau de lavage; rejetez chaque tampon dès qu'il a servi. La charpie est avantageusement remplacée par une sorte de ouate finement cardée et blanchie qu'on nomme coton hydrophile, et qui se trouve dans les grands magasins de nouveautés aussi bien que chez les pharmaciens, et généralement à meilleur compte.

L'eau est la plus salutaire des boissons. — C'est la seule nécessaire, à condition qu'elle soit pure; le vin, le cidre, la bière ne peuvent servir de boisson que parce qu'ils contiennent de l'eau. En effet, notre corps est formé en grande partie de liquide: le sang, la lymphe, la bile, les sucs gastriques et intestinaux, la salive, les larmes, etc., ne sont autre chose que de l'eau contenant en dissolution des substances variées. Elle joue un rôle très important dans l'acte de la digestion; c'est elle qui désagrège et dissout les aliments solides. Elle préside également à la nutrition, en charriant à travers les artères les matériaux de réparation contenus dans le sang; à la perspiration, en emportant au dehors, sous forme de vapeur, les résidus inutiles. Nous rejetons sous la forme seule de perspiration plus d'un litre d'eau par jour.

Notre consommation quotidienne d'eau sous forme de boisson doit être d'un à deux litres, sans compter celle que nous absorbons mélangée à nos aliments animaux et végétaux, qui tous en contiennent de 30 à 95 pour 100.

Légumes verts, leur cuisson. — Les légumes verts: feuilles, bourgeons, jeunes gousses, jeunes graines, sont des aliments sains et rafraîchissants; ils contiennent des matières nutritives dont la quantité varie selon les espèces, des sels minéraux et des essences aromatiques. Les feuilles très vertes, telles que les épinards, l'oseille, sont laxatives au point de devenir purgatives si l'on en fait un usage trop répété. De là est venu l'usage de décolorer sur pied certaines plantes potagères en les privant de lumière. Les légumes verts se cuisent à l'eau légèrement salée. On attend qu'elle bouille pour les y plonger, afin qu'ils ne s'amollissent pas trop et ne perdent pas non plus trop de leur saveur. Voulez-vous leur garder leur couleur verte après la cuisson? Otez simplement le couvercle du vase où ils cuisent et agitez-les fréquemment avec l'écumoire.

Le rangement en général. — Voici le principe du rangement: « Une place pour chaque chose, et chaque chose à sa place. » Il a pour but: 1° la commodité, en mettant les objets à notre portée; 2° l'économie de temps et de peine inutilement dépensés à chercher ce qu'on peut trouver, à toute heure, sous la main ; 3° l'ordre et le bon aspect de la maison, en assignant à chaque objet la place qui lui convient le mieux.

Les trois actes de la digestion. — Le premier est la mastication, qui s'accomplit dans la bouche, à l'aide des dents, et a pour objet de broyer sommairement et d'humecter de salive les aliments. Le second est la dissolution des aliments solides dans l'estomac ; elle se fait mécaniquement et chimiquement, à la fois. En effet, l'estomac est formé de muscles robustes qui lui permettent de se contracter et de se détendre en longueur et en largeur. De plus, il est tapissé, à l'intérieur, d'une surface spongieuse à multiples cavités ressemblant aux alvéoles des abeilles et dont chacune est comme une petite outre poreuse dont les parois laissent filtrer le suc gastrique, pour s'en remplir au moment de la digestion. Grâce aux contractions de l'estomac et à l'action dissolvante des sucs gastriques, en une heure environ tous les aliments d'un repas sont convertis en une masse pulpeuse semi-liquide et grisâtre. Ce qui, dans cette masse, se trouve alors assimilable, c'est-à-dire propre à servir à la nutrition, est absorbé par les parois de l'estomac et déversé immédiatement dans les vaisseaux sanguins, tandis que le reste sort de l'estomac et passe dans le tube intestinal ; les corps gras, les aliments végétaux principalement, les féculents nécessitent ce travail d'achèvement digestif, troisième acte de la digestion. Sur leur parcours le long de l'intestin, qui a environ 7 mètres, ces divers aliments subissent d'abord, dans la partie supérieure, l'action du suc pancréatique et de la bile sécrétés par le pancréas et la vésicule biliaire du foie, puis, dans toute la longueur du tube, celle du suc intestinal, assez semblable à la salive. Pendant cette traversée, les matériaux de nutrition s'infiltrent, à mesure qu'ils sont élaborés, à travers les parois de l'intestin, et sont déversés dans les vaisseaux sanguins, tandis que le résidu s'amasse pour être expulsé.

Les vieilles poussières sont toujours dangereuses. — Vers 1883, on procéda à un remaniement complet de la bibliothèque de la Faculté de médecine de Bordeaux, et l'on remua ainsi des poussières séculaires. Tous ceux qui participèrent à ce rangement furent atteints d'un malaise subit et identique : fièvre, maux de tête, inflammation des voies respiratoires. Les vieilles poussières ayant été examinées, on reconnut qu'elles étaient la cause de cette petite épidémie. On en a conclu que le nettoyage des pièces depuis longtemps inhabitées, des objets couverts d'anciennes poussières, ne doit se faire qu'avec les plus grandes précautions.

Liste de quelques substances désinfectantes, c'est-à-dire capables de détruire les microbes. — Eau oxygénée, iode, acide thymique, acide phénique, sulfure de carbone, acide borique, gaz acide sulfureux (qui se dégage de la combustion du soufre), soude, borate de soude.

L'alcool, le sel de cuisine, la glycérine sont également antiseptiques, mais à un degré moindre.

Longueur totale des canalicules épidermiques. — On a calculé que si les canalicules épidermiques d'un adulte étaient mis bout à bout, ils fourniraient une longueur de 10 lieues environ.

M

Maladies ayant pour origine le manque d'air pur. — Les fièvres paludéennes et toutes les fièvres épidémiques se déclarent dans les régions où l'air est impur, le choléra également. L'habitude de vivre dans des lieux mal aérés engendre le rachitisme ou déformation des os, les scrofules et la phtisie pulmonaire.

Manière d'augmenter le lustre et la raideur de l'empesage. — Pour un litre d'amidon préparé, ajoutez une petite cuillerée à café de borax, que vous aurez préalablement dissous. Le borax est une substance minérale qui se dissout dans trois fois son volume d'eau bouillante et dix-huit fois son volume d'eau froide. Lorsqu'on chauffe le borax à une température plus élevée que l'eau bouillante, il sèche, se vitrifie et prend une couleur vert jaunâtre. On comprend aisément son action sur l'empesage au point de vue du lustre et de la raideur; mais, en l'employant, il faut se rappeler que l'excès de borax, dans l'amidon, donne au linge empesé une teinte vert jaunâtre et rend les fils du tissu cassants comme du verre.

Manière d'empêcher l'empois cuit de coller au fer. — Ajouter à l'amidon un peu de bougie de bonne qualité ou de gomme arabique ou de dextrine.

Manière de mettre le couvert. — Étendez la nappe d'une façon bien égale sur la table, puis posez les assiettes à la distance voulue, c'est-à-dire en réservant à chaque convive un espace de 40 à 50 centimètres environ, ni trop près ni trop loin du bord de la table; mettez les couverts (la cuiller sur la fourchette), puis le couteau, la serviette côte à côte, à droite de l'assiette, le verre devant. Au milieu de la table, sera le dessous de plat flanqué de deux couverts et d'un couteau de service. La salière devra se trouver à portée des convives ainsi que la boisson et le pain, celui-ci servi tout coupé sur une assiette.

Du goût et de la prévoyance de la personne qui met le couvert dépend en grande partie l'agrément de la table. La ménagère oublieuse, toujours courant après ce qui manque, se fatigue et trouble le repas de famille.

Manière de rendre le fer à repasser lisse et brillant. — Ayez un petit morceau de cire enveloppé d'un chiffon et noué avec du fil. Le fer à repasser étant légèrement chauffé, frottez-le d'abord avec ce nouet de cire, puis sur un papier saupoudré de sel de cuisine.

Manière de se servir de la saponaire. — Vous ferez bouillir la plante pendant une heure. Vous laisserez les saponaires dans l'eau pendant que vous y laverez les objets à dégraisser, vous rincerez ensuite plusieurs fois à l'eau douce et ferez sécher.

Mauvais effet de la poudre de riz sur la peau. — Elle bouche les pores de l'épiderme et s'oppose à la fonction très nécessaire de perspiration. En réalité, la poudre dite de riz contient très peu de fécule de cette graminée; on y joint le plus souvent de l'oxyde de bismuth, poudre impalpable très blanche, dont le moindre effet est de décolorer la peau à la longue, de la dessécher et de la durcir.

Mets qu'il faut éviter de laisser refroidir et séjourner dans des ustensiles de cuivre. — 1° Tous les mets acides : tomates, oseille, fruits, sauces vinaigrées (Notez qu'en outre tous les végétaux et même les viandes contiennent des acides divers en quantité variable); 2° les mets salés; 3° les mets sucrés.

Règle générale : ne laissez jamais refroidir ou séjourner un mets dans l'ustensile où il a cuit.

Moisissures. — Les moisissures ne sont autre chose que des végétations cryptogamiques qui se présentent sous la forme de taches duveteuses ou pulvérulentes, blanches, verdâtres ou jaunes. Voici de quelle manière les moisissures se produisent dans nos provisions. Leurs semences, ou spores, infiniment petites et légères, se trouvent en énorme quantité répandues dans l'air, surtout par les temps humides. Or l'air, on le sait, pénètre partout; lors donc qu'une spore de moisissure a été entraînée par l'air dans un pot de confiture, par exemple, si par hasard il se trouve dans la confiture un excès d'humidité, voilà notre spore à son aise : elle germe, croît, fructifie, se reproduit, et la provision se couvre de ces taches blanches, brunes, verdâtres qui lui communiquent le mauvais goût qu'on appelle « goût de moisi ». Toutes les provisions rangées dans un lieu humide deviennent fatalement le lieu d'élection des moisissures. Parmi celles-ci, les unes sont simplement inoffensives, la plupart des autres vénéneuses.

Morceaux de bœuf à employer pour le pot-au-feu. — 1° Tranche, gîte à la noix; 2° paleron, côtes, talon de collier, plats de côtes; 3° collier, gîte ou rouelle; 4° surlonge, joues, queue.

Mortalité de l'enfance. — Un enfant, à sa naissance, a autant de chances de mourir dans l'année qu'un vieillard de quatre-vingt-huit ans, dit le docteur Bertillon. La moyenne des décès des enfants d'un jour à un an est, en effet, de 178 pour mille. On attribue cette effroyable mortalité au manque de soins et d'hygiène, à une alimentation rendue mauvaise par l'emploi de biberons mal tenus, etc. D'un an à cinq ans, la mortalité n'est plus que de 34 pour mille. De cinq à quinze ans, elle est plus faible encore. Enfin, il ne meurt que 5 pour mille d'adolescents de quinze ans.

Moyen d'éviter le désordre. — C'est d'apporter dans vos petites affaires de ménage de la réflexion, de la méthode et de la prévoyance. S'agit-il de la préparation d'un mets? Assemblez en un même point les ingrédients qui le composent et remettez chaque chose en place dès qu'elle a fini de servir. S'agit-il d'épluchage de légumes? Ne jetez pas d'épluchures à terre en vous disant : « Je les ramasserai plus tard. » Il est bien plus simple de ne rien jeter et de n'avoir rien à ramasser. A quelque besogne que vous vous mettiez, ayez en tête ce proverbe : « Il y a cent manières de faire une même chose, mais sur les cent il n'y en a qu'une bonne. » Cherchez toujours celle-là.

Moyen de reconnaître si le café moulu est falsifié par une addition de chicorée. — Prenez une petite cuillerée de votre café en poudre, jetez-la dans l'eau : la poudre de café, qui est imprégnée naturellement de son huile aromatique, surnagera, tandis que la chicorée, au bout de quelques instants, alourdie par l'eau dont elle sera imbibée, tombera au fond du vase en colorant le liquide en jaune.

Moyen de reconnaître si le poivre moulu est falsifié. — Prenez une pincée du poivre suspect, arrosez-la d'eau; s'il se mouille, ce n'est pas du poivre, car le vrai poivre, grâce à l'huile aromatique répandue dans toute sa masse, ne saurait se laisser pénétrer par l'eau.

Moyen pratique de juger si le four à rôtir a la température voulue. — Semez sur la plaque du four une pincée de farine; si elle brunit aussitôt en répandant une agréable odeur de pain cuit, le four est à la température de 200 degrés environ, température voulue pour le rôtissage.

N

Ne pas se servir de lampes à essence en guise de veilleuses. — Il a été observé que les vapeurs qui se dégagent de l'essence minérale exercent une action fâcheuse sur les voies respiratoires et ralentissent les battements du cœur. Il va de soi que cette action est plus sensible lorsqu'une lampe à essence brûle de longues heures, dans un espace clos comme une chambre à coucher.

Nettoyage du bois blanc. — Il se nettoie à l'eau et au savon noir ou, s'il est encrassé, au savon minéral. Enduisez de savon les taches grasses, brossez à l'aide d'une brosse de chiendent; rincez parfaitement à l'eau claire, car le peu de savon qui resterait dans le bois lui donnerait une teinte gris jaunâtre; essuyez plutôt que de laisser sécher. Certaines personnes, après avoir savonné le bois blanc, le rincent à l'eau acidulée d'eau de Javel qui a la propriété de décolorer les substances végétales; malheureusement, cette décoloration ne se fait pas sans altérer les tissus végétaux. Vous ferez donc bien de n'employer l'eau de Javel que si les meubles de bois blanc sont tachés par du vin ou des herbes.

Nettoyage du carreau rouge. — Enduisez à l'avance les taches de graisse d'un peu de savon noir pour donner à celui-ci le temps d'agir; mouillez ensuite le carreau, frottez-le fortement à l'aide d'un balai de bois, de paille de riz, ou d'une brosse de chiendent, rincez à grande eau et épongez à l'aide d'une serpillière.

Nettoyage des chapeaux de paille. — Les chapeaux de paille blanche ne peuvent être bien blanchis que par des gens du métier. Quant aux chapeaux de paille noire, voici un moyen facile de les remettre à neuf. Vous les dégarnirez d'abord complètement, puis les brosserez pour en enlever toute la poussière. Après quoi, vous les enduirez au pinceau de l'apprêt suivant que vous aurez préparé à l'avance : une cuillerée à café de dextrine dissoute dans deux cuillerées à bouche d'eau bouillante, une cuillerée à café d'encre bien noire.

Nettoyage du cuivre. — Les ustensiles de cuivre rouge, après avoir été bien dégraissés, se nettoient à l'aide d'une bonne poignée d'oseille dont on les frotte vigoureusement. On en achèvera le poli et on nettoiera le cuivre jaune, ou laiton, avec du tripoli ou de la terre pourrie mélangés d'un peu d'huile; on essuiera ensuite les objets avec un linge sec et doux. Le tripoli et la terre pourrie sont des argiles volcaniques rosâtres, jaunes ou gris brun, très fines, qu'on trouve en abondance en Auvergne et en Italie. Choisissez-les doux et sans grains; on débite dans le commerce de grossiers tripolis mélangés de sable et qui rayent les métaux au lieu de les polir.

Nettoyage des étoffes avec le bois de Panama. — Le bois dit de Panama est l'écorce d'un arbre du Chili, le quilai savonneux. Cette écorce contient une substance, la saponine, qui rend l'eau savonneuse et mucilagineuse ; elle ne mord pas sur la couleur et la fibre des lainages, comme le font les alcalins ordinaires. Pour nettoyer une étoffe, on prend environ 250 grammes de ce bois pour un seau d'eau. On le concasse en le tenant immergé, car il s'en dégage des poussières invisibles qui irritent les voies respiratoires. On laisse tremper, à froid, 10 à 12 heures; on plonge alors dans cette eau les étoffes à nettoyer, sans ôter le bois; on les y garde également 12 heures; après quoi, on étend peu à peu l'étoffe sur une planche et on la brosse à l'aide d'une brosse douce, puis on rince abondamment jusqu'à ce que l'eau reste parfaitement claire. On repasse encore humides les étoffes ainsi lavées.

Nettoyage des dentelles. — Pour les vraies dentelles blanches au fuseau, procédez ainsi : assujettissez la dentelle sur un linge à l'aide de points de coton à bâtir. Couvrez d'un autre linge et imbibez d'eau savonneuse, brossez par-dessus le linge, rincez, pressez sans tordre. Laissez sécher à demi, puis mettez sous presse, toujours entre les deux enveloppes. Pour les dentelles ordinaires de peu de valeur, trempez dans une eau savonneuse, laissez séjourner quelques heures, frottez entre les paumes, rincez et pressez. Un dernier rinçage à l'eau légèrement savonneuse donne un soupçon d'apprêt et une teinte crème. On les repasse encore humides entre deux linges. Les dentelles noires, imitations de Chantilly, de guipure, etc., se dégraissent d'abord à la benzine ou à l'essence minérale. Plongez-les ensuite dans un bain d'eau additionnée d'esprit-de-vin. Repassez-les encore humides entre deux linges.

Nettoyage de la fonte à la mine de plomb. — Délayez la mine de plomb avec un peu de lait qui, grâce à l'albumine qu'il renferme, rend le mélange légèrement collant ; enduisez-en la fonte, laissez sécher, frottez ensuite avec une brosse de crin réservée à cet usage, ou avec un chiffon de laine. La mine de plomb, ou graphite, est une sorte de charbon gras et friable, à reflet métallique, qu'on emploie également à la confection des crayons.

Nettoyage de la fonte émaillée. — Quand elle s'est encrassée, récurez-la simplement au savon minéral.

Nettoyage des fromages envahis par le tyroglyphe. — On les lave simplement avec une brosse et de l'eau salée.

Nettoyage des planches peintes. — Avec un pinceau, badigeonnez-les d'une légère lessive de soude, rincez rapidement avec une éponge et de l'eau claire, essuyez avec un linge sec et propre. Ce travail doit être fait par petites portions, de manière à ne pas laisser séjourner sur la peinture la lessive qui l'enlèverait entièrement.

Nettoyage des rubans. — Imbibez de benzine ou d'essence minérale un chiffon propre et doux, frottez légèrement les taches et les raies des rubans à plusieurs reprises. Essuyez, pour sécher, avec un autre chiffon.

Nettoyage des tissus de laine. — Ne plongez jamais les lainages dans l'eau froide, mais servez-vous d'eau chauffée à 39 ou 40 degrés. (En y plongeant le coude, vous devez ressentir une impression de chaleur agréable, sans être brûlante.) Vous éviterez l'emploi du carbonate de soude, qui est trop caustique et altère la fibre laineuse. Vous vous servirez du savon blanc dur. Vous ne frotterez pas le savon sur le lainage, mais vous le dissoudrez d'abord dans l'eau et c'est dans ce bain savonneux que vous plongerez l'étoffe. Vous ne la frotterez pas entre les mains, la laine n'étant que trop apte à se feutrer. Vous l'étendrez par parties sur une planche et la brosserez avec une brosse de crin végétal.

Nettoyage des verres et cristaux. — Si les verres sont souillés de matières grasses, vous les dégraisserez d'abord à l'eau additionnée d'un peu de soude ; puis vous les rincerez dans une eau très claire et les essuierez avec un linge sec, doux et propre. Évitez l'emploi de tout ce qui peut rayer la surface du verre : non seulement les raies en altèrent la transparence, mais elles lui ôtent de sa solidité. Un peu d'acide muriatique ajouté à l'eau enlève les traces laissées sur les carafes par une eau contenant du calcaire.

O

Œufs durs. — L'albumine, même quand elle est mélangée, comme dans le blanc d'œuf, à sept ou huit fois son poids d'eau, se coagule si on l'expose à une température de 60 degrés. C'est grâce à cette propriété de l'albumine qu'on peut solidifier entièrement ou durcir les œufs. Voici comment on procède : mettez les œufs dans l'eau bouillante, et les y laissez pendant dix minutes. Retirez-les, et plongez-les aussitôt dans l'eau froide. Ce brusque refroidissement a pour effet de faire rétracter l'œuf au dedans de sa coquille et de l'en détacher, ce qu'on trouvera très commode quand il s'agira de l'écailler pour l'utiliser.

On peut également durcir les œufs à sec, au four ou sous la cendre ; mais alors leur albumine se dessèche trop et elle est moins digestible.

Œuf sur le plat. — Mettez, dans un petit plat de fer battu ou de fonte émaillée, gros comme une belle noisette de beurre ou de graisse ou l'équivalent d'huile; laissez le corps gras chauffer aussi fort que possible sans brunir ; versez dans le plat l'œuf, sans le brouiller ; salez, poivrez, laissez cuire vivement jusqu'à ce que le blanc soit pris. Le jaune doit rester liquide.

Omelette. — Elle se compose ainsi : œufs, sel (une petite pincée par œuf), poivre moulu (quelques grains par œuf), beurre, huile ou graisse (environ 10 grammes par œuf). Casser les œufs dans un vase, y incorporer le sel et le poivre, les battre fortement et longuement. Mettre dans la poêle le corps gras dont on fait usage, le laisser chauffer très fort sans brunir ; verser dedans les œufs battus ; laisser un instant les œufs se solidifier au fond de la poêle, soulever alors délicatement avec une fourchette la partie déjà prise, pour laisser glisser dessous une partie du liquide ; continuez de la sorte jusqu'à ce que le tout soit solidifié.

Nota. — La légèreté de l'omelette dépend du battage des œufs. En effet, le blanc d'œuf a la propriété de prendre, comme au filet, durant cette opération, des bulles d'air qu'il retient ensuite emprisonnées dans sa masse. Si l'on fouette du blanc d'œuf pur pendant un quart d'heure environ, il perd son apparence visqueuse, et, grâce aux bulles d'air retenues entre ses molécules, il prend celle d'une mousse blanche ou plutôt d'une neige. L'introduction de blancs d'œufs fouettés en neige dans les pâtisseries rend celles-ci spongieuses et légères. On fait des omelettes tout à fait délicates et fines en battant séparément les blancs en neige avant d'y incorporer les jaunes.

P

Pain. — Le pain doit réunir les qualités suivantes : mie spongieuse et légère, bon goût, croûte dorée et friable, sans être dure. Ces qualités dépendent : 1° de la farine employée, qui doit être riche en gluten ; le gluten en est la partie la plus nourrissante. C'est une substance azotée, ayant la forme de pellicules gommeuses, qui permet à la farine de composer, par son mélange avec l'eau, une pâte adhérente, compacte ; 2° de la quantité d'eau employée, 50 à 60 pour 100 du poids de la farine ; 3° de la levure, substance qui fait lever la pâte en produisant dans sa masse des bulles de gaz acide carbonique ; 4° de la cuisson, qui doit s'effectuer dans un four chauffé à la température de 200 à 250 degrés. Pendant la cuisson, la fécule, à l'extérieur du pain, se transforme en dextrine et produit la croûte brune, tandis qu'à l'intérieur elle se gonfle et s'amollit simplement en formant la mie. Dans le métier de la boulangerie, on recherche surtout la blancheur, bien à tort, disent les savants, car le pain de froment légèrement gris est plus nourrissant et plus sain que le blanc. Pour obtenir cette blancheur, on a recours à des falsifications diverses dont la plus commune est l'emploi de l'alun. L'alun, en effet, donne aux farines les plus grossières la blancheur de celles de première marque ; en outre, il permet d'introduire dans la pâte une plus grande quantité d'eau. Mais il est nuisible à l'estomac ; il ne peut servir en rien à la nutrition, et, comme il s'élimine difficilement, il s'accumule dans l'organisme et y cause des désordres. Une autre falsification plus récente est l'addition de savon à la pâte pour la rendre légère et friable.

Panade pour un enfant. — La panade se compose de pain, d'eau, de sel, d'un jaune d'œuf.

Mettez dans une casserole deux ou trois soupes de pain, croûte et mie, deux verres d'eau, une bonne pincée de sel, et laissez mijoter jusqu'à ce que le pain soit devenu translucide.

Otez la casserole du feu, délayez dans une assiette le jaune d'œuf avec un peu du bouillon de la panade, incorporez ensuite le tout à la panade en remuant bien avec une cuiller, et remettez la casserole un instant sur un feu doux, en ayant soin de remuer toujours, jusqu'à ce que le tout prenne une consistance crémeuse; mais gardez-vous de laisser bouillir, parce qu'alors l'albumine se coagulerait et vous auriez un potage à grumeaux au lieu du potage lié cherché.

Pâtes alimentaires. — Le commerce débite trois sortes de pâtes alimentaires : 1° celles dites d'Italie ; 2° celles dites Taganrok; 3° celles dites d'Auvergne. Cette dernière sorte, quoique bonne, est inférieure aux deux autres. Les pâtes de Taganrok (ville de Crimée) valent celles d'Italie, mais ont moins de réputation. La ménagère choisira ses pâtes alimentaires unies, d'un aspect légèrement translucide, d'une appétissante couleur jaunâtre, pas trop vive (car la teinte pourrait être alors artificielle), sans taches ni craquelures. Les vieilles pâtes ont une teinte grise, poussiéreuse; elles ont perdu non seulement leur agréable saveur, mais la propriété de cuire et leur valeur nutritive.

Petits pois au sucre. — Un litre de petits pois, une laitue, quelques oignons blancs, 30 à 50 grammes de beurre, sel, poivre, quatre à cinq petits morceaux de sucre.

Prenez de la laitue, surtout les parties blanches et tendres, coupez-la en lanières; mettez-la dans la casserole avec le beurre, à feu doux, et laissez-la suer son eau (la laitue contient 50 pour 100 de son volume d'eau dans laquelle se trouvent dissoutes une faible quantité de substances nutritives et aromatiques); mettez alors les pois, les oignons, et tous les condiments; faites cuire à feu doux pendant environ trois quarts d'heure.

Nota. — S'il était nécessaire d'ajouter de l'eau au ragoût pendant la cuisson, avoir soin qu'elle soit bouillante. Il suffit, en effet, d'un refroidissement soudain et brusque pour durcir irrémédiablement la viande ou les légumes en train de cuire.

Pigeon. — La chair du pigeon est savoureuse, nutritive, très digestible, excitante. Il faut le manger frais et jeune. La première de ces qualités se reconnaît à la souplesse des pattes, la seconde à leur couleur rose, aux ongles courts et lisses.

Plantes aromatiques. — Des expériences récentes ont démontré que les essences huileuses qui donnent leur odeur et leur saveur aromatiques à certaines plantes, sont funestes.

L'essence d'hysope ou d'absinthe, ingérée pure, à la dose de 2 grammes, détermine chez l'homme des accès d'épilepsie; un seul gramme altère la vision et produit le tremblement des membres. L'essence de fenouil, d'anis, de lavande, d'angélique, prise pure, agit comme un stupéfiant, c'est-à-dire endort les facultés intellectuelles. C'est à la présence de ces essences que certaines liqueurs, comme l'absinthe, doivent leur funeste action. Cependant les plantes elles-mêmes, et non leurs essences, sont employées avec profit en médecine et en cuisine.

Plume et duvet. — Les plumes employées pour la literie sont celles de l'oie, du canard, des poules et poulets. Celle de l'oie a la plus grande valeur; elle est douce, élastique, durable. Il y en a de deux sortes : la plume vive et la morte. La première est arrachée aux oies vivantes, qui en fournissent 250 grammes environ la première année et jusqu'à 500 grammes la seconde; on la reconnait à la couleur du bout du tuyau qui reste rosée. La plume morte est celle qui est arrachée aux oies mortes; elle se met facilement en pelote, est plus aisément attaquée par les parasites. Ce qui vient d'être dit de la plume d'oie s'applique également à son duvet; la blancheur en est regardée comme une supériorité. La plume de canard est aussi douce, souple, élastique; on fait avec son extrémité duveteuse, qu'on arrache, un duvet de qualité inférieure. Quant à la plume de poule et de poulet, cassante, dure, elle est peu estimée. Il va sans dire que ces deux dernières sortes ne se trouvent qu'à l'état de plume morte. On vend encore une variété de plume, dite « de coucher », qui n'est autre chose qu'un mélange de plumes ayant déjà servi, et, par cela même, inférieures.

Poivre. — Commercialement, on classe le poivre, suivant sa pesanteur spécifique, en poivre lourd, demi-lourd, léger Le genre lourd a les grains sphériques réguliers, peu ridés d'un brun marron; si l'on en casse un, on le trouve jaunâtre à l'intérieur. Le grain du poivre demi-lourd est moins régulier, plus ridé; celui du poivre léger est d'un noir gris, très ridé. On tire le poivre de Malabar, de Sumatra, de l'Inde.

Soumis à un droit de douane de 208 francs par 100 kilogrammes, il revient aux marchands de gros à 4 et 5 francs le kilogramme : c'est pourquoi la fraude s'exerce si volontiers sur cette denrée.

Potasse, soude et alcali. — Le carbonate de potasse, appelé, dans le commerce, potasse d'Amérique ou de Russie, est un alcalin très puissant que la ménagère ne doit employer qu'avec beaucoup de discrétion. Il corrode la peau des mains, décompose la fibre des tissus, décolore les étoffes, enlève la peinture à l'huile et le vernis des meubles. Il peut rendre service pour nettoyer les pierres à évier très encrassées, les parquets salis par de vieilles taches d'huile. Le carbonate de soude possède toutes les propriétés du carbonate de potasse, mais à un degré moindre. On rend ces deux substances plus actives encore en ajoutant a leur solution de la chaux vive. C'est de cette manière qu'on nettoie des vases encrassés d'huile, de pétrole, etc. L'alcali volatil, ou ammoniaque, est également un alcalin. Il est formé par un gaz, le gaz ammoniac, à odeur très piquante et irritante. On emploie l'alcali mélangé avec de l'eau pour enlever les taches de graisse, laver les flanelles, nettoyer les éponges.

Nota. — Quand la couleur d'une étoffe a rougi sous l'action des alcalins, il suffit de la tremper dans une eau fortement acidulée de vinaigre pour lui redonner à peu près sa nuance primitive.

Pot-au-feu. — Les proportions voulues pour la confection d'un bon bouillon sont : eau, deux fois le poids de la viande; sel, 8 grammes par litre; légumes divers, un quart du poids de la viande. Les légumes en excès affaiblissent le bouillon et en masquent l'arome. Les aromates, clous de girofle, muscade, poivre en grains, ail, thym, doivent, pour la même raison, être employés avec une extrême modération, et dosés de manière qu'aucun ne domine. Outre la façon de conduire le pot-au-feu, d'une importance capitale au point de vue de la qualité du bouillon, celle-ci dépend encore de la qualité de la viande. Recherchez d'abord la fraîcheur : une viande rassise, excellente encore pour un rôti, donnera un bouillon médiocre. Qu'elle provienne d'un animal sain, non fatigué au moment de l'abatage, ni trop jeune ni trop âgé. Il faut se défier d'une viande de bœuf molle, décolorée, dépourvue de graisse à sa surface externe, aux os pauvres en moelle, présentant des caillots noirâtres dans les interstices des muscles ou des taches, et surtout de la viande exhalant une odeur ammoniacale.

Poudre dentifrice. — La meilleure et la moins coûteuse est la craie précipitée, poudre calcaire impalpable qui se débite chez les pharmaciens. Les poudres dentifrices ont le défaut de s'accumuler parfois dans le repli formé, par la gencive, à la couronne des dents, et de l'irriter. Après en avoir fait usage, il faut se rincer très soigneusement la bouche à l'eau claire et douce.

Pourquoi il est dangereux d'emplir une lampe à pétrole déjà allumée, et à proximité d'une flamme. — C'est parce qu'il s'exhale du récipient de la lampe, aussi bien que du bidon de pétrole, des vapeurs invisibles, mais très inflammables, qui, en se mélangeant à l'air, viennent prendre feu à la flamme brûlant à proximité, et communiquent l'incendie au pétrole contenu dans le bidon ainsi qu'aux vêtements de la personne qui le tient en main.

Pourquoi il ne faut pas laisser les mouches se promener sur notre peau. — C'est parce que les mouches allant partout, et se posant sur tout, peuvent emporter avec elles des résidus invisibles et malsains. En outre, elles sont sujettes à des vermines parasites, infiniment petites, qu'elles peuvent déposer sur notre épiderme. De plus, une certaine mouche, le stomoxe piquant, ressemble à s'y méprendre à la mouche commune, dont il ne diffère que par sa taille plus petite et par ses piqûres, susceptibles de nous inoculer le charbon. Le stomoxe apparaît à l'automne : grâce à sa ressemblance avec la mouche ordinaire, on attribue à celle-ci les méfaits de celui-là, et c'est ce qui fait dire à bien des gens qu'à la fin de la saison les mouches deviennent méchantes.

Propriétés et composition du miel. — Le miel est nutritif, laxatif, émollient. On l'emploie pour sucrer les tisanes, pour fabriquer le pain d'épices. C'est une sorte de sucre particulier. Il varie, selon la provenance, en couleur et en saveur. Le sarrasin fournit un miel abondant, brun, peu aromatique. Celui que les abeilles butinent, à proximité des bois de conifères, a une forte odeur de térébenthine; au contraire, le tilleul, le trèfle donnent un miel ambré délicieux. La fleur du tournesol le gâte plus que toute autre. Le miel des jeunes essaims est plus doux que celui des vieux. La manière de le récolter influe sur sa qualité et sa conservation. Chauffer les rayons pour fondre la cire et laisser couler rend le miel mauvais; presser les rayons est pis encore ; cette dernière méthode, en effet, entraîne des détritus de couvain mort, qui cause la corruption rapide du miel. On devra se contenter d'enlever, délicatement, la pellicule de cire qui bouche les alvéoles, puis de laisser couler naturellement le miel à travers un tamis. Le miel se compose d'un sirop liquide, incapable de se solidifier, et de glucose. Les bons miels contiennent plus de glucose que les médiocres; on les reconnaît à leur plus grande facilité à se figer. On falsifie le miel par l'introduction de farine ou de fécule.

Purification de l'atmosphère sous l'action du soleil. — L'atmosphère, où se déversent constamment des gaz et des vapeurs délétères, serait bientôt tout entière empoisonnée si elle ne se purifiait d'elle-même aussi rapidement qu'elle se contamine. L'oxygène est le principal agent de cette purification. Il s'empare des miasmes, les décompose, les brûle aussi sûrement que le ferait un brasier; mais son activité ne s'exerce complètement que sous l'action de la chaleur et de la lumière solaires; c'est la raison pour laquelle l'air du jour est plus pur, plus bienfaisant que celui de la nuit. Des expériences ont démontré qu'une exposition prolongée au soleil tue les microbes les plus dangereux.

Q

Quantité de vapeur chargée de matières toxiques exhalée pendant le sommeil. — Des savants l'ont évaluée à 250 grammes, environ, en huit heures. Cette vapeur, condensée et recueillie dans un vase, donne un liquide à dépôt brunâtre et d'odeur nauséabonde. On a causé la mort de certains animaux en le leur inoculant sous la peau.

Que peut-on faire de la suie? — La déposer au pied des rosiers, c'est le meilleur engrais pour eux, ou bien encore la répandre sur les semis en terrain froid. Grâce à sa couleur noire, la suie absorbe du calorique en grande quantité, réchauffant ainsi le sol sur lequel on la dépose, ce qui hâte la germination.

R

Ration journalière du soldat français :

1 kilogramme de pain : 750 grammes de pain de munition et 250 grammes de pain blanc pour la soupe.
300 grammes de viande avec graisse et os ou 240 grammes sans os.
100 grammes de légumes frais, pommes de terre, carottes, choux, etc.
30 grammes de légumes secs.
15 — de café.
21 — de sucre.

Cette ration est considérée comme fournissant strictement les 10gr,5 d'azote et les 283 grammes de carbone nécessaires à l'entretien du corps et de la force. Cependant les savants s'accordent à penser qu'elle comporte trop de pain et pas assez de viande et de graisse. Ils estiment que 250 grammes de la ration de pain devraient être remplacés par une augmentation de 50 à 60 grammes de viande.

Rechercher des conditions hygiéniques d'existence est un de nos devoirs envers nous-mêmes. — En effet, notre santé, c'est-à-dire notre force physique aussi bien que notre énergie intellectuelle et morale, à l'aide desquelles nous pouvons produire des œuvres utiles aux autres et à nous-mêmes, dépendent en grande partie des conditions plus ou moins bonnes de notre existence.

Réduction des viandes par la cuisson. — Les viandes bouillies dans l'eau perdent plus ou moins de leur poids selon qu'elles sont soumises à l'ébullition plus ou moins longtemps : 1 kilogramme de viande bouillie pendant une demi-heure, temps strictement nécessaire pour la cuire lorsqu'elle est tendre, perd environ 250 grammes de son poids. Si l'ébullition est prolongée pendant 4 ou 5 heures, la réduction de poids s'élèvera jusqu'à 400 grammes par kilogramme. Rôtie à la broche, la viande perd 300 grammes de son poids par kilogramme. La déperdition atteint 327 grammes par kilogramme, dans le rôtissage au four.

Réglage du fourneau. — Il se fait normalement par la clef adaptée au tuyau. Pour obtenir le tirage complet, ouvrez-la largement; pour le ralentir, fermez-la plus ou moins, jamais entièrement, car les gaz de la combustion, ne trouvant plus d'issue pour s'échapper, reflueraient dans l'appartement. Tout ce qui favorise l'admission de l'air dans le fourneau, notamment l'ouverture du cendrier, augmente le tirage. Mais trop de tirage fait rougir la fonte et la détruit. En outre, la fonte rougie dessèche l'air environnant et laisse passer par ses pores des gaz malsains à respirer. Une ménagère qui mène son feu trop vivement, brûle l'appareil en même temps qu'elle se ruine en combustible.

Règlement du deuil. — L'usage de manifester le deuil par les vêtements est très ancien, mais il a varié avec le temps. Il est actuellement fixé comme il suit : le deuil de veuf dure un an; de veuve, un an et six semaines; de père et de mère, un an; de beau-père et belle-mère, un an; de grand-père et grand'mère, six mois; de frère et sœur, six mois; de beau-frère et belle-sœur, six mois; d'enfant, six mois.

La première moitié de la période du deuil est appelée grand

deuil; le troisième quart, petit deuil, et le dernier quart, demi-deuil. La couleur du deuil est le noir. Les étoffes de grand deuil sont : le crêpe, le cachemire, tous les lainages noirs et mats. Celles de petit deuil : toutes les étoffes noires, y compris la soie et la dentelle. Les couleurs du demi-deuil sont : le violet, le lilas, le mauve, le gris, le noir mélangé de blanc et le blanc. Les hommes ne sont astreints aux vêtements noirs qu'en grand deuil. Le signe du deuil consiste pour eux surtout dans le crêpe au chapeau, qu'ils portent plus ou moins haut, selon le degré de parenté.

Remarque sur l'assemblage des couleurs. — Les nuances claires de toutes les couleurs paraissent plus claires, plus brillantes, lorsqu'elles sont mises à côté du noir et *vice versa*. Une vieille jaquette noire, élimée et roussie fera encore un certain effet sur une robe claire, tandis qu'elle paraîtrait toute fanée sur une robe noire. Les nuances moyennes et foncées semblent plus vives et plus foncées à côté du blanc. L'interposition du blanc entre deux couleurs qui se nuisent suffit à établir l'harmonie entre elles. Les Japonais disent qu'un bouquet, pour être harmonieux, ne doit comporter que deux ou trois couleurs de fleurs au plus. Ce principe peut s'appliquer à la composition d'une toilette : trois couleurs au plus, pourvu toutefois qu'une des trois y domine. En toilette, le bariolage est l'ennemi du goût.

Les vêtements clairs et principalement blancs nous font paraître d'une taille plus haute et plus large que notre taille réelle. Tout au contraire, les foncés, surtout les noirs, nous rapetissent et nous amincissent. Les taches se voient moins sur le gris que sur toute autre couleur. Elles sont, par contre, plus apparentes sur les étoffes unies que sur celles de plusieurs teintes ou à dispositions variées.

Remarque sur les pâtisseries. — Les pâtisseries sont de deux sortes, tantôt formées de beurre ou de tout autre corps gras et de farine, tantôt des mêmes ingrédients, accompagnés de sucre et d'œufs. Les premières sont indigestes; le feuilletage lui-même, qui consiste en minces feuillets de pâte séparés par des couches de beurre, n'a que l'apparence de la légèreté. Il faut en user très modérément dans l'alimentation, et les interdire tout à fait aux estomacs délicats. Les pâtisseries où entrent des œufs battus ou de la levure sont plus saines, à condition de n'être pas trop beurrées. Toute pâtisserie doit être parfaitement cuite.

Remarque sur la propreté du poulailler. — Les volailles sont la proie d'un grand nombre de parasites ; elles ont leurs punaises, leurs puces, leurs poux spéciaux qui les tourmentent, leur sucent le sang, leur abîment la peau et les empêchent de prospérer. Mais les plus redoutables de ces parasites sont deux petits acariens, assez semblables à de vilaines araignées microscopiques. L'un s'insinue sous l'épiderme des pattes de la poule et y détermine la maladie dite gale des poules ; l'autre est le dermanysse, animalcule très sournois qui se tapit pendant le jour dans les fissures des murailles et les fentes des perchoirs, et y attend patiemment que la nuit ramène les volailles à leur abri. Alors, plus de sommeil pour les pauvres oiseaux ; le dermanysse, en légion, les harcèle si bien que, parfois, épuisés par l'insomnie et le malaise, ils finissent par mourir. Le seul préservatif contre ces hôtes incommodes est la propreté. Que le poulailler soit fréquemment balayé, et la litière renouvelée ; que les murs soient badigeonnés au lait de chaux, au moins une fois l'an, et les perchoirs, échaudés à l'eau bouillante, de temps à autre.

Remède au dessèchement de l'air par les appareils de chauffage. — Ayez toujours sur le poêle un vase à large ouverture rempli d'eau ; l'air, qui est très avide d'humidité, se chargera de vapeur d'eau à mesure que l'évaporation se produira. Pour juger si l'atmosphère d'une pièce chauffée contient la vapeur d'eau nécessaire, déposez, sur un meuble, une carafe d'eau bien fraîche, c'est-à-dire à la température de 10 degrés environ, température ordinaire des puits. Si vous voyez la carafe se couvrir à l'instant d'une légère buée, c'est que l'atmosphère de la pièce contient l'humidité voulue.

Remède contre la carie des dents. — Un dentiste seul peut enrayer la carie et sauver la dent malade. On calme la douleur causée par la carie en introduisant dans la dent une boulette de ouate imbibée de créosote. (Éviter de laisser tomber de la créosote sur les lèvres, les gencives ou la langue, car c'est une matière extrêmement corrosive.)

Remède contre les piqûres d'insectes. — Tous les acides et, en première ligne, l'ammoniaque ou alcali volatil. Les acides, en effet, décomposent la salive âcre et brûlante qui, dans les piqûres d'insectes, cause la démangeaison. On emploiera un petit tampon imbibé d'alcali, ou, à défaut, de fort vinaigre ; on le posera sur la piqûre, et on l'y laissera séjourner un instant, vu la difficulté de faire pénétrer le remède à l'intérieur, ce qui est indispensable pour qu'il puisse agir.

Réparation des forces pendant le sommeil. — Durant

l'activité du jour, nous dépensons de notre propre matière plus que nous n'en pouvons réparer par l'alimentation ; le déficit est, dit-on, de 1/24 de notre poids par jour. Notre organisme n'y résisterait pas si nous n'avions recours au sommeil, durant lequel la fonction de nutrition s'accomplit assez énergiquement pour compenser les pertes de la veille, et rétablir ainsi l'équilibre.

Rillons — Ils se composent de porc, qu'il faut choisir bien entrelardé, de sel, de poivre, d'un soupçon de muscade. On coupe le porc en dés d'environ un centimètre de volume; on met les morceaux dans une bassine contenant un peu d'eau salée (un verre, environ, par kilogramme de viande), avec le poivre et la muscade râpée; on expose le tout à un feu vif en remuant toujours et en pressant sur les morceaux. Dès qu'ils commencent à se dorer, la cuisson est à point. On met les rillons, leur jus et leur graisse tels quels dans des pots qui doivent être couverts sitôt après refroidissement. Bien bouché, ce mets peut se conserver plusieurs semaines.

Rôle des dents dans la digestion. — Nos dents sont de trois sortes ; les unes coupent, les autres déchirent, les troisièmes broient. La triple action des dents dans la mastication des aliments a pour effet de stimuler l'action des glandes salivaires ; or, quand les dents font défaut, non seulement les aliments arrivent à l'estomac imparfaitement triturés, mais aussi sans avoir été suffisamment mouillés et imprégnés de salive, ce qui est indispensable. L'estomac ayant, par suite, à fournir une trop grande quantité de suc gastrique, se fatigue, s'irrite, et la digestion en souffre.

S

Secours contre l'asphyxie par les gaz irrespirables. — 1° Ouvrir largement la fenêtre en en dégageant les abords pour donner libre accès à l'air ; 2° abaisser et élever alternativement les bras de l'asphyxié, exercer une pression des côtes ayant pour objet de rétablir le jeu des poumons, que les gaz irrespirables ont paralysés. Continuer, sans se lasser, jusqu'à l'arrivée du médecin, même si toute apparence de vie avait cessé. Un médecin, le docteur Delaborde, a récemment, et à plusieurs reprises, rappelé à la vie des asphyxiés laissés pour morts depuis plusieurs heures, en pratiquant sur eux des tractions rythmées de la langue

Sel, ses propriétés, sa valeur alimentaire. — Le sel nous vient de deux sources : de la mer, dont l'eau en contient en dissolution 30 grammes par litre, et de la terre, où il forme d'immenses mines. Le sel marin, sel gris ou gros sel, se débite en petits blocs irréguliers. Il emporte de l'eau de mer des matières qui le rendent amer et âcre; pour les salaisons de viande ou de beurre, on doit lui préférer le sel blanc ou sel fin, qui n'est autre chose que du sel marin raffiné, ou encore du sel gemme pur moulu. Le sel a une grande affinité pour l'eau. C'est à cette propriété qu'il doit sa faculté d'empêcher la putréfaction de la viande, du fromage, des légumes, etc. Il s'empare d'une grande partie de l'eau qu'ils renferment; or cette eau, en restant dans les tissus, favoriserait leur putréfaction. Dès les temps les plus reculés, les hommes ont employé le sel pour assaisonner leurs aliments; l'usage en est général chez les peuplades sauvages. La science nous a, aujourd'hui, démontré que le sel peut être considéré non seulement comme un agréable condiment, mais aussi comme un aliment des plus nécessaires. Il existe dans toute la nature vivante, dans les tissus des végétaux et des animaux. Notre sang, nos cartilages, presque toutes nos sécrétions contiennent du sel. Son rôle dans la digestion est très important; il se transforme dans l'estomac en un gaz très acide, le gaz acide chlorhydrique, qui augmente la puissance des sucs gastrique et pancréatique, stimule également l'activité nerveuse, et est, à la fois, antiputride et antiseptique. Des expériences ont démontré que ce gaz tue infailliblement les microbes les plus dangereux. Dans un estomac où l'acide chlorhydrique et les sucs gastriques abondent, le microbe du choléra ou celui de la fièvre typhoïde ne sauraient pulluler et nuire. En Hollande, autrefois, on nourrissait les criminels de pain sec, non salé. Ces malheureux étaient, dit-on, tous affligés de vers intestinaux et finissaient par mourir de la privation de sel, après en avoir terriblement souffert. Une pincée de sel sur la langue arrête la toux. Une prise de sel dans les narines peut calmer la migraine. A forte dose (une cuillerée à bouche dans un verre d'eau), il provoque le vomissement. Il est purgatif. L'eau salée est excellente pour se rincer la bouche : elle rafraîchit l'haleine, affermit les gencives, conserve les dents. Le sel fait tourner le lait. On ne doit saler les préparations lactées qu'après que le lait a bouilli.

Soins à donner aux enfants pendant la dentition. — Frotter légèrement les gencives avec le doigt trempé dans de l'eau bien sucrée ou un peu de miel. Baigner l'enfant, avant son coucher, dans une eau chauffée à 33 degrés environ; donner une nourriture légère; ne pas s'effrayer d'un peu de diarrhée. Il est très important de tenir autant que possible l'enfant au grand air. Si les gencives deviennent rouges, gonflées, sensibles au point que la moindre pression fasse crier le petit; si, à un grand flux de salive, succède la sécheresse de la bouche; si la tête est chaude, l'état fiévreux et agité et que l'enfant sursaute en dormant, il faut appeler le médecin, car une dentition difficile peut amener des convulsions et parfois la mort. Gardez-vous bien de fendre vous-même d'un coup d'ongle la gencive de l'enfant, sous prétexte de faciliter la sortie de la dent.

Soupe aux pois cassés. — Eau douce, deux litres; pois cassés, un demi-litre; beurre ou graisse, dix grammes; sel. Mettez dans l'eau, sur un feu modéré, les pois cassés; laissez s'échauffer graduellement jusqu'à ébullition. Ajoutez alors les condiments; faites cuire doucement pendant trois à quatre heures. Passez ensuite au passe-purée, coupez des tranches de pain dans la soupière, et, par-dessus, versez la purée.

Nota. — Les pois secs, ainsi que toutes les graines légumineuses, ne sont comestibles que dans l'année de leur récolte. Passé ce temps, la cuisson, si prolongée soit-elle, ne saurait les attendrir.

T

Taffetas gommé. — C'est une variété de sparadrap (celui-ci comprenant tous les tissus de toile, de coton ou de papier recouverts d'une couche médicamenteuse). Le taffetas gommé ou d'Angleterre est un tissu léger de coton, préparé avec de la colle de poisson dissoute dans de la teinture de benjoin.

Teignes de la laine, de la plume, du crin. — Ce sont de petites phalènes aux ailes d'un gris doré qu'on voit voltiger, le soir, autour des lampes allumées. Tout le monde connaît les ravages de leurs larves sur les étoffes, la plume, les crins des meubles rembourrés. Ces larves sont vermiformes et d'une blancheur translucide. Elles passent un temps plus ou moins long, selon la température, à ronger les matières sur lesquelles elles sont nées, pour s'en nourrir et s'en construire un fourreau. Quand leur développement est achevé, elles se transportent avec leur fourreau dans les coins isolés, encoignures des plafonds, interstices des boiseries, y attachent ce fourreau par les deux bouts et là, comme dans un berceau, se transforment en une minuscule chrysalide piriforme. Elles en sortent papillons parfaits au bout de vingt jours et presque aussitôt vont pondre, à leur tour, des œufs qui mettront une quinzaine de jours à éclore. Les teignes ont plusieurs générations dans le courant de l'été; la dernière naît en octobre, et son évolution est plus lente. La petite larve tard venue, sachant qu'elle aura à hiverner, s'enfonce, dès sa naissance, dans la matière sur laquelle elle est née et, avec les matériaux qu'elle en tire, fabrique au-dessus d'elle une minuscule tente qui, dans les étoffes, apparaît comme un défaut de tissage. Ainsi cachée, elle vivote, rongeant tout doucement, et ce n'est qu'au printemps seulement qu'elle sort et agit comme il a été dit plus haut. Passez donc la tête de loup de temps à autre sur les plafonds, les encoignures; battez les meubles, la literie; montrez le balai, le torchon, le plumeau fréquemment à tous les endroits de la maison. Brossez, secouez souvent les vêtements qui restent au portemanteau : voilà le remède préventif. Quand les teignes sont dans la maison, le camphre, le poivre, la térébenthine, la naphtaline qu'on emploie contre elles ne les gênent qu'à demi. Seule la poudre de pyrèthre semble avoir de l'efficacité, mais encore faut-il qu'elle atteigne ces bestioles si habiles à se cacher.

Teinture d'arnica. — C'est un composé d'alcool, dans lequel ont macéré des fleurs fraîches d'arnica, plante des montagnes qui possède des propriétés vulnéraires. On l'emploie comme remède aux commotions morales et physiques, dans la proportion d'une cuillerée à café pour un demi-litre d'eau; on l'applique en compresses sur les contusions. Dans les pays où croît l'arnica et où l'on peut se procurer facilement des fleurs fraîches ou sèches, on remplace la teinture par une infusion (5 grammes de fleurs sèches pour un litre d'eau).

Terrine de bœuf à la paysanne. — Elle se compose de bœuf, de lard de poitrine salé, d'os ou de jarret de veau, de sel, de poivre, d'un peu de muscade, de thym et de laurier. Vous prendrez du bœuf de première, deuxième ou même de troisième qualité, plutôt maigre que gras, que vous couperez en morceaux de cinq à six centimètres cubes; un quart du poids du bœuf, de jarret ou d'os de veau, également débité en morceaux; un huitième du poids du bœuf, de lard coupé en dés; vous rangerez les morceaux dans un pot de terre en les mélangeant; vous salerez à raison d'une cuillerée à café de sel par kilogramme; poivrez, ajoutez les aromates. Arrosez d'un verre d'eau ou de cidre, couvrez et assujettissez bien le couvercle avec de la pâte; faites cuire enfin cinq à six heures à feu doux, ou mieux encore au four du boulanger, après la cuisson du pain.

Toux. — En général, elle est causée par l'inflammation de l'appareil respiratoire. Il faut tenir le malade au chaud, lui faire boire des tisanes adoucissantes : infusions de coquelicot, de mauve, d'eucalyptus, et, si la toux continue et que la fièvre se déclare, appeler le médecin. Quand un enfant tousse, surtout la nuit et par quintes, on peut redouter un commencement de coqueluche : il est sage de l'isoler des autres enfants.

U

Utilisation du pétrole dans le ménage. — Voulez-vous aviver le vernis affaibli d'un meuble? versez quelques gouttes de pétrole sur un chiffon, frottez-en le meuble; laissez séjourner jusqu'à ce qu'il forme sur la surface vernie comme une buée; puis essuyez et frottez fortement avec un linge sec et doux. Le cuir de vos souliers s'est-il racorni et durci sous l'action de l'humidité? imbibez vos souliers de pétrole, et laissez sécher; le cuir redeviendra souple comme à l'état neuf. Avez-vous à dérouiller des aiguilles, des ciseaux, des objets d'acier ou de fer? trempez-les dans le pétrole ou frottez-les avec un chiffon bien imbibé de ce liquide. Le pétrole fait briller l'étain. Il est insecticide; on le conseille comme remède dans certaines maladies parasitaires. Pour débarrasser de sa vermine une chevelure malpropre, imprégnez la tête et les cheveux de pétrole; la vermine mourra infailliblement et les cheveux seront décrassés et brillants.

Utilité du polissage. — Les ustensiles de métal, à surface bien polie et brillante, ne laissent pas échapper la chaleur aussi facilement que ceux à surface oxydée et rugueuse. Cela tient, croit-on, à ce que la surface tassée par le frottement est plus dense, c'est-à-dire que les molécules du métal y sont plus rapprochées que dans le reste de la masse. Votre café se gardera plus longtemps chaud dans une cafetière de fer-blanc bien récurée que dans la même cafetière malpropre et terne

V

Valeur alimentaire de l'albumine. — C'est grâce à l'albumine que notre corps s'accroît pendant l'enfance et l'adolescence et que nos tissus et nos forces se maintiennent dans la maturité. Notre sang en charrie sans cesse à travers tout notre organisme (10 pour 100 de sa masse), et le but principal de la digestion semble être d'entretenir, dans notre sang, cette provision d'albumine. On comprend ainsi pourquoi les aliments qui contiennent de l'albumine ou des substances facilement convertibles en albumine, tels que les aliments azotés, sont considérés comme des aliments de premier ordre.

Valeur alimentaire de l'orge, de l'avoine, du seigle et du sarrasin. — L'orge sert surtout à la fabrication de la bière. Mondé, c'est-à-dire débarrassé de sa pellicule et arrondi entre des meules, on l'emploie à la confection de potages sous le nom d'orge perlé; il peut remplacer le riz. Sa farine manque de gluten; elle est impropre à la confection du pain. L'avoine est très nourrissante; c'est elle qui, après le blé, contient le plus de matière azotée. Mais sa farine est aussi dépourvue de gluten. On l'emploie à la confection de bouillies. Quant au seigle, il fournit une farine grisâtre assez riche en gluten, mais d'un gluten inférieur à celui du froment. Néanmoins, on fait avec le seigle un pain nourrissant et salubre, rafraîchissant et laxatif; malheureusement, ce pain ne trempe pas bien dans les potages. Le sarrasin, qui n'est pas une céréale, mais dont le grain est composé, comme celui des céréales, d'amidon, de substances azotées et huileuses, ainsi que de matières minérales, remplace le pain dans certaines régions, et, notamment, en Bretagne. On ne peut le panifier; en revanche, on en confectionne des bouillies et des crêpes savoureuses.

Valeur alimentaire du poisson. — La chair des poissons se compose des mêmes éléments que celle des mammifères et des oiseaux, sauf qu'elle renferme plus d'eau. Elle est blanche, tendre, nourrissante et digestible. Cependant certains poissons à chair grasse comme l'anguille, le thon, le maquereau, l'alose, le hareng, la sardine, sont presque aussi difficiles à digérer que la viande de porc.

Valeur des divers combustibles au point de vue du calorique qu'ils fournissent. — Un kilogramme de charbon de bois peut suffire à élever 73 litres d'eau de la température de la glace fondante (0°) à la température de l'eau bouillante (100°). Un kilogramme de houille ne pourra agir de même que sur 60 litres, et un kilogramme de bois, que sur 35 litres. On voit par là que le bois dégage, en brûlant, beaucoup moins de chaleur que la houille, et celle-ci, moins que le charbon de bois. 500 grammes de charbon de bois, en brûlant, consument environ 5 mètres cubes d'air; 4 mètres cubes d'air suffisent à la combustion d'une même quantité de houille, et moins de 3 mètres cubes suffisent à la combustion du même poids de bois.

Ventilateurs. — On peut, quand cela paraît nécessaire, par exemple lorsqu'on doit faire dormir plusieurs enfants dans une petite chambre, établir soi-même des systèmes de ventilation simples et peu coûteux, soit en enlevant une vitre du haut de la fenêtre et en la remplaçant par un carreau de bois percé de petits trous, soit en ménageant un vide dans le haut de la porte ou, encore, en perçant des trous à la partie supérieure de cette porte. A défaut de cela, la porte légèrement entr'ouverte permettra le renouvellement de l'air; mais il ne faut pas oublier que des animaux, tels que chats, rats, souris, peuvent pénétrer dans la chambre par cet entre-bâillement.

Vin, cidre; leurs propriétés, leurs falsifications. — Le vin contient de l'eau, de l'alcool, des matières azotées, huileuses, colorantes, de la chaux, de la potasse, du soufre, du fer, du sel, de l'acide tartrique, etc. C'est une boisson stimulante, saline, surtout si on la prend coupée de 2/3 d'eau. Aucune boisson n'est plus falsifiée que le vin. La fraude la plus connue est l'addition de l'eau ou mouillage, après laquelle souvent on ajoute de l'alcool à bas prix, de l'alcool de bois. Avec de la glycérine on le corse, avec des alcalins on lui ôte son acidité. Pour l'empêcher de s'altérer, on y introduit du plâtre, du salicylate de soude, de l'acide sulfurique, sans compter sa coloration artificielle par des drogues. Toutes ces falsifications sont nuisibles à la santé.

Le cidre contient, comme le vin, de l'eau, des substances azotées, minérales et aromatiques, de l'alcool, mais beaucoup plus d'acide. Cette proportion d'acide s'accroît même à mesure que le cidre vieillit et c'est sa présence qui rend cette boisson moins saline que le vin. On le falsifie également par le mouillage, l'addition de glucose, des drogues toxiques.

Vinaigre. — Le vinaigre résulte de la transformation en acide acétique de l'alcool contenu dans les boissons fermentées. Cette transformation se produit sous l'action d'une bactérie, le *Mycoderma aceti*. Les mycodermes se trouvent toujours en suspension dans l'air; dès qu'un de ces microbes s'introduit dans un liquide alcoolique, la fermentation acétique commence et elle s'accentue à mesure qu'il y pullule. Quand les mycodermes n'y trouvent plus à vivre, la fermentation acétique étant achevée, ils meurent et tombent au fond du liquide sous forme de membrane gélatineuse; c'est ce résidu auquel on a donné le nom de « mère du vinaigre », parce qu'on lui attribuait à tort le pouvoir de déterminer la fermentation acétique. Un bon vinaigre doit contenir 7 à 8 pour 100 d'acide acétique. Pour les conserves, il faut du vinaigre à 8 pour 100. Le meilleur est le vinaigre de vin; mais il est rare. En France, où l'on consomme 700 000 hectolitres de vinaigre par an, la production du vinaigre de vin n'atteint pas 74 000 hectolitres; on en fabrique beaucoup plus avec de l'alcool de grain ou même de la glucose industrielle à bas prix. Les vinaigres de cidre et de bière sont inférieurs à celui du vin, mais supérieurs au vinaigre d'alcool.

Vrillettes. — Ce sont de petits coléoptères, de 1 à 4 millimètres de longueur, et de couleur noire terne, qui, à l'état de larves comme d'insectes parfaits, vivent dans le bois des meubles, des parquets, des planches, qu'ils criblent de trous ronds semblables à des trous d'épingles et constituant l'entrée de leurs galeries souterraines. Il est très difficile de se débarrasser des vrillettes : cependant la peinture à l'huile préserve le bois de la vermoulure. L'encaustique, la cire, la propreté, pour mieux dire, sont les meilleurs préservatifs.

Z

Zinc. — Le zinc est un métal qui devient cassant sous l'action d'une température de 200 degrés; on ne peut donc pas en fabriquer des ustensiles de cuisine. Il forme avec diverses substances alimentaires des poisons dangereux. De plus, il se trouve très rarement pur dans le commerce. On devra donc éviter de laisser séjourner dans les seaux, brocs ou gobelets de zinc des provisions liquides, même l'eau à boire. On prendra de semblables précautions à l'égard de la tôle galvanisée, qui n'est autre chose que de la tôle recouverte d'une couche de zinc, par le procédé de la galvanoplastie.

FIN DE L'APPENDICE.

TABLE DES MATIÈRES

3057-17. — Corbeil. Imprimerie Crété.

moyen des **écoles de filles** (*urbaines et rurales*); c'est un livre unique de sciences, d'hygiène et d'économie domestique : tels sont les deux caractères qui en font l'originalité.

Il a été écrit **spécialement pour les écoles de filles.** Nous avons eu, en le rédigeant, une double préoccupation : 1° réunir dans un livre, et dans un seul livre, toutes les notions scientifiques nécessaires à des enfants de 11 ou 12 ans, qui doivent être au courant du grand mouvement scientifique moderne ; 2° orienter le plus possible ces connaissances vers **l'hygiène** et **l'économie domestique**, auxquelles nous avons fait la part très large, — soit dans les applications des leçons de sciences, soit dans de nombreuses leçons spéciales, — afin de préparer ces enfants à être de **bonnes ménagères, de bonnes maîtresses de maison.**

Les institutrices qui mettront ce livre entre les mains de leurs élèves peuvent être sûres que, à la fin de l'année scolaire, les enfants auront étudié **toutes les grandes questions du programme de sciences**, en même temps que toutes les **questions d'hygiène** et **d'économie domestique**, qui doivent être intimement unies au programme de sciences.

Dans toutes nos leçons, nous nous sommes efforcés d'être **sobres, précis** et **clairs**; nous avons indiqué et décrit le plus grand nombre possible d'**expériences simples**, faciles à réaliser même avec un matériel scientifique rudimentaire. Dans les leçons d'**économie domestique**, nous avons à dessein multiplié les **renseignements précis**, les **recettes pratiques** qui, nous l'espérons, seront utiles aux futures ménagères.

Le livre comprend 70 leçons réparties entre les 10 mois de l'année scolaire; chaque mois est précédé de ses **Travaux à l'école et à la maison.** La *fusion intime* des notions de sciences, d'hygiène et d'économie domestique permettra aux maîtresses de consacrer **trois séances par semaine** à l'étude de ces leçons; elles auront ainsi la faculté précieuse de faire les **revisions** mensuelles, trimestrielles et générales prévues au cours ou à la fin du livre.

Chaque leçon se compose : 1° d'un **exposé** ; 2° d'un **résumé bref et précis**, imprimé en gros caractères ; 3° d'un **questionnaire** ; 4° et 5° le plus souvent possible d'un **sujet de rédaction** et d'un **problème** proposés dans les examens du certificat **d'études primaires**. Enfin, nous avons indiqué les **promenades scolaires**, les **exercices pratiques** qui nous paraissent indispensables pour compléter les leçons faites en classe; les maîtresses pourront grouper ces promenades par **catégories**, selon les saisons et selon la nature des sujets traités.

Nous terminons en souhaitant que notre livre rende service aux maîtresses, qu'elles le lisent avec quelque plaisir, que leurs élèves l'étudient avec intérêt et profit. Il va sans dire que nous recevrons avec reconnaissance toutes les observations qu'on voudra bien nous faire à son sujet.

LES AUTEURS.

www.ingramcontent.com/pod-product-compliance
Ingram Content Group UK Ltd.
Pitfield, Milton Keynes, MK11 3LW, UK
UKHW020606230726
13926UKWH00005B/2225

9 782013 451734